Crossing the Line in Africa:
Reconsidering and Unlimiting the Limits of Borders within a Contemporary Value

Edited by

Canute Ambe Ngwa
&
Mark Bolak Funteh

Langaa Research & Publishing CIG
Mankon, Bamenda

Publisher
Langaa RPCIG
Langaa Research & Publishing Common Initiative Group
P.O. Box 902 Mankon
Bamenda
North West Region
Cameroon
Langaagrp@gmail.com
www.langaa-rpcig.net

Distributed in and outside N. America by African Books Collective
orders@africanbookscollective.com
www.africanbookscollective.com

ISBN-10: 9956-550-89-2

ISBN-13: 978-9956-550-89-0

© Canute Ambe Ngwa & Mark Bolak Funteh 2019

All rights reserved.
No part of this book may be reproduced or transmitted in any form or by any means, mechanical or electronic, including photocopying and recording, or be stored in any information storage or retrieval system, without written permission from the publisher

About the Contributors

Akara Damain, PhD, is a Teacher/Researcher at the Department of History, the Higher Teachers' Training College of the University of Maroua, Cameroon.

Anatole Fogou, PhD and Associate Professor of Philosophy at the Higher Teachers' Training College of the University of Maroua, Cameroon.

Ankiabom L. Lawyer, PhD, is a Lecturer of History at the Higher Teachers' Training College of the University of Yaounde, Cameroon.

Banese Betare Elias, PLEG, is a PhD Fellow of History at the University of Maroua, Cameroon.

Canute A. Ngwa, PhD, is an Associate Professor of History and the Dean of the Faculty of Arts of the University of Bamenda, Cameroon.

David Wala is a PhD Fellow of History at the University of Ngaoundere, Cameroon.

Eloundou Messi Paul Basile, PhD, is a Teacher/Researcher at the Department of Geography, the Higher Teachers' Training College of the University of Maroua, Cameroon.

Ernest Kum and Associate Professor, the University of Pretoria, South Africa.

François Wassouni, PhD, is a Teacher/Researcher at the Faculty of Arts, Letters and Social Sciences of the University of Maroua, Cameroon.

Jabiru Muhammadou Amadou, PhD, is a Lecturer of History at the Higher Teachers' Training College of the University of Yaounde, Cameroon.

Kingsly Awang Ollong, PhD, is a Lecturer of History at the Higher Teachers' Training College of the University of Bamenda, Cameroon.

Mark Bolak Funteh, PhD and Associate Professor of History at the University of Bamenda, Cameroon.

Nguemba Guillaume, PhD, is a Teacher/Researcher at the Department of Philosophy, the Higher Teachers' Training College of the University of Maroua, Cameroon.

Ousmanou Adama, PhD, is a Teacher/Researcher at the Faculty of Arts, Letters and Social Sciences of the University of Maroua, Cameroon.

Pahimi Patrice, PhD, is the Head of Department of History at the Higher Teachers' Training College of the University of Maroua, Cameroon.

Rodrigue de Paul Kepgang, is a Teacher/Researcher at the Department of History, the Higher Teachers' Training College of the University of Maroua, Cameroon.

Sali Hassan, Ph.D. is a Teacher/Researhcer at the Department of History, at the Higher Teachers' Training College of the University of Ngaoundere, Cameroon.

Samuel Kamougnana, PhD, is a Teacher/Researcher at the Department of History, Faculty of Arts, Letters and Social Sciences of the University of Maroua, Cameroon.

Zacharie Duflot Tatuebu, is the Lecturer of History and Fine Arts at the Department of Fine Arts and Heritage Science, Higher Institute of the Sahel, the University of Maroua, Cameroon.

Table of Contents

Introduction ix

Part 1: Peoples, Administration and Mobility 1

Chapter 1: Administration cantonale
et dynamique sociopolitique dans
les monts Mandara camerounais
et nigérians (1916-1958) 5
Samuel Kamougnana

Chapter 2: Fiscalité et dynamique
des migrations transfrontalières entre
le Cameroun, le Tchad et le Nigeria
sous la période coloniale et postcoloniale 39
Pahimi Patrice

Chapter 3: Dynamique des rapports
entre société et individu chez les
Gbaya-yaayuwee en Afrique:
Entre continuité et rupture 65
Banese Betare Elias

Chapter 4: Femmes et mobilités
d'affaires entre le Cameroun et
les pays d'Afrique de l'ouest:
fonctionnement et enjeux... 99
François Wassouni

Chapter 5: Terrorist Transnational
Imprints, Border Closing and Circulation
around the Lake Basin Region:
Boko Haram against Human
and Merchandise on the Nigeria-Cameroon
of Far North Cameroon.. 129
Mark Bolak Funteh and Canute Ngwa

Part 2: Conflict, Insecurity and Peace............................... 163

Chapter 6: The Authority of Consensual Thoughts and Rituals in Boundary Dispute Settlement in Cameroon: The Case of the Pre-colonial Cameroon Grassfields States 167
Canute Ngwa and Damian Tatazo Akara

Chapter 7: Grassfields States Boundary Conflicts in Northwest Cameroon: A Historical Investigation 181
Jabiru Muhammadou Amadou

Chapter 8: L'acuité des conflits frontaliers entre les chefferies Bamiléké à L'ouest Cameroun: Le asc de Bangou-Babouantou 207
Rodrigue de Paul Kepgang

Chapter 9: Women as Symbols and Swords in Boko Haram's Terror 237
Ankiabom L. Lawyer

Chapter 10: Insécurité transfrontalière, mouvements des populations et risques sanitaires dans le camp des réfugiés de Minawao Mokolo (Extrême-nord, Cameroun) 261
Eloundou Messi Paul Basile

Chapter 11: From Transnational to National Security, the Changing Pattern of Ethno-Military Systems in the Post-independence Chad: Comparative Study from Tombalbaye to Deby 277
Ousmanou Adama

Part Three: State Creation, Building and Sustenance 301

Chapter 12: État postcolonial et problématique identitaire : la nation politique 305
Nguemba Guillaume

Chapter 13: Problème de l'imprécision des frontières chez les pays *Tupuri* du Cameroun 327
David Wala

Chapter 14: Security Crises in Cameroon Coastal Towns: Bakassi Freedom Fighters' Reaction to International Decision over the Bakassi Peninsula 349
Mark Bolak Funteh

Chapter 15: Strong Power Exert Follow-Up as a Fundamental Ethnic and "Agitational" Blend for Nation Building and Up-Keeping in Cameroon 373
Ernest Kum

Chapter 16: Musée et école au Cameroun: Stratégie pour briser les frontières dans leur mission éducative 397
Zacharie Duflot Tatuebu

Chapter 17: Emerging Market Multinational Corporations across Borders: Analyses of their Implication in Africa's Development 423
Kingsly Awang Ollong

Chapter 18: Esquisse d'une théorie normative du fédéralisme en Afrique 455
Anatole Fogou

Introduction

Geographically, the notion of boundary is universal (Foucher, 1988); boundary is also an important part of human social organisation (Alexander, 1963; Anene, 1970; Anderson, 1996). Through the ages, boundaries have remained the "container" by which national space is delineated and "contained" (Anderson and O'Dowd, 1999). For as long as there has been human society based on territoriality and space, there have been boundaries (Cukwurah, 1967; DeBlij, 1973). Little wonder that boundary studies have been the concern of scholars since classical times, through the middle ages to the present times. Although, the concept has evolved through the ages, from zones of separation to frontiers (no man's land); or border regions and finally to its present form as a finite line of division, it has remained (either as frontier or boundary) a zone/line indicating the extent of the area of jurisdiction of one independent political community in relation to another (Weigert, et al, 1957; DeBlij, 1973). The emergence of modern boundaries as finite delimiters of geopolitical space evolved gradually over the ages, beginning from zones of separation or "no man's land", to the frontier, and finally, to the definite line on map and territorial limits." Territoriality, being characterised by the enforcement of control over access to a geographic space as well as to things within it, or to things outside by restraining those within and outside its confines (Sack, 1986:32).

Of course, since the creation and evolution of Humans and their interactive space, borders have often existed. Even though, the force of the border mentality may differ from one persons to and/or nations to the next, the principle recognition of points of divergence or convergence, points of division or exclusion and inclusion have since then been the conscious or unconscious preoccupation of individuals and states. Meanwhile states may incline more towards the latter formula owing to its awareness of the concept of territorial integrity, sovereignty and its aspiration to preservation of the status quo, most communities do so in appreciation the complementarily of its neighbors in terms of providing the available in situations of need by the other. This is what we term "good neighborliness." This type of situation often provokes good, open and friendly and inclusive borders systems between people. But often, the soundness of border relations can turn sour, unfriendly, closed, exclusion and bad when certain circumstances betray the status quo, like territorial aggrandizement, politics of power and power control and insecurity. In his own words Lord Curzon (1907) refers to boundaries as "good or bad". "Good ones would promote peace, while bad ones would provoke (or potentially can provoke) war between neighbors". Thus this dual capacity depends upon which of these characteristics the state chooses to adopt. In other word, states can choose how to interpret their boundaries either as points of cooperation or conflict highlighting the potential dynamism and malleability of boundary discourse.

Whatever, with the emergence of the modern state the value to know and respect its limits, maintain and valorized it within the consciousness of the respect of international law, governing sovereignty and territorial integrity became the work horse of states. These states remained geographically-bounded recognized entity governed by a central authority with the ability to make laws, rules and decisions, and to reinforce them within its boundaries. It determined their own policies and establishes their own forms of government, which may differ significantly from one state to the next, and from these define who amongst its inhabitants is a citizen. Regardless of their status, however, the inhabitants of the territory of a state are subject to the laws of that state. Nevertheless, citizens have often determined the values of borders to suit their interest and aspiration even in the face of the strictest border regime. Studies also show, especially the effects of colonialism in Africa how the notion and function of boundary differed fundamentally in the European and African contexts. In traditional Africa, the concept of boundary was expressed in terms of neighbours with whom the particular polity shared a territory and such a boundary was conceived of in terms of a region or a narrow zone fronting the two neighbours marked off by it. Thus, the boundary was the zone where two States were joined together, not separated.

In other words, African boundaries were usually rooted in ethnic and social contact. But European partition of Africa conceived boundaries as physical separation points. Africans who had become frontiersmen had no immediate knowledge that their lands and kin divided by the boundary were now "foreign". They did not know that the new boundaries functioned differently from the traditionally familiar ones. They thought the former was only for the white men until they were checked at crossing points. Its impact on their relations with their kin and neighbours made them to create secret routes across the frontiers. But these new borders soon faded in their minds in favour of their familiar economic and socio-cultural interactions, and providing favourable breading spaces for new border stakes, namely, prostitution, smuggling and child trafficking. Often, the border regimes participated and surrendered their authority to the overwhelming influence of these phenomena. This border blurring became intensified with the post-colonial African states as these persons defiled the structural prescription of borders in favour of the functional type whereby the horizontal cross border interactions surmounted all state attempts to implement its international territorial quarantine purpose. The globalization phenomenon that has enveloped human interaction in today's world today, also brings to book the question of standing borders, be them tangible or intangible. The tangibility consonants here are mostly sustained the geo-physical and conventional borders, meanwhile the intangible ones persistent on the virtual and interdisciplinary types. This point comes in to differentiate the border types researchers have spent time to identify, especially the international boundaries.

As a matter of fact, there exist two classifications that have been commonly used to identify international boundaries: first, the Boggs' Classification (1940), which identifies international boundaries into (a) physical or natural (boundaries that follow a particular natural feature such as a river, watershed, mountain range, and so on (as cited by Griffiths (1996:67-68) (b) Geometric (boundaries that follow straight lines, arcs of a circle such as longitude and latitude. (c) Anthropo-geographical (boundaries that relate to various human settlements, culture, and language, and (d) compounded (boundaries that comprise various basic elements mentioned above). The second type is the Hartshorne classification (1938) constituting (a) Antecedent boundaries, drawn before cultural landscapes are developed.(b) Consequent/subsequent boundaries; those delimited after such features have already emerged, which coincide with social, economic, cultural, or linguistic discontinuities. (c) Superimposed boundaries drawn after the development of the cultural landscape but without regard to possible cultural boundaries, and (d) Relict boundaries: those that can still be seen in the cultural landscape, even though they no longer have any function of political division, like "Great Wall of China," the "Berlin Wall" that separated East and West Berlin, and "Hadrian's Wall" in the United Kingdom that was built in AD 122 to demarcate the northernmost boundary of the Roman Empire. In fact, this physicality of border emphasis has been the work horse of the many classics on border studies.

As a matter of fact, when reading or re-reading border study classics, they are particularly reminding of how embedded the past (as well as current) boundary and border paradigms and themes have been and are in the dominant academic thinking of the various times. At the beginning of the twentieth century, different themes were debated, different approaches were popular and different views were held on how to approach and study the boundary/border. Where as in the early 1960s the field of border studies was pre-dominantly focused on the study of the demarcation of boundaries, the lines, now the field of boundaries and border studies has arguably shifted from boundary studies to border studies. Put differently, the attention has moved away from the study of the evolution and changes of the territorial line to the border, more complexly understood as a site at and through which socio-spatial differences are communicated. Hence, border studies can now dominantly be characterized as the study of human practices that constitute and represent differences in space. In other words, the border is now understood as a verb in the sense of bordering. Confusingly, in anthropology, the definition is usually precisely opposite, here a boundary generally means the socio-spatially constructed differences between cultures/ categories and a border generally stands for a line demarcated in space.

What is more, when looking at the current debate in geographical border studies, it can be argued that the dominant voice is now notably postmodern and/or critical. Some voices are more critical than others, some even claim to be radical, some are more postmodern than others, some are even claiming that they have never been modern, but by and large seen on a broader time-horizon these are merely nuances, relevant and immensely fascinating to study as they may be. Environmental determinists or geopolitiker in the classic German style as you would find in the First and Second World War periods are hard to find these days. Most current political geographical papers that wish to understand the relationships between territory, sovereignty and identity, which use the lens of borders to do so, are anti-deterministic, anti-essentialistic and not focused on the line per se. Instead, borders are now pre-dominantly critically investigated as differentiators of socially constructed mindscapes and meaning. The return to geopolitics in the guise of critical geopolitics is telling in this respect. In fact, some critics say the study of international boundaries in political geography, however, must also take the view that boundaries, as political dividers, separate peoples of different nationalities and, therefore, "presumably of different iconographic makeup". Consequently, the political geographer "must undertake investigations in the sociological field, as well as in the cultural and economic areas, for the spatial patterns of social behavior can be even more important than other patterns in determining the impact of a boundary and its viability as a national separator", but in a way, what we have seen in political geography and geopolitics the last few decades is a turn from a focus on boundaries, as political limits of states, to borders as socio-territorial constructs. The interest for studies of the border, in the meaning of the construction and representation of difference, could be considered as the off-spring of the postmodern turn in social sciences, which often put forward that borders are the product of our knowledge and interpretation and that they as such produce a disciplining lens through which we perceive and imagine the world.

Consequently, it has been claimed that the difference between the ontology of borders, the study of what borders are, and the epistemology of borders, the study of what and how we know what borders are, has decreased if not disappeared. The insight that the making of borders is the product of our own social practices and *habitus* has lead to the study of borders beyond merely states or nations. As this insight also applies to other territories than states, such as (macro-)regions, cities or neighborhoods, a border has become less automatically connected to states alone, making the claim of a territorial trap in the present studies in theory less applicable. Having said this, what can be witnessed in practice however, is that state borders still inspire most of the works in border studies. Still, almost routinely, the field of border studies is related to state borders and the adjacent borderlanders. This is with good grounds, as states still are important territorial dividers in our daily world, but still, in my view the concept of borders is broader than the markers of states only and the dividers of borderlanders. I would argue that the philosophy and practices of b/ordering and othering, of fixing of territorial (id)entities, of purification of access as well as of scale transgressions, need not be restricted to the entity of states alone, but are valuable for theorising and studying in their own right.

As earlier indicated, the overviews of most of the border classics often paid significant, if not primary, attention to the question of the where. Where is the border located, how did it came about, evolve, change over time, became the topic of (military) disputes and what are the political consequences of its (changes in) location. These were the central questions of the debate in the late nineteenth century and the first half of the twentieth century and hence of their overview. Another crucial element in both classic works is the distinction made between natural and non-natural borders. This distinction has become classic. In the beginning of the twentieth century this distinction was closely connected to that other classic distinction, namely that between good and bad borders as explained by Curzon (1907). But Henk Van Houtum (2005) adds to this opinion that there were exceptions to the rule, but the overall view was that "good" were generally those borders that were seen as natural, that is, made by nature in terms of its physiographic variation (seas, mountains, deserts) and borders were generally seen as "bad" when they were human-made, "artificial". These two now classic distinctions are arguably a sign of the times as well. During this first half of the twentieth century a large part of border studies was concentrated on the nature of borders in terms of their being good or bad from a military point of view, leading to an overemphasis on disputes on and changes in boundaries, in terms of physical demarcations, in these times of war and military occupation and an underemphasised interest in borders during "normal" times. It is understandable that since we have learned what horrific consequences an extreme politicization of the naturalistic and/or organic view on borders can have on humanity, border scholars in the present debate have radically turned away from describing borders as natural.

However, the overviews of the field of border studies in political geography and of regional and economic geography have made this clear. In the present debate, at least in the constructivistic, dominant wing of the debate, the argument is made that all political borders are human-made products. Since from this point of view there are no natural borders, the term artificial is not in use anymore either. Although I would agree with the denial that there are natural borders, I feel that the present total neglect for a discussion on the nature of borders is a shame really. I regret this for two reasons. One, by claiming that all borders are human-made the present debate logically focuses on the construction of borders, in other words, how borders are made in terms of its symbols, signs, identifications, representations, performances and stories. This has had a tremendous effect on border studies and possibly is, in our time of postmodernisation of science, one of the explanations of the mushrooming of study centers, conferences and articles on borders. Hence, what we have seen the last decade or so is an immense growth of the focus of the representation of borders and national identities in the field of border studies. As is explainable when basing oneself on postmodernism, much emphasis has been put on the form and the story by which borders are represented and symbolised.

It has lead to a bordering script, by which I mean that the construction, the making of borders by now is almost turned into a template, largely based on the works of post-structuralists like Foucault, Derrida, Bourdieu and De Certeau, that is used for studying the everyday social construction of border X in case Y. Despite the intrinsic value of each and every study copying this template for a specific case or adding an interesting insight on another performance outlet of the construction of borders, I believe the present debate is somewhat out of balance. Maybe in this sense there is a similarity here with the debate in the first half of the twentieth century. Then, the debate was perhaps leaning too much towards the demarcation of the boundary, the where and the changes in the where, and there was too little attention on the social formation and sociospatial manifestations of borders and identities. Now arguably the balance is leaning too much towards this latter, postmodern (how) perspective on borders. By claiming that all borders are human-made, and by denying that there are natural borders, just as I find this claim, the current debate thereby risks throwing away the baby with the bathwater, as it is overlooking the underlying question that has led to the distinction between natural and nonnatural in the first place. That is the question of the "why of borders". Why are there borders in the first place? Why do we see borders still as given? Are there no alternatives then to the current compartmentalisation of the globe? Have we become afraid to be named an essentialist or determinist when we dare to raise this question of the why? We should not be. Asking a why question does not mean that you cannot at the same time gaze through a critical or radical lens on society. Moreover, it may be an indication of the times we are living in that Antipode, the anti-essentialist, anti-determinist (and anti-neo-liberal) approach has become mainstream. Hence, I am confident in taking that risk and going back to that important and thought-provoking question of the why. Why does humankind produce borders? Why are we still haunted by the Hobbesian ghost of (state) borders? Is the bordering of space in any way intrinsic from a biological point of view or it is merely a strategic choice than can be put on and off? What precisely drives the seemingly persistent human motivation to call a territory one's or our own, to demarcate property, to make an ours here and theirs there, and to shield it off against the socio-spatially constructed and constitutive Them, the Others. Is the desire for the construction of a socio-spatial (id)entity – not the form, the configuration, as this is always contextual, but I mean the construction per se – necessary or avoidable for humankind? In what way does this self-fulfilling geometrical fantasy of drawing lines in spaces contribute to the Self and the Us in daily life? And what explains the unwillingness to give up power or privilege? What are we protecting? What is precisely the raison d'être of borders? How have humankind in a new posture begin to defile the borders s(he) created? What do borders represent today? Answering this question might reveal to us, why the b/ordering of space, in whatever form or shape, seems such a persistent constitutive power for humankind.

In gaining insight into the immanent powers of the b/ordering of space we might learn to be more perceptive and sensitive for each other's yearnings for the construction of territorial demarcation, difference or extension or blurring of such acclaimed space. Thereby we could perhaps unlearn to see borders as given, fixed, linear or stable and instead constitute a more open perspective on territoriality in which the gained insight on the deconstructed Self – the insight that the Self is not a stand-alone entity, detached from territory or society, but a socio-spatially or imaginarily constructed and hence always dynamic configuration of personalised social relations and networks – coincides with the territorial borders and markers that the dynamic Self constructs via social relations and networks or even intellectual. Hence the new approach to border studies understands the influence of human shifting of the material and immaterial borders to a point of blending, inclusiveness and comfortable representation and explanation. And this book falls in line with this value.

The blurring version of b/order stand becomes more important when we remind critical of the today's world. In fact, the world is fast becoming global and thus the mentality of border exclusion is also fact being denounced. Even though some states remain so attached to their borders, others have found a way to blur theirs by introducing new orientations and functions to them; by reconsidering them as no longer pure pints of exclusion but point of inclusion, but at the same time respecting their value systems. The creation of regional organizations for corporation and easing human and merchandise flow all over the whole prove the failure of the fundamental attachment to the borders as exclusion points. This is perhaps the reason why the world's reacts with shame to any political will intended of building more walls amongst people than dismantling them, even though the total dismantling of walls too can neither be the best option for a save world. Even the fall of the Berlin wall has not brought an abrupt change to the way people go along with the falling, raising or non-existing borders ideas. So the issue of whether boundaries should remain inclusive or exclusive has remain debatable, the reason why both experiences still cohabit in this contemporary times, and thus should applied accordingly by the gains either border applications can bring for a state, people or discipline.

Even the physical borders were tremendously brought to book by the collapse of the Berlin Wall some three decades ago. This wall represented the quintessential border: a systemic political, economic and cultural divide of a city, a nation-state and the world. Its fall in 1989 was seen as the beginning of a new stage in world history- the "end of history" itself – and as a consequence the dream of a world without borders and the return of geographic/regional rather than political mind mapping. More than twenty years later we observe that some border systems have softened while others have been consolidated, and many more border-based regulations have been created on national and supra-national levels. The nation-state has not disappeared and neither have its borders. A borderless world turned out to be a myth, despite the global flow of capital, information and goods. In the twenty-first century, borders and borderlands persist as extremely contested spaces of exclusion and inclusion, of hope, disillusion, and fear; they map limits as well as opportunities and mark options of policy making and governability. Borderlands, often the periphery of national entities, persist as "an impossible project" (Sammartina) and often symbolize the failure of states and their economic and political systems. As borders divide, often at odds with natural geographic and established cultural circumstances, they also exist as spaces of social, ethnic, cultural and economic blending – territories of their own. In fact, all these, however, concern the tangibility of the borders as earlier indicated.

But as earlier indicated, the very whole concept of border tangibility has recently been brought to book by the growing place intangible borders occupy in academics. This conceptual feeling and demarcation imagination becomes a crucial issue in the global intellectual interactive world, especially with the blending factor or the intertwineness of scientific disciplines, people intellect and actions. Despite the dichotomy that may seem to exist between peoples and disciplines, the authors of this book revisit these differences and tries to understand the extent to which such differences go in Africa and how and where have some of these differences been blended for collective good, the evolution and sustainability of the human race, especially in an era when sub-regional groupings are fast growing with the interest of reshaping colonial border incidences with the cross-border peoples and mentality. But how intangible borders created by colonial influence affect Africans is also a concern of the research. It is also an attempt to reflect on these issues that this book attempts a new interest build on how people have reconstructed and lived their vision and opinions on both tangible and intangible borders, summarized by the three parts of this book. Part one: Administration, Peoples and Mobility. Here the contributors attempt a focus on issues patterning to the understanding of how administration (colonial or post colonial or contemporary) and their laws, or the determinants of administrative action influenced local population in their interactions, and also how all these provoked, encouraged or tried not to or regulated the mobility of human beings and merchandise. It also understands the fine line that exists between collectivism and individualism in a society build on post colonial influence and expectations. Part two tackles conflict, insecurity and peace. Here, the contributors attempts and understanding of how borders have often provoked conflict and insecurity palavers. And for such conflicts to end, the issue of borders need to be revisited and desired prescription be given thereto. This applies to both the indigenous to modern border applications. In situations when the conflict becomes prolonged, may be following the complex nature of the cross-border population and/or the lack political will to have the problem settled, insecurity crises often step up the stakes and the refugees challenges becomes a point of concern with its multipliers effect on the respect of the borderlines. Meanwhile in part three that is consecrated to state creation, building and sustenance, the authors try to show how the birth of states and territoriality, if not well conceived can bring real trouble in its sustainability, like the case in most African states. But following the desire for the leadership of most of these states to have its people stay and grow in unity in diversity and relative peace, they try to initiate ideas to that effect, which entail by passing the existing frontiers within the country. But how effective have these been are the some of the preoccupations of the contributors to this section of the work.

As a matter of fact, the background of the contributors of this book and their findings on the persisting and changing concepts and realities of state and other borders and borderlands, paints the desired picture of the book's interdisciplinary approach. They reconstruct the concept of border within the frame work of time, space and imagination, and tires to indicate how all these elements have helped pushed the limit of borders into a limitless value, relative to its application. From this backdrop, they all of them concord on the contention that borders have fast been blurred, adulterated, altered and reconceived more as points of meeting than points of inclusion, no matter how each person, institution or state may desire to jealously preserve its borders. It is perhaps important to say here that the different methodologies used in writing of each chapter of this book, which reflect in some way the authors' backgrounds and wishes, remain unalterably inserted. It proves that despite the respective disciplinary mindsets and approaches of scholars they can come together, reason, and bring their dissimilarities through the voice of a common effort, but at the same time having the capacity to respect their diversities in this new stream of collective effort. Thus, the unharmonized methodological position indicated in the book is deliberate.

Selected Readings

Alexander, L. (1963). *World Political Patterns*. London: John Murray.
Anderson, M. and den Boer, M. (Eds.). (1994). *Policing Across National Boundaries*. London: Pinter.
Anderson, B. (1983). *Imagined Communities: Reflections on the Origin and Spread of Nationalism*. London and New York.
Anderson, J. (2001). "Towards a Theory of Borders: States in Political Economy and Democracy". *Annals for Istran and Mediterranean Studies*, Vol. 2, No. 6, pp. 681-696.
_____. (2002a). "The Question of Democracy, Territoriality and Globalization". In J. Anderson (Ed.). *Transnational Democracy: Political Spaces and Border Crossings* London and New York: Routledge.
_____. (2002b). *Transnational Democracy: Political Spaces and Border Crossings*. London and New York: Routledge.
Anderson, J. and O'Dowd, L. (1999). "Borders, Border Regions and Territoriality: Contradictory Meaning, Changing Significance". *Regional Studies*, Vol. 33, No. 7, pp. 593-604.
Anderson, M. (1996). *Frontiers: Territory and State Formation in the Modern World*. Cambridge: Polity Press.

Anderson, M. and Bort, E. (Eds.). (1994). *Policing Across National Boundaries*. London: Pinter.

Asiwaju, A. (1984). *Artificial Boundaries*. Lagos: Lagos University Press.

Asiwaju, A. (1996). "Borderlands in Africa: A Comparative Research Perspective with Particular Reference to Western Europe". In P. Nugent, and A. Asiwaju (Ed.). *African Boundaries: Barriers, Contradictions and Opportunities*. London and New York: Pinter Press.

Boyd, J. (1979). "African Boundary Conflict: An Empirical Study". *African Studies Review*, Vol. 22, pp 1-14.

Cukwurah, A. (1967). *The Settlement of Boundary Disputes in International Law*. Manchester: Manchester University Press.

Griffiths, I. (1986). "The Scramble for Africa: Inherited Political Boundaries". *Geographical Journal*, Vol. 151, No. 2, pp. 204-216.

Griggs, R. (1995). "Boundaries and War in Africa in 1995". *Boundary and Security Bulletin*, Vol. 3, No. 1, pp. 77-80.

Henk Van Houtum (2005) "The Geopolitics of Borders and Boundaries" *Geopolitics*. Volume 10, pp. 672–679.

Kristof, L. (1959). "The Nature of Frontiers and Boundaries". *Annals of the Association of American Geographers*, Vol. 49, No. 3, pp. 262-282.

Prescott, J. (1979). "Africa's Boundary Problems". *Optima*, Vol. 28, pp. 2-21.

Part 1: Administration, Peoples and Mobility

Prior to the advent of colonialism, Africans lived and respected their patterns of life, constructed around ethnic groups with specific political, economic and socio-cultural mores, which also varied from one group to the next. These societies knew where they differed or blended with one and another, and so stayed in considerable respect of the imposed disposal distance. But the colonial authorities imposed a particular rhythm of administration that forcefully changed the communities' orientation and vision of themselves and their neighbors. Not only were some ethnic groups with distinct differences fused to form a single people under a common rule, but their distinct societal determinants were forcedly blended under a common authority. Some were even dismantled and others promoted to favor the expectations of colonialism; a situation that shifted peaceful pre-colonial status-quo to that of anti-partyism. These colonial actions and their implications are what interest Samuel Kamougnana, who looks at how European occupation of the Mount Mandara Area in the Far North of Cameroon from 1893 to 1960 changed existing ethno-psycho-social and political representations and boundaries of the area and its influence on the people's opinions, values and interests. Such influence was the shift from the culture of peace to that of perpetual occurrence of violence and intolerance that caused many to leave the area to cross over to Nigeria.

Pahimi Patrice shows that if there was one point of disagreement and intolerance during the colonial period between the colonial authorities and the local population was in the domain of taxation. And according to him, this element was the principle cause of people cross-border mobility than anything else. In fact, he insists on the fact that tax payment was first of all an aspect of socio-political benevolence in the communities in Northern Cameroon. But comfortably inserting oneself in the world of modern taxation of the colonial period was a very difficult task to the people since the boundary between the expected traditional and modern values were not near to each other. To the colonial administration, paying taxes was the sole measure to determine the people's level of submission; consequently tax evasion was not allowed as it was considered a sign of insubordination and open mutiny that was accompanied by serious punitive fallout. It was in evading these taxes, the punishment for doing so and the humiliation that came with such a penalty that many people opted for a temporary migration to a free tax paradise. The Cameroon-Nigeria or Cameroon-Chad cross border movement, following the porosity of these borderlines, became practical passages for tax evaders, an incident that propelled the depopulation of certain communities for others and also severely weakened the economy of the entire area. This cross-border movement also encouraged illegal trade and commercial interactions between the peoples shunning taxes.

According to Banese Betare Elias, the power of tax payment was just another new dimension of measuring of the rich amidst an African society; a society where such a value of rich and poor was blurred by a common sense of belonging and collectiveness. He also indicates how the advent of colonial expectation and dictates, especially with the introduction of capitalist values, the non-existing border between collective and individual perception and responsibility was born, was encouraged to grow larger and became a lifestyle of the people as time passed by. He depicts this story with the Gbaya-yaayuwee of Adamawa Region of Cameroon. He adds that these people could move from one area to another in search of greener pasture just to come back home to show off their individual power and importance. Some of these movements were for trade activities even across borders with the determination of defiling border regulations, which meant little to such peoples.

In fact, the issue of securing national borders was a very difficult one in Africa, with the high cross-border mobility of business women, especially those of Central and West Africa as they search for good markets. This is the issue François Wassouni centers his write up on. He attempts to understand the causes, operational mode, stakes involved and functioning of the commercial trans-border involvement of Cameroon women in West African commerce in particular, and concludes indicatively how the economic crises of

1980, the precarious state of Cameroon industrial fabric, the growth of the West African markets, the advent of democracy with its liberal spirit propelled women commercial mobility. Being the connection between both regions in Africa, the commercial interactions and transactions of the Cameroon business women were facilitated by West African traders, truck and taxi drivers, customs and police officers, money transfer agencies and private and public hotels and restaurants. Their preferable cities of transaction were Lagos, Maiduguri and Kano in Nigeria, and Cotonou in Benin, and they cross the borders into these cities either by land or air to get mostly clothes and electric appliances cherished by the Cameroonian population. However, sustainable and important, Wassouni approves of this commercial activity in terms of ameliorating living standards of the women and their families – often regulated by the cross-border administrations concerned – he concludes that such activities also encouraged smuggling and the corruption of trans-border public agents, which directly influenced the resources available in the State's coffers.

But with the emergence of the terrorist group Boko Haram in Nigeria and its effects on trans-border interactions around the Lake Chad Basin area, the issue of concern was no longer how much the state gained from these interactions, but how to bring this group with a transnational character to book. This is what Mark Bolak Funteh looks at in his article. He claims that the frontiers of Cameroon and Nigeria reflected eventful spaces of openness, offering to both peoples great opportunities in terms of human and commodity cross fluidity. This disposition of consistent flow of persons and trade-currents and their multipliers effects were of great dividend. But due to the insecurity that reigned in Nigeria (caused in the main by activities of Boko Haram) the Nigerian government closed down its borders with her neighbors. This closure had serious influence on the cross-border activities between the peoples of Cameroon and Nigeria, especially those on the Banki-Limani trajectory. In fact, the fear and uncertainty imposed by the acts of insecurity transformed this Cameroon-Nigeria open border type into a close one, causing the quantitative and qualitative human and commodity dwindling flow, and as a matter of cause, situated the smuggling situation on another undisputed state of affairs. Amidst the smuggling, the flow was soon redirected to other corridors of the region of the Far North and later to the region of the North, especially when the insecurity situation in the former region became unprecedented. This paper, based on published and unpublished sources and oral consultation with the actors and eyewitnesses, critically examines how the insecurity disposition in neighboring Nigeria changed the nature of its borders with Cameroon, and how such change directly affected the eventful Banki and Limani borderline trajectory. As it settles on the quantitative and qualitative human and commodity dwindling flow effect of this change, the paper also appraises the smuggling situation imposed upon by the state of affairs. It concludes by attempting a preemptive therapy for future-related situations.

Chapter 1

Administration cantonale et dynamique sociopolitique dans les monts Mandara camerounais et nigérians (1916-1958)

Samuel Kamougnana

L'occupation européenne des monts Mandara survient à la faveur de la conquête du Nord-Cameroun dès 1893 par l'Allemagne. Après la défaite allemande pendant la guerre de 1914-1918, les Français et les Anglais deviennent maîtres des lieux dont ils se proposent aussitôt de réorganiser. Les groupements ethniques qui aboutiront plus tard aux cantons ou *districts area* restent l'une des structures utilisées à cette fin. Ce cadre organisationnel des entités ethniques, mainte fois remanié avait offert l'opportunité d'un changement sociopolitique, d'une émergence des représentations sociales, d'une redistribution des pouvoirs au niveau local et par conséquence des perspectives de renforcement des phénomènes de contestation. Mais ce qui nous intéresse ici n'est pas de proposer une analyse comparative et historique de la chefferie comme institution, dans toutes ses nuances. C'est de dégager, en nous appuyant sur le cas de la chefferie dans les monts Mandara, les grandes lignes du mode chefferial de gouvernance locale, dans la mesure où les diverses façons dont les chefs exercent leur pouvoir et remplissent leurs fonctions dans les arènes locales, nous semblent offrir des caractéristiques communes : la confusion des pouvoirs, la prédation, l'absence de redevabilité envers les populations, les rivalités intestines, la défense d'une idéologie aristocratique et patriarcale. Tout au plus, il importe de comprendre la dynamique sociopolitique induite par l'institution cantonale dans les monts Mandara. Pour répondre à cette problématique, il s'agira ici de saisir les circonstances de l'avènement, la portée et les implications de ce changement institutionnel.

Introduction

Situés au sud du bassin tchadien, les monts Mandara ont été au centre des rivalités coloniales favorables à l'Allemagne dès 1884. La répercussion que cette présence allemande, entre les sphères d'influence anglaise et française, avait sur les activités économiques de ces deux autres protagonistes, fut déterminante pour le déclenchement des hostilités qui mirent finalement l'Allemagne hors de ses frontières. Ce contexte conduisit à un nouveau remembrement territorial qui reflétait avant tout les préoccupations des puissances en présence[1]. La création d'une nouvelle frontière est alors fait afin de préserver la paix sociale, mieux susciter le concours actif des indigènes, facteur essentiel de la mise en valeur de la région[2]. C'est ainsi qu'au sortir de la période allemande en 1916, le bassin tchadien connaitra une profonde évolution politique contrastant avec les processus de réorganisation antérieurs. Aux acquis allemands étaient venues se greffer de nouvelles formes d'encadrements qui entraînèrent progressivement de nouvelles recompositions spatiales marquées de profondes mutations. Ce que la France avait appelé, dès lors, la « politique indigène », impliqua outre le maintien des lamidats et sultanats soutenus par les Allemands, mais surtout la création de nouvelles aires de commandement connues sous l'appellation de canton (*district area*) dont nous nous proposons de présenter son avènement et son évolution dans la région sous administration française.

I – Les monts Mandara avant l'avènement de l'institution cantonale

Les peuples des Monts Mandara, avant l'avènement des cantons, offraient une gamme variée de structures politiques, régulatrices, parfois très réglementées. C'est ainsi que cette région est dominée au

---

[1] J. Ki-Zerbo, 2005, « Frontières et paix : quelques considérations méthodologiques liminaires », In UNESCO, *Des frontières en Afrique du XIIe au XXe siècle*, STEDI-MÉDIA, Paris, p.87.

[2] H. Abdouraman, 2006, « Frontières et découpages territoriaux dans l'Extrême-Nord du Cameroun : Enjeux et implications (XIVème-XXème siècle) », Thèse de Doctorat/Ph.D., Université de Ngaoundéré, p.1.

Nord par le royaume du Wandala, les sociétés sans organisation au centre que limitent au Sud les confédérations des piedmonts du Mandara méridional. L'émergence du Wandala remonterait au 15ᵉ siècle³ avant de connaître au 19ᵉ siècle son âge d'or. Centré sur Doulo, ce royaume, rivalisa même le Kanem-Bornou son ancien suzerain et les entités peules conquérantes du Fombina. Il augmenta ainsi sa suprématie de part et d'autre des monts Mandara jusqu'à Lara en pays Moundang qu'il organisa par l'intermédiaire de ses notables ou des locaux ayant accepté sa domination⁴. Ces notables nommés *chima*, qui étaient surtout chefs de fiefs, avaient pour mission d'y faire rentrer l'impôt, d'y instruire les affaires judiciaires graves relevant rarement du commandement ethnique maintenu par le sultan. Tandis que les villages les plus importants et les plus stratégiques étaient dirigés par les *Blama*, les chefs locaux qui regroupaient alors sous leur autorité et sans unité géographique, les villages qu'habitaient les clans appartenant à une même fraction. Dans les contrées les plus proches de Doulo, les *Chima* se faisaient représenter par un *Madam* ou surveillant de fief⁵. Cette déconcentration de ses pouvoirs du sultan restait alors utilitaire pour contenir ses vassaux mafa, mofou, mada et méri par des alliances multiples, lorsque leur mise en coupe s'avérait totalement impossible.

Au sud de cet immense royaume se trouvent des espaces où s'expérimentèrent de nouvelles formes d'encadrement social. Ces sphères d'encadrement sont la confédération et la fédération de plusieurs villages dont Marcel Roupsard situe l'émergence entre les 17ᵉ et 18ᵉ siècles. Contrôlant toute la sphère allant de la vallée inférieure du Yedseram jusqu'aux plateaux de l'Adamaoua⁶, ces deux modèles d'administration si proches formaient donc une sorte

---

³ J. Ki-zerbo, 1978, *Histoire générale de l'Afrique noire*, Hatier, Paris, p. 290.

⁴ E. Mohammadou, 1975, *Le royaume du Wandala ou Mandara au XIXᵉ siècle*, ONAREST/ISH, Bamenda, p. 194. Lire davantage C. Seignobos et O. Iyébi-Mandjek, *Atlas de la province de l'Extrême-Nord-Cameroun*, éds 2000, IRD/MINREST/INC, Paris, p. 46.

⁵ I. Saibou, 2001, « Autorités traditionnelles et bandits de grand chemin au Nord-Cameroun : Entre collaboration, confrontation et nécessaire réforme », In Y. Shimada (éd), *African Traditional Kingdom Studies III*, Graduate School of Letters, Nagoya University, p. 175.

⁶ M. Roupsard, 1987, *Nord-Cameroun : ouverture et développement*, Claude Bellée, Coutances, p.58.

d'association égalitaire entre des groupes humains indépendants autour d'un certain nombre de domaines. Ainsi, le système dit confédéral qui était spécifique aux monts Mandara, regroupait aisément des populations, de nature migrante, dispersées dans des villages de fortune, fuyant le pouvoir militaire du Wandala ou étendant l'influence purement religieuse de Gudule et de Sukkur dont l'exemple le plus illustratif est le Mouvya connu aussi sous l'appellation de « confédération Goudé » qui émergea au 17ᵉ siècle grâce à l'ingéniosité de quelques familles Choa nomades ayant infiltré la région du Mandara méridional au 16ᵉ siècle[7]. Elle s'étend entre Mijilu au nord, à la frontière avec les Higi, la rivière Pakka au sud sur les marches des Njeng, Luggere Sadi au Sud-est la séparant des Fali dits du Sud et enfin le pays Kilba à l'Ouest[8].

Le trait caractéristique de cette confédération résidait dans l'importance accordée aux institutions de contrôle qui disposaient d'un grand nombre de pouvoirs. Que ce soit au niveau du village, de la zone ou de la capitale confédérale, tout chef temporel *(Nwanwa)* était désigné par les *Barkmiine* entendus comme « maîtres de la terre » issus du clan fondateur. Ces derniers contrôlaient aussitôt sa gestion par le biais des conseillers (*Birmine* ou *Zarmine*) représentant les autres familles ou clans établis dans l'unité spatiale de commandement. Le choix de ces derniers se réalisait toujours par les « maîtres de la terre »[9]. Dans ce contexte, les grandes agglomérations, compte tenu de leur importance démographique et de la multiplicité des composantes ethniques, étaient divisées en quartiers (*Guiwa*) ayant à leurs têtes des chefs de quartiers (*Shaguiwa*), qui sont généralement des chefs de clan ou de famille, mais quelques fois des chefs de communauté lorsque plusieurs clans ou groupes ethniques cohabitent sur un même site. Les chefs de lignages, le plus souvent, chefs de hameaux, de quartiers ou de villages portaient le même titre que celui de la confédération d'autant plus que leur autorité relevait

---

[7] NAK, D. M. Mc Bride, 1935, Mubi District Officer Repport, p. 1, (non classé).

[8] T. G. Yaro, 1975, «Continuity and change: a study of Gude-Fali relations from C.1750-1902», B.A, University of Zaria, p. 28.

[9] S. Kamougnana, 2009, « Les migrations du peuple gude », In H. Tourneux et N. Woîn, (éds), *Migrations et mobilité dans le bassin du lac Tchad*, Actes du XIIIe colloque international du réseau Mega-Tchad tenu à Maroua, Collection « Colloques et séminaires », Editions de l'IRD, Marseille, pp. 197-211.

de l'approbation de leurs « maîtres de la terre » respectifs et non d'une logique martiale[10]. Dans les unités locales, les affaires courantes ne relevaient pas de l'autorité centrale mais de celles des chefs de zones, de clans ou de villages et de quartiers, qui devaient faire preuve d'impartialité[11]

La fonction du chef confédéral (qu'on désigne aussi par *Nwanwa guera* pour le spécifier des autres chefs) consistait, en conséquence, à assurer la sécurité de la sphère qu'il a pu fédérer et en tant que tel, il avait le pouvoir de déclarer la guerre ou conclure la paix avec les entités voisines. Et c'est la mise en place de ce système d'administration qui hiérarchisa l'autorité et multiplia aux différents échelons de l'organisation, les représentants du pouvoir confédéral. Cette hiérarchisation spatiale fédéra solidement le Mouvya, si bien que l'autorité du souverain tendit vers la fin du 18e siècle à s'individualiser encore plus, non seulement au sommet du système, mais à tous les niveaux des unités politiques secondaires[12]. C'est à cette époque que la confédération, centrée sur la citadelle de Gella au sud de Mubi mit en place, pour la première fois, avec l'aide des Bornouans un conseil confédéral dénommé *guundirin*. Certes, le rôle des conseils locaux et des formes collectives du pouvoir n'en disparaissait pas pour autant car ils conservèrent une grande importance dans l'ensemble de l'organisation puisqu'ils apparaissent toujours comme un rouage principal du gouvernement confédéral. Ceci explique l'avantage, du point de vue du maintien de l'ordre social, des systèmes présentant des formes d'autorité distinctes, comme celles des « maîtres de la terre », dont les pouvoirs politiques sont moins discutables[13]. Et pour faire sentir la force de leur influence conservatrice, certains de ces chefs supérieurs ne manquèrent pas, à l'image des sultans et shehu du Wandala et du Bornou, de concentrer entre leurs mains les fonctions temporelles et religieuses, pour contenir comme l'indique Vignon « toute forme d'opposition »[14]. En accumulant, de la sorte, les fonctions militaire, spirituelle, politique et

---

[10] A. Sa'ad, 1979, p. 19.
[11] *Ibid.*
[12] J. Lombard, 1976, p. 53.
[13] *Ibid.* p. 45.
[14] L. Vignon, 1919, *Politique coloniale : les questions indigènes*, Quatrième édition, Librairie Plon, Paris.

parfois de premier arbitre ou de juge suprême, ces chefs acquièrent ce que Lissouba appelle « une quittance pour régner sans partage »[15] pour demeurer absolument l'épicentre de la société[16].

Entre le Wandala cette confédération du Mandara méridional, se sont constitués, pour des raisons diverses, d'autres modèles d'occupation spatiale. Ici, les lieux et territoires de mobilisation des ressources humaines sont très restreints, de formes isolées et quelquefois des plus éphémères. À l'exemple qu'offrent les pays mafa, marghi, higi et mofou, ce niveau de cohésion humaine se définissait à un échelon plus restreint, celui du massif[17] qui ne constitue pas qu'un village mais plutôt une unité de peuplement car l'habitat y est dispersé et ne se rattache pas à un centre bien défini. Et comme précise Boutrais, cet espace apparaît surtout comme la base de toute l'organisation politique des montagnards et le cadre de leur vie sociale[18]. Ces groupements étaient constitués d'un ensemble de lignage dont l'identité culturelle et l'autorité lignagère s'étendaient partout où le lignage, prolifique, essaimait de nouveaux hameaux et des campements[19]. Cette souplesse de leur structure d'encadrement sociopolitique explique largement pourquoi ces peuples étaient considérés comme des sociétés segmentaires ou lignagères d'autant plus qu'ils ne se réclamaient d'aucune autorité centrale. Ces peuples étaient le plus souvent organisés en clans regroupant chacun quelques dizaines de personnes agissant librement sous le contrôle sécuritaire et spirituel de leur chef de terre, qui était une sorte leur génie de la nature[20]. Dans ces groupes n'ayant pas développé un cadre assez large de commandement, l'autorité du chef de la communauté était essentiellement d'ordre moral et gérait un patrimoine commun,

---

[15] P. Lissouba, 1975, *Conscience du développement et démocratie*, Les Nouvelles Editions Africaines, Dakar – Abidjan, p.52.

[16] Gonidec P. F., 1978, *Les systèmes politiques africains*, T. XXVII, LGDJ, Paris, p. 287.

[17] *Ibid*. p.112.

[18] J. Boutrais, 1973, *La colonisation des plaines par les montagnards au Nord du Cameroun (Monts Mandara)*, ORSTOM, Paris, p.43.

[19] J. -Y. Martin, 1968, « Les Matakam du Nord-Cameroun. Dynamique sociaux et problèmes de modernisation », Thèse de Doctorat de 3e cycle, Yaoundé, p.78.

[20] Y. Schaller, 1973, *Les Kirdi du Nord-Cameroun*, Imprimerie des dernières nouvelles, Strasbourg, p.104.

inaliénable, qui ne lui appartenait pas[21]. Leurs chefs, le plus souvent "doyens de lignage", en plus de leur pouvoir religieux[22] étaient parfois considérés comme des "chefs de guerre", fonction circonstancielle qui prenait toujours fin une fois la crise maîtrisée[23]. On peut comprendre ainsi pourquoi la conscience des solidarités et des valeurs culturelles n'a jamais été isolée et surtout pourquoi l'identité collective dans ces sociétés était la plus étendue.

Lorsque les Peuls arrivèrent du Bornou et des pays hausa dans les zones d'accès faciles des monts Mandara avant de former ce qu'il conviendra d'appeler *Fombina* (sud) et *Funnange* (orient), ils ne formaient que quelques colonies de proportions marginales au sein des populations qu'ils trouvaient en place. Leurs présences étaient plus marquées autour de Uba, Madagali, Gude, Mubi-Lamorde, Digil, Gawar, Mokolo, Boula et Bourha[24]. À cause des bonnes relations qu'ils avaient nouées avec leurs hôtes, rien ne pouvait déclencher en eux un motif de ressentiment ouvert ou susciter chez eux une aventure expansionniste[25]. Seuls les émirats peuls de Bauchi, le Bornou et le Wandala, avaient des visées expansionnistes vis-à-vis de ces peuples des monts du Mandara. Ceci justifia d'emblée pourquoi, malgré cette volonté si manifeste de ces trois mouvements précurseurs du Jihad d'Ousman Dan Fodio de créer un espace politique et économique pacifié, les piedmonts occidentaux du Mandara ne connurent pas de visées islamistes.

De fait, dans cette nouvelle aventure, qui chercha d'étendre à l'infini le *Dar-al-Islam* au détriment du *Dar-al-Harb* ou terre des mécréants[26], ce furent les Mofou, Mafa/Margi et Kapsiki/Higi, n'ayant jamais connu la présence peule, qui subirent les contrecoups de ce mouvement qui s'inscrit dans un nouveau registre ethnico-religieux concurrent. Les Foulbé, en effet, ne se contentèrent pas de

---

[21] C. Raynaut, (dir.) 1997. *Sahels, diversité et dynamiques des relations sociétés-nature*, Kharthala, Paris.

[22] Le Bris E., Le Roy E. et Mathieu P., 1991. *L'appropriation de la terre en Afrique noire : manuel d'analyse, de décision, et de gestion foncière*, Karthala, Paris.

[23] A. Tassou, 2005, p.34; Y. Schaller, 1973, p.48.

[24] E. Mohammadou, 1988, pp.20-25.

[25] E. Mveng, 1985, *Histoire du Cameroun*, CEPER, Yaoundé ; T. M. Bah, 1996, « Cheiks et marabouts maghrébins prédicateurs dans l'Adamaoua 19e -20e siècles », *Ngaoundéré Anthropos, revue de sciences sociales*, Vol. 1, p.8.

[26] H. Abdouraman, 2006, p. 42

dominer les plaines, précise Boutrais, puisqu'ils pénétrèrent aussi sur les hautes surfaces des Monts Mandara : au sud, à partir de Mubi vers Bourha, au nord, à partir de Madagali d'un côté et de Zamaï de l'autre. La jonction faite vers 1830 entre les Foulbé de Madagali et ceux de Gawar, avait donné naissance aux villages de Wandaï et de Koséhone en territoire mafa[27]. Pour échapper à ces guerriers peuls venus de Mabass, Michika, Mubi et surtout aux griffes de l'insupportable *lamido* Hammayadji de Madagali très réputé pour ses exactions, ceux-ci s'étaient réfugiés sur la chaîne montagneuse au nord de Mokolo ou sur les massifs isolés dominant le plateau[28]. Après cette occupation, les Foulbé, peu nombreux, ne poussèrent jamais leurs attaques dans les massifs, mais par leur seule présence et par la menace permanente qu'ils constituaient, ces avant-postes perturbèrent leurs voisins montagnards.

Sur ces nouvelles contrées indéfendables, les Peuls et les Mandara introduisent de nouvelles notions d'espace d'encadrement politico-administratif : celles des aires militaro-théocratiques centrées autour de Dikwa, Uba, Madagali, Mubi, Doulo, Mora qu'emboîtaient les monts hostiles et insoumis des peuples Mafa/Marghi, Mofou, Mada, Meri, Mouktele, Podoko, Kapsiki/Higi Goudé/Montchigina, Njeng…majoritairement païens[29]. Cette insoumission totale des zones montagnardes par ces hégémonies musulmanes[30], explique même la configuration isolée des chefferies peules et mandara tout comme la redistribution à l'infinie de l'espace païen en cellules montagnardes indépendantes. De même, ce contexte conflictuel, donna naissance, dans les monts Mandara, à deux catégories de personnes : les dominants musulmans (*julbé* ou *rimbe*) et les dominés païens nommés (*haabé* ou *kirdi*)[31] que le premier groupe assimile souvent aux esclaves connus sous l'appellation (*maccube*)[32]. Situation

---

[27] J. Boutrais, 1973, « Les contacts entre sociétés », In *Le Nord du Cameroun : des hommes une région*, p. 271-272.

[28] J.-Y. Martin, 1970, p.27.

[29] D. Abwa, 2010, pp.23-24.

[30] A. Beauvilain, 1989, « Nord-Cameroun, crise et peuplement », Thèse de Doctorat d'Etat, Université de Rouen, p.18.

[31] G. Pontié, 1973, *Les Guiziga du Cameroun septentrional*, ORSTOM, Paris, p.35.

[32] D. Abwa, 2007, « Peut-on parler de la revanche des Kirdi du Nord-Cameroun aujourd'hui ? », *Annales de la FALSH*, Université de Yaoundé I, vol I, No 6, Nouvelles série, premier semestre, p. 42.

si confuse que renforcent les forces britanniques et allemandes dès leur arrivée dans le bassin tchadien, par une action diplomatique[33] dont les clauses laissent entièrement à l'Allemagne le massif Mandara[34] dès le 14 août 1893[35]. Cette action de démarcation de la partie montagnarde entraîna alors l'émergence d'un nouvel ancrage spatial dans un nouveau cadrage[36] modifia profondément la configuration de l'émirat de *Fombina* en le séparant de ses dépendances montagnardes orientales qu'étaient les lamidats de Mubi, Madagali, Gawar, Bourha, Zamaï, Vokna, Maiha.

Lorsque l'Allemagne prend entièrement le contrôle des monts Mandara sans une vision assez claire du système d'encadrement à y appliquer[37], elle préfère en confier la gestion à ses compagnies à charte et aux chefs locaux, faute de moyens et de personnel[38]. Toutefois, à cause des résistances farouches des populations montagnardes à l'égard des Allemands, ces derniers consacrent la réorganisation de la région à la faveur de leurs alliés commerciaux qu'étaient ces chefs musulmans minoritaires et tant décriés[39]. Ceux-ci en profitent pour réinstaurer leurs postes de commandement jadis décadents de Mora, Dikwa, Madagali et Mubi, et s'établir comme des chefferies autonomes, doublées de mécanismes répressifs, qui entraînent dès 1900, une profonde évolution politique et administrative contrastant avec celle précoloniale[40]. Cette option allemande, conçue pour réaliser une organisation territoriale de

---

[33] H. Abdouraman, 2006, p. 151. C'est ici le lieu de rappeler qu'entre les immensités vides il y avait des espaces « administrés », et donc une certaine conscience des limites au-delà desquelles commençait l'inconnu ou l'insécurité : le territoire de l'autre.

[34] A. Owona, 1996, *La naissance du Cameroun 1884-1914*, L'Harmattan, Paris, p. 47.

[35] D. Abwa, 2010, p.92.

[36] M. Foucher, 1994, *Fronts et frontières*, Fayard, Paris, p. 167.

[37] J. B. Norodom Kiari, 2010, « A propos des « indépendances » du Cameroun », In *Rio dos Camaroes*, Revue Camerounaise d'Histoire et des Traditions, N° 1- Juin 2010, Paris, l'Harmattan, p.83.

[38] R. Cornevin, 1969, *L'histoire de la colonisation allemande*, Que sais-je ? N°1331, Paris, P.U.F., p. 38.

[39] Olufemi Vaughan, "Chieftaincy Politics and Social Relations in Nigeria," *Journal of Commonwealth and Comparative Politics*, Vol. 29, No. 3, November 1991, p. 308.

[40] C. Coquery-Vidrovitch, 1989, *Afrique Noire Permanences et ruptures*, Payot, Paris.

circonstance[41], autour du poste militaire de Mora en 1901[42] laissait dans l'imprécision totale les pouvoirs réels accordés aux chefs indigènes ainsi que le degré de contrôle exercé par l'administration allemande car en réalité, « la chefferie telle que l'a conçue le système colonial allemand, même si on l'a exaltée comme le témoignage du respect des coutumes et des institutions africaines, n'existe que par la volonté du colonisateur et ne pouvait être autre chose que son instrument »[43]. Ainsi, la seule menace qui plane sur eux est la révocation, s'ils déplaisent trop au pouvoir central, ce qui explique sans doute le fait que les chefs aient, dans leur très grande majorité, toujours penché du côté du régime en place. Cette complaisance a pour contrepartie le fait qu'on leur laisse les mains libres en matière de politique locale.

Et face à cette centralisation du pouvoir autour des *lamidats* et sultanats, auprès de qui la milice allemande jouait le rôle de protecteur et parfois d'exécuteur de besogne[44], les populations non musulmanes n'ont plus ou moins conscience que de leur vulnérabilité. C'est pourquoi leurs sentiments à l'égard des chefs musulmans sont si ambigus : un mélange de d'admiration, d'envie et de crainte. Il est vrai que le problème qu'ils ont à résoudre n'est pas simple, puisqu'il s'agit pour eux de sauvegarder, voire de renforcer leur identité. Ce n'était donc pas sans raison qu'ils avaient opposé des résistances farouches tant ils voyaient avec dédain que leur soit imposés des chefs qu'ils avaient longtemps combattus. Ainsi, sous la conduite de ces géants qui imposent leur rythme sinon leur loi, leurs goûts, leurs besoins, leurs critères, seules les dynasties païennes de Hina qui se replièrent sur elles-mêmes se perpétuèrent[45].

---

[41] H. Rudin, 1968, *Germans in the Cameroon 1884-1914. A case study in modern imperialism*, Yale, Greenwood press, pp. 183-184.

[42] A. F. Dikoumè, 2006, p.53.

[43] Coquery-Vidrovitch, (dir.), 1992, *L'Afrique Occidentale au temps des Français, colonisateurs et colonisés 1860-1960*, La Découverte, Paris, p. 89.

[44] M. Roupsard, 1987, *Nord-Cameroun : ouverture et développement*, Impression et Façonnage Claude Bellée, Cautances, p.14-22. L'auteur rapporte même que ce contrôle des populations païennes s'avéra d'autant plus difficile que, pour parvenir à leurs fins, les responsables militaires allemands durent s'allier aux lamidats foulbé auxquels les montagnards avaient résisté pendant tout le XIXe siècle.

[45] ANY, 2AC17117, p. 16.

Ajouté aux fréquentes incursions des cavaliers musulmans un appui constant des troupes allemandes, le zèle conquérant des lamibé et sultans de Mora, Dikwa, Madagali et Mubi, ne pouvait que produire des effets contraires à ceux escomptés[46]. Mais ce sont des géants qui ont aussi leurs problèmes, qui ont, un moment, donné l'impression de vaciller, de connaître à leur tour le doute et qui paraissent se reprendre. Le chef musulman, en effet, a toujours bénéficié d'une large tolérance des autorités allemandes pour prélever près d'eux des redevances dites « coutumières » et autres « contributions » ou tributs. Cette onction de l'administration coloniale implique donc l'absence de toute comptabilité. Pas de budget, pas de comptes. Mais, au-delà des comptes au sens strict, les chefs échappent à toute redevabilité (*accountability*) envers leurs administrés. Ils sont en effet imposés à vie par l'administration, et ne sont donc soumis à aucun contrôle de la part de leurs "sujets". Par ces écarts de comportement, ces chefs deviennent des géants qui inquiètent, vis-à-vis de qui l'on cherche à prendre ses distances. C'est dans ce contexte que les Allemands se sont rendus compte en fait que le païen est un élément beaucoup trop précieux pour le livrer purement et simplement à l'oppression des Foulbé, c'est pourquoi il faudrait observer un principe qui vise au développement libre et séparé du Foulbé et du païen, chose très réalisable à présent sous le contrôle de l'européen.

Cependant, si cette tâche envisage établir un cadre meilleur, son application requiert une parfaite connaissance du pays, beaucoup de doigté, et surtout une grande patience, avant que l'administration ne parvienne à gagner la confiance de ces païens jusqu'ici pourchassés et asservis en permanence. Et c'est cette initiative, que les Français et les Anglais vont tenter de réaliser après avoir bouté les Allemands hors de leurs domaines des monts Mandara.

---

[46] R. Cornevin, 1969, *L'histoire de la colonisation allemande*, Que sais-je ?, N°1331, Paris, P.U.F., p. 38.

II- L'institution cantonale sous administrations française et britannique

L'Allemagne vaincue, la France et la Grande-Bretagne décidèrent de placer sous l'autorité de leurs pays respectifs les zones occupées par leurs troupes[47]. Par ce partage qui réunit pour la première fois, le 6 mars 1916 à Douala, les généraux Dobell et Aymerich[48], toute la zone montagnarde est divisée en deux parties d'inégales valeurs confiées aux chefs musulmans, peu acceptés des indigènes[49] en raison de l'organisation bien structurée de leurs gouvernements. C'est ainsi que la partie montagnarde qui leur échut[50] fut administrée comme une partie intégrante[51] des émirats de Yola et de Dikwa où la nouvelle subdivision de Mubi regroupe les 5 nouveaux districts qui rejoignent le giron peul de Yola[52]. De même, l'incorporation d'Ashigasiya et Gwoza au Bornou permit à la division de Dikwa d'être érigée en un émirat autonome de même nom[53]. De fait le Mandara britannique est partagé en deux subdivisions qui regroupent 7 *districts areas*[54] tandis que la circonscription du Mandara français, incluant les subdivisions de Mora, Mokolo et Guider[55], couvre plus d'une vingtaine de chefferies.

Ici, la chefferie « administrative », reste une institution fondamentale de l'administration locale, au service de la colonisation qui s'inspire de diverses institutions précoloniales, dont elle entend

---

[47] D. Abwa, 1998, *Commissaires et Hauts-Commissaires de la France au Cameroun (1916-1960) : ces hommes qui ont façonné politiquement le Cameroun*, Presses Universitaires de Yaoundé et Presses de l'UCAC, Yaoundé, p.8.

[48] E. Mveng, 1989, p. 117.

[49] Saibou I., 2000, « Conflits et problèmes de sécurité aux abords sud du lac Tchad », Thèse de doctorat Ph. D., Université de Yaoundé I, p.13.

[50] D. Abwa, 2010, p.163.

[51] D. E. Gardinier, 1967, "The British in the Cameroons, 1919-1939", In P. Gifford and W. R. Louis (ed.), *Britain and Germany in Africa: Imperial Rivalry and Colonial Rule*, New Haven and London, Yale University Press, p. 540.

[52] A.H.M. Kirk-Greene, 1958, *Adamawa: Past and Present*, Oxford University Press, London, pp.147-149.

[53] B. Chem-Langëë, 1984, *The paradoxes of self-determination in the Cameroons under United Kingdom administration: The search for Identity, well-being and Continuity*, University Press of America, Lanham, p. 4.

[54] NAK, Yolaprof, K3, The Cameroon Organisation by French from December 1916 to August 1918, p. 2.

[55] D. Abwa, 2010, p. 164.

tirer sa légitimité. Cependant ces chefferies « administratives » (nous les appelons ainsi pour les distinguer des chefferies précoloniales) n'avaient que peu de rapports avec les formes politiques antérieures, même si elles en avaient repris les attributs symboliques et si leurs détenteurs étaient souvent issus des aristocraties précoloniales. En effet, les systèmes politiques précoloniaux étaient multiples, depuis les conseils des anciens et les chefs de terre, jusqu'aux royaumes, émirats et sultanats, en passant par les confédérations et des relations très diverses de vassalité. Ils reposaient plus ou moins, selon les cas, sur les relations de parenté, sur les classes d'âge, sur les classes, castes ou ordres sociaux, sur les raids, sur la guerre (parfois sainte), sur l'esclavage, sur le commerce caravanier. Par contre, les chefferies administratives ont été des auxiliaires de l'État colonial, avec pour fonction principale d'assurer l'interface entre le despotisme colonial et les populations. Dans son canton, le chef détenait sous la colonisation tous les pouvoirs, plus particulièrement les pouvoirs d'administration, de justice et de police. À l'échelle locale, il n'y avait ni division des pouvoirs, ni équilibre des pouvoirs, mais confusion des pouvoirs.

Pour les Anglais surtout, le soutien apporté à ces souverains musulmans n'allait que de soi à cause du caractère dispersé qu'affichaient les populations montagnardes de Gwoza. Et comme le témoigne Eustace à propos: « *In the case of Gwoza "there was no indigenous administration or central government in the area and the pacification of the hill pagans ("hill people") was not complete. It was therefore necessary to use the nearest well established emirate organization*»[56]. De même les Français trouvaient aussi le chef musulman comme cet homme politique et religieux ayant sous son autorité la majeure partie de ses populations. Auréolé d'un prestige certain, le lamido ou le sultan se présentait comme un interlocuteur valable, comme auxiliaire tout indiqué[57], d'autant plus que ces derniers étaient les seuls à disposer d'une force de répression et d'une influence considérable[58]. Et il

---

[56] NAK, Report on the hill pagan of Ashigashiya and Gwoza by R.B.B. Eustace, 1939, SNP 173, 4, 5 series.

[57] D. Abwa, 1980, « Le lamidat de Ngaoundéré de 1915 à 1945 », Thèse de Master's degree, Université de Yaoundé, p. 116.

[58] APM, APA 12065/E, Rapport Annuel de la Subdivision de Mokolo, 1951, pp. 8 et 12.

n'était pas étonnant que les Français soumettent les villages de Mozogo au sultanat de Mora et les Jimi, Mafa et Mofou aux lamidats peuls de Bourha, Mokolo, Gawar et Maroua. Au Nigéria, Michika, Uba, Moda, Madagali, Maiha et Mubi furent soumis, par les Anglais, à l'émirat de Yola tandis qu'Ashigashiya et Gwoza sont commandés par l'émir de Dikwa dans le Bornou. C'est dans ce cadre que les souverains peuls et bornouans, renforcèrent leurs pouvoirs au détriment des peuples non islamisés[59] que les administrations voyaient extrêmement « frustes et primitives». À cet égard, pour les administrations coloniales britannique et française, il s'agissait dans l'optique de *l'indirect rule* de déléguer à une fraction de l'aristocratie locale la tâche d'assurer, avec une certaine autonomie, la gestion quotidienne des populations pour leur compte.

Toutefois, si ces chefs musulmans, en les accueillant à bras ouverts leur rendait de réels services, leur action n'avait pas été désintéressée. En effet, si ces chefs furent des parfaits organisateurs et des auxiliaires précieux des premiers jours, il faut le reconnaître, qu'ils furent aussi et d'abord, d'habiles déracineurs qui surent flatter et exploiter les goûts indépendants, individualistes et même anarchiques qui marquent le caractère de leurs administrés, pour les ruiner[60]. Dans ce contexte, sa mainmise sur le foncier reste décisive. Le chef trouve dans la vénalisation et la marchandisation croissantes des terres agricoles de nouvelles ressources. La justice rendue par le chef est également restée une source importante de revenu. Divers prélèvements plus ou moins occultes alimentent, grâce à cette fonction judiciaire, la cassette du chef de canton ou de ses hommes de main : "droit de convocation", amendes infligées et perçues directement, commissions sur les dommages et intérêts et, surtout, d'importantes sommes très souvent versées pour se gagner la bienveillance du chef ou de ses conseillers, avant un jugement, ou pour les remercier, après. La vénalité de cette justice prend en partie sa source dans la chefferie administrative.

Cependant, la visibilité et la centralité du chef de canton ont leur revers de médaille : elles impliquent d'innombrables conflits et intrigues, en particulier au sein du clan de l'aristocratie locale des

---

[59] C. Coquery-Vidrovitch, 1989, *Afrique Noire Permanences et ruptures*, Payot, Paris.

[60] ANY, Rapport annuel, Mokolo, 1943.

"ayants droit". À la mort d'un chef, le successeur est en effet choisi parmi différents candidats au sein de sa famille. Les parents évincés, les cousins désavoués ne ménagent pas aigreurs et rumeurs. Il n'est guère de chefferie sans coterie interne contre le chef en place, dressant une partie de la famille régnante contre une autre. Parmi les prétendants, chacun veut obtenir à coups d'intrigue auprès du pouvoir central la disqualification de ses adversaires et sa propre qualification, en invoquant telle décision d'un administrateur colonial précédent, en se réclamant d'un canton colonial éphémère disparu entre-temps, en brandissant un grand-père révoqué ou un oncle injustement récusé, en mobilisant parfois des références précoloniales plus ou moins contestées ou des procédures « traditionnelles » plus ou moins réinterprétées... Depuis la colonisation et la création de la chefferie administrative, les nominations et dépositions de chefs, dans des branches rivales, se sont partout succédé, au gré de l'arbitraire et des préférences du pouvoir colonial, multipliant ainsi les contentieux et les revendications entre les divers héritiers de ces chefs successifs. De plus, les limites des cantons ont, elles aussi, varié, excluant ou incluant par-là même telle ou telle fraction de l'aristocratie locale du groupe des prétendants. Ces deux éléments, la concentration des signes du pouvoir local sur une seule personne et le monopole de la fonction par les différentes branches d'une seule famille, convergent pour rendre compte de la permanence et de l'acuité des « conflits de proximité » ou des « conflits de parenté » autour de la chefferie de canton. Nommé à vie, le chef a donc un opposant à vie, en général le cousin ou le neveu qu'il a évincé lors de la course au titre.

À ceci, il faut aussi ajouter, dans les exactions de ces nouveaux chefs promus, la défense d'une idéologie aristocratique et patriarcale. En effet, cette double idéologie inégalitaire (reproduisant la suprématie de l'aristocratie sur les roturiers) est affirmée et reproduite en particulier par la chefferie. Elle produit deux formes de discrimination majeures. La première s'exerce envers les montagnards en raison de leur ressentiment envers l'Islam, les descendants d'anciennes aristocraties, et les exclut le plus souvent des positions politiques, ainsi que du foncier. Les montagnards cultivent le plus souvent sur des terres ravies par leurs anciens maîtres, que ceux-ci tentent de plus en plus de récupérer ou sur lesquelles ils veulent désormais affirmer leurs droits. En cas de litige foncier, les anciens maîtres reçoivent le soutien de la chefferie, autrefois propriétaire terrien. Et au-delà de ces anciens dépendants, ce sont tous les « sujets » montagnards (*hill people*), à l'exclusion des aristocraties locales, qui sont l'objet d'une certaine forme de condescendance (entre mépris et paternalisme) de la part des chefs. Cette idéologie aristocratique ne semble guère en voie d'extinction, y compris dans les milieux islamisés. Et c'est conscient de ce fait, que ces autorités britanniques et françaises envisagèrent de pratiquer, à l'endroit de ces chefs, une politique ambiguë et contradictoire.

Dans cet effort d'émancipation des *pagans* qui intervint dès 1922[61], l'administration britannique fut la pionnière, lorsque déposant pour des raisons de mauvaise administration les lamibé et sultans imposés jadis par les Allemands contrôlant les sphères païennes, décida de nommer à leurs places des hommes nouveaux. L'abandon du projet de soumettre les Kirdi à l'influence de leurs oppresseurs légendaires[62] devait se réaliser dans un territoire où tous les groupes en présence devaient se sentir respectés et représentés. C'est ainsi qu'après avoir destitué les chefs oppresseurs, l'administration britannique plaça les *pagans* sous des personnalités qu'elle s'est choisie de l'extérieur, mieux dans les cours des émirs de Dikwa et de Yola. C'est dans ce contexte que les lamidats de Mubi, Madagali, Maiha et les sultanats de Gwoza et Ashigashiya, indépendants sous la bannière allemande, furent bannis et leur sphères d'autorité transformées en Districts (en entités amirales de deuxième ordre). Soumis chacun à un personnel administratif européen en la personne du *District Officer*, de fait, les nouveaux chefs en poste portèrent le titre de *District Heads*. Le terme *Head* utilisé par l'administration britannique témoigne à souhait tout le changement opéré sur la personne du sultan ou du lamido qui n'était plus le maître des lieux mais un simple fédérateur des éléments païens et musulmans disparates. Dans cette réforme, les districts ne sont plus soumis à leurs conquerants, mais aux représentants (*appointees*) de l'administration britannique qui les recrute, nomme et démet. Calqué

---

[61] J. Lombard, 1967, p. 109.
[62] J. Boutrais, 1973, *La colonisation des plaines par les montagnards au Nord du Cameroun (Monts Mandara)*, ORSTOM, Paris, p. 63.

approximativement sur l'aire ethnique[63], le profil du nouveau *District Area* ne procédait plus de la politique d'émancipation, mais du renforcement du verrou peul ou mandara sur les païens, car seules les unités claniques et villageoises, sans importance, relevaient des chefs païens. Dans ces districts en formation, les nouveaux leaders avaient constitué autour d'eux des fiefs et une cour factieuse au point où leurs représentants (*Ajiya* et *Wakili*) rappelaient aux peuples montagnards le règne des anciens lamibé peuls et propriétaires des domaines (*Chima*) dans l'empire du Bornou qui les avaient précédés.

Seulement, nommés pour un encadrement territorial impartial, ces représentants avaient reproduit plutôt dans leurs lieux d'affectation leurs propres services administratifs[64], où ils cultivaient en outre, une vie ostentatoire que l'administration coloniale et leurs émirs respectifs ne tardèrent à décrier. Parmi les mesures entreprises figurent la création des *Natives Treasuries*, la fixation du salaire des chefs qui finirent par détruire leur édifice fiscal[65]. Dès lors, nombreux étaient ceux qui ne pouvaient garder une relative dignité que grâce à la générosité de ceux qui, parmi les administrés, (et notamment les bandits), possédaient une fortune personnelle. Dans bien des cas, ces derniers se sont réduits à cultiver pour subvenir aux besoins alimentaires d'un entourage toujours nombreux, mais aussi à l'émergence des comportements déviants de nombreux chefs[66]. Par ce changement brusque, leur pouvoir dépouillé de son prestigieux apparat et, les chefs devenaient des pauvres ambassadeurs de l'administration coloniale[67]. À ces mesures, il faut aussi noter les sanctions disciplinaires comme l'exil, l'emprisonnement et la

---

[63] F. Zuccarelli, 1973, « de la chefferie traditionnelle au canton : Evolution du canton colonial au Sénégal 1885-1960 », In *Cahier d'Etudes Africaines*, Vol 13, n° 50.

[64] M. Djingui, 2006, « Chef traditionnel dans une situation post-coloniale de l'état moderne », In Y. Shimada, *African Traditional Kingdoms Studies III*, Nagoya University, Nagoya, p. 84.

[65] SNP, Note sur le comportement du District Head de Madagali, pp. 53-56.

[66] G. Ibrahim, 1995, « District administration in early colonial Borno, In Sa'ad, A., 1995, *Papers On Nigerian History*, Vol I, Suffa (Nig) Limited, Abuja, p.123; NAK, SNP. 7ACC. No 1271/1910, Borno Province Annual Report for 1909.

[67] I. Saibou, 2006, « Autorités traditionnelles et bandits de grand chemin au Nord-Cameroun : Entre collaboration, confrontation et nécessaire réforme », In Y. Shimada (ed), p. 102.

destitution, dont ils subissaient[68]. La déposition Baba Bukar, *district head* de Bama[69] et Hayatu, *district head* de Madagali, furent les exemples les plus indiqués de cette réalité[70]. Cette propension à la déposition des chefs, pour asseoir l'autorité britannique, n'épargna même pas l'illustre personnage de Wali (Aliou), alors émir de l'Adamawa, en 1953 en remplacement du fils de l'ancien émir Mustapha[71]. À ces mesures réductrices de l'autorité des chefs devait s'ajouter dans les deux sphères, de multiples restructurations territoriales.

Dans le but de se doter d'un maillage territorial adéquat, les Britanniques et les Français divisèrent leurs circonscriptions administratives du Mandara en de nombreuses subdivisions, chacune placée sous la responsabilité d'un fonctionnaire d'autorité. Par cette mise en parallèle des unités administratives et celles indigènes, la France et la Grande-Bretagne pouvaient normalement contrôler leur zone d'influence. Les titres de *Touring Officer* (chef de circonscription) et de *District Officer* (chef de subdivision) dévolus aux collaborateurs britanniques des *District Heads* tout comme les tournées administratives introduites par les chefs de circonscriptions françaises témoignaient à suffisance cette tâche de supervision et de contrôle. Mais, dans l'Adamawa, parce qu'elles furent imposées sans concertation, elles apparurent exogènes et furent moins bien acceptées par les populations.

Refusant la nomination des représentants ou de diviser les monts Mandara en fiefs musulmans, les Français tentèrent de cadrer leur sphère en unités ethniques sous des hommes issus du milieu. Ainsi, contrairement au modèle anglais qui imposait des hommes nouveaux pour une gestion impartiale, les Français quant à eux optèrent pour la séparation nette entre païens et musulmans. La première étape de cet affranchissement consistait selon Lavergne, à délimiter l'importance exacte qu'il convenait d'attribuer aux chefs musulmans.

---

[68] M. Medou, 1982, « La chefferie traditionnelle dans la Bénoué: frein ou facteur d'efficacité dans l'action administrative », Rapport de stage, ENAM, Yaoundé, p. 4.

[69] NAK, S.N.P, N0 45261 du 06/11/1948, Cases in Supreme Court against Ex-district head of Bama, Baba Bukar.

[70] NAK, S.N.P, No. 10093, C.33/3, 28 June 1928, Administration of Dikwa Division, Bornu Province.

[71] APG, Rapport annuel de la Subdivision de Garoua, 1953, p. 8.

Ce travail qui débuta en 1941 chez les Bana détachés du canton Gawar, fut une œuvre de longue haleine et de grande patience.

Cette réforme se manifesta réellement, par le découpage d'entités territoriales soustraites de l'influence des musulmans. Les massifs septentrionaux, le démantèlement des Podoko, Mora, Mouktele, Mada, Zulgo, Molkoa-Mokyo, Ourza et Guemzek du sultanat du Mandara, entre 1942 et 1953, donna naissance aux cantons d'Ouldémé, de Vamé-Mbrémé, de Mouyengué-Palbara et d'Ouldama-Poulata. Chez les islamisés, l'administration française promut les ex-lawans de Magdémé, Boulamadéri, Djoundé, Doulo, Kourgui et Mora relevant du Sultan du Mandara en chefs de cantons indépendants, le Sultan se réservant son prestige de grand chef religieux des Mandara. De même, dans la partie méridionale, cette réforme créa les 7 cantons de Hina Daba, Gude, Bana, Kapsiki, Mofou et Matakam, pendant que les Peuls gardèrent les 4 cantons de Zamai, Gawar, Mokong et Bourha[72]. À l'issue de cette réorganisation politico-administrative, on pouvait compter en 1945, sept cantons (Mokolo, Mozogo, Hina, Zamai, Gawar, Mokong (Boula), Bourha) et cinq groupements païens d'administration directe : (Kapsiki, Mofou, Gude, Bana et Daba)[73]. Et par ces multiples efforts, la mise en place des cantons dans une région où cohabitent difficilement païens et islamisés et où vivent de nombreux groupes ethniques indépendantistes donna naissance à 28 groupements « païens »[74] à côté des 9 lamidats et sultanats entre 1922 et 1960[75].

Loin de se consacrer à la maîtrise du milieu et à tisser des liens privilégiés avec les chefs des clans influents en place, ceux-ci se comportèrent en maîtres des lieux, en vertu de l'hégémonie régionale dont jouissaient les Peuls dans le *Fombina*, renforcée par la présence britannique. Mais, contrairement aux Anglais qui avaient maintenu ou renforcé le pouvoir mandara sur les *Pagans*, « la fusion des tribus » resta étrangère à la vision française qui se distinguait par une volonté

---

[72] ANY, Lavergne, Rapport de tournée dans la subdivision de Mokolo, 1947, p. 9.

[73] ANY, 2AC17117, Rapport Annuel de la Subdivision du Margui-Wandala, 1958, p. 18.

[74] A. Beauvillain, 1989, « Nord-Cameroun, crise et peuplement », Thèse de Doctorat d'Etat, Université de Rouen, pp. 386-398.

[75] E. Mohammadou, 1983, *Peuples et études de Foumbina* : traduction d'étude par K. Stzuempell et Von Briesen, Yaoundé, p. 13.

réputée de rétablir l'unité des principes locaux et des normes politiques qui régirent jadis les *kirdi*[76]. L'action française consistait donc à affranchir les *kirdi* en créant des groupements ethniques ou commandements de races, profitant des exactions commises par les chefs peuls[77]. Dans cette représentation territorialisée du social, très populaire dans l'entre-deux-guerres, c'était la relation, la « fusion » de l'homme à la terre, symbolisée par l'idée « d'enracinement », qui constituait le fondement de son identité comme celle du groupe auquel il appartenait. Cette relation garantissait également l'attachement de l'homme à certaines traditions, coutumes, valeurs, base de l'équilibre et de l'harmonie sociale[78]. Ce fut par l'application de cette première solution que les Pagans habitant les montagnes de Dikwa gardèrent leur indépendance[79] dans la division de Dikwa tant il fallait ménager la susceptibilité du Shehu qui avait de la peine à s'accommoder de la présence des pagans sur ses dépendances de Gwoza, Ashigasiya et Kerawa où ils sont dominants et qui, du point de vue économique, faisaient la fierté de la minorité des islamisés. Dans les villages de Dure, Yamtage et Tokombere les chefs musulmans imposés par le Shehu étaient remplacés par des nouveaux chefs de villages païens placés sous le contrôle direct d'une autorité administrative en attendant que ces villages trouvent un chef fédérateur et former une portion des *Pagan Districts* de la province de l'Adamawa dépendant directement d'un même *District Officer*[80]. Par cette déconcentration du pouvoir des sultans, il s'agissait d'attirer autant les *Pagans* vers la plaine pour faciliter leur administration et limiter leur contact avec les chefs musulmans[81].

---

[76] ANY, APA, 12065/E, Garoua, 1916-1928, p. 2.

[77] ANY, APA 12065/E, Résumé de la situation politique dans la région Nord-Cameroun à la fin de l'année 1925, Garoua, 1928, p. 1.

[78] L.W. Gann et P. Duigan, 1978, *The Rulers of British Africa, 1870-1914*, Hoover Institution Publications, Stanford.

[79] ANY, APA 1AC4977, J. H. Gilmer, Rapport annuel de la subdivision du Mandara, 1953, p. 14.

[80] NAK, N°) 19668/4, Adamawa Province Annual Report, 1932, p. 3.

[81] J. Boutrais, 1968, *Aspects géographiques de l'installation des montagnards en plaine au nord du Cameroun*, ORSTOM, Yaoundé; J. Boutrais, H. Fréchou et J. Boulet, (éds.), 1979, *Le Nord du Cameroun : 10 ans de recherche*, ISH, Yaoundé.

Ces autorités locales fédérées ne furent pas soumises à un assesseur itinérant nommé par l'émir de Yola ou le Shehu de Dikwa[82]. De fait, l'amorce de cette « mise en coupe » des montagnards sans chefs imposants, contribua à raviver l'instabilité tant les Britanniques n'avaient pas pris en compte les différences interethniques et interconfessionnelles [83].

Contrairement à l'administration française qui s'était évertuée à combattre les féodalités mandara et peules, les britanniques quant à eux les avaient renforcées. Seul Dikwa avait bénéficié d'un statut spécifique de sous-émirat en entrant par le processus de l'*amalgamation* dans le giron bornouan, ce qui favorisa son autonomie vis-à-vis du Bornou. Ainsi, les *Pagans* souffrirent d'être privés du droit à l'autogestion reconnu aux *Kirdi* par les Français, notamment celui d'avoir en propre leur leader[84]. Dans cette optique, ce fut sans doute, le cas français qui était l'échelle combinant le mieux un certain nombre de réalités en regroupant les ethnies ayant la même forme d'organisation dans un cadre cantonal[85]. De fait, les deux politiques indigènes des Britanniques et des Français n'ont été, en fin de compte, qu'un *plasma*, un autre cheval de Troie aux conséquences négatives imprévisibles dont les peuples des Monts Mandara éprouvent encore de la peine à se débarrasser. Il en résulte ainsi, la confusion entre l'espace tribal et l'espace régional voulu intégrateur. C'est fort des aléas et réussite de cet héritage colonial que le Nigeria et le Cameroun entreprennent dès leur accession à l'indépendance à des multiples réformes administratives qui créèrent des situations divergentes dans les deux pays. Plus globalement, c'est la grande majorité des peuples autochtones qui paient les conséquences d'un modèle d'encadrement destructeur et inéquitable, appliqué tambour battant par les élites peules. Il se trouve même parfois surdéterminé par d'autres champs avec lesquels il interagit, notamment le champ

---

[82] NAK, NP Files, N°38811, vol.1 of 7 April 1945.

[83] G. A. Kwanashie, 2002, *The making of the North in Nigeria 1900-1965*, Arewa House, Ahmadu Bello University, Kaduna, p. 33; Lire aussi D. Cameron, 1934, *The principles of Native Administration and their Application*, smp, Lagos.

[84] B. Badié, 2002, *La Diplomatie des droits de l'homme, entre éthique et volonté de puissance*, Librairie Arthème, Fayard.

[85] ANY, APA 12065/E, Résumé de la situation politique dans la région Nord-Cameroun à la fin de l'année 1925, p. 4.

politique. Sa dynamique interne et la structuration des forces sociales qui y opèrent procèdent de la nature de ces interactions.

III - Les cantons postcoloniaux : entre tradition et modernité

Lorsque le Cameroun et le Nigéria accèdent à l'indépendance, leur option pour le principe de « gouvernement coopératif[86] » conduisait à l'abolition des chefferies, considérées alors comme une institution défaillante. Et comme le rapporte Kwanashie :

> *The regional government became constitutionally the superior authority in the region, and had wide powers over the native administrations including the power to appoint and dispose Emirs and Chiefs. It also controlled the most important resources for development and patronage within the region*[87].

Pour autant, si cette reconnaissance est bien le témoin du caractère incontournable de la chefferie traditionnelle, son statut d'auxiliaire l'insère dans le réseau administratif sans autorité réelle puisque sa position de représentants des administrés l'attache à la tradition, à la coutume. Faits et défaits par l'administration, les chefs traditionnels assistaient à l'omniprésence de l'autorité administrative dans toutes les sphères administratives. De fait, en leur substituant un cadre purement administratif[88], les chefs furent utilisés comme auxiliaires ou agents d'administration, ce qui diminua considérablement leur rôle. Cessant dès lors d'être l'émanation et le garant de la coutume, la chefferie entrait dans le circuit administratif et c'est à juste titre qu'on peut dire que le chef est relégué au rang de fonctionnaire d'exécution. Et si la chefferie traditionnelle avait fait toujours l'objet d'une reconnaissance certaine, c'est sans doute parce qu'elle représentait, le premier niveau d'administration locale[89] ou qu'elle était gardienne des identités locales, des « us et coutumes ».

---

[86] H. Abdouraman, 2006, p. 286.
[87] A. G. Kwanashie, 2002, p.149.
[88] Th. Vircoulon, 2004, « Que faire des chefs coutumiers dans la nouvelle Afrique du Sud ? », In *L'Afrique du Sud démocratique ou la réinvention d'une nation*, L'Harmattan, Paris, p. 51
[89] M. Crowder et O. Ikime, (ed), 1970, *West African Chiefs: their changing status under colonial rule and independence*, University of Ife Press, Ile-Ife, p. xxvii.

Face au double visage qu'il présente, il devient difficile de l'ignorer, comme le reconnaissait le General Sani Abacha:

> *The institution of traditional rulers is an enduring part of our heritage. It plays a critical role as the custodian of culture and traditions. Expectedly, our traditional rulers are closely linked with the grassroots, and so understand the problems of our people intimately. In our search for peace, order and stability in our society, the institution could be a veritable instrument. It is in the overall interest of our people, that this institution in our national life be acknowledged and that clear provisions are made [in the Constitution] for its functions*[90].

Du coup, le chef traditionnel et les autres formes d'autorité traditionnelles n'avaient plus de rôle à jouer au niveau de la gestion des collectivités. Lorsque les cantons étaient surtout érigés en communes, le chef traditionnel y était considéré comme un personnage culturel sans importance puisque le maire y était avant tout le délégué de l'administration. C'est ainsi que le pouvoir municipal supplantait la chefferie à la base de la pyramide étatique. Et même lorsque les chefs s'engageaient en politique, ils n'étaient souvent que des membres du conseil sans droit de veto[91]. Cette substitution du pouvoir héréditaire par celui issu des suffrages reste, à ce niveau, porteur de nouveaux conflits des rapports entre groupes sociaux, une restructuration de rapports de classe sociale aux contours encore indécis, mais qui est bien sous-jacente et que certains contextes exacerbent, soit minimisent[92]. Au regard de cette réforme, l'image de la chefferie avait besoin d'être redorée pour jouer pleinement son rôle de maillon de la chaîne administrative. Au Cameroun et au Nigeria, la chefferie demeura ambigüe du fait des fonctions traditionnelles qui lui étaient dévolues et de l'évolution même des rouages de l'administration moderne.

Véritable charte de la liberté municipale, le décret N°77/91 du 25 mars 1977 donna naissance au Cameroun à une unité territoriale

---

[90] AHK., Address by General Sani Abacha, Head of State, Commander-in-Chief of the Armed Forces of the Federal Republic of Nigeria, on the *Inauguration of the National Constitutional Conference*, Abuja, June 27th, 1994.

[91] A. Tassou, 2005, p.281.

[92] F. R. Ola, 1984, *Local administration in Nigeria*, Kegan Paul International Plc, London, p. 145.

politique qui accorda plus de liberté au conseil municipal, désormais élu au suffrage universel. Certes, le maire restait un agent de l'État nommé et ses compétences demeuraient circonscrites par la tutelle étatique. Ici, la commune était devenue un espace politique autant qu'administratif où l'administration territoriale ne se contenta plus d'être auprès des masses un intermédiaire des pouvoirs publics, un témoin des événements, sans prise sur ceux-ci. Elle s'attachait, au contraire, à devenir un guide avisé, à organiser l'effort des populations et à les orienter vers leur épanouissement matériel et moral ou vers le sens du bien-être commun[93].

Pour atteindre les objectifs pour lesquels elles étaient instituées, les maires devaient rester plus proches de la collectivité locale tout en demeurant liées à l'autorité administrative de tutelle. De ce fait, la commune ou le *local government* constituait un champ de confrontation entre fractions, opposant « majorité » et « minorité », chefferies et clientèles diverses[94]. Et transcendant les rapports d'autorité, de hiérarchie entre chefs et sujets, la municipalisation équilibrait les pouvoirs coutumier, administratif et politique. De même, cette réforme supprimait le caractère explicitement ethnique des unités administratives[95]. Ceci avait occasionné un sentiment de frustration pour ces chefs qui se plaignaient d'être enserrés dans une nouvelle institution qu'ils ne maîtrisaient plus et qui de surcroit était commandée non pas par leurs notables, mais par des hommes qui étaient jadis leurs sujets[96].

Cette instrumentalisation de la municipalisation avait eu pour effet de regrouper les administrés derrière une autorité ayant plus d'attributions que les chefs traditionnels[97]. Cette personnalité qui était d'abord nommé et plus tard élu disposait la légitimité des urnes et

---

[93] A. Tassou, 2005, pp. 276-278.

[94] Z. L. Elango, 1987, « The councils of notable and the politics of controlling Cameroon under French rule, 1925-1945 », *Transafrican Journal of History*, Vol.16, p. 32.

[95] F. Giraut, 1999, *Retour du refoulé et effet chef-lieu. Analyse d'une refonte politico-administrative virtuelle au Niger*, Grafigéo, n° 7, PRODIG, Paris, p. 14.

[96] A.Y. Abubakar, 1980, *The Role of Local Government in Social, Political and Economic Development in Nigeria(1976-1979)*, Department of Local Government Studies, Institute of Administration, Ahmadu Bello University, Zaria, p. 121.

[97] A. Alkasum, (ed), 2000, *The politics of principles in Nigeria: The example of the NEPU*, CEDDERT, Zaria, p.65.

était appuyé d'un conseil municipal délibératif au sein duquel la chefferie n'avait, a priori, pas d'influence réelle. Et comme le reconnaît Aliyu:

> Between 1960-1966, there was a decline in the prestige and responsibilities of local authorities... In Northern Nigeria, there were gradual changes in the structure of the councils with increasing numbers of elected or appointed non-traditional office holders becoming members of local authorities[98].

À partir de l'émergence de ce nouveau cadre, la chefferie devait faire face au défi de la politique administrative et de la municipalisation. Mieux, la question de l'implication harmonieuse et utile des autorités traditionnelles se pose avec acuité et impose de faire un choix qui tient compte ou non de la chefferie traditionnelle laquelle demeure toujours malgré tout une réalité pour les populations. En effet, après plus d'un siècle de pouvoir fortement centralisé issu des conquêtes hégémoniques islamiques et restructuré par le système colonial, le concept de décentralisation constitue à partir de 1979 une nouvelle vertu à la mode dans les arcanes de modèles d'administration. Certes, le concept n'était en fait pas nouveau puisque étant mis en place par l'administration coloniale, mais cette pratique de la décentralisation administrative reste d'actualité et son analyse historique reste fructueuse. L'intérêt et la richesse de cette réforme résident, dans le parallèle qui était fait, tant entre le concept de déconcentration et le commandement traditionnel que sur le dilemme du pouvoir moderne face au défi de modernisation de la chefferie en faveur du développement endogène.

Conclusion

Dans ce passage des Monts Mandara des entités multiformes aux aires cantonales, il est impérieux de souligner que l'émancipation des peuples de cette région semble avoir eu du mal à se réaliser. C'est qu'en fait, il existe un mal à guérir à la base. Ce mal avons-nous souligné, est l'absence avérée d'une prise en compte réelle des

---

[98] A. Y. Aliyu, and P. H. Kohen, 1982, *Local autonomy and Inter-Governmental Relations in Nigeria*, Department of Local Government studies, Institute of Administration, Ahmadu Bello University, Zaria, p. 78.

aspirations des païens avant de projeter leur cohésion d'avec leurs nouveaux maîtres. De par sa portée et ses implications, la création des *District Areas* ou Cantons dans les monts Mandara s'inscrit dans l'illusion au sein du champ politico-administratif colonial lui-même. Ainsi, tous les efforts de l'administration s'avérèrent infructueux, étant donné qu'ils ne furent ni réalistes et encore moins convaincants. En ce sens, la formule française d'émancipation ethnique qui dota les païens d'un cadre qui leur est propre fut certes plus prometteuse mais créatrices de grands morcellements territoriaux et d'éloignement entre les différentes factions ethniques de son aire de commandement.

En effet, cette politique dite d'épuration ethnique a non seulement enfermé le génie intégrateur des païens dans leur coquille de l'isolationnisme, allant jusqu'à susciter chez ces derniers de nouvelles formes de sociabilité et de solidarité qui débutent dans un cadre ethnique restreint. De même, par sa mise à l'écart des chefs musulmans jugés sanguinaires au profit des chefs nommés, à l'échelle régionale, la politique anglaise a donné aux nouveaux lamibé et sultans le prétexte de promouvoir un sentiment d'un vouloir vivre collectif qui ne cache certainement pas un certain malaise chez les administrés. Car en effet, leur mise à l'écart, dans la gestion de leurs affaires, a bien fait de les opposer aux nouveaux chefs qu'ils comparent à un obstacle majeur à leur émancipation. De même, cette politique britannique de l'amalgamation a ouvert un peu plus la voie aux divisions sociales, au tribalisme et aux mouvements de contestations ethniques.

Au moment où Anglais et Français négociaient un tournant décisif de leurs systèmes d'administration, requérant une cohésion sociale plus vaste, ces Districts se posent en officines de fabrication de stimulants ethnicistes et anti-intégrationniste tout en y jouant un rôle important dans l'effritement des liens sociaux. Plus que jamais, la création des cantons et districts dans les monts Mandara, débouche sur la construction, du point de vue identitaire, d'une société segmentée à forte prégnance ethnique. La société segmentée pose l'ethnie comme catégorie première de l'identité, de l'interaction sociale, la première caractéristique à laquelle réagissent les individus qui en sont marqués. Dans cette logique les Français et les Anglais vont, à la veille de leur départ, déprécier les systèmes qu'ils ont mis en place, pour favoriser la création des conseils des chefs qui regroupent outre tous les chefs mais aussi des personnalités issues diverses couches sociales autour des actions de développement, sans pour autant trouver satisfaction.

Après la période coloniale, loin de disparaitre, la chefferie administrative est restée un rouage essentiel, et officiel, de l'administration locale. Malgré les multiples réformes au Cameroun qui ont fait des chefs traditionnels les auxiliaires d'administration ou des pogroms au Nigeria qui donnèrent tous les pouvoirs aux forces armées, leurs pouvoirs d'arbitrage, de justice, de régulation foncière, furent maintenus avec un espace d'autorité spécifique, plus ou moins informel. Mais il faut cependant noter que, le chef traditionnel, bien que partie intégrante du système administratif, ses pouvoirs ont été considérablement rognés, que ce soit du fait des politiques « anti-chefferies » ou en raison de l'émergence récente d'autres modes de gouvernance communale. Pour retrouver ses heures de gloire, les chefferies ont été amenées à négocier entre modernité et tradition qui n'exclue pas certes une certaine confusion des pouvoirs, mais surtout de nouvelles perspectives.

Bibliographie

Abdouraman H., 2006, « Frontières et découpages territoriaux dans l'Extrême-Nord du Cameroun : Enjeux et implications (XIVème-XXème siècle) », Thèse de Doctorat/Ph.D. d'Histoire, Université de Ngaoundéré.

Abubakar A.Y., 1980, *The Role of Local Government in Social, Political and Economic Development in Nigeria(1976-1979)*, Department of Local Government Studies, Institute of Administration, Ahmadu Bello University, Zaria.

Abwa D., 1980, « Le lamidat de Ngaoundéré de 1915 à 1945 », Thèse de Master's degree en Histoire, Université de Yaoundé.

Abwa D., 1989, « Le système administratif français dans le lamidat de Ngaoundéré de 1915 à 1945 », in M. Z. Njeuma, *Histoire du Cameroun (XIXe siècle, début XXe siècle)*, l'Harmattan, Paris.

Abwa D., 1998, *Commissaires et Hauts-Commissaires de la France au Cameroun (1916-1960) : ces hommes qui ont façonné politiquement le*

Cameroun, Presses Universitaires de Yaoundé et Presses de l'UCAC, Yaoundé.

Abwa D., 2007, « Peut-on parler de la revanche des Kirdi du Nord-Cameroun aujourd'hui ? », *Annales de la FALSH*, Université de Yaoundé I, vol I, No 6, Nouvelles série, premier semestre.

Abwa D., 2010, *Cameroun : Histoire d'un nationalisme (1884-1961)*, éditions CLE, Yaoundé.

Aliyu A. Y., and Kohen P. H., 1982, *Local autonomy and Inter-Governmental Relations in Nigeria*, Department of Local Government studies, Institute of Administration, Ahmadu Bello University, Zaria.

Alkasum A., (ed), 2000, *The politics of principles in Nigeria: The example of the NEPU*, CEDDERT, Zaria.

ANY, 2AC17117, Rapport Annuel de la Subdivision du Margui-Wandala, 1958.

ANY, APA 12065/E, Résumé de la situation politique dans la région Nord-Cameroun à la fin de l'année 1925.

ANY, APA 1AC4977, J. H. Gilmer, Rapport annuel de la subdivision du Mandara, 1953.

ANY, APA 1AC4977, Rapport Annuel du chef de la Subdivision du Margui-Wandala, 1953.

ANY, APA, 12065/E, Garoua, 1916-1928.

ANY, Lavergne, Rapport de tournée dans la subdivision de Mokolo, 1947.

ANY, Rapport annuel, Mokolo, 1943.

APG, Rapport annuel de la Subdivision de Garoua, 1953.

APM, APA 12065/E, Garoua, 1916- 1928.

APM, APA 12065/E, Rapport Annuel de la Subdivision de Mokolo, 1951.

APM, C.1931.III, 3.1, Maroua.

Badié B., 2002, *La Diplomatie des droits de l'homme, entre éthique et volonté de puissance*, Librairie Arthème, Fayard.

Bah T. M., 1996, « Cheiks et marabouts maghrébins prédicateurs dans l'Adamaoua 19e -20e siècles », *Ngaoundéré Anthropos, revue de sciences sociales*, Vol. 1.

Beauvilain A., 1989, « Nord-Cameroun, crise et peuplement », Thèse de Doctorat d'Etat, Université de Rouen.

Boutrais J., 1968, *Aspects géographiques de l'installation des montagnards en plaine au nord du Cameroun*, ORSTOM, Yaoundé.

Boutrais J., 1973, *La colonisation des plaines par les montagnards au Nord du Cameroun (Monts Mandara)*, ORSTOM, Paris.

Boutrais J., Fréchou H. et Boulet J., éds., 1979, *Le Nord du Cameroun : 10 ans de recherche*, ISH, Yaoundé.

Cameron D., 1934, *The principles of Native Administration and their Application*, smp, Lagos.

Chem-Langëë B., 1984, *The paradoxes of self-determination in the Cameroons under United Kingdom administration: The search for Identity, well-being and Continuity*, University Press of America, Lanham.

Coquery-Vidrovitch C., (dir.), 1992, *L'Afrique Occidentale au temps des Français, colonisateurs et colonisés 1860-1960*, La Découverte, Paris.

Coquery-Vidrovitch C., 1989, *Afrique Noire Permanences et ruptures*, Payot, Paris.

Cornevin R., 1969, *L'histoire de la colonisation allemande*, Que sais-je ? Paris, P.U.F.

Crowder M., et Ikime O., (ed), 1970, *West African Chiefs: their changing status under colonial rule and independence*, University of Ife Press, Ile-Ife.

Delavignette R., « De l'Administrateur Commandant à l'Administrateur Conseiller », In A. P. R. D., Carton 16, Dossier 16, Conférence donnée au Centre des Hautes Etudes Administratives, 25 juin 1948.

Dikoumè A. F., 2006, « Les travaux publics au Cameroun sous administration française de 1922 à 1960 : mutations économiques et sociales », Thèse de Doctorat d'Etat en Histoire, Université de Yaoundé I.

Dimier V., 2004, « Le Commandant de Cercle : un « expert » en administration coloniale, un « spécialiste » de l'indigène ? » *Revue d'histoire des sciences humaines*, N° 10.

Djingui M., 2006, « Chef traditionnel dans une situation post-coloniale de l'état moderne », In Y. Shimada, *African Traditional Kingdoms Studies III*, Nagoya University, Nagoya, p. 84.

Elango Z. L., 1987, « The councils of notable and the politics of controlling Cameroon under French rule, 1925-1945 », *Transafrican Journal of History*, Vol.16.

Foucher M., 1994, *Fronts et frontières*, Fayard, Paris.

Froelich, 1962, *Les musulman d'Afrique noire*, l'édition de l'Orante, Paris.

Gann L.W. et Duigan P., 1978, *The Rulers of British Africa, 1870-1914*, Hoover Institution Publications, Stanford.

Garba I., 1995, « District administration in early colonial Borno, In Sa'ad, A., 1995, *Papers On Nigerian History*, Vol.1, Suffa (Nig) Limited, Abuja.

Gardinier D. E., 1967, "The British in the Cameroons, 1919-1939", In P. Gifford and Louis W. R., (ed.), *Britain and Germany in Africa: Imperial Rivalry and Colonial Rule*, New Haven and London, Yale University Press.

Giraut F., 1999, *Retour du refoulé et effet chef-lieu. Analyse d'une refonte politico-administrative virtuelle au Niger*, Grafigéo, n° 7, PRODIG, Paris.

Gonidec P. F., 1978, *Les systèmes politiques africains*, T. XXVII, LGDJ, Paris.

Johnson G. W., 1991, *Naissance du Sénégal contemporain. Aux origines de la vie politique moderne (1900-1920)*. Traduit de l'anglais par F. Manchuelle, Karthala, Paris.

Kamougnana S., 2009, « Les migrations du peuple gude », In Tourneux H., et Woîn N., (éds), *Migrations et mobilité dans le bassin du lac Tchad*, Actes du XIIIe colloque international du réseau Mega-Tchad tenu à Maroua, Collection « Colloques et séminaires », Editions de l'IRD, Marseille, pp. 197-211.

Kirk-Greene A.H.M., 1958, *Adamawa: Past and Present*, Oxford University Press, London.

Ki-Zerbo J., 1978, *Histoire générale de l'Afrique noire*, Hatier, Paris.

Ki-Zerbo J., 2005, « Frontières et paix : quelques considérations méthodologiques liminaires », In UNESCO, *Des frontières en Afrique du XIIe au XXe siècle*, STEDI-MÉDIA, Paris.

Kwanashie G. A., 2002, *The making of the North in Nigeria 1900-1965*, Arewa House, Ahmadu Bello University, Kaduna.

Lamine Guèye, 1966, *Itinéraire africain*, Karthala, Paris.

Le Bris E., Le Roy E. et Mathieu P., 1991. *L'appropriation de la terre en Afrique noire : manuel d'analyse, de décision, et de gestion foncière*, Karthala, Paris.

Lissouba P., 1975, *Conscience du développement et démocratie*, Les Nouvelles Editions Africaines, Dakar - Abidjan.

Lombard J., 1976, *Autorités traditionnelles et pouvoirs européens en Afrique noire*, Armand Colin, Paris.

Martin J. -Y., 1968, « Les Matakam du Nord-Cameroun. Dynamique sociaux et problèmes de modernisation », Thèse de Doctorat de 3ᵉ cycle, Yaoundé.

Medou M., 1982, « La chefferie traditionnelle dans la Bénoué: frein ou facteur d'efficacité dans l'action administrative », Rapport de stage, ENAM, Yaoundé.

Mercier P., 1959, « La vie politique dans les centres urbains du Sénégal. Étude d'une période de transition », *Cahiers internationaux de sociologie*, XXVII, cahier double, nouvelle série.

Mohammadou E., 1975, *Le royaume du Wandala ou Mandara au XIXᵉ siècle*, ONAREST/ISH, Bamenda.

Mohammadou E., 1983, *Peuples et études de Foumbina* : traduction d'étude par K. Stzuempell et Von Briesen, Yaoundé.

Mohammadou E., 1988, *Les lamidats du Diamaré et Mayo Louti aux XIXe siècle (Nord-Cameroun)*, ILCAA, Tokyo.

Mveng E., 1985, *Histoire du Cameroun*, CEPER, Yaoundé.

NAK, 19668/4, Adamawa Province Annual Report, 1932.

NAK, Address by General Sani Abacha, Head of State, Commander-in-Chief of the Armed Forces of the Federal Republic of Nigeria, on the *Inauguration of the National Constitutional Conference*, Abuja, June 27ᵗʰ, 1994.

NAK, Mc Bride D. M., 1935, Mubi District Officer Repport, (non classé).

NAK, NP Files, N°38811, vol.1 of 7 April 1945.

NAK, Report on the hill pagan of Ashigashiya and Gwoza by R.B.B. Eustace, 1939.

NAK, S.N.P, N0 45261 of 06/11/1948, Cases in Supreme Court against Ex-district head of Bama, Baba Bukar.

NAK, S.N.P, No. 10093, C.33/3, 28 June 1928, Administration of Dikwa Division, Bornu Province.

NAK, SNP, Note sur le comportement du District Head de Madagali.

NAK, SNP. 7ACC. No 1271/1910, Borno Province Annual Report for 1909.

NAK, Yolaprof, C778, Resident Adamawa Province Administrative Report to the Permanent Secretary of Ministry of Local Government, on 08/09/1955, Kaduna.

NAK, Yolaprof, K3, The Cameroon Organisation by French from December 1916 to August 1918.

Norodom Kiari J. B., 2010, « A propos des « indépendances » du Cameroun », In *Rio dos Camaroes*, Revue Camerounaise d'Histoire et des Traditions, N° 1- Juin, l'Harmattan, Paris.

Ola F. R., 1984, *Local administration in Nigeria*, Kegan Paul International Plc, London.

Olufemi Vaughan, "Chieftaincy Politics and Social Relations in Nigeria," *Journal of Commonwealth and Comparative Politics*, Vol. 29, No. 3, November 1991.

Owona A., 1996, *La naissance du Cameroun 1884-1914*, L'Harmattan, Paris.

Pontié G., 1973, *Les Guiziga du Cameroun septentrional*, ORSTOM, Paris.

Raynaut C., (dir.) 1997. *Sahels, diversité et dynamiques des relations sociétés-nature*, Kharthala, Paris.

Roupsard M., 1987, *Nord-Cameroun : ouverture et développement*, Impression et Façonnage Claude Bellée, Cautances.

Rudin H., 1968, *Germans in the Cameroon 1884-1914. A case study in modern imperialism*, Yale, Greenwood press.

Sa'ad A., 1979, "Survey of the economy of Eastern Emirastes of Sokoto Caliphate in the nineteeth century" *in* Usman Y.B. (éd), *Studies in the History of the Sokoto Caliphate: the Sokoto Semonas papers*, Dept of history, Ahmadou Bello Universaly, Zaria.

Saibou I., 2000, « Conflits et problèmes de sécurité aux abords sud du lac Tchad », Thèse de doctorat Ph. D. en Histoire, Université de Yaoundé I.

Saibou I., 2006, « Autorités traditionnelles et bandits de grand chemin au Nord-Cameroun : entre collaboration, confrontation et nécessaire réforme », In Shimada Y., (éd), *African Traditional Kingdom Studies III*, Graduate School of Letters, Nagoya University.

Schaller Y., 1973, *Les Kirdi du Nord-Cameroun*, Imprimerie des dernières nouvelles, Strasbourg.

Seignobos C. et Iyébi-Mandjek O., *Atlas de la province de l'Extrême-Nord-Cameroun*, éds 2000, IRD/MINREST/INC, Paris.

Tassou A., 2005, « L'évolution historique des villes du Nord-Cameroun (XIXe-XXe siècles) : des cités traditionnelles aux villes modernes. Les cas de Maroua, Garoua, Ngaoundéré, Mokolo, Guider et Meiganga », Thèse de Doctorat Ph/D en Histoire, Université de Ngaoundéré.

Vignon L., 1919, *Politique coloniale : les questions indigènes*, Quatrième édition, Librairie Plon, Paris.

Vircoulon Th., 2004, « Que faire des chefs coutumiers dans la nouvelle Afrique du Sud ? », In *L'Afrique du Sud démocratique ou la réinvention d'une nation*, L'Harmattan, Paris.

Yaro T. G., 1975, «Continuity and change: a study of Gude-Fali relations from C.1750-1902», B.A, University of Zaria.

Zuccarelli F., 1973, « de la chefferie traditionnelle au canton : Evolution du canton colonial au Sénégal 1885-1960 », In *Cahier d'Etudes Africaines*, Vol 13, n° 50.

Chapter 2

Fiscalité et dynamique des migrations transfrontalières entre le Cameroun, le Tchad et le Nigeria sous la période coloniale et postcoloniale.

Pahimi Patrice

La fiscalité est dans l'Histoire de l'humanité un important facteur de révoltes et de bouleversements sociopolitiques. Les populations du Nord-Cameroun, pourtant accoutumées à la pratique fiscale, eurent du mal à intégrer dans leur univers des impôts dits modernes, en opposition à ceux coutumiers. L'impôt colonial est dès lors perçu comme un facteur d'asservissement, mieux de paupérisation. Pour l'administration coloniale cependant, l'acceptation de l'impôt était le baromètre de la soumission des populations locales à son autorité. Tout refus était assimilé à un défi, une insubordination ou encore une rébellion ouverte. C'est en partie à l'effet d'éviter ce choc et surtout échapper à l'humiliation du fait des impositions, que nombre de personnes optaient temporairement ou définitivement pour la migration. L'administration coloniale qualifiait cela d'évasion fiscale ou l'assimilait à une forme de délinquance. Pour les populations, il était question de rechercher un paradis fiscal, une localité où les taux d'imposition sont moins lourds. Les frontières camerouno-nigériane et tchado-camerounaise furent en ce temps de véritables passoires du fait de leur porosité. Ce qui avait pour incident le dépeuplement de certaines régions au profit d'autres, et par ricochet la fragilité économique des zones de départ.

Introduction

La question des mobilités humaines est de nos jours un véritable casse-tête pour les gouvernements. Elle se structure en termes de défi d'intégration nationale et de globalité humaine à l'échelle mondiale. Si par le passé les migrations ou les mobilités humaines étaient davantage liées aux facteurs aléatoires tels que les crises alimentaires relevant de la sécheresse ou autres intempéries, de nos jours, elles sont déterminées par les conflits armés (guerres civiles, différends frontaliers ou crises interethniques, etc.), les motifs éducatifs, politiques et autres facteurs écologiques. Ainsi, on ne saurait au regard du contexte actuel parler essentiellement des migrations de la faim, ce d'autant plus qu'elles émanent de facteurs pluriels. Dans l'histoire de l'Afrique par exemple, les migrations du travail ont longtemps été un phénomène à la mode sous la colonisation et même au-delà. Elles ont dans cette mesure favorisé des vagues de déplacements massifs de travailleurs à la fois volontaires et involontaires. Dans cette perspective, il serait indiqué de distinguer les personnes déplacées de celles véritablement migrantes au nom des facteurs divers. C'est dans cette mesure que les populations des monts Mandara furent contraintes de quitter leurs sites refuges à la faveur des plaines. Pour l'administration coloniale et postcoloniale, il était question de décongestionner les montagnes surpeuplées du Mandara en vue de leur épanouissement agricole en plaine. De nombreuses populations des monts et des plaines seront par ailleurs déplacées par le pouvoir d'Ahidjo dans la perspective de la mise en valeur de la vallée de la Bénoué.

De façon générale, il existe une importante littérature sur les migrations de travail. Cependant, les migrations d'impôt dont les exemples sont légions dans les documents d'archives sont malheureusement minimisées, voire oubliées. Et pourtant, à en apprécier les effets déstructurants dans les sociétés africaines en général et camerounaises en particulier, ces dernières ont été à la base des déplacements massifs de populations animées par l'idée de trouver un certain eldorado ou paradis fiscal. Tel fut le cas dans les régions frontalières entre le Cameroun et le Nigeria d'une part, et le Cameroun et le Tchad d'autre part. Consciente de la saignée démographique que cela entraînait ainsi que de son incidence sur le développement de la politique coloniale d'exploitation agricole, l'administration française surtout prenait les migrations d'impôt très au sérieux. Des mesures furent souvent prises, question de limiter voire de contenir ce phénomène. Seulement, quel peut être le degré de fiabilité de ces mesures quand on sait qu'on rencontre au Cameroun des peuples « trait-d'union » et dont la proximité constitue un important facteur de mobilités transfrontalières ? Et que dire des peuples pasteurs dont la vocation est d'être en constants déplacements à la recherche du pâturage ? Comment réguler de façon efficace les migrations ? Les frontières telles que dessinées par les puissances européennes à l'issue de la conférence de Berlin et avec la colonisation ne portent-elles pas en elles-mêmes les germes d'une incitation à braver l'interdit, surtout dans un contexte autrefois marqué par la libre mobilité humaine ? Comment ne pas transcender ces frontières surtout si on ne juge pas ces découpages coutumièrement valides? Notre ambition dans cette étude est donc de montrer le caractère essentiellement poreux des frontières camerouno-nigériane et tchado-camerounaise, et les défis qu'elles posent en termes de maîtrise des flux humains. Nous mettons un accent particulier sur les mesures et les politiques fiscales comme bases indéniables de constantes migrations saisonnières et définitives des peuples « trait-d'union ».

I-Théories des migrations, des frontières et justifications idéologiques

Les migrations sont un phénomène à dimension universelle, tant elles sont à la base de la dissolution et de la restructuration sociales dans nombre de pays. Leur rapport à l'espace et au territoire sont assez élaborés au point qu'on ne saurait parler de migration ou de mobilité humaine sans référence aux zones de départ et aux zones d'accueil.

Dans le contexte de cette étude, les migrations sont à définir en rapport avec la frontière et les bouleversements y afférents. Plusieurs facteurs sont donc explicatifs des différentes mobilités humaines, surtout dans un contexte sociopolitique et économique essentiellement marqué par l'instabilité, la précarité et diverses crises. Les théoriciens des migrations à l'instar de S. Lee Everett(1966) ont dans cette perspective consacré de nombreuses études aux questions telles que éducation et migration, sexe et migration, distance et migration, travail et migration comme des fondamentaux dans la compréhension des mobilités humaines. D'autres travaux cependant s'intéressent aux zones d'origine et de destination des migrants, aux obstacles éventuels ayant servi de motif ou de prétexte de déplacement, et dans une moindre proportion aux facteurs personnels. Quoiqu'il en soit, la question des migrations va au-delà des seuls facteurs naturels ou personnels. Elle intègre ainsi les facteurs culturels, comme pour dire qu'il y a des peuples qui se définissent par leur constante propension aux migrations. Ce serait le cas des pasteurs nomades dont l'instabilité est liée à la recherche des pâturages pour leurs bétails. Dans cette mesure, ils posent un énorme problème transétatique, donc de sécurité et de maîtrise de la démographie. Ce qui donne d'ailleurs lieu à la formation de réseaux de migrations essentiellement définies par une réelle connectivité culturelle et une solidarité. Car il est clair selon D. Mokam que « les relations intra-ethniques et une certaine organisation sociopolitique font fi des frontières » (2000 : 15).

Au regard de son ampleur, la question des migrations a fini par mobiliser des compétences, question de mieux la cerner et notamment d'en limiter ses effets plus ou moins pervers. De nombreuses théories ont été élaborées à cet effet. Certaines tentent d'expliquer le phénomène des migrations à travers ses facteurs. Aussi invoque-t-on le différentiel de revenus entre le pays d'origine et le pays d'accueil, le marché du travail, la proximité culturelle et linguistique (Lerch et Piguet, 2005 : 5-6.). On évoque également la crise économique comme facteur amplificateur des mouvements de population, la prospérité étant alors perçue comme un élément de stabilisation humaine (Nganawara, 2009).

Par ailleurs, une autre considération des migrations repose sur la théorie économique néoclassique. Selon cette théorie, les migrations internationales, comme les migrations internes, sont provoquées par des différences géographiques entre l'offre et la demande de travail.[1] Cependant, on lui reproche de ne pas prendre en compte l'environnement politique et économique international, tout comme les effets économiques au niveau national et les décisions politiques qui influencent les décisions individuelles de migrer ou pas. Pour d'autres cependant, la question des migrations est davantage liée aux causes structurelles agissant au niveau mondial et plus

---

[1] Ces theories ont été developpées par W.A Lewis in « Economic development with unlimited supplies of labor », *The Manchester School of Economic and Social Studies*, 22, pp.139-191, 1954, and J.R Harris and M.P Todaro, « Migration, unemployment and development: a two sector analysis », *American Economic Review*, 60, pp. 126-142, 1970.

particulièrement dans les pays de provenance: la pauvreté, le manque de travail ou la très faible rémunération des emplois, la surpopulation des pays du tiers-monde, les guerres, les famines, les catastrophes écologiques, les régimes dictatoriaux, les persécutions des minorités, poussent un nombre croissant d'individus à émigrer vers l'Occident. Cet argument est développé par Ambrosini[2]. Dans cette mesure, il est établi que seuls les facteurs socio-historiques de grande ampleur sont susceptibles de provoquer des courants migratoires importants, et non des micro-décisions individuelles ou d'entreprises particulières selon Wallerstein et Castells (1974 ; 1989). Dans l'ensemble, ces théories supposent le rôle plus ou moins déterminant des obstacles ou des facteurs aléatoires dans l'amplification des phénomènes migratoires. Toutefois, on ne saurait dans notre perspective parler de vagabondages ou de migrations intempestives comme c'est souvent le cas dans les discours d'hommes politiques pour qui la question des migrations est devenue un véritable syndrome. Tout ceci est cependant loin de justifier les migrations forcées qui s'expliquent généralement par des motifs de travail et des effets indus tels que l'extension urbaine ou rurale. Quoi qu'il en soit, la question de l'immigration est en passe de devenir un cauchemar pour les Etats, dans la mesure où elle semble mettre en péril les équilibres nationaux, notamment dans le sens de la distribution des revenus, le développement des infrastructures socio-éducatives et sanitaires, etc.

En dépit de la peur des chiffres que le phénomène d'immigration suscite, on a cependant bien l'impression d'assister de nos jours à une forme de discrimination dans la mesure où on accepte volontiers les « migrants utiles », contrairement à l'immense foule de migrants clandestins généralement sans qualification. C'est ce qui sans doute justifierait le concept d'immigration choisie, de quotas d'admission. Dans cette mesure, le phénomène de *brain drain,* une sorte de migration des compétences, des intelligences dans le contexte d'un monde global est de nos jours à la mode. Toutefois, au regard de la diversité des flux migratoires et du profil des migrants, on ne saurait adhérer à l'idée répandue qui voudrait que les migrants soient presque

---

[2] M.Ambrosini, cited by E.Ambrosetti et G.Tattolo, « Le rôle des facteurs culturels dans les théories des migrations », in http://www.Erudit.org/livre/aidelf/2008/01490co.pdf

exclusivement des démunis, des résidus des sociétés réputées nomades.

Comme mentionné plus haut, plusieurs facteurs sont explicatifs de la dynamique migratoire internationale. Aussi faut-il reconnaître que dans toute société, la peur, la pauvreté ou la précarité économique, sociale, ainsi que l'instabilité et l'insécurité, déterminent fondamentalement les mobilités humaines. Des gens quittent leurs patries pour des mobiles vitaux (la recherche du bien-être, de la prospérité, rechercher la paix sociale, de meilleures conditions de travail ou des perspectives professionnelles). S'il est vrai que jusqu'ici on a davantage connu les migrations de la faim ou les migrations du travail, à l'avenir cependant, selon les perspectives des experts, les bouleversements climatiques seront une cause majeure des migrations humaines et animales (J–C. Victor, 2009). Après un tour d'horizon de ces différentes considérations, nous pouvons à présent nous attarder sur le concept même de migration. À ce niveau encore, plusieurs approches complémentaires sont à prendre en compte.

Pour Lee Everett (1966: 49), «*Migration is defined broadly as a permanent or semi-permanent change of residence. No restriction is placed upon the distance of the move or upon the voluntary or involuntary nature of the act, and no distinction is made between external and internal migration.*». R. Lucas (1981: 85) en revanche la définit par rapport à son ampleur en ces termes: «*Migration is comparable to a flow of water or electricity - an adjustment flow responding to pressure differentials at opposite ends of a pipeline. This view suggests that it is neither the absolute level of push nor pull factors which matters, but the existing difference in relative attraction elements*». Ainsi, les migrations sont à percevoir comme une sorte de mobilités humaines à grande ou à petite échelle, et ceci sur la base de facteurs généralement aléatoires. L'aspect de volonté délibérée ne doit pas être écarté, car quelles que soient les raisons invoquées, il y a soit une disposition à quitter ou à rester, mieux à s'assumer en affrontant les défis. Cependant, il ne faut pas perdre de vue que certaines formes de migrations sont forcées. Ce fut par exemple le cas des migrations du travail sous la période coloniale.

En effet, il était question pour les administrateurs français pour ce qui est du Nord-Cameroun, d'inciter les populations des montagnes à descendre en plaine en vue d'une mise en valeur agricole. Cette politique est poursuivie au lendemain de l'indépendance. Cette fois, ce sont diverses populations dites kirdi des montagnes et plaines de l'Extrême-Nord du Cameroun qui sont quasiment déplacées vers la vallée de la Bénoué, toujours pour des motifs agricoles (Motazé Akam, 1998 : 48-49). Il faut indiquer qu'il s'agissait dans une large mesure de migrations forcées, mieux une forme de réquisitions de main-d'œuvre.

De nos jours au Cameroun, ce sont les migrations saisonnières qui sont le plus répandues. Elles sont de loin différentes de l'exode rural. C'est le cas des Mafa et des Mofu (populations montagnardes du Nord-Cameroun) qui, en raison de milieux difficiles, contraignants et saturés, sont obligés de descendre saisonnièrement dans les cités de la plaine chercher du travail rémunéré (Iyébi-Mandjek, 1993 : 421).

Les migrations telles qu'elles se présentent, se veulent assez complexes de par leurs facteurs, leurs acteurs. De même, elles participent du processus global de mondialisation par la mise en relation des sociétés (Baby-Collin, et Cortes (éd), 2009 : 16). En outre, sur la base de toutes ces complexités, D. Nganawara (2009) estime qu'on peut assimiler les migrations à « un mécanisme générateur de développement et réducteur de tensions en période de croissance économique », ou une « porteuse de crispations sociales et de dysfonctionnements économiques en période de crise ». Cette considération se justifie à plus d'un titre, surtout dans un contexte de précarité économique.

Dans le cadre de cette étude, on ne saurait mieux appréhender le phénomène de migration qu'en rapport avec les problématiques liées à la frontière. Et dans cette perspective, les points de vue divergent. Ainsi, doit-on considérer les frontières comme des barrières étanches, des lignes de démarcation ou des liens? Ou faut-il les considérer comme des sources de conflits, des enjeux géostratégiques ? Il faut mentionner ici que la perception même des frontières a évolué avec le temps. Pour certains, le mot frontière en Français comme en Anglais, traduit l'idée de front, donc de confrontation, sinon d'affrontement. Or, les villes et/ou régions-frontières sont avant tout des lieux d'affrontement. Par conséquent il doit être compris en termes de zone-frontière et non pas de ligne de séparation et ce, selon la terminologie anglaise qui distingue frontier et boundary (Kotek (ed), 2009 : 17, 22-23).

Dans le contexte africain cependant, la perception des frontières semble avoir été bouleversée, mieux bafouée au non des considérations hégémoniques de divers ordres. Ainsi que le rapporte Coquery-Vidrovitch, « Au XIXe siècle surtout, la frontière prit le sens d'une zone d'expansion ou de régression culturelle. C'est un siècle où les mouvements de populations, où que l'on se trouve, prennent une ampleur probablement inégalée jusqu'alors » (1999 : 43).

L'idée de frontière étanche séparant les peuples bien que non acquise sous la période précoloniale, s'impose en Afrique à la faveur de la colonisation, et ceci aux grands malheurs des populations alors intégrées. Il s'en suit alors que :

> « Les frontières internationales de l'Afrique centrale sont (désormais) le reflet d'une grille spatiale héritée des compétitions coloniales ; elles enveloppent des entités étatiques qui ont été inventées, créées de toutes pièces par des puissances européennes il y a de cela un siècle, lorsque le continent fut partagé par des traités promptement signés sur la base de cartes incertaines. L'introduction de frontières coloniales à la fin du XIXe siècle en Afrique a eu pour corollaire l'instauration brutale et arbitraire d'un modèle européen d'État et l'importation « d'un ordre territorial et d'un aménagement de l'espace, tout droit sortis d'un modèle westphalien abusivement universalisé » (Bennafla, 1999 : 27).

Même si ce point de vue semble assez vif, il traduit sans doute les ressentiments de populations qui d'ailleurs n'ont fait l'objet d'aucune consultation préalable. Le diktat colonial aura eu raison d'elles, surtout qu'il était question de marquer les territoires, mieux les zones d'influence comme gage de souveraineté et d'expression d'une véritable hégémonie politique et économique.

En clair, s'il est vrai que la balkanisation de l'Afrique est récente du fait des frontières héritées de la colonisation, il reste néanmoins plausible que l'Afrique précoloniale n'était pas à l'abri des prévarications diverses. En effet, les rivalités commerciales et les problèmes liés aux conquêtes territoriales ou autres luttes hégémoniques matérialisent à souhait la controversante question des disputes au sujet de l'espace ou de la zone d'influence. Comment en effet se méprendre quant au caractère essentiellement conflictuel des rapports des populations à l'espace, à la terre ou tout simplement au foncier ? Notre perspective d'étude cependant ne cherche pas à arpenter ces sinueux labyrinthes des crises foncières souvent causes de conflits sociopolitiques. Ainsi, selon que l'affirme Achille Mbembé, « loin d'être le simple produit de la colonisation, les frontières actuelles (africaines) traduisent les réalités commerciales, religieuses et militaires, les rivalités, les rapports de force et les alliances qui prévalaient entre les différentes puissances impériales, puis entre elles et les Africains au long des siècles qui précédèrent la colonisation proprement dite» (2000 : 47). Quoiqu'il en soit, on venait à la faveur de la colonisation de l'espace africain, d'entrer dans une phase déterminante qui allait non seulement participer à la restructuration, mais surtout à la déstructuration des entités politiques et socioéconomiques africaines. Il faut cependant indiquer qu'au matin des indépendances africaines et surtout avec la mise en place de l'organisation de l'unité africaine (OUA), il fut fermement établi le principe dit de l'intangibilité des frontières africaines. Ce qui suppose clairement que ces dernières ne devraient faire l'objet d'aucune modification ou remise en cause, de peur de créer de nouvelles fractures.

Cependant que représente une ligne arbitraire et coutumièrement invalide pour des ethnies transfrontalières dans l'esprit desquels la frontière est loin d'être une démarcation, une barrière ? Cette réalité semble simplement engager les politiques contraints de se plier au jeu des hégémonies politiques. Et même il faut indiquer que le caractère essentiellement poreux des frontières entre le Cameroun et le Nigéria et le Cameroun et le Tchad renforce davantage cette perception de la frontière comme une simple ligne de continuité. Ces frontières demeurent en effet de véritables passoires tant pour les peuples nomades que pour les hordes de bandits transfrontaliers (Saïbou Issa, 2010).

De toute évidence, si pour les uns on peut parler de violation de frontière du fait des déplacements souvent intempestifs et incontrôlés, pour les peuples trait-d'union[3] cependant, les mobilités

---

[3] Par peuple trait-d'union, nous entendons l'ensemble des peuples situés à cheval sur des territoires frontaliers. Cas des Moundang du Tchad et du Cameroun. Pour plus de détails, lire l'article de Mokam, D., 2000, « Les peuples trait d'union et l'intégration régionale en Afrique centrale : le cas des Gbaya et des Moundang »,

ici revêtent le sens de regroupement. Comme l'indique D. Mokam (2000 : 15), « Malgré la division coloniale, les Moundang, tout comme les Gbaya allaient continuer à passer d'un point à l'autre de leur territoire et poursuivre certaines pratiques qui avaient cours dans leurs sociétés (…) ». C'est tout simplement dire que dans ce cadre complexifié créé par la colonisation, pour les peuples traits d'union, les liens culturels, familiaux et communautaires l'emportent sur la frontière. Ces liens sont d'ailleurs amplifiés et relayés par des échanges économiques et sociaux plus vastes, plus ou moins informels et établis de plus ou moins longue date (Bangoura, 2001 : 7). Ceci vaut aussi bien pour les peuples Moundang, Toupouri et Massa des plaines que pour de nombreux peuples du Mandara. En effet, la chaîne montagneuse séparant le Cameroun du Nigéria se présente en tous points comme un tremplin pour les mobilités humaines transfrontalières. Il ne s'agit donc pas de mûr naturel infranchissable, surtout quand on sait qu'aucun poste de contrôle n'est établi sur ces flancs de montagne. En clair, dans cette zone, ni les frontières naturelles (montagnes, ni les barrières politiques n'ont jusque-là pu contenir le phénomène de mobilités intempestives des hommes et des biens, et ceci même dans le contexte d'Etats africains modernes aux frontières dites intangibles. Statuant sur la complexité de la frontière entre le Cameroun et le Nigeria, S. Ndembou écrit :

> la dorsale ouest camerounaise allant du Mont Cameroun au sud jusqu'aux monts Mandara au nord ne constitue pas une barrière infranchissable pour l'accès au Cameroun par les Nigérians. La grande porte de cet écran montagneux est marquée par le cours de la Bénoué dont la vallée s'ouvre sur Yola en territoire nigérian sur une largeur de plusieurs kilomètres. Les vallées de ce fleuve et de ses affluents, de même que la plaine du Diamaré donnent accès aux vastes plaines du Logone et du Tchad en direction de l'est et du nord, constituent autant de couloirs et de boulevards favorisant le déplacement des hommes et des biens (…) » (2001 : 8).

---

in Ngaoundéré Anthropos, vol 5, Université de Ngaoundéré-Université de Tromso.

La géographie constitue dans cette mesure un important atout pour de perpétuelles migrations ou les mobilités transfrontalières. Malheureusement, elle entretient également les réseaux de la contrebande commerciale tout en faisant de ces territoires frontaliers de véritables nids d'insécurité. En effet, il faut souligner que la contrebande commerciale développée le long de la frontière entre le Cameroun et le Nigeria traduit sans doute le refus de l'idée même de frontière, laquelle revêt à leur sens une connotation négative (donc d'exclusion et de séparation). Notre analyse de l'ampleur des évasions fiscales et de leur rapport à la problématique de la maîtrise de la démographie et des mobilités humaines sera davantage basée sur un examen minutieux des archives coloniales et postcoloniales.

II-Évasion fiscale et mobilités humaines transfrontalières

L'évasion fiscale désigne la fuite devant l'impôt. L'imposable ou contribuable[4] cherche indéfiniment à éviter le prélèvement que le fisc prétend opérer sur son revenu, ou du moins à en réduire l'ampleur (Gaudemet et Molinier, 1997 : 226). Le phénomène d'évasion fiscale traduit à plus d'un titre l'idée de désobéissance, et surtout l'instinct de préservation de revenus jugés maigres.

Selon les fiscalistes, l'évasion est souvent le résultat de la fraude fiscale. En effet, par le biais des non-déclarations ou des fausses déclarations, une importante matière fiscale échappe à l'imposition et par conséquent constitue un manque à gagner pour le fisc (Brémond et Gedelan., 1981 : 190). Le phénomène d'évasion ou de fraude fiscale n'est pas l'apanage des sociétés modernes, mais son ampleur s'y est considérablement accrue. En effet dans l'Europe féodale déjà, les royaumes britanniques passaient aux yeux d'un Espagnol pour un paradis fiscal, étant donné que le fardeau brut par tête y était trois fois moins lourd que chez lui (Léon, 1978 : 154.). Dans l'Êxtrême-Nord du Cameroun, les Arabes Choa victimes des multiples exactions des sultanats kotoko, développèrent ainsi l'art de se soustraire. Ils mirent en valeur leur seule arme de mobilité, mais finirent par subir la poussée d'autres nomades à l'instar des Toubou

---

[4] Nous préférons l'appellation imposable à celle de contribuable. Cette dernière exprime l'idée d'une action volontaire et concertée ; ce qui à notre sens est contraire à la notion même d'impôt.

(Hagenbucher, 1973 : 6). Il faut en effet indiquer que les Toubou sont un large groupe ethnique de pasteurs saharo-sahéliens. On les retrouve pour l'essentiel sur le territoire tchadien, mais aussi au Niger (au nord-ouest du Lac Tchad) ainsi qu'en Libye (Baroin, 1982 : 9-10).

De nombreuses investigations que nous avons menées dans la plaine du Diamaré et dans les Monts mandara de 2003 à 2010 indiquent cependant que les évasions fiscales étaient assez négligeables avant la période coloniale[5] Ce fait se justifie notamment par l'insécurité ambiante qui faisait redouter toute volonté personnelle ou individuelle à quitter le village. Le contexte était justement aux guerres intertribales et aux razzias d'esclaves. Comme l'a si bien indiqué Coquery-Vidrovitch, la frontière en Afrique précoloniale était essentiellement une zone à la fois de contacts, d'échanges et de rivalités (Coquery-Vidrovitch, 1999 : 41). C'est sans doute pour cela que la frontière a donné lieu en Afrique à d'importantes interactions positives et parfois tendues entre les populations. En dépit des opérations de pacification des zones dites réfractaires menées par les miliciens armés sous la période française, la sécurité est restée assez précaire. Le contexte colonial semble donc avoir créé des conditions favorables à la logique des dérobades. Comment justifier un tel revirement quand on sait que la pratique fiscale n'est pas une nouveauté chez ces peuples des monts et plaines du Nord-Cameroun ?

Tout part en effet de la perception socio-politique de l'impôt. L'impôt est dans ces sociétés une marque de reconnaissance mais aussi d'allégeance à une autorité coutumièrement légitime. Toutefois, l'introduction du système fiscal colonial impliquait pour les Africains le renoncement au devoir fiscal traditionnel. De la sorte, refuser l'impôt comme symbole du pouvoir colonial traduisait, pour l'Africain, l'attachement à l'ordre traditionnel reçu des ancêtres dont le représentant était le chef (Fotsing, 1995 : 135). La situation fut plus radicale encore au Nord-Cameroun, surtout dans un contexte

---

[5] Nous ne suggérons pas que la mobilité était impossible sous la période précoloniale. Car les marchés déjà actifs, étaient le cadre de rencontre ou de brassage des populations d'origine diverses. Indiquons toutefois que les dispositions sécuritaires étaient préalablement prises. Le système de convoyage des marchandises serait sans doute répandu. Pour des études approfondies, lire les récits des voyageurs européens en Afrique, à l'instar de Heinrich Barth, 1965.

marqué par des rapports tendus entre les populations dites kirdis (nom à connotation péjorative attribué aux populations dites païennes du Nord-Cameroun et de nos jours revalorisé par ces dernières comme élément d'identité socio-culturelle) et les potentats mandara et peuls. Il faut indiquer que ces rapports conflictuels se sont bâtis autour de l'épineuse question de l'exercice de l'autorité et d'affirmation de la souveraineté. Ce qui continue d'ailleurs d'alimenter les tiraillements entre ces groupes ethniques (Pahimi, 2010 : 71). Les Mandara et les Peuls exerçaient en effet une autorité forte sur les populations kirdis et perpétraient de nombreuses exactions contre elles. A ces différentes exactions, les kirdis répondaient par de nombreux actes de brigandages, des vols (Saïbou Issa et Hamadou Adama, 2002). Ces tensions justifient l'idée selon laquelle la fiscalité pose le problème de légitimité aussi bien de l'Etat que de ses dirigeants politiques (Mangu Mbata, 2007 : 3). Ainsi, le refus de l'impôt peut être assimilé à une sorte de censure sociale contre le politique, mieux contre toute autorité en crise de légitimité. Avec la colonisation, la symbolique de l'impôt s'enrichit de nouvelles considérations. L'observation suivante du chef de circonscription de Maroua indique à souhait l'option de politique indigène de la France :

Le consentement à verser l'impôt est le signe le plus manifeste du ralliement et le seul gage de loyalisme que nous puissions recevoir d'indigènes trop frustres pour savoir tous les aspects de notre mansuétude. En conséquence, tout refus de s'acquitter d'un impôt de principe, toute manifestation d'hostilité, alors qu'une préparation politique a été soigneusement réalisée, sont les caractéristiques d'un état d'esprit que nous devons éviter de laisser cristalliser[6]

Cette option s'est matérialisée par les opérations de pacification puis d'apprivoisement qui, pour les populations, avaient davantage une connotation de terreur et d'expropriation, de spoliation de leurs maigres biens. Décidés à ne pas subir une double imposition du fait de la juxtaposition des fiscalités coutumière et moderne, certains d'entre la population finirent par opter pour l'évasion. Cette dernière est une parfaite illustration de l'illégitimité de la fiscalité coloniale dite moderne dans un contexte coutumier. Il était question pour ces

---

[6] ANY APA 12033, Lettre du chef de Circonscription de Maroua à Mr le Commissaire de la République (17 janvier 1926).

populations imposables d'échapper à l'injustice, aux malversations diverses perpétrées tant par les agents coloniaux que leurs propres chefs désormais convertis en instruments du colonisateur.

Ainsi comme nous pouvons nous en apercevoir, l'évasion dictée par une fiscalité jugée lourde, a dans la plupart des cas été à la base des migrations temporaires ou définitives des populations, et surtout celles des zones frontalières. En effet, habiter une zone frontalière offrait des avantages réels à ceux qui, par pauvreté ou par rébellion, voulaient échapper à l'imposition. Beaucoup en effet sont attirés par les pays voisins qui pratiquent des taux d'imposition relativement bas ; d'où l'idée de la recherche de paradis fiscal. Le Sultan Diagara de Goulfeï (territoire frontalier du Nigeria et du Tchad) s'en plaignit, car de nombreux Arabes relevant de son commandement s'enfuyaient vers le Nigeria et le Tchad, emportant leurs biens. Ces derniers protestaient à leur manière contre le taux d'imposition[7]. Dans la même lancée, le lamidat de Doumrou (village camerounais frontalier du Tchad) connut de réelles difficultés de recouvrement fiscal. Sa proximité de Binder au Tchad était exploitée par les imposables. Ces derniers au nom de leurs attaches familiales par exemple, ont tendance à s'y réfugier dès qu'on leur demande l'impôt ou des prestations collectives[8].

C'est dans cette même logique que le chef de la circonscription de Garoua se plaignait de ce que les indigènes soient assez nombreux à passer vers le Nigeria, les uns pour ne pas payer leur impôt, les autres parce qu'ayant commis quelques méfaits et sur le coup de recherches de la justice coloniale[9]. Ces indications traduisent la crainte des administrateurs coloniaux de voir s'amenuiser la démographie de leur territoire. Dans ces vagues de « migrations d'impôt », l'élément kirdi est le plus important[10]. Les exodes que nous assimilons ici aux migrations temporaires ou définitives se produisent surtout au moment de la perception de l'impôt, car passée cette

---

[7] ANY, APA 12033, Rapport de tournée dans le Sultanat du Logone (18 décembre 1920 au 06 janvier 1921

[8] ANY, APA 11854/A, Compte-rendu de tournée, Circonscription de Maroua, p.14.

[9] ANY, Vt 38/17, Rapport du chef de Bataillon (Langlois) commandant le Région Nord à M. le Commissaire de la République. p.1.

[10] Ibid

période, ils se reproduisent mais en sens inverse. Comment alors minimiser ce phénomène dont l'ampleur n'échappait d'ailleurs pas aux administrateurs coloniaux dans leurs traditionnelles tournées administratives ou tournées d'animation économique qui consistaient notamment à dresser un état général de la situation agricole, surtout en rapport avec la production céréalière, le développement des cultures de rente telles que l'arachide et le coton et globalement s'enquérir de l'atmosphère sociopolitique locale ? Cette attention de l'autorité administrative était d'autant plus justifiée que les populations dans cette région du pays étaient constamment aux prises avec les crises alimentaires, elles-mêmes fortement liées aux crises climatiques. Après constat des disparités des taux d'imposition entre le Tchad et le Cameroun pourtant tous deux administrés par la France, le gouverneur du Tchad fit les observations suivantes :

Les indigènes du Cameroun habitent des régions identiques aux régions correspondantes au Tchad ; ils sont de même race, leurs ressources sont identiques et les échanges commerciaux d'une rive à l'autre, soit du Logone, soit du Chari, sont très actifs. Dès lors pourquoi ces différences ? Sans doute parce que la puissante colonie du Cameroun est riche et que le Tchad, moins fortuné, grevé d'une foule de servitudes au profit des colonies voisines ou du Gouvernement général de L'AEF[11], doit suivre une politique de haut rendement fiscal[12].

Ainsi, les flux de populations frontalières du Cameroun en direction du Tchad pour des raisons fiscales étaient une constante préoccupation pour l'administration. Il était donc clair pour les administrateurs français du Cameroun que les migrations transfrontalières de populations représentaient une menace pour la stabilité économique et démographique du territoire, et qu'il importait notamment de suivre de près ce phénomène. Cette crainte transparaît d'ailleurs d'une note de l'Inspection générale du travail datée de 1946 : « une émigration prolongée est susceptible d'affecter

---

[11] AEF: Afrique équatoriale française. Il s'agit de l'une des extensions de l'Empire colonial français en Afrique auquel ont été associés les anciens territoires allemands dont le Cameroun et le Togo.

[12] ANY, APA 10904/B, Lettre du Gouverneur du Tchad au Commissaire de la République française au Cameroun, 17 mars 1931.

gravement l'effectif total de main-d'œuvre du Territoire »[13]. Il faut indiquer que la crainte des administrateurs était d'autant justifiée que les populations se déplacent sans solliciter leur avis. On ne peut comprendre cette attitude qu'au regard de la considération même de la frontière, laquelle n'était aux yeux des populations locales que d'ordre politique et non ethnique.

Si les migrations d'impôt (donc évasion et recherche d'un paradis fiscal illusoire) font redouter les administrateurs coloniaux, les cas de nomadisme ne le sont pas moins. En effet, les peuples nomades (Bororos en l'occurrence pour notre cas) de par leur constante mobilité, font échapper leur bétail au recensement fiscal et donc à l'imposition. Tel fut le cas des Arabes Choa des rives du Logone. Face aux appétits des Sultans kotoko voulant à la fois tirer profit d'une lourde taxe de pacage et de nombreux autres tributs et taxes, les Arabes Choa exaspérés sont contraints à l'exode. Ils traversent ainsi selon une fréquence annuelle la frontière tchadienne, fuyant l'impôt et émigrant temporairement avec leur bétail, objet des appétits et avantages fiscaux des chefs kotoko[14]. Pour d'autres cependant, une telle attitude témoigne de leur mesquinerie. C'est le cas des Peuls installés dans les pays Moundang, Guiziga et Toupouri[15] qui non seulement échappent aux prestations, aux réquisitions de porteurs, et paient une faible taxe de 1 franc. Comme le précise le chef de la circonscription de Maroua en 1938, on en trouve environ une cinquantaine dans chaque canton. Ils avancent l'argument selon lequel ils ne font que traverser le pays avec leurs troupeaux[16].

Par ailleurs, dans un cadre strictement traditionnel ou religieux, C. Durand relève que l'éleveur paie moins facilement sa *zakkat* que

---

[13] ANY, APA 10779, Note sur les migrations de population au Cameroun Français, p.4.

[14] Pour plus de details, lire Saïbou Issa, 2001: 182-185.

[15] Les bororos ou peuls nomades n'ont pas de territoire fixe. On les retrouve notamment tant en Afrique centrale qu'occidentale. Au Cameroun, certains groupes bororos se sont sédentarisés. Ce sont ceux du Nord-Ouest et du Nord-Cameroun. Les Moundang et les Toupouri en revanche sont ceux qu'on appelle peuples trait d'union parce que localisés tant au Nord du Cameroun qu'au Sud du Tchad. Quant aux Guiziga, ils se retrouvent dans la plaine du Diamaré dans la Région de l'Extrême-Nord du Cameroun.

[16] APM, C. 1938- III, 1.1, Lettre du Chef de Circonscription de Maroua à M. le Commissaire de la République (25 février 1932), p.4.

le cultivateur et cherche assez systématiquement à s'y soustraire. Cette fâcheuse tendance se perpétue avec la création par l'autorité coloniale française de la taxe sur le bétail (Durand, 1995 : 12). Dans les années 1930, au fort de la crise économique, la tendance des éleveurs à se ravir à la capitation et à la taxe de pacage ou taxe bétail s'amplifie[17].

Dans sa lecture du phénomène d'exode qui prenait des allures inquiétantes, Langlois, commandant la Région Nord du Cameroun souligne dans un rapport:

> Je n'ai constaté de mouvement de quelque importance vers le Nigeria qu'en cas de mauvaise administration indigène, quand le Sultan et les chefs de canton commettent des exactions. Et généralement les indigènes revenaient dès que le chef coupable était remplacé. [...] Quoique la partie du Cameroun rattachée à la Nigeria soit dégrevée par rapport au reste de la Nigeria, nos taxes de capitation et sur le bétail ne sont pas de nature à provoquer le départ de nos indigènes. Tout au contraire, les populations kirdis et le bétail sont moins imposés[18].

Ces propos bien qu'empreintes de vérité, semblent malheureusement minimiser ce que représente pour l'imposable le moindre dégrèvement des taux d'imposition. Outre les exactions perpétrées par les chefs locaux et leurs agents, l'argument du poids économique de l'impôt demeure. Autrement, l'attraction qu'exercent les régions frontalières ne serait pas le plus souvent liée aux périodes de recouvrement fiscal.

Suite aux multiples rapports faisant état des exodes massifs des populations, le Ministre français des colonies estime que les départs de populations peuvent avoir des causes autres que celles dues à des méthodes défectueuses : fautes de commandement local, exigences excessives dans le recrutement de la main-d'œuvre, fiscalité hors de

---

[17] Voir ANY, APA, Compte-rendu de tournée du chef de Circonscription de Maroua. (juin 1934), p.11.

[18] ANY, Vt 38/17, Rapport du chef de Bataillon (Langlois) commandant le Région Nord à M. le Commissaire de la République. p.1.

proportion avec les facultés contributives de la population[19].

C'est en étant conscients de ce que la question fiscale représente une potentielle bombe voire un moteur des révoltes sociopolitiques, que l'autorité métropolitaine dut recommander la mise sur pied d'une fiscalité voulue équitable et l'instauration d'une politique dite d'attraction. Il s'agissait en fait pour l'autorité coloniale de créer en plaine des espaces agricoles donc un cadre de vie moins hostile afin de favoriser la descente des peuples montagnards (Pahimi, 2010 : 37).

IV-Mesures fiscales et maîtrise des migrations transfrontalières

Dans sa perspective de faire bonne figure et ainsi juguler le phénomène de migrations d'impôt aux frontières avec le Nigéria et le Tchad, l'administration française au Cameroun entame une série de consultations. Ces dernières sont en effet menées en direction des chefs de subdivisions, des chefs de circonscriptions et des chefs de régions. La campagne ou propagande entreprise à cet effet avait pour ambition de présenter la France comme seule garante des intérêts des peuples colonisés. Il s'avérait capital d'entreprendre des mesures urgentes, ce d'autant plus que l'équilibre politique des régions frontières passait par la pratique d'une administration prudente, attentive aux réactions de populations souvent émotives, presque toujours incomplètement fixées au sol, et qui n'hésitent pas à passer d'un territoire dans l'autre quand elles pensent à y avoir un quelconque intérêt[20].

La préoccupation majeure ici semble être de soigner la qualité du commandement français, mais à y voir de plus près, elle traduit davantage la crainte quasi-permanente de l'administration française de voir diminuer son autorité, laquelle passe notamment par le contrôle d'une population numériquement importante. L'une des mesures qui s'offrait à elle et qui fut proposée par les témoins de ces migrations d'impôt portaient notamment sur le nivellement des taux d'imposition, soit en terme de relèvement ou de dégrèvement,

---

[19] ANY, APA 10895/A, Lettre du Ministre des Colonies à M. les Gouverneurs généraux de l'AOF et de l'AEF et à M. les Commissaires de la République au Cameroun et au Togo. (25 juin 1935), p.1.

[20] ANY, APA 10904/B, Lettre du Gouverneur du Tchad au Commissaire de la République française au Cameroun, 17 mars 1931

question de les rendre uniformes de part et d'autre des frontières. L'administration française dut toutefois opter pour la prudence en cette matière. La crainte étant qu'une mesure irréfléchie parce que prise à la hâte pour résoudre un problème d'exode ne vienne conforter la propension à défier le contrôle administratif par des mobilités pratiquement incontrôlables. C'est d'ailleurs ce qui transparaît de la correspondance suivante:

> Il n'est point entré dans mes intentions d'user des procédés tels que celui de fixer les contributions des tarifs inférieurs à ceux des pays voisins pour attirer les populations. Vous êtes d'ailleurs plus à reconnaître que cette situation n'a pas d'influence sur le mouvement migrateur des indigènes du Tchad vers le Cameroun[21].

La stratégie française était ainsi d'appliquer une politique dite d'attraction qui d'ailleurs ne tenait pas compte des intérêts des pays voisins[22] C'est sans doute dans un élan d'appel à la prudence que le Ministre français des colonies dut interpeller les différents protagonistes en ces termes :

> En ce qui concerne la politique d'attraction vers les territoires que j'ai recommandé de pratiquer, vous faites remarquer que des pays voisins accordent, pendant plusieurs années, des exemptions d'impôt aux indigènes qui, venant d'une colonie étrangère, se fixent chez eux. Vous pensez que qu'une mesure semblable, prise au Cameroun, serait susceptible d'entraîner des résultats dans plusieurs régions, en particulier celle du Logone, où certains chefs de famille peul ou bororo, fuyant les exactions des sultans du Bornou, cherchent à s'installer dans le Diamaré. On ne saurait dans un pays sous-mandat, inscrire dans la réglementation un article portant que les indigènes étrangers seraient, pendant plusieurs années, exemptées d'impôt, laissant aux seuls habitants originaires du territoire, la charge des dépenses publiques qui profitent à tous. Mais rien n'empêcherait, dans la pratique, l'administration locale d'attendre, avant de porter un étranger sur les

---

[21] ANY, APA 10904/B, Lettre du Gouverneur du Tchad au Commissaire de la République française au Cameroun, 17 mars 1931.
[22] ANY, APA 10904/B, Lettre du Gouverneur du Tchad au Commissaire de la République française au Cameroun, 17 mars 1931.

rôles de recouvrement des contribuables, qu'il ait résidé au Cameroun un minimum de temps dont –il vous appartiendrait, dans chaque cas, de fixer[23].

Les migrations d'impôt constituèrent ainsi un casse-tête tant pour les autorités françaises que celles du Cameroun indépendant. En plus de la précarité économique et des taux élevés d'impôt, ces migrations étaient impulsées par une sorte de désobéissance civique qui faisait que le petit producteur incapable de s'acquitter de son impôt de capitation quitte momentanément son village pour aller s'installer, grâce à ses réseaux multiples, au Nigeria pour revenir au moment où la pression pour payer l'impôt a baissé (Motazé Akam, 1998 : 44). Il faut indiquer que certains optaient pour une migration définitive.

Cependant, à défaut de contenir de façon efficace et permanente les mobilités humaines transfrontalières, l'administration française favorisa néanmoins le peuplement des plaines au nom de la politique de décongestionnement des montagnes surpeuplées du Mandara. Cette politique sera poursuivie par l'administration du Cameroun indépendant, et ceci toujours dans la perspective d'un décongestionnement et d'une mise en valeur des plaines et vallées du Nord-Cameroun (Motazé Akam, 1998 : 46-47).

Parallèlement à ces opérations, le Nord-Cameroun connut d'importantes mobilités internes de populations en provenance surtout des zones montagneuses de Mokolo-Koza ou Méri (Douvangar, Ouazzan, Douroum). Il faut indiquer que ces exodes des montagnards vers la plaine étaient déjà intenses sous la période française, mais l'administration ne vit pas la nécessité de les entraver[24].

Pour tout dire, la stricte application du pacte colonial a en partie été à la base des migrations des populations se sentant abusées, exploitées, spoliées. La migration apparait dès lors comme un refus de soumission à un système d'exploitation entièrement profitable à la métropole. A cela s'ajoutent notamment de nombreux cas d'exactions, de mauvais commandement qui ont fini par exacerber

---

[23]ANY, APA10985/A, Lettre du Ministre des colonies à M le Commissaire de la République française au Cameroun, 21décembre 1935.

[24]ANY, APA 10036, Lettre du chef de circonscription de Mokolo à M. le Commissaire de la République (11 mai 1932), p.1.

les populations et forger plus ou moins un esprit d'évasion sur fond d'incivisme ou de délinquance fiscale.

Conclusion

Les mobilités humaines sont de nos jours un sérieux enjeu des relations internationales. Elles ont imposé une relecture des questions telles que la transnationalité et bousculé les considérations de frontières. Les migrations traduisent en général un malaise social, économique, voire culturel. Dans cette étude, nous avons mis en exergue le caractère poreux des frontières camerouno-nigériane et tchado-camerounaise, ainsi que le rôle des peuples trait-d'union dans l'amplification du phénomène de migration temporaire ou définitive des populations. La communauté familiale, linguistique ou culturelle de façon globale, continuent ainsi de servir de tremplin à ces mobilités humaines généralement incontrôlées. Ainsi, qu'il s'agisse des migrations de la faim ou des migrations d'impôt, tout semble curieusement étroitement lié à la recherche d'une sécurité sociale ou économique, mais aussi à une réaction à un type d'administration politique qu'on répugne. Pour de nombreuses populations du Nord-Cameroun situées en bordure des frontières nationales, la migration est une stratégie surtout pour échapper aux exactions diverses, ainsi qu'aux pratiques fiscales jugées rigoureuses et injustes.

Références bibliographiques

Documents d'archives
ANY APA 12033, Lettre du chef de Circonscription de Maroua à M. le Commissaire de la République (17 janvier 1926).

ANY, APA 12033, Rapport de tournée dans le Sultanat du Logone (18 décembre 1920 au 06 janvier 1921).

ANY, APA 11854/A, Compte-rendu de tournée, Circonscription de Maroua.

ANY, Vt 38/17, Rapport du chef de Bataillon (Langlois) commandant le Région Nord à M. le Commissaire de la République.

ANY, APA 10904/B, Lettre du Gouverneur du Tchad au Commissaire de la République française au Cameroun, 17 mars 1931.

ANY, APA 10779, Note sur les migrations de population au Cameroun Français.

APM, C. 1938- III, 1.1, Lettre du Chef de Circonscription de Maroua à M. le Commissaire de la République (25 février 1932).

Voir ANY, APA, Compte-rendu de tournée du chef de Circonscription de Maroua. (juin 1934).

ANY, APA 10895/A, Lettre du Ministre des Colonies à M. les Gouverneurs généraux de l'AOF et de l'AEF et à M. les Commissaires de la République au Cameroun et au Togo. (25 juin 1935).

ANY, APA 10952/A, Rapport politique du Chef de la Circonscription de Ngaoundéré, 24 mars 1934.

ANY, APA10985/A, Lettre du Ministre des colonies à M le Commissaire de la République française au Cameroun, 21décembre 1935.

ANY, APA 10036, Lettre du chef de circonscription de Mokolo à M. le Commissaire de la République (11 mai 1932).

Ouvrages

Baby-Collin, V et al., 2009, *Migrants des Suds*, IRD-PUM.

Brémond, J et Gedelan, A., 1981, *Dictionnaire économique et social*, Paris, Hatier.

Barth, H., 1965, *Travels and discoveries in North and central Africa, Vol II*, London, Frank Cass &Co. L.T.D.

Castells, M., 1989, *The informational city. Information technology, Economic restructuring and the Urban Regional Process*, Oxford, Blackwell.

Durand, C., 1995, *Fiscalité et politique : les redevances coutumières au Tchad. 1900-1956*, Paris, L'Harmattan

Fotsing, J-B., 1995, *Le pouvoir fiscal en Afrique : essai sur la légitimité fiscale dans les Etats d'Afrique noire francophone*, Paris, LGDJ, p.135.

Gaudemet, P-M et Molinier, J., 1997, *Finances publiques, T.II : Fiscalité*, Paris, Montchrestien

Hagenbucher, F., 1973, *Les Arabes dits suwa du Nord-Cameroun*, Paris, ORSTOM.

Léon, P., 1978, *Histoire économique et sociale du Monde vol II : les hésitations de la croissance. 1580-1730*, Paris, Armand Colin

Kotek, J, ed., 2009, (*L'Europe et ses villes-frontières*, Bruxelles, CERIS-CEESAG.

Saïbou Issa., 2010, *Les coupeurs de route. Histoire du banditisme rural et transfrontalier dans le bassin du Lac Tchad*, Paris, Karthala.

Wallerstein, I., 1974. *The Modern World-System I. Capitalist Agriculture and the Origins of the European World-Economy in the Sixteenth Century*, Academic Press, New York.

Articles de revues et chapitres d'ouvrages

Ambrosini.M cité par Ambrosetti, E et Tattolo,G « Le rôle des facteurs culturels dans les théories des migrations », in http://www.Erudit.org/livre/aidelf/2008/01490co.pdf, pp3-16.

Bangoura, D., 2001, « Frontières et espaces frontaliers en Afrique centrale », in *Enjeux*, n°6, p.7

Bennafla, K., 1999, « La fin des territoires nationaux ? État et commerce frontalier en Afrique centrale », in *Politique africaine* n° 73, pp 25- 49.

Baroin, C, 1982, «Analyse de la famille dans une population pastorale : les Toubou », INED- Paris

Coquery-Vidrovitch, C., 1999, « Histoire et perception des frontières en Afrique du XIIe au XXe siècle », in *Des frontières en Afrique du XIIe au XXe siècle*, Bamako, UNESCO-CISH, pp 39-54.

Harris, J-R et Todaro, M-P., 1970. « Migration, unemployment and development: a two sector analysis », *American Economic Review*. Pp 126-142.

Iyébi-Mandjek, O., 1993, « Les migrations saisonnières chez les Mafas, montagnards du Nord-Cameroun : une solution au surpeuplement et un frein à l'émigration définitive », in *Cahiers des Sciences humaines*, n° 29 (2-3).

Lee Everett, S., 1966, "A Theory of Migration", in *Demography*, Vol. 3, No. 1, pp47-57.

Lerch, M et Piguet, E., 2005, « Théories, méthodes et résultats des projections de la migration en provenance des nouveaux pays membres de l'UE », *Swiss Forum for migration and population Studies (SFM)*, Neuchâtel.

Lewis, W-A., 1954. « Economic development with unlimited supplies of labor », *The Manchester School of Economic and Social Studies*, 22 (2): 139-191

Lucas, R., 1981, "International Migration: Economic Causes, Consequences and Evaluation", in M. Kritz, C. Keely, S. Tomasai, (eds), *Global Trends in Migration*, Center for Migration Studies, New York, p.85.

Mangu Mbata., 2007, « La légitimité de l'Etat et le développement des capacités des dirigeants en Afrique », 7e Forum Africain sur la Gouvernance, Ouagadougou, UNDP, p. 3

Mbembé, A., 2000, A la lisière du monde : frontières, territorialité et souveraineté en Afrique (version française adaptée du titre original, At the edge of the world boundaries, territoriality and Sovereignty in Africa Public culture, (12), p.47.Mokam, D., 2000, « Les peuples trait d'union et l'intégration régionale en Afrique centrale : le cas des Gbaya et des Moundang », in Ngaoundéré Anthropos, vol 5, Université de Ngaoundéré-Université de Tromso.

Motazé Akam, M., 1998, « Migrations et reproduction des rapports sociaux dans le système lamidal du Nord-Cameroun : esquisse sur les formes migratoires d'incertitude », in *Annales de la Faculté des Arts, Lettres et Sciences humaines de l'université de Ngaoundéré*, vol III.

Ndembou, S., 2001, « La question de souveraineté nationale dans la partie septentrionale du Cameroun », in *Enjeux*, n°6, p.8.

Nganawara, D., 2009, « Crise économique et migration : Cas de l'Afrique. Une relation discutée », Communication, IFORD-Yaoundé.

Saïbou Issa et Hamadou Adama., 2002 « Vols et relations entre les Peuls et Guiziga dans la plaine du Diamaré (Nord-Cameroun) », in *Cahiers d'Etudes africaines*, 166, XLII-2.

Thoreau, H-D., « La désobéissance civile », in http//www.non-violence-mp.org/publications/thoreau.htm, consulté le consulté le 21 mai 2008.

Thèses

Pahimi, P., 2010, « La fiscalité dans l'Extrême-Nord du Cameroun : dynamique et enjeux de 1916 à 1995 », Thèse de Doctorat Ph.D en Histoire, Université de Ngaoundéré.

Saïbou Issa, 2001, « Conflits et problèmes de sécurité aux abords sud du lac Tchad. Dimension historique (XVIe – XXe siècle) », Thèse de Doctorat Ph.D en Histoire, Université de Yaoundé I.

Documentaire

Victor, J-C, « Les migrations internationales », in *Les Dessous des cartes*, ARTE France, 24 mars 2009.

Chapter 3

Dynamique des rapports entre société et individu chez les Gbaya-yaayuwee : entre continuité et rupture

Banese Betare Elias

A l'instar des sociétés d'Afrique subsaharienne, les Gbaya-yaayuwee ont connu depuis 1960 une mutation sociopolitique profonde. D'une société de type traditionnelle on observe l'émergence d'une société de plus en plus moderniste sous l'influence des facteurs à la fois endogènes et exogènes. Cet article montre d'une part que l'individu, loin d'être un produit colonial, était une entité réelle dans la société traditionnelle précoloniale et coloniale. D'autre part, ce travail étudie l'évolution du rapport de l'individu à sa communauté d'appartenance de manière longitudinale. Pour y arriver, interviews, données archivistiques, focus group discussion, observations directes, mais aussi récits de vie ont constitué des méthodes de collecte des données utilisées dans le cadre de cette analyse. Par ailleurs, l'analyse à la fois synchronique et diachronique de ces données ont permis de montrer que l'émergence de l'individu en Afrique, s'accompagne d'un double attachement parallèle : à la fois aux libertés individuelles et à la vie communautaire.

Introduction

Mener une réflexion sur la relation entre société et individu n'est pas une tâche aisée pour un historien. Il l'est encore moins lorsque l'étude porte sur l'Afrique subsaharienne où les idées reçues abondent sur l'organisation sociale des groupes humains. D'un côté l'Afrique est souvent présentée comme une réalité homogène et hermétique où tout ou presque échappe à la raison. De l'autre côté, on prétend que cette réalité peut être facilement interprétée à travers des pensées et théories conçues ailleurs (Mbembe, 2000). Les questions liées aux rapports individu et société sont des domaines traditionnellement réservés aux ethnologues (Léo Frobenius, 1987), aux anthropologues (Chabal, P., et Daloz, J.-P., 1998, 1999 ; Jean-Pierre Olivier de Sardan) et aux sociologues (Jean-Marc Ela, 1987). Cependant, un certain nombre d'historiens commencent d'ailleurs à s'intéresser à ce débat (Muriel Gomez-Perez et Marie-Nathalie Leblanc 2012 ; Laurent Fourchard, Odile Goerg et Muriel Gomez-Perez 2009). À la suite de leurs travaux, nous pensons que les faits sociaux mis en exergue par les rapports qu'entretiennent ces deux entités sont éminemment dynamiques, chronologiques et diachroniques donc historiques. En utilisant la longue durée de l'Ecole des Annales, nous pensons que l'historien peut rendre compte avec pertinence la dynamique sociale en cours en Afrique subsaharienne et ailleurs.

La démarche de l'historien vise à penser avec ces autres disciplines la manière dont l'individu négocie sa liberté tout en gardant les liens avec son groupe d'appartenance. À ce sujet, les sociétés traditionnelles subsahariennes ont été toujours taxées de communautaristes. Des sociétés au sein desquelles l'individu n'existe pas (Chabal, Dalloz, 1998), le groupe étant prédominant, celui-ci occulte les libertés de ses membres. D'où le système de gouvernance paternaliste et *patrimonialiste* postcoloniale auquel l'on assiste en Afrique postcoloniale (Ibid.). Cependant, à bien observer, les sociétés traditionnelles africaines ne présentent pas une homogénéité dans leur ensemble en ce qui a trait à leur structure, leur organisation et les dynamiques internes. D'un groupe à un autre, l'on retrouve des systèmes sociaux hiérarchisés, segmentaires ou mixtes au sein desquels l'individu, est plus ou moins épanoui.

Le groupe ethnique Gbaya se retrouve aujourd'hui dans plusieurs Etats d'Afrique Centrale suite aux découpages coloniaux des frontières, devenant ainsi un « peuple trait d'union » (Mokam, 2000) voire *peuple-carrefour* entre la République Centrafricaine, la République du Congo, la République Démocratique du Congo et le Cameroun. Le présent travail porte sur le sous-groupe ethnique Gbaya-yaayuwee. Notre étude se limite aux Gbaya du Cameroun, notamment à la tribu Yaayuwee connu généralement sous le vocable Gbaya-yaayuwee. Ces derniers se trouvent dans la Région de l'Adamaoua, précisément dans les départements du Mbéré, de Djerem et de la Vina[1]. Les Gbaya-yaayuwee sont voisins des peuples très influencés par l'Islam notamment les Peuls, les Mbum et les Dii. En revanche, les Yaayuwee ont été très imprégnés par le christianisme avec la présence des missionnaires de l'EELC, entendu Eglise Evangélique Luthérienne du Cameroun, arrivés à Mboula[2] en 1923 (Belporo et Abou, 2011).

La rencontre des Gbaya-yaayuwee avec d'autres cultures a, sans doute influencé leur mode de vie. Groupe qualifié de segmentaire, les yaayuwee ont connu une transformation profonde de leurs valeurs sociales depuis les années 1928 suite à leurs vives résistances anticoloniales face à la France (Ndanga et Ndanga, 2010). Le problème qui se pose dans cette étude est celui de l'existence et de l'expression de l'individu au sein de son groupe traditionnel d'appartenance en contexte africain, notamment la société gbaya-yaayuwee. Mieux, comment la liberté individuelle s'exprimait, s'est exprimée et s'exprime encore dans une communauté apparemment anti-individualiste ? Cette question entre en droite ligne dans la problématique globale des liens sociaux en Afrique. Contrairement à de nombreux chercheurs qui semblent trouver l'origine de l'échec de l'Etat moderne en Afrique dans ce background communautariste africain, nous voulons savoir le sens et la place qu'occupait l'individu au sein de la communauté traditionnelle gbaya-yaayuwee autour de la question principale suivante : comment l'individu a-t-il évolué au sein de la communauté yaayuwee de 1928 à 2015 ?

La première partie de ce travail s'articule autour du contexte et l'opportunité qu'un historien a à s'intéresser aux rapports entre individu et société. Il s'agit de voir les grands débats qui ont meublé ce pan de l'histoire africaine et humaine dans les disciplines voisines notamment la sociologie et l'anthropologie. En deuxième partie, nous évoquons les facteurs de mutations. Nous examinons ici la sécrétion sociale des individus par la communauté traditionnelle elle-même. En cela, l'individu se voit redevable vis-à-vis de son groupe d'appartenance. Aussi examinons-nous en troisième partie, les voies de contournement des règles communautaires par certains individus, ainsi que le sort qui leur est réservé lorsqu'ils viennent à manquer aux

---

[1] Entretien avec Yadji Paul, enseignant, Maroua, le 07 février 2016.

[2] Mboula est un petit village situé dans le département du Mbéré (Adamaoua-Cameroun).

normes établies. En nous inscrivant dans une perspective diachronique, nous ferons une analyse croisée entre l'avant et l'après, et verrons aussi les raisons des changements observés dans les phénomènes sociaux quotidiens. En effet, les individus sont de plus en plus favorables à une nouvelle forme de relations appelée « union libre » (Nguedam, 2015). On quitte des relations codifiées, arrangées et préparées par les familles aux « unions-libres » sans véritable codification coutumière. Nous nous intéressons à ces deux formes du mariage (mariage arrangé et union-libre) pour comprendre l'évolution des pratiques matrimoniales, et la façon dont les individus transcendent aujourd'hui les interdits et limites pour s'épanouir.

I- Contexte et opportunité de l'analyse

1. L'Afrique postcoloniale : un contexte d'individuation

Le rapport entre individu et société est une question qui s'inscrit à l'intersection de la réflexion d'Alain Marie (1997 ; 2007) sur le processus d'individualisation en Afrique, et celle de Jean-Pierre Olivier de Sardan (2014) sur les mutations sociopolitiques en cours en Afrique ces dernières décennies. Le premier intérêt que nous attachons aux travaux d'Alain Marie est qu'il envisage l'Afrique dans ses spécificités et ses diversités en démontrant que les Africains n'imitent pas seulement l'individualisme à l'occidental, mais qu'ils créent leur propre voie selon leurs réalités endogènes (Marie, 1997). Olivier de Sardan apporte la preuve que l'évolution sociopolitique en Afrique est une question complexe. En nous inspirant d'Alain Marie, nous tenterons de rendre compte de la façon dont l'individu existe dans son rapport à la communauté avant et après le contact avec les facteurs extérieurs porteurs de la modernité. Pour répondre à ce problème de recherche il importe de présenter l'objectif visé par ce travail.

Le choix de ce sujet d'article nous est inspiré par la lecture d'un article écrit par Jean-Pierre Olivier de Sardan (2010). Celui-ci remet en question certaines idées et arguments défendus par des auteurs culturalistes comme Chabal et Daloz (1998), et Schatzberg (1993, 2001) relatifs au fonctionnement actuel des sociétés africaines. Ces auteurs expliquent en effet les écarts de comportement des agents publics en Afrique, notamment la corruption, le clientélisme et le patrimonialisme, en convoquant la prééminence des normes communautaires traditionnelles sur l'individu. Ils soutiennent l'idée que la notion de groupe en Afrique est si forte que chaque individu a d'abord conscience de celui-ci avant de penser à lui-même (Mbembe, 2000: 12). Ce constat les a conduit à denier l'existence de la liberté d'action aux individus dans les communautés africaines traditionnelles. Dans la lignée d'Olivier de Sardan, nous voulons discuter de la pertinence de cette position des culturalistes en ayant comme champ d'observation la société gbaya-yaayuwee. Le choix de ce groupe est lié à la facilité que nous avons pour accéder aux informations, car étant notre groupe d'appartenance. C'est aussi pour contribuer à la connaissance de ce groupe dont le moins que l'on puisse dire est qu'il existe peu de documents scientifiques relatifs à son histoire.

Une autre raison est liée au fait que, jusque-là, les débats sur le rapport entre communauté et individus en Afrique ont été essentiellement dominés par les anthropologues et les sociologues. Les historiens se sont très peu intéressés à ces débats. Or, nous pensons qu'en utilisant la longue durée de Fernand Braudel, il est possible d'étudier comparativement ce rapport communautés-individus selon les époques. Un certain nombre d'historiens commencent d'ailleurs à s'intéresser à ce débat, en particulier Muriel Gomez-Perez et Marie-Nathalie Leblanc (2012) ; et Laurent Fourchard, Odile Goerg et Muriel Gomez-Perez (2009). Nous voulons nous situer dans cette logique pour inscrire ce débat dans la longue durée, et voir ainsi comment les rapports entre individus et leurs communautés évoluent dans le temps.

L'individu étant une représentation singulière des valeurs du groupe, il est le produit de celui-ci (Durkheim, 1994), c'est à travers cette notion qu'on pourrait comprendre le collectif (Weber, 1922). Nous convenons avec Norbert Elias (1987) et Marcel Mauss (1924) que les positions durkheimienne et wébérienne sont complémentaires nonobstant leur traditionnelle opposition. Pour Alain Marie, l'individu est le produit de plusieurs facteurs conjoncturels (Marie, 1997). Il postule d'ailleurs que ce sont les crises politiques et économiques postcoloniales qui ont produit une atmosphère d'individualisation des communautés africaines. Des sociétés connues pour leur mode de vie collectif, des communautés africaines où « les peuples vivaient dans l'esprit communautaire » et où « l'appartenance à la collectivité est vécue, non seulement comme facteur de stabilité et d'équilibre, mais aussi et surtout comme condition de survie » (Ndiaye, 2010: 28), connaissent aujourd'hui des mutations sociales profondes. Sous l'action conjuguée des facteurs endogènes et exogènes, les individus se détachent du joug communautaire pour trouver leurs libertés individuelles et partant, s'autonomiser (Marie, 1997: 8). Mais le détachement de l'individu de sa communauté n'entraine pas nécessairement une rupture des liens ; elle crée plutôt ce qu'Alain Marie appelle « individuation »[3].

À la suite d'Alain Marie, nous pensons que l'individu en Afrique est un être qui conjugue sa liberté avec les exigences de sa communauté d'appartenance dans la mesure où il ne se détache pas totalement de celle-ci, même s'il lui obéit de moins en moins. Cette définition de l'individu en tant que « sujet communautaire » (Marie, 2007: 179) et « sujet-libre » est celle qui sied au contexte africain aujourd'hui. Ainsi, nous entendons par individu une entité qui vit des compromis entre ses initiatives personnelles et les exigences de son entourage.

2. Communauté : un paradigme dynamique

Le vocable communauté est selon *Encyclopédia Universalis*, un « tout ». C'est aussi un groupe des personnes appartenant à un ensemble socioculturel plus ou moins vaste (Aron, 1964). À travers l'ouvrage *Gemeinschaft und Gesellschaft* Ferdinand Tönnies donne une définition au concept de communauté. Il écrit ce qui suit : « la communauté est une organisation sociale dans laquelle les relations entre les individus sont fondées sur la proximité affective, géographique culturelle ou sociale » (Tönnies, 1887). Selon cet auteur, il existe trois principes pour définir la communauté : primo, la référence des individus à une même origine, et à une histoire commune ; secundo, la référence à l'ensemble des coutumes, croyances et valeurs ; et tertio, une même vision du monde définissant un patrimoine symbolique hérité. Tout ceci est le produit

---

[3] Selon Alain Marie (2007), l'individuation est un processus dans lequel l'individu s'autonomise concomitamment en gardant ses relations communautaires.

d'une construction sociale permanente : transmis par la socialisation, entretenue par l'usage d'une langue commune, par des mises en scène cérémonielles lors des événements comme la naissance, l'initiation, le mariage, les funérailles et les rituels religieux (Tönnies, 1887).

Cependant, si on remonte à Émile Durkheim (1893), l'on remarque que la notion de communauté est directement rattachée à la société « primitive », caractérisée par la solidarité des individus qui y vivent, « la conscience primitive », écrit Durkheim, « est tout entière hors de soi » (1994: 175). Il y a là sans doute une référence implicite à l'Afrique traditionnelle, aux sociétés d'Asie et d'Amérique du Sud. Cette vision stéréotypée de la communauté qui tend à condamner l'Afrique à une réalité immuable a été remise en question par Arjun Appadurai (2005) et par Alain Marie (1997). De la réflexion menée par ces deux auteurs, il ressort que le concept de Communauté revêt deux sens distincts : d'une part, elle peut être appréhendée comme ce « substrat primordial » qui régit les liens entre les individus d'une même identité (Appaduraï, 2005), d'autre part, elle peut être comprise comme toute liaison qui crée une relation entre les maillons d'une chaine ou d'un système (Marie, 2007: 174). De ce fait, il existe, selon Alain Marie, trois fondements de base du communautarisme : la référence aux mêmes racines (histoire et origine) ; la référence à une même culture et coutumes, et la référence à une même organisation sociale basée sur les liens parentaux (Marie, 2007). En nous situant dans la logique d'Appadurai et de Marie, nous pensons que la communauté que nous considérons comme synonyme de société n'est possible que lorsque trois référents existent : le premier est le principe de solidarité, principe souligné par la théorie du don et du contre-don développé par Marcel Mauss (1924) ; le second est le principe de défense de la communauté qui exige aux individus d'assurer la sécurité de celle-ci ; et le troisième est le principe de la pérennité qui exige la reproduction, ce qui passe par la formation des couples donc le mariage.

II- Du « sujet-communautaire » à l'individu individualiste

1. Initiation comme incubatrice du « sujet-communautaire »

L'initiation au *labi* s'articule autour de six grandes étapes. La première étape concerne évidemment l'entrée au Labi (*Yéé-labi*), laquelle se fait par voie de recensement et de recrutement de tous les adolescents en âge de se faire initier. Une fois recrutés, ces derniers sont regroupés dans une case dans la périphérie du village, dans laquelle ils sont rasés et débarrassés de certains objets jugés inutiles en leur possession. Pendant cette période, ils sont formés par des instructeurs sur des sujets tels que le courage et l'endurance. Un simulacre de combat leur est exhibé pour démontrer l'importance du courage et de l'abnégation lors des combats (Ndanga et Ndanga, 2014). À partir de cet instant, le comportement de chaque enfant fait l'objet d'un suivi particulier. Les instructeurs cherchent à dégager les traits de personnalité de chaque enfant afin de déceler les potentiels leaders du groupe. Aussi, leurs noms de baptême en dépendent[4]. Selon les propos de Hamidou Isidore, ancien initié (*Labi*), l'entrée au *labi* est un moment de grande émotion : « Nous pensons à notre famille que nous devons abandonner pendant une longue période. En même temps, nous étions fascinés par l'idée de devenir des « vrais hommes ». La peur, mais aussi l'espoir de revenir transformés s'emparait de tout le monde. »[5].

La deuxième étape est littéralement dénommée « mise à mort » des néophytes (*Toka Labi*). Il s'agit d'un rite qui consiste à conduire les néophytes au bord d'une rivière pour recevoir leur baptême. Pendant que les hommes chantent et dansent, les femmes de leur côté pleurent leurs enfants, car ces derniers pourraient éventuellement y laisser définitivement leur vie. Les femmes ont bien conscience du fait que le *Labi* est une formation à la fois utile et dangereuse pour les enfants. La principale chanson exécutée, dans la langue *labi*, par les instructeurs pour accompagner les néophytes de leur recrutent à la rivière est ici traduite par Dieudonné Ndanga:

Demain, ces enfants vont changer,
Ils ne seront plus au village,
Ils vont souffrir, et ce qu'ils avaient l'habitude de faire,

---

[4] La première évaluation des néophytes, qui consiste à observer leur peur et leur courage au début de l'initiation, permet de distinguer les recrues les plus vaillants, capables de diriger les autres.

[5] Entretien avec Hamidou Isidore, 77 ans, catéchiste, Ngam, le 17 mars 2016.

Ils ne vont plus le faire ;
Ils seront désormais les vrais *Labi*,
La panthère les a déjà pris !
Le lion les a déjà pris ! (Ndanga et Ndanga, 2014: 109)

Ce chant rituel est une métaphore qui décrit l'univers *labi* dans ce qu'il a d'érotique et d'ardu pour les enfants. Pour la circonstance, les instructeurs créent une sorte de lac artificiel en construisant un barrage sur un cours d'eau. C'est à ce barrage que « la mise à mort des néophytes » se fera. Une fois les néophytes au barrage, ils sont tenus dans l'eau par leurs parrains respectifs, lesquels doivent être eux-mêmes des *Labi*. Ils ont, pour ainsi dire, un rôle d'encadreurs pour les néophytes (*bé-Labi*). Pendant plusieurs minutes, ces enfants et leurs parrains remuent l'eau, du haut vers le bas et vice-versa. Ce faisant, les enfants sont noyés puis relâchés par leurs parrains. C'est à ce moment précis que, le « metteur à mort » (*Narninga*) masqué, surgit de nulle part pour entrer dans l'eau avec une énorme lance (*labo*). Il « transperce » alors la côte des aspirants pendant que les parrains, restés au bord de l'eau, le visent avec des branches d'arbre et avec des cailloux, comme pour essayer de le chasser.

Une fois les côtes des enfants « transpercées », le « metteur à mort » se dirige vers le barrage pour s'enfuir, alors que, dans le même temps, les parrains rentrent alors dans l'eau, chacun prenant son protégé sur les épaules pour les placer au bord de la rivière. Les enfants sont en ce moment déclarés « morts ». Ils sont ensuite ensevelis avec de la paille avant d'être transportés pour « la maison du sang » (*Tua tok*) où ils sont disposés les uns à côté des autres dans l'espoir de la résurrection.

La troisième étape de l'initiation au *labi* est justement l'étape de la résurrection. Pour cette occasion, les instructeurs préparent un cornet en feuille d'arbre dans lequel ils mettent une potion apprêtée par le « metteur à mort » pour « ressusciter » les recrues qu'il vient de « transpercer ». Le remède est ainsi versé dans les oreilles, dans les narines et dans les yeux des « morts ». Chaque néophyte réagit en éternuant, manifestant ainsi un signe de son retour dans le monde des vivants. Ceux qui n'éternuaient pas étaient réanimés. Une fois réveillés, les néophytes prennent le nom des « enfants du *Labi* » (*bé-labi*).

Par ailleurs, la phase de la résurrection est aussi celle de la distinction, celle de la hiérarchisation des *bé-labi*. Chaque enfant reçoit un nom de baptême selon ses caractères et ses qualités. L'attribution des noms de baptême est faite de manière à ce qu'il y ait unanimité entre les membres du groupe. Ce nom de baptême initiatique prend en compte la manière dont les enfants réagissent devant les épreuves. Le nom initiatique est donc une forme d'individualisation de l'enfant, car il établit une différence entre lui et les autres. Selon le mérite, nous avons entre autres : Mbélé pour le leadeur du groupe ; Ninga pour le premier adjoint du leader, Doko pour le deuxième adjoint ; Ndanga pour le juge de la promotion ; Bétaré pour le conseiller ; Poro pour le Chargé de l'énergie ; Beloko pour le gendarme et la sentinelle du groupe ; Kombélé et Yelem-Mbélé pour les maitres-danseurs du groupe. Ainsi fait-on de chaque *bé-labi*, un individu à part entière, capable de se définir par sa personnalité. On apprend aux désormais *bé-labi*, un langage voire une langue propre à leur formation[6].

Le passage à la maison de la sagesse est la quatrième phase de l'initiation. C'est une phase très riche en rituels. Les enfants de *Labi* (*bé-Labi*) sont déplacés et conduits vers un autre site de formation appelé *Tua Gbang*. Cette étape est essentiellement pédagogique, dans la mesure où c'est la période consacrée aux enseignements sur la signification et la valeur de la paix enseignée par une femme appelée la « femme de paix » (*Ko-Gaymɔ*). On y enseigne aussi le courage, l'abnégation et les stratégies de guerre, mais et surtout la solidarité communautaire[7]. L'Adjoint du *transperceur* (*Gan-Dimba*) est[8] chargé d'organiser les activités selon les spécialités des instructeurs qui interviennent. Chaque journée est consacrée à une activité bien précise avec un enseignant spécialisé dans un domaine particulier de la vie.

La cinquième étape est l'évaluation. Il en existe deux types, à savoir : l'évaluation formative qui se tient durant tout le long de l'initiation, et l'évaluation finale qui marque la fin du cycle d'initiation.

---

[6] Selon le témoignage de Dofio et d'Hamidou Isidore, tous deux anciens *Labi*, l'initiation se fait dans une langue étrangère. C'est pour rendre cette institution élitiste et garder son caractère hermétique aux femmes et aux enfants.

[7] Entretien avec Dofio, 78 ans, cultivateur, Ngam, le 17 mars 2016.

[8] Le Directeur du centre d'initiation est le *transperceur* (*Narninga*). Il est aussi le principal instructeur.

La première évaluation qui est formative renvoie au processus d'enseignement/apprentissage. Plus pratique que théorique, elle se fait alors empiriquement. Les épreuves sont quotidiennes et le groupe est pris à témoin de la performance de chaque apprenant. L'évaluation bénéficie donc d'un principe objectif grâce à son caractère pragmatique. L'évaluation finale/certificative, quant à elle, intervient le dernier jour de la formation. Elle réunit tout le corps enseignant. L'évaluation finale se fait solennellement sous forme de soutenance, en présence de chaque parrain venu soutenir son filleul. L'épreuve consiste en la récitation des onze commandements du *Labi* par chaque initié. On utilise l'arbre *soré*[9] sur lequel on y écrit les codes de ces commandements, et le candidat est appelé à déchiffrer l'entièreté du texte liturgique (Ndanga et Nganga, 2014). C'est à l'issue de cette épreuve que le vrai nom de l'initié est attribué à chaque *labi*. À la fin de cette évaluation, l'assemblée se fait une opinion de chaque jeune enfant formé.

Après l'étape des évaluations, vient celle du baptême de fin de cycle. Cette étape est celle de la reconversion des initiés pour la vie en communauté ordinaire. Un bain rituel est pris très tôt le matin par tous les initiés, afin de purifier le lien entre les « initiés» et l'univers *labi*. Dès leur retour au village, les *Labi* s'impliquent dans la dynamique communautaire[10]. Ils sont ainsi reconvertis dans un univers qu'ils ont abandonné. Autrement dit, ils font objet d'une *recommunautarisation*. Les instructeurs brûlent alors la case initiatique, ce qui marque ainsi la fin du cycle d'initiation. Alignés derrière leurs enseignants, les *Labi* sautent par-dessus la flamme de la case incendiée, pour aller de « l'autre côté ». Le dernier à sauter doit faire preuve d'un courage à la limite suicidaire. En effet, celui-ci doit éteindre la dernière flamme du feu en utilisant la plante de ses pieds pour marquer la fin de la formation. En vue de marquer le retour à une vie paisible et pacifique, les instructeurs coupent l'arbre *Soré*, symbole de la paix chez les Gbaya (Christensen, 1998 ; Yadji, 2011) qu'ils placent en route que les nouveaux *Labi* vont emprunter[11]. *Soré* représente ici la frontière qui sépare l'univers *Labi* de la communauté

---

[9] L'arbre *Soré* est scientifiquement appelé *Anonana Senegalensis*.

[10] Sans ce bain, il est dit que les *Labi* ne parleraient plus la langue gbaya.

[11] Le *Labi* ici désigne les initiés, ceux qui ont fini la formation et qui rentrent au sein de la communauté ordinaire.

du village. Sa traversée marque donc le retour dans la vie ordinaire après la mort symbolique du *Labi*. Une fois au village, les *Labi* se débarrassent de leurs nattes, et c'est seulement à ce moment que les familles peuvent savoir si leurs enfants ont survécu ou pas aux épreuves initiatiques. C'est avec toute la solennité que les noms de baptême des *Labi* sont déclinés pour rappeler leur parcours de brave homme à leurs familles respectives.

Il ressort donc que l'initiation au *labi* prépare l'individu à une vie en communauté tout en créant en lui un sentiment d'accomplissement personnel. Ceci est justifié par le nouveau statut que l'individu acquiert. En effet, l'aboutissement de l'initiation marque le début d'une vie adulte. L'individu jouit ainsi d'une certaine autonomie : il se prépare pour le mariage, il est doté d'un domaine sur lequel il bâtit sa case, il possède un espace champêtre à l'écart de ceux de ses parents, bref, il se responsabilise au sein de son groupe social. Cependant, la sortie du *labi* signifie ainsi qu'on est devenu un « vrai homme », capable de défendre valablement sa communauté contre une agression et de conserver des traits culturels. Le Labi au sein de sa communauté est dévoué aux tâches qui contribuent à construire un vivre ensemble du groupe. Par ailleurs, l'individualité du *labi* au sein de sa communauté est mise en exergue par la spécificité de son talent. Les actes quotidiens d'un individu initié est conforme à sa spécialité ; ce qui participe de l'affirmation de sa personnalité. Lorsqu'il y a une cérémonie dans le village Ngam, Dofio est sollicité pour son talent de batteur. Toute chose qui lui confère une personnalité particulière. Néanmoins, les actions que cet homme mène, rentrent dans la logique collective faisant de lui un « sujet communautaire ».

2. Déroulement du *Zaabolo*

Contrairement au Labi qui comporte 6 phases dans son cycle initiatique, le *Zaabolo* en présente seulement quatre, lesquelles participent à l'édification de la femme en tant qu'individu au sein de la communauté gbaya-yaayuwee.

La première phase est l'entrée au *Zaabolo*. Les filles sont rassemblées au village et conduites à la rivière où le barrage est dressé au préalable. Celles-ci se mettent en ordre les unes après les autres, et chacune d'elle attend son tour pour passer au rite. Fanta Elsie explique que la potion du rite est constituée des plantes et des substances naturelles concoctées par l'institutrice principale (*Kpang*)[12].

La seconde phase est celle de la danse du *Zaa* (*Yɔyè-Zaa*), qui est une initiation à la danse. Elle consiste à développer chez les jeunes filles l'habileté à vibrer, à bouger la poitrine, le torse et surtout le rein. À partir de cette épreuve, les enseignantes détectaient les leaders vocaux pour mener les autres filles. Tout comme dans le *Labi* où la qualité individuelle n'échappe pas à la considération sociale, on attribue convenablement des noms aux jeunes filles du *Zaa* pour les distinguer les unes des autres. Ces noms reflètent, selon les propos de Fanta Elsie, les capacités de chaque fille pendant l'initiation. On a entre autres, les noms ci-après : « Zeck » pour celle conduit le groupe; « Gbae » pour la première adjointe de Zeck; et « Selangaï » pour l'exécutante du chef de groupe.

La troisième phase est celle des enseignements (*Usa-mɔ*). Elle porte essentiellement sur des sujets relatifs à la vie et à l'entretien de l'intimité de la femme[13]. Pour Dicko Pauline, c'est le seul endroit (à part le cadre familial), où les filles sont entretenues sans tabou par d'autres femmes plus expérimentées. On leur enseigne la cuisine, le respect, la fidélité au sein du couple. Selon Djoda Jacqueline, « les enseignements se font dans un climat plus convivial que chez les garçons »[14]. Les filles apprennent des qualités qui leur permettront de mieux s'occuper de leurs familles respectives lorsqu'elles se marieront.

Enfin, la dernière phase est celle de la solennité (*Danga Zaa*). Tout comme la sortie des *Labi*, une festivité est organisée à l'honneur des jeunes initiées (*zonga-zaa*). Le village se pare et organise une festivité à l'honneur de ces braves filles. Ces dernières prêtent devant la communauté pour démontrer, chacune d'elle, son talent individuel de danseuse et de chanteuse. À partir de cet instant, la majeure partie des filles est prête à se marier. Dans ce sens, l'individu « fabriqué » par la communauté, à travers cette initiation, rentre dans le circuit social pour assumer les responsabilités en tant que personne libre mais intégrée. Le *Zaabolo*, tout comme le *Labi* est donc un centre de

---

[12] Entretien avec Fanta Elsie, 75 ans, ménagère, Ngam, 18 mars 2016.
[13] Entretien avec Fanta Elsie, 75 ans, ménagère, Ngam, 18 mars 2016.
[14] Entretien avec Djoda Jacqueline, 79 ans, ménagère, Meiganga, 11 mars 2016.

fabrique de l'individu communautaire. Tout le contraire de l'image que donne les nouvelles élites, qui loin de rechercher l'intérêt communautaire, participe plutôt de la maximisation de leurs propres intérêts égoïstes, d'où un nouveau rapport qui se créé désormais entre elles et leurs communautés d'appartenance.

3. *Ecole moderne et nouvelles relations élites/communauté*

Le parcours de trois profils de l'élite gbaya-yaayuwee notamment celle d'une élite politique, celle d'une élite économique et celle d'une élite intellectuelle, constitue des itinéraires d'individuation qui nous permettent de souligner le rôle de l'école dans le nouveau rapport entre individus et communautés.

Le premier profil est celui de Ninga Songo, élite politique bien connu chez les Gbaya-yaayuwee. Né à Dir[15] vers 1935, Ninga Songo est le benjamin de sa famille. Il grandit dans le village où il doit suivre l'initiation traditionnelle (*Labi*) comme tout autre enfant de sa génération. Mais il est repéré et retiré du Labi vers 1946[1947] de manière forcée par les missionnaires qui l'inscrivent à l'école occidentale située à Meiganga. La séparation avec ses parents est un moment très pénible autant pour lui que pour eux. Aussi, l'école moderne était, dans les années 1940 et 1950, perçue comme une malédiction et comme une voie de déperdition des enfants, d'où la consternation de ses parents[16]. Le jeune Ninga est copté avec l'aide de son grand frère Hamboa pour Meiganga où il effectue ses études primaires. Lorsqu'il obtient son certificat en 1954, il devient instituteur et enseigne pendant près de six années dans les localités de Yarimbang et de Gunbela. Par la suite, Il est envoyé en France par le Président Ahidjo en 1962. De retour au pays, il devient député fédéral, et à ce titre, est devenu une élite politique d'envergure chez les Gbaya.

Le deuxième profil est celui d'une élite économique en la personne d'Alamdou Pierre. Considérée comme l'une des plus grandes fortunes de la communauté Yaayuwee, Alamdou Pierre est

---

[15] Dir est l'un des chefs-lieux d'arrondissement du département du Mbéré (Adamaoua).

[16] Entretien avec Ninga Songo, 82 ans, ancien député fédéral, Meiganga, le 11 mars 2016.

né à Kombo-Laka vers 1945. Il y obtient son Certificat d'Etudes Primaires Elémentaires (CEPE) en 1960, puis le Brevet d'Etudes du Premier Cycle (BEPC) en 1964 à Garoua. Trois ans plus tard, il passe son probatoire G2 en 1968. Après son parcours scolaire, il réussit le concours de l'Ecole Normale d'Administrions (ENA devenue ENAM aujourd'hui) où il sort inspecteur des régies financières en 1971. Après quelques années dans la fonction publique, il obtient un crédit et demande une mise en disponibilité en 1979. La même année, il démarre la construction du Cinéma Karnou à Meiganga qui ouvre ses portes en 1980. C'est vraisemblablement à ce moment que sa carrière d'homme d'affaire commence », témoigne Ndegue Salomée[17]. Il s'engage dans certaines activités lucratives pour son épanouissement, et celle de la communauté. Mais celui que la communauté avait baptisé Karnou, du nom du combattant anticolonialiste de 1928, n'est plus un homme ordinaire. Devenue une personnalité économique influente, la fortune d'Alamdou ne passe pas sans rumeur au sein d'une communauté essentiellement paysanne. Son rang social lui confère un véritable mythe fait des rumeurs.

Le troisième profil est celui d'une élite intellectuelle du nom de Dogo Gbadomo Beloko. Né le 03 Mars 1949 à Nandeke (arrondissement de Meiganga), Gbadomo est l'ainé d'une famille de 13 enfants dont 11 garçons et 2 filles. Il effectue ses études primaires et secondaires à Yaoundé, notamment à la prestigieuse Ecole du Centre, et au collège Meyong où il rencontre de plusieurs autres artistes camerounais. C'est de cette rencontre que nait son amour pour l'art. En effet, après ses études secondaires sanctionnées par un Baccalauréat A, Dogo Gbadomo fut remarqué par le célèbre comédien camerounais Daniel Ndo alias oncle Otsama. Il se lance dès lors dans la pratique de l'art théâtral au centre culturel français de Yaoundé et devient membre du groupe théâtral national où il prête pendant quelques années. Tailleur de profession, Dogo Gbadomo Beloko est engagé au quartier général des armées à Yaoundé pour confectionner les tenues militaires. Mais ses connaissances littéraires et artistiques lui confèrent une vocation d'intellectuel engagé pour la

---

[17] Entretien avec Ndegue Salomée, 62 ans, ménagère, Meiganga, le 19 mars 2016. Salomée est la veuve de Karnou.

culture gbaya en général et pour la communauté yaayuwee en particulier.

4. Trois sphères d'expression de l'individu chez les Gbaya-yaayuwee

À partir de ces trois profils, nous pouvons dégager trois sphères d'expression de la nouvelle figure de l'individu chez les Gbaya, à savoir la sphère politique, la sphère économique, et la sphère intellectuelle.

Pour ce qui est de la sphère politique, l'émergence de Ninga Songo en 1962 comme député fédéral suite à son voyage en France est loin d'être un fait isolé. C'est un tournant dans l'apparition d'une nouvelle figure de l'élite, ayant une influence de plus en plus grande sur la communauté. L'émergence de cette nouvelle figure, est non seulement due à l'avènement de l'école occidentale, mais aussi à la cooptation de ceux qui avait fréquenté par le parti unique. Cependant, pour qu'il ait cooptation, il fallait respecter le principe de l'équilibre régional, et c'est dans ce contexte que Ninga Songo a été fait député fédéral. Autrement dit, pour avoir une légitimité politique, l'élite doit compter sur son identité communautaire (Ngniman, 1993). Ainsi, malgré sa réputation d'ancien député fédéral, Ninga Songo sollicite les voix de sa communauté pour être maire de la commune rurale de Meiganga en 1992. Il y a donc une logique du « don » et du « contre-don » entre élite et communauté. La communauté se mobilise derrière son élite, et travers elle, soutient le régime en place. En retour, la communauté attend de l'élite qu'il soit redevable à elle, et par conséquent, qu'il œuvre pour la satisfaction de certains besoins communautaires au risque de perdre toute légitimité.

Ainsi, le rapport entre communauté a pour principe social la « dette mutuelle » (Mauss, 1924). La communauté a besoin de ses élites pour profiter de certaines facilités, et inversement, les élites ont besoin de la communauté pour émerger au plan politique. Ce rapport de réciprocité peut être entaché si l'élite, une fois aux affaires, ignore les appels à l'aide de sa communauté. Le sens des dons ne réside cependant pas dans la qualité ou la quantité d'objets offerts, mais dans le geste de l'élite envers la communauté. À son actif d'homme politique, Ninga Songo possède des voitures, des grandes concessions à Meiganga et à Dir, une ranche dans le département du

Mbéré, des magasins en location au centre de la ville de Meiganga. Il a l'un des plus vastes domaines de la même ville. Tous ces biens lui confèrent le statut d'un homme influent sur sa communauté. Il est devenu un individu, mais un individu de la communauté yaayuwee à laquelle il reste attaché.

La deuxième sphère d'expression de la figure individuelle est la sphère économique. Lorsqu'il se lance dans les affaires dans les années 1980, le cinéma est une très grande réussite pour Alamdou Pierre. Cet investissement lui rapporte non seulement de l'argent mais aussi une réputation au sein de la communauté. Les recettes journalières du cinéma Karnou sont estimées à une valeur qui varie entre 300 000 et 600 000 FCFA[18]. Dans une économie de plus en plus libérale, la recherche du gain est au-dessus des considérations sociales. Malgré sa réussite dans les milieux des affaires, Alamdou accordait une grande attention à la promotion de la culture yaayuwee.

En 2002, Alamdou Pierre entre aux hydrocarbures et devient un opérateur économique influent dans la sous-région Afrique centrale en obtenant un agrément qui lui accorde le ravitaillement des pays voisins, notamment le Tchad et la Centrafrique en produits pétroliers. À son actif d'homme d'affaire, Alamdou Pierre possédait plus de 1000 têtes de bœufs entre 1983-1990. Il a aussi des troupeaux de chèvres à Dobaté, Madoukou en 2008, un immeuble de quatre niveaux et un hectare de terrain à Yaoundé. En plus de cela, il possède une villa à Ngaoundéré, un vaste domaine à Meiganga et 14 véhicules[19]. Selon la conception sociale de la communauté traditionnelle yaayuwee, ce statut d'homme d'affaire d'Alamdou est une déviance vis-à-vis de l'ordre communautaire qui est celui de la « solidarité communautaire » (Marie, 2007). Dans cette logique, un seul individu ne doit pas posséder autant de bien à lui seul ; surtout lorsque celui-ci vit au sein d'un groupe démuni, d'où le fait que la fortune d'Alamdou constitue une arène pour la production des rumeurs autour de sa personne.

La troisième sphère d'expression de la figure individualiste est la sphère intellectuelle, et est surtout illustrée en la personne de Dogo

---

[18] Entretien avec Adama Salomée, 62 ans, ménagère, Meiganga, le 19 mars 2016.

[19] Entretien avec Adama Salomée, 62 ans, ménagère, Meiganga, le 19 mars 2016.

Gbadomo Beloko. De 1976 à 1980, celui-ci travaille au centre de littérature gbaya, où il participe à la traduction de la Bible en langue Gbaya-yaayuwee. Il participe aussi aux travaux linguistiques et syllabiques en Gbaya[20]. De 1981 à 1988, il fait le tour du Cameroun pour présenter les contes et les sketchs africains de son terroir dans les établissements primaires, secondaires et universitaires. De 1999 à 2003, il anime l'atelier de théâtre de l'Alliance Franco-camerounaise de l'Adamaoua (AFCA) à Ngaoundéré. En 2013, il traduit l'hymne nationale du Cameroun en dialecte yaayuwee. Toutes ces activités lui vaudront d'être fait Chevalier de l'ordre national du mérite Camerounais. Il sera aussi Épis d'Or, *Gold star* du Cameroun à Maroua en 2008 pour l'ensemble de ses œuvres théâtrales. Par ailleurs, il est le président fondateur des Greniers Culturels Camerounais et Africains (GCCA). Dogo Gbadomo Beloko a écrit plusieurs manuscrits non publiés sur la culture yaayuwee. Gbadomo s'est fait une réputation culturelle nationale voire internationale grâce à son engagement pour la culture gbaya. L'ensemble de ses œuvres représente les aspirations personnelles que cet individu.

5. Mutation des normes sociales et du vivre-ensemble communautaire

Les normes sociales sont un ensemble de croyances, des lois et des réalités sur lesquelles une société se construit. Il s'agit ici particulièrement de la conception de la personne, de la parenté, de la famille, de la hiérarchie sociale, bref des notions relatives à la « solidarité communautaire » (Marie, 2007). A cet effet, selon Hamidou Isidore, les Yaayuwee ont depuis toujours considéré l'homme sous sa dimension physique/visible et spirituelle/invisible. L'homme est tenu de veiller à son bien-être physique mais aussi spirituel en entretenant des liens sacrés avec le monde des ancêtres. Cette dialectique spirituelle et réelle/physique fait de la personne une entité à part entière et entière à part. Du point de vu spirituel, il s'agit d'un rapport entre l'individu et ses ancêtres, alors que du point de vue physique, « la personne est parce que les autres sont ». Autrement dit, son existence est liée à celle des autres, car « nul ne peut vivre seul

---

[20] Entretien avec Laïndé Etienne, 35 ans, Syndicaliste (moto-taxi), Meiganga, le 19 mars 2016.

et isolé »[21]. La personne est pour ainsi dire envisagée comme « un élément du tout et en rapport avec le tout » (Nguedam, 2015). Cette conception holiste de l'homme se perpétue chez les Gbaya-yaayuwee jusqu'au lendemain de l'indépendance. Il faut attendre certains facteurs tels que l'avènement de la télévision dans la décennie 1980 avec l'ouverture du cinéma Karnou à Meiganga[22] pour observer un changement de mentalité et de pratiques.

Avec la crise économique qui frappe intensément le Cameroun dans la deuxième moitié de la décennie 1980, Meiganga devient un centre de mutation sociale profonde. La solidarité traditionnelle basée sur la mutualité de la dette fait place à la recherche des moyens de subsistance. Désormais « chacun cherchait son pain quotidien » affirme Sylvain, lui qui était élève en ce moment. Ainsi, progressivement, l'on assistait à l'émergence d'un individu de plus en plus autonome, jaloux de sa dignité, de son intégrité et de sa personnalité (Marie, 2007).

En ce qui a trait aux notions de parenté et de famille, elles demeurent jusqu'en ce début du XXIe siècle des réalités vastes et complexes malgré leur apparente simplicité. Les liens de filiation au sein de la parenté et de la famille sont aussi l'un des fondements du lien social dans la communauté traditionnelle yaayuwee. Ici, la famille et la parenté sont à la fois un lien social et religieux, car « elle recouvre une communauté de pensée religieuse et mythique, ainsi qu'une communauté de vie sociale » donc réelle (Nguedam, 2015: 82). La filiation parentale demeure un des déterminants des liens sociaux de nos jours. Elle est à la base de la personnalité de l'individu et s'étend aux relations sociales en général. Dans ce sens, l'individu est le fruit de sa famille. Le lien prend en compte le cousinage et les adoptions.

Par ailleurs, la hiérarchie sociale est perceptible au sein de chaque famille yaayuwee. Au-dessus de la structure familiale trône le père. Celui-ci est le garant de la famille, et en tant que tel, est le représentant de celle-ci au sein de la communauté. Comme toute société traditionnelle les Yaayuwee ont accordé une place prépondérante à l'homme dans la gestion des affaires. Ainsi, lorsque l'assemblée du

---

[21] Entretien avec Hamidou Isidore, 77 ans, catéchiste, Ngam, le 17 mars 2016.
[22] Entretien avec Salomée Ndegue (veuve Karnou), 62, ménagère, Meiganga le 19 mars 2016.

village se constituait jusqu'aux décennies 1970 et 1980[23], seules quelques femmes étaient conviées à l'assise. Il s'agit notamment de la « promotrice de paix » (*Ko-Gaŋmɔ*), de la Reine-mère qui est la première épouse du chef. De ce fait, le chef de famille a un pouvoir à la fois réel et métaphysique en ce sens qu'il est l'intercesseur entre les divinités ancestrales et sa famille. Mais le statut du père n'oblitère en rien la place de la femme. Les Gbaya-yaayuwee ont entièrement conscience du rôle social de la femme, notamment la gestion du ménage, la procréation et les conseils qu'elles donnent à leurs époux. Même s'il existe une domination masculine, la place de la femme s'avère incontournable. On reconnait ainsi le pouvoir d'influencer le cours des choses à la femme, elle peut maudire et bénir.

Notons finalement qu'au cœur de la solidarité communautaire se trouve la logique de la dette. Elle est le fondement même des liens entre les individus les uns vis-à-vis des autres. La dette étant à la fois symbolique et matérielle, chaque acte est, soit une gratitude, soit un don. Comme l'exprime si bien Marcel Mauss dans sa théorie sur le don (1924), à chaque fois qu'un don est fait, il y a un contre-don en retour. Ainsi, la communauté s'entretient à partir d'un ensemble de fils appelé « solidarité communautaire » (Marie, 2007). Cette dette n'est ni ségrégationniste ni sélective, elle s'impose à tout le monde en règle principale et elle incarne en même temps un sentiment du devoir accompli (Ela, 1990).

L'hospitalité se révèle à ce titre être l'une des caractéristiques fondamentales des Yaayuwee. Adjia Guèsè Sylvain affirme que jusqu'aux années 1970, les Gbaya-yaayuwee déposaient des canaris remplis d'eau à l'entrée et à la sortie de leurs villages pour des voyageurs. Il ajoute qu'on pouvait y mettre un régime de banane ou des tubercules de manioc pour les passants. L'hospitalité était une dette, à une époque où, la plupart des voyages s'effectue à pieds. Offrir quelque chose à un passant, lui donner de l'eau, c'est en même temps l'endetter. Un jour, en passant dans son village, l'on s'attend à être servi comme ce fut cas chez soi. D'où la maxime gbaya : « *wiko taï galé, galé taya wiko* », ce qui veut littéralement dire « la main droite lave la main gauche et la main gauche à son tour lave la main droite ». Mais les années 1980 voient disparaitre cette hospitalité au profit de

---

[23] Entretien avec Kofa, 85 ans, notable et cultivateur, Ngam, le 16 mars 2016.

l'argent nous confie-t-il[24]. La coexistence communautaire est une coexistence des dettes morales.

III- Remise cause de l'ordre conjugale : le contournement de la norme communautaire par la jeunesse

1. De la conception du mariage chez les Gbaya-yaayuwee

Le mariage traduit l'expression d'un ensemble des valeurs liées aux dettes mutuelles et le socle de solidarité communautaire (Mauss, 1924). Autrement dit, il est une institution centrale dans toute communauté humaine. Qu'on se trouve en Europe, en Amérique, en Asie ou en Afrique, il est le socle sur lequel la famille se légitime, d'où la nécessité de considérer tout d'abord la notion de couple chez les yaayuwee. Dans la communauté gbaya-yaayuwee, le mariage est une institution sacrée. En tant que tel, il est règlementé par des prescriptions coutumières. Le mariage est l'union entre un homme et une femme[25]. Il s'agit d'une liaison entre deux genres complémentaires. Le mariage au sein de la communauté yaayuwee est essentiellement hétérosexuel. Dangabo Jean-Marc dit qu'il faut seulement s'en tenir à la morphologie sexuelle de l'Homme pour savoir que seuls les individus sexuellement opposés peuvent se compléter et vivre ensemble[26]. Le couple chez les Yaayuwee est donc formé d'un homme (*wiwi*) et d'une femme (*Oko*).

Par ailleurs, le mariage est conçu comme une réalité sociale qui s'impose à l'humanité par sa nature et convoque par ce fait même l'idée de la transcendance. Comme le rappelle Kofa, « même avant l'arrivée des blancs, nous savions depuis toujours que le mariage est recommandé par Dieu. Il ajoute selon lui que si les hommes ne se mariaient pas le monde serait une anarchie »[27]. Les Yaayuwee conçoivent donc le mariage comme une institution divine qu'il faut entretenir. Aussi, le mariage est-il gage de pérennité pour la

---

[24] Entretien avec Adjia Guèsè Sylvain, 58 ans, cultivateur, Ngam, le 17 mars 2016.

[25] Entretien avec Adama Zaabo, 88 ans, ménagère, Djohong, le 15 mars 2016.

[26] Entretien avec Dangabo Jean-Marc, 69 ans, chasseur, Ngam, le 17 mars 2016.

[27] Entretien Avec Kofa, 85 ans, notable et cultivateur, Ngam, le 16 mars 2016.

communauté. Il remplit le troisième principe communautaire qui est celui de la survie de la communauté à travers la formation des couples, la naissance des enfants. Dans cette avenue, Assana affirme à ce sujet que « le mariage, est le moyen de procréer les enfants qui doivent remplacer leurs parents ; c'est pourquoi ajoute-t-il, un couple fécond est celui qui donnait naissance à de nombreux enfants »[28]. En entretenant le mariage, la communauté s'entretient elle-même. Le mariage doit, à ce titre, aboutir à la conception d'autant d'enfants que possible[29]. Un couple sans enfants, ou avec peu d'enfants n'est pas facilement accepté par la communauté. Le mariage était une voie de légitimation de la famille chez les Yaayuwee, même si les pratiques matrimoniales ont subi des mutations avec la dynamique individuelle ambiante.

2. Choix du conjoint : entre exigences communautaires et libertés individuelles

Les alliances matrimoniales revêtaient une importance très capitale dans les sociétés traditionnelles africaines. Dans la communauté traditionnelle yaayuwee, le choix de la conjointe, est réservé aux parents. Cette prescription communautaire fait intervenir aujourd'hui une controverse à deux volets. D'une part, c'est une affaire collective soumise à la présence de deux familles (celle de la fille et celle du garçon). D'autre part, l'union chez les Yaayuwee aujourd'hui est soumise aux exigences de la liberté individuelle. Ceci fait du mariage une pratique située entre la tradition et la modernité. L'on est quitté d'une exclusivité parentale à choisir le conjoint ou la conjointe de leur enfant au libre choix de l'individu en question. Il s'agit ici d'étudier de plus près la manière par laquelle s'effectue le choix du conjoint dans la communauté gbaya-yaayuwee.

Le mariage est une institution encrée dans les valeurs et les pratiques communautaires. Par le pouvoir des liens familiaux au sein des Yaayuwee, les enfants d'une fratrie appartiennent à l'aîné de la dot la famille (si celui-ci est un homme)[30]. Celui-ci est le père de tous les enfants de ses frères cadets. À ce titre, une maxime stipule que « l'ainé accouche des enfants pour ses cadets et ses cadets le font aussi

---

[28] Entretien Assana Bosco, 60 ans, cultivateur, Ngam, le 23 décembre 2016.
[29] Idem.
[30] Au cas où l'ainée est une femme, son frère cadet occupe cette place.

pour lui »[31]. C'est le module essentiel de l'éducation de l'enfant chez les Yaayuwee[32]. L'enfant appartient donc à un circuit de fraternité et même de cousinage complexe.

Si le mariage reste imprégné des coutumes chez les Yaayuwee, on observe néanmoins quelques évolutions, notamment à partir des années 1970. En effet, cette période qui correspond à la scolarisation massive en pays yaayuwee, a largement influencée le regard des jeunes garçons qui réclament un droit sur le choix de leurs futures épouses. Ainsi, avec l'influence de l'école, le choix du conjoint fait l'objet de négociation entre l'individu et la famille. Adjia Sylvain témoigne qu' :

> A partir de ce moment-là, nous qui revenions des collèges pour nous marier, nos parents prenaient déjà notre avis en compte, contrairement à nos ainés qui acceptaient simplement. Certains de mes camarades indiquaient à leurs parents la fille qui les intéressait, mais la décision finale était du ressort des parents bien entendu, ils décidaient si oui ou non leur fils allait se marier à celle qu'il a choisie ou ils trouvaient une autre[33].

Par ailleurs, certains facteurs ont accéléré le libre choix chez les jeunes gbaya-yaayuwee. C'est le cas par exemple du traçage des nouvelles routes par les Génies militaires en 1982 pour désenclaver le département Mbéré. C'est aussi le cas de la religion chrétienne, du Cinéma Karnou ouvert par Alamdou Pierre en 1980, de même, l'augmentation de l'effectif des jeunes scolaires, et de la création des nouveaux établissements à Meiganga et à Ngaoundéré. Tous ces facteurs ont transformé la façon dont les jeunes conçoivent le mariage, notamment le choix du conjoint (Beloko, 1993).

Du côté des jeunes filles, on observe également une évolution des mentalités. Progressivement, les femmes deviennent « maitresses de leur destin », car elles choisissent « librement » leurs conjoints (Azimi, 2011). Le témoignage de Gbaï Florence est l'une des plus édifiantes :

---

[31] Entretien avec Ahidjo André, 52 ans, cultivateur, homme, Ngam, le 17 mars, 2016.

[32] Entretien avec Fanta Elsie, 75 ans, ménagère, Ngam, 17 mars 2016.

[33] Entretien avec Adjia Guèsè Sylvain, 58 ans, cultivateur, Ngam, le 17 mars 2016.

De 1999 à 2002 l'année où je décide d'accepter épouser mon mari, la famille m'a forcé à accepter plus de dix prétendants. Certains étaient des jeunes militaires sortis de formation, d'autres des enseignants mais aussi des cultivateurs du village. Mais parmi tous ces hommes, aucun ne me plaisait vraiment. Quand j'ai fait la rencontre de celui qui est devenu mon mari, je me suis retrouvée entrain de faire un bras de fer avec mes tantes. Non seulement l'homme que j'aimais était jeune, en plus il était cultivateur ; pis, comme si cela ne suffisait pas, nous avons des liens de famille éloignée. Cet état de chose jouait en notre défaveur... Et malgré la contestation de la famille, nous nous sommes mariés et l'amour a triomphé[34].

Ce « triomphe de l'amour » marque aussi le triomphe de l'individu sur le groupe en ce sens que le choix de Florence lui revient. Loin d'être un cas isolé, l'histoire de cette femme est l'image de ce qu'est le mariage chez les Gbaya-yaayuwee au début du XXIe siècle. L'individu n'est plus soumis à une trajectoire préparée par ses parents ou la société, mais il choisit d'accepter ou d'ignorer les choix qui lui sont conseillés. C'est dans le sens que Sylvie Nguedam affirme que le mariage tend à être de plus en plus l'expression d'une union librement consentie entre les conjoints, notamment des jeunes filles, sans tenir compte du choix des parents (Nguedam, 2015). Aussi, l'école occidentale a levé le tabou des grossesses involontaires, qui deviennent de plus en plus prégnantes dans les localités comme Meiganga, Djohong, dans lesquelles existent les établissements secondaires.

Il convient tout de même de faire remarquer que, même si les individus mettent parfois tout en œuvre pour mettre à exécution leurs propres choix, ils essayent tout de même de créer une adéquation entre ces choix et le nécessaire consentement des parents. Notons également que les jeunes yaayuwee n'ont pas seulement fait face à leur communauté. Ils ont aussi dû affronter les différentes crises qu'a traversé le Cameroun dans les années 1980. Comment se marier en tant de crise, et en respectant les exigences communautaires ? Cette préoccupation a donné lieu à l'adoption et à la prolifération de l'« union-libre » comme une alternative et comme un moyen pour contourner les exigences de la communauté.

---

[34] Entretien avec Gbaï Florence, 29 ans, ménagère, Ngam le 17 mars 2016.

3. L'« union libre » comme contournement des exigences communautaires : 1990-2015

L'« union libre » est définie par *l'Enscyclopedia universalis* comme le concubinage (Aron, 1968) ; c'est une pratique sociale relativement nouvelle dans la communauté yaayuwee. Pour Ahidjo et Sylvain et Assana Bosco, les années 1980 marquent le début de la libéralisation des relations. Ils évoquent l'augmentation de l'effectif dans les écoles et surtout les mesures de promotion du genre féminin, l'ouverture des voies de circulations, l'urbanisation de Ngaoundéré et Meiganga entre autres. Au Cameroun, l'« union-libre » est communément appelée « vivons ensemble » ou encore « vient-on-reste » (Azimi, 2011: 133). Cette pratique est un moyen de contournement des coutumes par les jeunes. C'est ainsi qu'« ils se retrouvent la nuit, se mélangent et le lendemain toi le père, tu es surpris d'être grand parent »[35]. D'une manière caricaturale, ces propos décrivent à la fois la spontanéité de ce type de relation et son caractère officieux. Assana Bosco pense que l'« union-libre » ou le concubinage est à l'origine de la dépravation des mœurs sexuelles, des grossesses indésirables, et même de la prolifération des maladies sexuellement transmissibles au sein de la communauté[36]. Autrement dit, les adeptes de l'« union libre » transgressent les normes communautaires du mariage coutumier.

Dans le village Ngam, au cours des années 2010 à 2015, sur 20 mariages contractés[37], seuls trois étaient négociés entre les parents et leurs enfants. Ces mariages ont plus ou moins respecté quelques principes traditionnels et communautaires dans la mesure où ils ont fait l'objet d'une demande (même si le choix de la femme était venu des garçons) suivie d'une dot et d'une cérémonie de mariage. Ensuite 05 couples ont entamés le processus de mariage après la grossesse. Le reste, c'est-à-dire 12 couples, sont formés des individus non engagés officiellement, sans dot, ni processus rituels de mariage. Ils évoluent ainsi dans l'« union libre ». Statistiquement, il y a 15% de couple coutumièrement légaux, 25% de couples qui ont entretenu

---

[35] Entretien avec Dofio, 78 ans, notable, Ngam, le 17 mars 2016.

[36] Entretien avec Assana Bosco, 60 ans, cultivateur, Ngam, le 23 décembre 2015.

[37] Il s'agit des couples dans lesquels l'âge des hommes variait entre 20 et 28 ans et celui des filles était de 17 à 23 ans.

une relation de concubinage avant le mariage, et 60% de couples qui vivent en union libre dans ce village[38].

L'« union-libre » est, pour ainsi dire, une pratique d'individualisation en ce sens qu'elle ne bénéficie d'aucun consentement parental. En contractant ce type de « mariage », ni la famille de la fille, ni celle du garçon n'est souvent en accord[39]. C'est la raison pour laquelle elle est encore sous-estimée par la communauté qui n'y voit qu'un statut précaire, contrairement à une alliance qui engage deux familles. Aussi, est-elle vue comme un acte « d'irresponsabilité en ce sens qu'elle donne naissance aux enfants naturels, qui n'ont aucune légitimité »[40]. Il en résulte des phénomènes d'abandon des enfants, de la prostitution, des familles recomposées entre autres.

Chronologiquement, les origines de l'« union-libre » comme déviance chez les Yaayuwee remontent à l'époque de la construction des routes dans le département du Mbéré par les Génies militaires. En effet, c'est lors des travaux de construction de ces routes au début des années 1980, notamment celles visant à désenclaver le département du Mbéré, que les premières relations d'« union-libre » s'établissent dans les localités villageoises. Pendant le déroulement des travaux, les ouvriers pratiquaient du concubinage avec les jeunes filles yaayuwee en leur promettant le mariage[41]. Une fois les travaux terminés, ces ouvriers ont abandonné ces filles qui étaient parfois enceintes ; parfois aussi avec des enfants. Ces filles ont été par la suite considérées comme des « femmes libres », donc difficilement sollicité pour le mariage au sein de la communauté à cause des règles coutumières qui condamnent ce statut nouveau. Pis, dans une communauté où la virginité avant le mariage reste une valeur prégnante, ces femmes étaient condamnées à assumer leur nouveau statut qu'elles imposent à la communauté. Pour échapper à toute marginalisation, elles deviennent des tenancières des restaurants, des circuits de boissons et d'autres métiers qui les autonomisent. On pourrait dire qu'il y a en ce moment une sorte de détachement vis-à-vis de l'orthodoxie communautaire. Avec ce phénomène croissant

---

[38] Entretien avec Ahidjo, Abba et Florence, tous les habitants de Ngam.
[39] Entretien avec Fanta Elsie, 75 ans, ménagère, Ngam, le 17 mars, 2016.
[40] Entretien avec Kofa, 85 ans, notable, Ngam, le 17 mars, 2016.
[41] Entretien avec Ahidjo André, 52 ans, cultivateur, Ngam, le 17 mars, 2016.

d'union libre, la perception du mariage, autrefois, reliant les familles entières a donc fini par connaître une brève convertibilité vers des familles monoparentales.

Par ailleurs, pour la nouvelle génération, l'« union-libre » est une situation susceptible de changer, une étape transitoire vers le mariage civile ou encore une stratégie pour faire face à une situation conjoncturelle difficile (Nguedam, 2015: 301). Cependant, elle demeure une barrière entre l'individu et la communauté, en ce sens que le couple est parfois obligé de couper les liens familiaux autrefois parfaits, en vue d'échapper à tout jugement. Ainsi, le choix de cohabitation temporaire n'est pas un acte responsable, il est vu comme un processus transitoire ou un accomplissement du désir sexuel pouvant se détériorer à tout moment.

4. Mariage comme construction de soi

Le mariage dans la communauté traditionnelle yaayuwee bien qu'étant soumis à une influence familiale, a toujours été une voie de légitimation de la personnalité. Se marier, « c'est être capable de s'entretenir et d'entretenir la femme qu'on prend »[42]. Une fois marié, le couple est séparé de la famille du mari à travers le rite de l'installation (*duka-tua*) qui autonomise aussi bien l'homme que la femme. Désormais, cette dernière a son propre foyer, sa maison, et son mari[43]. Au même moment, le garçon qui se marie est de ce fait considéré comme un homme, il changeait par là-même de statut, en entrant dans la classe d'hommes. En possédant une concession, un champ, un domaine à lui, le couple devient une entité à part entière.

Mais au milieu des années 1990 avec la démocratisation et la résurgence des libertés individuelles (Nguedam, 2015), les valeurs communautaires ont dû prendre un coup. De plus en plus au sein de la communauté, la recherche du bonheur individuel est tolérée, mais cette recherche d'un espace à soi ou d'une liberté individuelle ne s'arrête plus à la dimension hédonique du terme. Ainsi, au sein du couple, « chacun cherche à se réaliser, non seulement par une égalité économique, mais aussi par une égalité psychologique et affective. » (Nguedam, 2015: 309). Avec la vulgarisation de la journée

---

[42] Entretien avec Desa Jean, 83 ans, notable, Djohong le 14 mars 2016.
[43] Entretien Avec Fanta Elsie, 75 ans, ménagère, Ngam, le 17 mars 2016.

internationale de la femme (JIF) dans la décennie 2000-2010, le gouvernement et les organisations de défense des droits de l'Homme accordent une place de choix à la question genre. Les femmes deviennent des êtres particulièrement protégés par les lois nationales et internationales qui font leur promotion sous le slogan « égalité de genre »[44]. Aussi, la femme peut se faire une place au sein de son couple en exerçant un métier propre à elle. Dans ce contexte, le mariage devient une ouverture pour la construction du soi féminin et non plus une camisole de force (Roulon, 2010).

Ces changements au niveau national et international ont eu des répercussions sur la perception du soi chez les femmes yaayuwee. Si pendant longtemps, la femme Gbaya-yaayuwee a été condamnée à vivre avec un statut plus ou moins immuable, le mariage aujourd'hui lui permet d'assumer à la fois son rôle de ménagère et d'avoir une vie professionnelle épanouie. À partir du libre choix opéré, le mariage devient le lieu d'expression de l'Individu. Le mariage est donc l'union entre un homme et une femme qui s'unissent pour concevoir des enfants (Ndanga et Ndanga, 2014: 125). Si la femme ne se sent pas aimé, il lui est aujourd'hui plus facile d'entamer le processus de séparation alors que dans une communauté traditionnelle, la communauté tolérait difficilement le divorce[45].

Conclusion

Ce travail consistait à étudier les rapports entre société et individu en Afrique du point de vue historique. Dans ce sens, il s'est penché sur la mutation de l'individu comme « sujet-communautaire » vers l'individu comme « sujet-libre ». Il a ainsi examiné autant que faire se peut, l'itinéraire de la construction du soi individuel en contexte traditionnel et en contexte moderne chez les Gbaya-yaayuwee. Loin d'être une analyse essentiellement synchronique de cette société, l'analyse s'est focalisée sur les mutations des liens sociaux depuis la décennie 1920 à 2015. Il en ressort qu'il y a une persistance des pratiques anciennes dans le nouvel ordre social au sein de cette

---

[44] Voir le préambule de l'ONU-Femme.
[45] Il existait cependant des circonstances de divorce chez les Gbaya-yaayuwee (la stérilité, l'impuissance sexuelle entre autres).

communauté. Bien plus encore, s'agit-il d'une résurgence des pratiques généralement opposées à la modernité.

C'est dans cette avenue que Patrick Chabal et Jean-Pascal Daloz parlent d'une « *rétraditionnalisation* » de l'Afrique dans leur ouvrage *L'Afrique est partie* (1999). En effet, ces politologues français trouvent qu'il existe une modernité propre à l'Afrique ; celle-ci serait teintée d'une résurgence des pratiques traditionnelles (Geschiere, 2000: 4). Une question qui évoque à bien des égards, la persistance des idées reçues sur les sociétés africaines. Dans leur ouvrage, ils affirment que dans la communauté traditionnelle en Afrique, l'individu n'existait pas. De ce fait, les Etats africains sont envahis par des valeurs communautaristes notamment le népotisme, le *patrimonialisme*, le paternalisme, la corruption ; des maux qui viendraient des coutumes et valeurs culturelles endogènes. Dans ce sens, les réalités ne sont ni dynamiques, ni universalisables comme le voudrait Mbembe (2015). Cependant, la réalité communautaire en Afrique est reconnue et assumée par les africains aujourd'hui. Elle demeure prégnante autours de la structure familiale élargie et des filiations. Aussi faut-il noter que l'individualisme compris comme figure emblématique de l'Occident industriel s'est imposé avec l'enrichissement général par l'Europe paysanne dans les années 1950. Comme valeurs politique, l'individualisme s'est imposé à l'Europe, elle n'a pas été une politique savamment pensée par des hommes. La dynamique sociale a donné naissance à l'individualisme individualiste européen aujourd'hui. Ainsi, le politique réajuste ses programmes en fonction des aspirations de sa société. L'individualisme et le communautarisme demeurent des valeurs relatives et contextuelles.

La naissance des Etats africains dans les années 1960 exige que le « sujet-communautaire » se transforme en citoyen. En tant que tel, celui-ci ne s'identifierait plus en tant qu'individu d'un groupe identitaire (ethnique ou tribal) mais il est appelé à être un Homme libre. L'Etat postcolonial en Afrique subsaharienne met ainsi en relation trois grands acteurs. Nous avons la société traditionnelle avec sa codification normative communautaire, l'Etat postcolonial, lui-même né des cendres de la colonisation et l'individu partagé entre la citoyenneté naissante et l'identité communautaire en désuétude. Les rapports entre l'individu et sa communauté d'une part, ceux entre l'individu et l'Etat d'autre part, et ceux qu'entretiennent la communauté et l'Etat créent un nouvel ordre sociopolitique complexe dans lequel l'élite est tiraillée de part et d'autre.

Références bibliographiques

A/ Bibliographie : Ouvrages et articles

Abwa, D. (2010). *Cameroun, histoire d'un nationalisme (1884-1961)*, Yaoundé, Clé, p.24.

Appadurai, A. (2006). "The Thing Itself", *Public Culture*, Vol. 18, No 1, pp. 15-22.

Bah, T. M. (1974). *Karnou et insurrection des Gbaya ; contribution à l'étude de la résistance des peuples africains à la colonisation*, in Africa Zamani n°3, pp.67-69.

Belporo, J. et Abou, J. (2011). *De Beigala à Kela-sami, histoire des Boke'e et des clans rattachés*, pp.162, 191.

Boudon, R. (1984). *La Place du désordre. Critique des théories du changement social*, Paris, PUF.

Burnham, P. (1980). *Opportunity and constraint in a savana society society : The Gbaya of Meiganga Cameroon*, London Academic Press.

Chabal, P. et Daloz, J.-P. (1998). *Africa Works : Disorder as Political Instrument*, Oxford, James Currey, pp. 1, 16, 60, 62, 425.

Chabal, P., et Daloz, J.-P. (1999). *L'Afrique est partie. Du désordre comme instrument politique*, Paris, Economica.

De Saussure, F. (1916). *Cours de linguistique générale*, (publié par C. Bally et A. Séchehaye), Genève, 1916.

De Singly, F. (2005). *L'individualisme est un humanisme*, La Tour d'Aigues, édition l'Aube, n° 53 pp.10, 155-157.

Dumont, L. (1971). *Homo hierarchicus. Essai sur le système des castes*, Paris, Gallimard.

Dumont, L. (1983). *Essais sur l'individualisme — Une perspective anthropologique sur l'idéologie moderne*, Paris, Seuil, in http://classiques.uqac.ca/.

Durkheim, E. (1970). *L'individualisme et les intellectuels* (1ᵉ éd.: 1898), in La Science sociale et l'action, Paris, PUF.

Durkheim, E. (1981). *Les règles de la méthode sociologique*, Paris, PUF, coll. «Quadrige», [1895].

Durkheim, E. (1999). *Le suicide*, Paris, PUF, coll. «Quadrige», [1897].

Ela, J.-M. (1988). *Innovations sociales et renaissance de l'Afrique noire*, Paris, L'Harmattan.

Ela, J.-M. (2007). *Les cultures africaines dans le champ de la rationalité scientifique*, Paris, L'Harmattan.

Elias, N. (1975). *Dynamique de l'Occident*, 1975, Paris, Pocket, p. 152.

Frobenius, L. (1987). *Peuples et sociétés traditionnelles du Nord Cameroun*, p.109.

Marie, A. (1997). *L'Afrique des individus : itinéraires citadins dans l'Afrique contemporaine (Abidjan, Bamako, Dakar, Niamey)*, Paris, Karthala, Paris, Karthala, pp. 7-8, 26, 73.

Marie, A., (2007). « Communauté, individualisme, communautarisme : hypothèses anthropologiques sur quelques paradoxes africains », dans *Sociologie et sociétés*, vol. 39, no 2, p.173-174, 198. http://id.erudit.org/iderudit/019089ar.

Mauss, M., (1923-1924). « Essai sur le don. Forme et raison d'échange dans les sociétés archaïques », paru dans le recueil *sociologie et anthropologie*, Paris, PUF, 1950.
http://www.uqac.ca/Classiquesdessciencessociales.

Mauss, M. (2007). (1923-1924), *Essai sur le don : forme et raison de l'échange dans les sociétés archaïques*, Paris, Presses universitaires de France.

Mbembe, A. (2000). *De la postcolonie, essai sur la problématique sur l'imagination politique dans l'Afrique contemporaine*, Karthala, Paris, pp.11-12.

Mbembe, A. (2010). *Sortir de la Grande nuit, Essai sur l'Afrique décolonisée*, Découverte, Paris.

Ndanga, D. et Ndanga, A. (2014). *L'identité Gbaya : Essai de reconstruction de l'histoire et des coutumes des Gbaya de l'Est du Cameroun*, Editions Universitaires européennes, pp. 5, 51-70, 107-127.

Nida, A. E. (1978). *Coutumes, cultures, anthropologie pour missions chrétiennes*, pp. 60-61, 327.

Schatzberg, M.G. (1993). « Power, Legitimacy and "Democratization" in Africa », Africa, n°63, pp.452, 455.

Singly, F. (2007). *L'individualisme est un humanisme*, p.10.

Tönnies, F. (2010). *Communauté et société : catégories fondamentales de la sociologie pure*, Paris, Presse universitaire de France, 1 ed. 1887, pp.186-189.

Weber, M. (1922). Economie et société, tome1: Les catégories de la sociologie, traduit sous la direction de J.Chavy et E. Dampierre, Paris, Pion.

Bah, T. M., (1993). « Le facteur peul et les relations inter-ethniques dans l'Adamaoua au XIXe siècle ».

Geschiere, P., (2000). « Sorcellerie et modernité : retour sur une étrange complicité », Politique africaine, p.21.

Noss, P. (1972). « Wanto: the hero of Gbaya tradition », *Journal of the folklore institute.*

Roulon, D. P., (1994). « L'expression de la qualification (l'exemple du gbaya 'bodoe de Centrafrique). ».

C/ Sources non publiées : thèses et mémoires

Aminata Ndiaye, (2010). « Processus d'individualisation chez les jeunes dakarois: Stratégies entre rupture et appartenance », pp. 101. Thèse présentée à la Faculté des études supérieures de l'Université Laval dans le cadre du programme de doctorat en Sociologie pour l'obtention du grade de Philosophae Doctor (Ph.D.). Département de sociologie faculté des sciences sociales Université Laval Québec.

Chetima, M. (2015). « Discours sur la maison et dynamiques identitaires chez les Podokwo, Muktele et Mura (monts Mandara du Cameroun) Une approche à l'ethnicité et au statut social », pp. 74, 76, 89. Thèse présentée du département d'histoire de l'Université Laval de la faculté des lettres de l'université Laval pour l'obtention du grade de Philosophae Doctor (Ph.D.).

Nguedam Deumeni, S. (2015). « Du discours à la pratique des droits de la personne : pour une analyse sociologique de l'individualisme en Afrique subsaharienne. Le cas du Cameroun », pp. 132, 135, 136, 145. Thèse présentée à la Faculté des études supérieures de l'Université Laval dans le cadre du programme de doctorat en Sociologie pour l'obtention du grade de Philosophae Doctor (Ph.D.) Département de sociologie faculté des sciences sociales de l'Université Laval Québec.

Banésé Bétaré, E. (2014). « Les associations ethniques dans la ville de Maroua de 1961 à 2011 » Rapport présenté et soutenu en vue de l'Obtention de la Licence en Histoire (Université de Maroua).

Kofa Ousmanou, D. (2014). « Emergence et inventaire des anciens combattants de l'Adamaoua : 1919 – 2013 », Mémoire présenté et soutenu en vue de l'Obtention du Master II en Histoire (Université de Ngaoundéré).

Chapter 4

Femmes et mobilités d'affaires entre le Cameroun et les pays d'Afrique de l'ouest : fonctionnement et enjeux[1]

François Wassouni

Cette réflexion qui porte sur les mobilités d'affaires des femmes entre le Cameroun et les pays d'Afrique de l'ouest, met en exergue leurs mécanismes de fonctionnement et leurs enjeux. Les conditions difficiles des femmes camerounaises, la crise des années 1980, la précarité du tissu industriel camerounais, le rayonnement des marchés de l'Afrique de l'Ouest, l'ouverture démocratique avec son cortège de libertés qui ont accéléré le processus d'émancipation des femmes, sont quelques facteurs à la base du développement de ce phénomène. Mettant en rapport deux régions de l'Afrique (Afrique centrale et Afrique de l'ouest), les origines de ces transactions commerciales qui impliquent plusieurs acteurs d'un côté à un autre peuvent être situés vers la fin des années 1980. Les femmes d'affaires du Cameroun, les commerçants d'Afrique de l'ouest, les conducteurs de cars de transport, de taxis ou de mototaxis, les courtiers, les agents de douane, les compagnies aériennes, les institutions bancaires, de transfert d'argent, les transitaires, les hôteliers, les policiers et les restaurateurs, font partie du registre des individus et des structures qui jouent un rôle important dans ces transactions. Ce sont les villes comme, Maïduguri, Kano, Lagos au Nigeria, Cotonou au Bénin et Lomé au Togo qui sont les principales destinations de ces camerounaises. Empruntant tantôt la voie terrestre, tantôt la voie aérienne, elles s'y rendent pour s'approvisionner en produits vestimentaires, des parures, de l'électroménager qui sont de plus en plus prisés dans la société camerounaise. Malgré les difficultés qui entourent ces mobilités d'affaires, il reste cependant qu'elles revêtent des enjeux importants.

---

[1]Les données exploitées dans ce travail ne sont que préliminaires. D'autres études plus détaillées, avec un échantillon élaboré sur la base d'une enquête plus vaste sont envisagées et permettront de mieux évaluer l'importante de ces mobilités.

Elles participent à l'épanouissement des actrices et au développement d'un leadership féminin dans les affaires, à l'intégration et au brassage des peuples de ces deux parties de l'Afrique. De même, elles entraînent la prolifération des styles vestimentaires ouest-africains au Cameroun. Seulement, ces transactions encouragent la contrebande, la corruption des agents publics aux frontières. Elles créent un manque à gagner pour les caisses de l'État. Les récits de vie étudiés ici, permettent de mesurer le degré d'influence de ces voyages d'affaires sur le niveau de vie des femmes et de leurs familles. Comment fonctionne ce secteur, en termes d'approvisionnement dans les pays d'Afrique de l'Ouest, d'acheminement au Cameroun et de distribution ? Quels sont les différents produits sollicités et distribués ? Comment se font ces mobilités d'affaires et quelles sont les catégories de femmes impliquées ? Quels sont les enjeux et les problèmes qui entourent ces mobilités féminines? C'est autour de cette série de questions que repose ce travail qui voudrait contribuer à l'intelligibilité des mobilités entre ces deux parties de l'Afrique selon une approche genre.

Introduction

Depuis quelques décennies, des relations commerciales entre le Cameroun et les pays d'Afrique de l'ouest prennent de l'envergure, s'il l'on s'en tient à quelques investigations préliminaires. (Perret, 2002). Véhicules, vêtements afritudes, pagnes, tissus africains, parures, électroménager sont quelques-uns des produits au centre de ces échanges. C'est dans les villes de Maiduguri, Kano (Nigeria), Lomé (Togo) et Cotonou (Bénin) que sont achetées ces marchandises pour être revendues au Cameroun. En prêtant attention aux styles vestimentaires dans la société camerounaise, il apparaît que les styles ouest-africains gagnent du terrain. Ils alimentent un fructueux commerce, avec pour cheville ouvrière la gente féminine dans les villes des parties septentrionale et méridionale du Cameroun. Nombreuses sont des femmes qui ont investi ce secteur et qui font régulièrement des déplacements entre le Cameroun et ces pays d'Afrique de l'Ouest, selon des modalités diverses. Soule et Borgi écrivent que *« le commerce informel des femmes constitue une composante essentielle de l'économie africaine. D'origine très lointaine, il a appris au cours des cinquante dernières années une importance particulière pour revêtir la forme d'un phénomène controversé, en raison de ses effets jugés déstructurant sur les économies nationales et de ses conséquences positives sur les conditions de vie des acteurs qui s'y adonnent »*(2010).

De plus en plus, la question du genre occupe une place de choix aussi bien dans les débats des organisations internationales que dans les milieux scientifiques. La problématique de leur dynamisme dans les affaires n'est pas un sujet nouveau, puisqu'elle a fait l'objet de plusieurs publications (Cordonier R., 1987 ; Coquery-Vidrovitch, 1994; CEDPA, (1997) ; Ellis et MacGaffey, 1997 ; Humarou, 1998) ; Bennafla, 1999 ; USAID, 2000 ; Schmoll, 2005 ; Goïta et *al*., 2008). Ces travaux ont mis en exergue le dynamisme des femmes, avec un point d'honneur sur les femmes ghanéennes, les *Ga* et les *Nagos*, femmes yorubas installées à Lagos, les *Nana Benz* de Lomé-Togo, les Byam Selam du Cameroun. Pour ce qui est de ce dernier pays, il existe certes des travaux qui abordent cette question dans le cadre des échanges transfrontaliers entre le Cameroun et ses voisins tels que le Tchad et le Nigeria. Tchamanbé(1999) ; Aissatou-Boussoura Garga (2000), Tchouassi (2000a, 2000b) ; Njikam (2008), Djanabou (2009), Mokam(2012), (Roukatou, 2015) ont consacré d'intéressants travaux qui mettent en exergue des aspects importants de ces relations d'affaires entre ces deux parties de l'Afrique. L'envergure qu'ont pris ces échanges commerciaux depuis quelques années, la place qu'y occupent les femmes, les modalités de déplacement, les transactions dans les villes ouest-africaines, les mécanismes d'acheminement et de distribution des produits importés au Cameroun constituent cependant des dimensions à approfondir. Ces zones d'Afrique de l'Ouest étant devenues des destinations privilégiées pour les femmes camerounaises qui en ont fait un grand secteur de business. La densité et complexité de ces transactions et leur fonctionnement sont des sujets jusque-là peu étudiés et c'est ce à quoi se consacre cette réflexion. La conduite du travail a nécessité l'exploitation des publications sur les mobilités en général et les mobilités en Afrique en particulier et ceux portant sur les échanges entre l'Afrique de l'Ouest et le Cameroun tout particulièrement. Ces travaux ont permis d'avoir une idée plus claire de la façon dont les travaux sur ces échanges ont été abordés jusque-là. En plus, des enquêtes conduites auprès des femmes commerçantes et de commerçants des produits importés d'Afrique de l'ouest dans les villes de Yaoundé, Douala, Maroua et Garoua. Des observations ont été faites également dans les lieux de distribution de ces produits pour en savoir plus sur leur typologie et les modalités de commercialisation. La compilation, la confrontation des données collectées et leur analyse critique, a permis d'élaborer ce corpus qui comprend trois parties. La première porte sur les facteurs de ces mobilités ; la deuxième analyse leur fonctionnement. La troisième est consacrée aux enjeux, problèmes qui entourent ces mobilités et à des récits de vie de trois femmes d'affaires.

I- Facteurs de développement des mobilités d'affaires entre le Cameroun et les pays d'Afrique de l'ouest

Des facteurs endogènes et exogènes sont à l'origine du développement des mobilités des femmes camerounaises vers les villes d'Afrique de l'ouest : endogènes et exogènes. S'il est admis que les échanges entre ces deux parties de l'Afrique sont anciens, celles qui impliquent les femmes camerounaises par contre ne datent que de quelques décennies.

-Les facteurs endogènes

Ils concernent les conditions de vie difficile des femmes et le processus de leur émancipation. En effet, dans la plupart des pays africains, les femmes constituent l'une des couches sociales les plus vulnérables parce qu'exposées à plusieurs formes de marginalisation. Dans nombre de villes et villages, les femmes s'occupent de l'essentiel du travail ménager, font de petites activités génératrices de revenus (commerce de produits divers) qui leur permettent de subvenir aux besoins de leurs familles. Dans certaines sociétés, à part ces activités, elles sont dans les champs, l'entretien des animaux, pour ne citer que ces taches-là. Le poids des traditions aidant, elles sont parfois abusivement exploitées, maltraitées parce qu'étant la propriété de leurs époux qui tous les droits sur elles. Au niveau des grandes instances étatiques dans la plupart des pays africains, les femmes sont sous-représentées (assemblées nationales, gouvernements, sociétés d'État, etc). Quoi qu'il en soit, les conditions de vie des femmes africaines est l'une des plus rudes dans le monde. Même si depuis quelques décennies des mesures en faveur de l'amélioration leur situation ne cessent d'être prises tant au niveau international qu'à l'échelle de pays, il reste cependant que ce pari est loin d'être gagné. Certains auteurs et organisations internationales ne cessent de clamer avec insistance qu'une bonne franche des pauvres dans le monde est constituée des femmes. À la quatrième Conférence mondiale sur les femmes à Beijing en 1995, l'ONU estime que *« la pauvreté a un visage féminin »* et que 70 % des pauvres du monde sont des femmes (PNUD, 1995).

Malgré cette situation peu reluisante, un véritable processus d'émancipation des femmes a été enclenché dans les pays africains depuis quelques années, le Cameroun compris. L'action des pouvoirs publics, de la société civile et l'engagement des femmes elles-mêmes en sont les facteurs. La promotion de l'éducation des femmes, leur implication dans l'"entreprenariat économique (Mokam, 2012) et politique contribuent résolument à leur émancipation. Il résulte un dynamisme féminin multidimensionnel. Le petit commerce, les tontines, l'élevage et l'agriculture qu'exercent nombre de ces femmes, leur ont permis d'accumuler au fil du temps des capitaux qu'elles injectent dans d'autres secteurs d'activités. L'immobilier, le transport par taxi/mototaxi, la restauration, sont quelques-uns investis par ces dernières.

-*Les facteurs exogènes*

Ce sont le contexte de la crise des années 1980, la précarité du tissu industriel camerounais, le rayonnement des marchés de l'Afrique de l'Ouest et l'ouverture démocratique des années 1990.

Au sujet de la crise, les années 1980 ont fortement perturbé les pays africains. Les Programmes d'Ajustement Structurels à eux imposés par les institutions de Breton Woods, ont constitué une période éprouvante. Leurs effets sur les États africains ont été considérables. Baisse des salaires à la fonction publique, licenciement d'un nombre important d'agents de la fonction la fonction publique, faillites et privations de plusieurs sociétés d'État, ont engendré la baisse du niveau de vie des ménages. Cette crise a aggravé la pauvreté et accentué ses manifestations différentielles entre hommes et femmes en milieux rural et urbain. Les femmes ont été l'une des couches ayant subi de manière aigüe les conséquences de cette conjoncture difficile. Leur situation est d'autant plus compliquée quand on sait, sont aussi victimes de l'inégalité aux ressources, aux emplois et à nombre d'opportunités économiques. Au niveau international, des initiatives liées aux Objectifs pour le Développement du Millénaire (OMD) implémentées au niveau des pays, ont contribué à améliorer le cadre macroéconomique. Ils prévoyaient que l'extrême pauvreté qui caractérise la gente féminine dans le monde soit réduite de moitié d'ici à 2015 au Cameroun comme partout ailleurs en Afrique. Ce contexte de crise et les épreuves auxquels il a contraint les populations, les a poussées à chercher des solutions. Et l'une d'elles a été l'émergence du secteur informel dans les villes avec une présence remarquée des femmes (Urdaneta-Ferran, 1998 ; Snyder 2000). Au rang des femmes commerçantes, figurent des licenciées de la fonction publique communément appelées « déflatées », qui ont investi leurs primes de bonne séparation dans les affaires. Ainsi, le commerce transfrontalier s'est présenté comme un bon créneau et Soule et Borgi écrivent à propos ce qui suit :

> « *Mais les femmes, comme à leurs habitudes ne se laissent pas abattre et n'ont pas attendu les décisions dont les applications sont souvent théoriques qui les accompagnent. Elles saisissent les opportunités créées par les manifestations différentielles de la crise entre le Cameroun et ses voisins immédiats, Nigeria, Guinée Equatoriale, Gabon, Tchad en s'investissant dans le commerce informel transfrontalier qui s'impose comme une des solutions incontournables à la crise. Cet investissement féminin vient renforcer les objectifs de développement visés par l'accélération de l'intégration régionale devenue l'une des alternatives pour juguler la crise et relancer l'économie camerounaise sur la voie de la croissance et de la réduction de la pauvreté* » (2010 : 49).

La pauvreté du tissu industriel camerounais en matière d'industrie de production des extrants comme les tissus peut être rangée dans les facteurs. La Cotonnière Industrielle du Cameroun(CICAM) qui était censée inonder le marché local avec ses produits ne joue pas ce rôle. Les produits de cette unité industrielle camerounaise ne s'imposent pas dans les styles vestimentaires, les gens étant de plus en plus orientés vers des styles nouveaux et plus beaux. D'une part, la friperie gagne de plus en plus du terrain. D'autre part, ce sont les styles de l'Afrique de l'Ouest qui sont prisés. La consommation des vêtements en provenance de cette région s'est du coup développée au Cameroun.Il est clair que *« les tissus teintés sont passés à la mode au Cameroun, les Camerounais l'ayant adopté pour pasticher l'ancien président sud-africain, Nelson Mandela qui apparaissait publiquement toujours dans ses chemises africaines »*(Mokam, 2012 : 79). Ces vêtements dont les prix sont nettement supérieurs par rapport à ceux de la friperie, sont davantage réservés à des catégories ayant un revenu moyen ou important, les fonctionnaires et hommes d'affaires en l'occurrence. Ils constituent donc en réalité des produits de luxe que ne peut s'offrir n'importe qui.

Il est admis au Cameroun que les marchés de l'Afrique de l'ouest ont une renommée et sont par conséquent rayonnants. Cette réalité constitue en elle-même une motivation pour les camerounais et les camerounaises. Le Nigeria, le Togo, le Bénin et le Ghana sont considérés comme des bonnes destinations en matière d'affaires. Les villes du Nord-Cameroun (Mora, Amchidé, Dourbeye, Gashiga, etc) qui sont voisines de celles du Nigeria (Mubi, Maïduguri, Kano, Yola), sont devenues des zones de grandes transactions économiques entre ces deux parties de l'Afrique. De plus en plus, une bonne partie des marchandises vendues dans les magasins des villes camerounaises suscitées proviennent de ces pays ouest africains. Un trafic intense et régulier s'est ainsi développé. La libre-circulation des personnes et des biens qui est une réalité en Afrique de l'Ouest, joue un grand rôle dans ces mobilités étant donné qu'elle est entachée de contraintes en Afrique centrale et ne favorise pas un climat d'affaires aisé. Toutes les villes voisines sont devenues de grands pôles d'activités économiques à l'instar d'Amchidé, de Kourgui ou de Dourbey au Nord-Cameroun. À propos du développement de ces échanges commerciaux, Djanabou Bakary relève que

> *« l'essor du commerce peut s'expliquer par la prise en compte des contextes politiques et des conjonctures économiques internes au Cameroun et au Nigeria au lendemain de leurs indépendances. En effet, alors que le Nigeria voit l'éclosion généralisée du secteur industriel de son économie, le Cameroun, lui, peine encore à décoller, tant il est rapidement frappé parla crise économique que la nouvelle exploitation pétrolière ne peut contrebalancer. Il en résulte un déséquilibre des potentiels économiques, dont*

l'une des conséquences est l'essor des échanges transfrontaliers, en général, et le renouveau du commerce féminin, en particulier » (2009 : 167).

Le rayonnement de l'Afrique de l'ouest en matière d'affaires s'explique en partie par dans la réexportation qui est au cœur de la politique de développement de certains pays. C'est le cas du Bénin qui exporte de quantités importantes de marchandises importées d'Europe ou d'Asie vers son voisin le Nigéria. Ce pays est devenu depuis les années 1970 le plus grands fournisseur des produits de luxe tels que les bazins d'Allemagne, les dentelles d'Autriche. Et depuis la fin des années 1990, ce sont les voitures d'occasion de France ou de Belgique, les pneus usagés d'Allemagne, les fripes, le riz du Pakistan, les tissus Wax anglais et hollandais son quelques produits qu'il exporte. Il en est de même de ses voisins comme le Togo et on comprend aisément pourquoi les Camerounais préfèrent aller à la source de ces produits importés[2]. La spécificité du Bénin dans ces transactions a poussé des auteurs comme Igué et Soulé (1992 : 123) à le qualifier d' « Etat-entrepôt ». Pour *L'Œil du Sahel,*

> « ...*le Togo, le Bénin, le Nigeria, sont un réservoir considérable pour quiconque veut se lancer dans le secteur d'activités richement teinté de tissus Wax et autres boubous élégamment brodés. Surfant sur la réputation grandissante de ce produit, plusieurs pays d'Afrique de l'Ouest ont judicieusement installé des usines de fabrication de Wax dans leurs capitales ou à proximité pour rivaliser avec le Wax hollandais* » (2015 : 9).

L'ouverture démocratique au début des années 1990 et son cortège de revendications des libertés, a aussi joué en faveur des femmes. Dans la mouvance de l'affirmation des droits de l'homme, de nombreuses mesures en faveur de l'épanouissement des femmes ont également émergé, renforcées par la tenue de grands sommets mondiaux consacrés à elles, notamment le Congrès de Beijing en Chine en 1995. Ce qui donné un coup d'accélérateur au processus de

---

[2]Depuis quelques années, l'essentiel des véhicules d'occasion importés d'Occident et vendus au Cameroun proviennent pour la plupart du Bénin ou du Togo. De nombreux jeunes camerounais se sont spécialisés dans ce trafic qui semble être très fructueux. Certains se sont carrément établis à Cotonou d'où ils envoient des voitures à vendre au Cameroun.

leur émancipation. Si par le passé, les femmes n'avaient pas la possibilité de voyager sans l'autorisation de leurs conjoints, le contexte démocratique a éliminé une bonne partie des mesures discriminatoires envers elles. Le Cameroun a même ratifié la Convention sur l'élimination de toutes les formes de discrimination à l'égard des femmes en 1994. Ces mesures permettant aux femmes de se déplacer sans forcément avoir une autorisation formelle de leurs époux constituent un élément majeur de leur engagement dans les voyages d'affaires hors du Cameroun. (www.politique-africaine.com/numeros/pdf).

II- Fonctionnement des mobilités d'affaires

Il implique des acteurs, des modalités de départ et d'arrivée, des transactions en Afrique de l'Ouest, des produits au centre des échanges et des mécanismes de distribution au Cameroun. Mais avant de les aborder, un arrêt sur la cartographie de ces mobilités est important pour ressortir les différentes zones concernées d'une région à l'autre.

1-Cartographie des mobilités

Ce sont deux parties du continent africain qui sont au centre de ces mobilités, à savoir l'Afrique centrale d'un côté et celle de l'ouest de l'autre.

En Afrique centrale, c'est le Cameroun et ses villes d'où partent les acteurs de ces mobilités qui nous intéressent ici. Au stade actuel, il est difficile de dresser une liste exhaustive de toutes les localités concernées par ces transactions dans la mesure où ils sont devenus l'affaire de tous. En réalité, c'est de la plupart des villes du Cameroun que partent les femmes étudiées dans ce travail, avec une forte concentration dans les grandes métropoles comme Douala, Yaoundé, Bafoussam, Maroua, Garoua et Ngaoundéré et les petites villes frontalières.

Du côté de l'Afrique de l'Ouest, ce sont les pays comme le Nigeria, le Bénin, le Togo et le Ghana qui sont les plus concernés.

Pour ce qui est de villes concernées, ce sont Maiduguri, Banki, Yola, Abuja et Kano au Nigéria, Lomé au Togo et Cotonou au Bénin[3].

2-Profil et itinéraires des acteurs

En première position se trouvent les acteurs principaux qui sont les commerçantes camerounaises et les commerçants d'Afrique de l'Ouest. Leurs profils et itinéraires varient d'un pays, d'une personne et d'un marché à un autre.

Pour est du profil des camerounaises, il n'est pas évident de dresser un profil type, d'une période à une autre. Au départ par exemple, ce sont quelques femmes disposant généralement d'un capital modeste et font le commerce et les « déflatées » qui sont majoritaires. Mais actuellement ce n'est plus. Les profils se sont diversifiés avec l'implication des femmes cadres de la fonction publique, des représentantes des associations féminines et des étudiantes parfois très jeunes. C'est le goût de faire des affaires et la disponibilité des fonds qui conditionnent ce business. Cette diversité de profils se lit à travers celles rencontrées dans le cadre des enquêtes de terrain[4].

En Afrique de l'Ouest, ce sont les vendeurs des produits tels les pagnes, les tissus, les bijoux, la vaisselle, les appareils électroménagers qui sont concernés. C'est auprès d'eux que s'approvisionnent les camerounaises et une bonne partie d'entre eux est d'origine indienne, libanaise et malienne. Ils sont propriétaires de grandes boutiques à Cotonou. Il en est de même des commerçants du Bénin, du Togo et du Nigeria chez qui s'approvisionnent les femmes venues du Cameroun.

Dans le second niveau, on retrouve les agents de douane des frontières des pays concernés (le Cameroun et les pays ouest africains), les courtiers, les transporteurs, les hôteliers, les propriétaires des restaurants, les compagnies aériennes, les établissements banquiers, de transfert d'argent et les services de

---

[3]Les enquêtes conduites par Njikam en 2008 sont riches en données relatives à la géographie de ces mobilités d'affaires.

[4]Enquêtes menées dans les villes telles que Douala, Yaoundé, Garoua, Bafoussam, Maroua et Ngaoundéré entre avril et mai 2016.

santé. Chacun segment joue un rôle important dans le fonctionnement de ces affaires[5].

3- Modalités de déplacements entre le Cameroun et l'Afrique de l'Ouest

Ces modalités varient selon que les commerçantes soient novices ou déjà habituées à effectuer ces déplacements. Les novices se font accompagner et aider par celles disposant d'une expérience dans ces transactions. En dehors du capital qu'il faut disposer, les autres conditions à remplir sont la possession des pièces telles que le passeport, la carte nationale d'identité, le certificat international de vaccination. Si certaines habituées à ces transactions disposent du capital nécessaire, d'autres par contre contractent des crédits dans les tontines (Bekolo Ebé, 1996) ou auprès des particuliers. Ils sont remboursés après un certain temps, lorsque le débiteur aura fait deux ou trois fois le voyage et engrangé des bénéfices après distribution des produits. Le témoignage suivant apporte des précisions quant aux conditions à remplir pour s'engager dans ce secteur d'activité :

« *pour se mettre dans ce commerce, il faut au moins 1 000 000 FCFA, excepté les frais d'hébergement, le billet d'avion, les différents déplacements en taxi. Toutefois, avec 500 000F, on peut aussi y aller. Mais pour cette somme, il est préférable d'investir dans l'achat des bijoux. Tout dépend de vos moyens et du type de marchandises que vous voulez...* » (L'Oeil du Sahel, 2015 : 9).

D'autres modalités complémentaires sont nécessaires, notamment l'équation de transfert de l'argent nécessaire pour les achats en Afrique de l'ouest. Pour ce faire, les services des établissements bancaires et ceux de transfert d'argent sont sollicités. Pour ce qui est des banques, Ecobank[6] est la plus courue, compte tenu de ses origines ouest africaines et de ses nombreuses agences dans cette partie du continent. Pour ce qui est du transfert d'argent, c'est vers les sociétés comme *Express Union, Money Gram* ou *Western Union* que se dirigent les acteurs de ces transactions. Ils y déposent

---

[5]Ibid.
[6]Ecobank ou Ecobank Transnational Incorporated est une banque fondé au Togo en 1985 et présente dans une trentaine de pays d'Afrique de l'ouest, centrale et de l'est.

l'essentiel du capital devant servir aux achats en leurs noms pour le retirer une fois arrivés. Il ne fait aucun doute que le transfert d'argent est l'un des phénomènes qui a pris de l'envergure ces dernières années en Afrique avec des sociétés spécialisées qui ont vu le jour et qui emploient des milliers d'individus (www.irinnews.org/fr). Outre les facilités qu'offrent ces expéditions de fonds, elles constituent une excellente mesure de sécurité et réduisent considérablement les risques d'agression pour celles qui empruntent la voie terrestre par exemple. Il y a de cela quelques années, les commerçants qui voyageaient à l'intérieur du Nord-Cameroun ou vers les pays comme le Nigeria, le Tchad ou la République Centrafricaine tombaient dans les embuscades tendues par les coupeurs de route. Beaucoup étaient dépouillés de grosses sommes d'argent qu'ils avaient sur eux et étaient parfois sauvagement abattus (Saïbou, 2004).

Pour ce qui est des frais de transfert, ils varient en fonction du montant à transférer. Pour un envoi d'une somme d'1000000 FCFA par exemple, il faut payer 20000 FCFA de frais.[7] Ces transactions commerciales permettent aux femmes de se familiariser avec l'univers des transactions financières, chose qui n'était pas imaginable il y a quelques années. Ainsi, ces mobilités leur permettent d'entrer dans la modernité financière qui n'est plus du tout redoutée comme c'était le cas quelque temps auparavant.

Avant d'aborder le départ vers l'Afrique de l'ouest, une attention aux itinéraires empruntés est nécessaire : la voie aérienne et la voie terrestre. Tandis que les femmes des villes du sud du Cameroun empruntent beaucoup plus l'avion, nombre de la partie nord voyagent par la route par le canal des bus de transport. Le choix d'un moyen de transport ou d'un autre est fonction du capital que disposent les uns et les autres. Celles qui ont accumulé des capitaux du fait de leur ancienneté dans ces affaires voyagent beaucoup plus en avion, contrairement aux novices qui ont des fonds modestes. Ces dernières préfèrent braver l'épreuve de la route qui est beaucoup plus longue.

En effet, avant le déclenchement du phénomène Boko Haram, la plupart des femmes de l'Extrême-Nord par exemple se rendaient

---

[7]Entretien du 15 mai 2016 à Maroua avec Djabou, commerçante de produits du Bénin et du Togo à Yaoundé.

facilement au Nigeria par la voie terrestre. En trois ou quatre de voyage, elles atteignaient Maiduguri. Pour ce qui est de Banki, deux heures de temps la sépare de la ville de Maroua. Ce qui fait que les commerçantes vont le matin pour rentrer en soirée avec les marchandises achetées (OCISCA, 1995). L'activisme de cette secte terroriste a sérieusement entamé les échanges entre le Cameroun et le Nigeria. Ce qui a résolu ces dames d'affaires à voyager en passant plutôt par la région du Nord. Dans la ville de Garoua, chef-lieu de cette région, il existe toute une gare routière au quartier dit Camp chinois où sont stationnés les véhicules de transport des passagers en direction des villes nigérianes de Yola, Kano ou Lagos. Pour arriver par exemple à Lagos, il faut débourser entre 11 000 et 15 000 CFA et le voyage dure toute une nuit. Ce n'est qu'au petit matin qu'on arrive à destination. Au cas où la destination finale d'une commerçante est Kano ou Yola, elles y séjournent pendant deux à trois jours pour pouvoir faire les achats. Celles qui se rendent au Bénin traversent Lagos pour la localité de Semme qui fait frontière avec le Bénin, moyennant le paiement de 1000 nairas. Pour arriver jusqu'à Cotonou, c'est plutôt la somme de 1000 FCFA qui doit être déboursée[8].

L'accès par voie aérienne prend de l'envergure depuis deux ou trois ans. Ce sont surtout les femmes qui disposent déjà d'un capital assez important et expérimentées dans ces transactions qui l'empruntent. *Cameroon Airlines Corporation* (Camair-Co), la compagnie camerounaise de transport aérien est la plus sollicitée. Le prix du billet varie en fonction de la période de réservation ou d'achat. Pour un achat de deux, trois semaines, voire un mois à l'avance, il faut débourser autour de 155 700FCFA. Mais à moins deux ou trois jours avant la date de départ, le prix du billet est plus élevé et peut atteindre 200 000FCFA, voire plus. D'emblée, on peut penser que la préférence pour Camair-Co pourrait s'expliquer par un élan de patriotisme. Cela se justifie plutôt par les avantages qu'offre cette compagnie en termes de volume de marchandises à transporter. Tandis que d'autres compagnies limitent le nombre de colis à transporter, celle-ci n'a pas de restriction. Un client peut disposer de plusieurs bagages à envoyer dans la soute sans avoir de soucis. Pour

---

[8]Entretien du 15 mai 2016 à Maroua avec Djabou et Gogo, commerçantes des produits du Bénin et du Togo.

un excédent de moins de 50kg, il faut payer 1500F/kg et au-delà il revient plutôt à 1 000F/kg.

> *« La voie aérienne est empruntée par d'autres camerounaises qui se ravitaillent en République du Bénin et en République du Togo. Elles rencontrent des difficultés pour l'obtention de permis de séjour au cas où elles ratent leurs correspondances. Le cas échéant, elles préfèrent souvent passer la nuit dans les cellules de la police de l'air afin d'avoir une sécurité plus ou moins assurée. Apparemment, il leur est moins risquant de dormir dans des cellules que de trainer dans les halls d'embarquement avec de l'argent par devers elles »* (Mokam, 2012 : 64-65).

Le visa ou le permis de séjour s'obtient auprès des services consulaires du Bénin à Yaoundé ou à Douala pour une durée de trois semaines ou un mois. Outre les documents à fournir, il faut débourser la somme de 20 000 FCFA. Le carnet international de vaccination doit être également à jour. Au Cameroun, il existe d'ailleurs dans les aéroports de Douala et Yaoundé des postes de santé dont le rôle est justement de vérifier la validité de ces documents de santé. Au cas où ils ne sont pas à jour, le voyageur se fait administrer les vaccins exigés auprès de ces instances avant d'embarquer. Une fois au Bénin, les commerçantes dissimulent dans les passeports de l'argent qui représentent des pourboires (5 000F à 7 000FCFA) destinés aux autorités des services de police pour éviter des tracasseries. Il s'agit là d'une astuce qui facilite certes l'entrée, mais qui constitue un acte de corruption de plus en plus décriée dans les pays africains. Puis, suite la procédure de remplissage de la fiche d'entrée au Bénin avant de sortir de l'aéroport et emprunter les taxis ou les taxi-motos pour les lieux d'hébergement[9].

Après l'entrée au Bénin, ces femmes sont appelées à résoudre l'équation du logement. D'habitude, elles se mettent à deux, trois ou quatre dans une chambre pour minimiser les frais. Il existe des chambres *single* et des chambres à plusieurs lits et la plupart préfèrent prendre celles de 04 lits. Généralement, chaque personne paie environ 2 500FCFA si la chambre revient à 10 000FCA la nuitée. Ces cadres d'accueil sont nombreux à Cotonou et leurs appellations sont diverses : *Chez Véro, Manhattan, Coup de Cœur, Lions Indomptables, Akwa*

---

[9]Ibid.

Palace. Dans ces hôtels, ces femmes restent et évitent surtout les balades individuelles aux heures tardives au risque d'être victimes des agressions[10].

Ce qui précède montre que l'accès en Afrique de l'Ouest n'est pas facile pour ces femmes, surtout pour celles qui y vont par la voie terrestre qui est jalonnée de risques. C'est au bout de plusieurs jours qu'elles arrivent à destination toutes épuisées. Ce sont des mobilités assez contraignantes et éprouvantes qu'effectuent ces entrepreneures camerounaises. La synthèse des entretiens réalisés par David Mokam est assez édifiante à propos :

> *Au cours d'un entretien de groupe que nous avons eu avec des femmes au petit marché de Ngaoundéré, nous avons beaucoup appris de leurs conditions de voyage. Ces femmes voyagent en groupes. Elles passent régulièrement par le Nigeria avant d'arriver en République du Bénin. Le voyage par bus et par car dure plusieurs jours. Il leur faut jongler avec les agents de douanes et les autres agents des forces de maintien de l'ordre des différents pays afin de ramener leurs marchandises. À Lomé ou à Cotonou, les cinq femmes, qui constituent chaque groupe de voyage, s'entassent dans une seule chambre d'hôtel, afin de se garantir collectivement une certaine sécurité. Lorsque ces femmes vendent les marchandises achetées dans ces conditions si difficiles, elles en tirent beaucoup de profit, mais qui ne semble pas combler toute la souffrance endurée (2012 : 64).*

Dès que la question d'hébergement est résolue, ce sont les transactions à l'intérieur des marchés béninois qui taraudent les esprits. La durée du séjour pouvant varier entre une et deux semaines, en fonction de la célérité dans les achats et la confection de certains produits.

4- *Transactions commerciales en Afrique de l'ouest et modalités de retour*

Elles mettent en face des camerounaises les femmes et les hommes d'Afrique de de l'Ouest auxquels il faut ajouter des courtiers et des transporteurs. Ces derniers jouent un rôle important tant pour la mobilité des personnes que le transport des produits achetés.

---

[10]Ibid.

Dans les villes comme Maïduguri, Mubi ou Banki, le voisinage d'avec les localités camerounaises fait en sorte que les femmes n'aient pas besoin de séjourner plusieurs semaines pour effectuer leurs transactions, mais juste d'une demi-journée ou de deux jours maximum. Il existe des cars de transport qui assurent la liaison entre les villes nigérianes et celles du Cameroun comme Garoua, Maroua, Mora. Assiettes et ustensiles de cuisine, pagnes, bijoux, nattes et même parfois les vivres comme les ignames, les oranges, sont quelques produits au centre de ces transactions. En réalité, ces marchandises féminines sont assez souvent constituées de vaisselle, de produits de consommation, de bijoux, de pièces de pagnes et de toilettes diverses », si l'on s'en tient aux auteurs comme Djanabou Bakary (2009 : 169).

À Cotonou, les camerounaises se ravitaillent en général dans deux marchés essentiels. Le premier est celui de Tokpa qui s'étend sur une grande superficie. Il est le lieu de ravitaillement en produits tels que les sacs à main pour dames, les petites tenues et petits hauts et bien d'autres marchandises importantes. Il est assez vaste au point où même il faut au moins deux jours pour le sillonner entièrement. Le second marché est celui de Missebo. On y retrouve surtout les commerçants indiens qui disposent d'une multitude de boutiques de pagnes, de tissus de toutes sortes. Pour se rendre dans ces marchés, il faut emprunter des moto-taximen appelées *kekey*. Ils jouent ainsi un grand rôle dans la mobilité à l'intérieur de la ville et surtout lorsqu'il s'agit d'acheminer les marchandises achetées vers les hôtels où résident ces femmes venues du Cameroun[11].

Un autre secteur d'achats, c'est Socagbeto qui est situé à proximité des hôtels où logent les femmes. On y retrouve des commerçants maliens spécialisés dans la vente des tissus teints (simples, *galilla*, *Gesner*, *bazins*, etc). Ces tissus se vendent par métrage et en fonction de leur qualité. Pour ce qui est du *gallila* par exemple, le prix de 4 mètres est de 30 000FCFA[12].

---

[11]Entretien du 15 mai 2016 à Maroua avec Djabou, commerçante de produits du Bénin et du Togo à Yaoundé. Lors de son séjour, nous avons passé des heures à échanger autour du fonctionnement de ces transactions.
[12]Ibid.

« Les ballots contenant des pagnes et des bazins de très bonne qualité peuvent s'acheter à un bon prix, et contiennent 100 pagnes. Bien sûr qu'il faut compter avec les fluctuations du dollar. Au sujet des pagnes par exemple, vous pouvez les faire coudre là-bas et venir les vendre au pays à un bon prix : 15 000, 30 000 ou 65 000FCFA. Les bazins coûtent de 20 000 à 120 000 francs CFA et les clients en redemandent. » (L'Oeil du Sahel, 2015 : 9).

La plupart des femmes interrogées disent que généralement dans les marchés de Cotonou et d'Afrique de l'Ouest, les prix sont les mêmes pour tous les produits. Les commerçants ne songent jamais à tromper leurs clients en proposant des prix exorbitants qui font au-delà de ceux pratiqués. C'est une attitude qui impressionne et donne de l'enthousiasme à ces Camerounaises. Ce d'autant plus que dans leur pays, nombre de commerçants plutôt véreux, sont prêts à majorer au maximum les prix face à un client en lui plaçant un produit au double ou au triple du prix normal[13].

En réalité, les tissus qu'achètent ces dames sont destinés à être modelés en habits divers au Bénin avant de les acheminer pour la vente au Cameroun. Autour des vendeurs de ces tissus, sont installés de grands maîtres-tailleurs. Ils sont spécialisés dans la confection des vêtements africains de toutes sortes et une fois les rouleaux de tissus achetés, ils sont déposés auprès d'eux. Organisés en équipes avec de nombreux assistants, ils constituent également l'un des maillons importants du commerce dans les marchés béninois. Ce sont eux qui déterminent la durée de séjour de ces femmes d'affaires du Cameroun puisque ce n'est que lorsque tous ces habits sont complètement confectionnés qu'elles envisagent le retour.[14]

Un autre chaînon de ces transactions, ce sont les courtiers qui sont en grand nombre dans les différents marchés. Ils aident les Camerounaises dans les négociations d'un point à un autre et à les guider vers les tailleurs. Les séjours réguliers de ces femmes leur ont créé des réseaux de relations qui les aident à faire sans trop de peine les achats au Bénin. Ce capital de confiance constitue un grand atout dans ces échanges commerciaux. Pour Lazabée et Grégoire,

---

[13]Ibid.
[14]Ibid.

> « *la réussite des affaires repose sur l'accumulation d'un capital de connaissances pratiques, d'un capital économique-ou tout au moins d'un capital de confiance auprès de ceux qui les détiennent, et d'un capital de relations sociales* » (1993 : 17).

Au bout de deux ou trois semaines, ces femmes réussissent à rassembler l'essentiel des produits achetés et transformés pour envisager le retour au Cameroun. Les modalités ne sont pas très différentes de celles de départ. Mais avant, les colis/ballots doivent être apprêtés selon les types de produits achetés. Les femmes qui voyagent par avion se rapprochent de Camair-Co pour les modalités d'envoi par fret et dans la plupart des cas les colis sont expédiés quelques jours après qu'elles soient arrivées à destination. D'habitude, 50 à 60 kg peuvent être expédiés à 40 000 CFA par cette compagnie aérienne camerounaise qui est la plus sollicitée. Les témoignages au sujet de ses services sont assez laudateurs :

> « *À Cotonou, son service est aimable et à part les 42 kg de bagages en soute, 10 kg en cabine, dès que vous avez d'autres marchandises de 50 kg et plus, Camair-Co contrairement à d'autres compagnies, nous facture le kilogramme à 1 000 FCFA. C'est pour cela qu'on aimerait qu'il y ait un service de fret pour cette compagnie à Lagos, parce que nous faisons le déplacement de cette ville nigériane par route pour faire nos achats et revenons à Cotonou, où on reprend un vol Camair-Co à destination du Cameroun* » (*L'œil du Sahel*, 2015 : 9).

Pour ce qui est du Cameroun, les femmes reçoivent une notification une fois que leurs colis arrivent à Douala ou à Yaoundé. Pour les retirer, elles doivent s'acquitter des frais auprès des services de la douane de l'aéroport. À ce niveau, il n'existe pas une grille de tarifs clairement établie et aucune quittance n'est délivrée. Tout se passe par des négociations par nombre de colis expédiés. D'habitude, pour un colis de 80 kg par exemple, il faut payer 15 000 ou 20 000 CFA et on procède par comptage des sacs. Lorsqu'une dame dispose d'une quantité importante de colis, des réductions sont faites au point où elle peut payer moins du tarif évoqué plus haut.[15] On pourrait néanmoins se poser des questions quant au flou qui entoure ces paiements à la douane puisqu'aucun document n'est délivré. À voir

---

[15] Entretien du 15 mai 2015 avec Hadja Fadimatou à Ngaoundéré.

les choses de plus près, il serait difficile que les frais payés puissent intégralement ou pas du tout se retrouver dans le trésor public. Quoi qu'il en soit, la douane camerounaise et d'autres africains sont habituées à ce genres de pratiques peu orthodoxes et c'est ainsi qu'une bonne partie de l'argent destinée aux États prennent d'autres couloirs.

Pour ce qui est de la voie terrestre, les choses sont assez compliquées quand on sait la longue distance à parcourir avec les bagages. Mille et une tracasseries parsèment les différents itinéraires à emprunter. Soit les voyages se font par bus avec les colis ; soit ils sont plutôt expédiés par d'autres véhicules de transport exclusif des colis en provenance du Bénin ou du Nigéria. Parfois, ces colis sont transportés par des transitaires des voitures d'occasion achetées au Bénin pour être acheminées au Cameroun. Il n'existe pas non plus de prix standards. Tout est fonction de la négociation avec les chauffeurs de bus ou les transitaires. En dehors des frais de transport, d'autres aléas de la route doivent être prévus, qu'il s'agisse des services de douane du Bénin, du Nigéria ou du Cameroun ou des forces de défense et de sécurité de ces pays. Pour des auteurs comme Djanabou Bakary (2009), il est difficile de dissocier le commerce féminin entre le Cameroun et les pays comme le Nigéria de la contrebande. Les stratégies féminines de transgression frontalière dépendent du type de marchandises et s'adaptent à l'indulgence ou à l'intransigeance des douaniers. Pour assurer le passage des marchandises, les commerçantes constituent avec les chauffeurs de car ou de camion, les pousseurs et les moto-taximen, un front commun de fraude au cours d'une « expédition » commerciale. En effet, chacune des passagères de car qui s'engage dans une importation frauduleuse, contribue à la mobilisation d'une certaine somme d'argent qui est ensuite remise au chauffeur. Il s'agit d'un gage pour l'importation sans déclaration avec le consentement du chauffeur. Quitte à ce dernier et à son *motorboy* d'enfouir les marchandises dans les recoins les moins soupçonnables de l'automobile, de manière à les soustraire aux multiples fouilles douanières sur la route…

Dans d'autres cas de figure, les opératrices économiques se font aider par les passagers de car, en leur demandant de transporter de petites quantités de marchandises dans leurs sacs à main ou dans leurs sacoches. Ainsi, la contrebandière pourra récupérer ses produits à l'arrivée, moyennant un gracieux merci. Parfois, les commerçantes remplissent des pièces de pagnes dans les soi-disant bidons d'essence déchirés, recousues et badigeonnés d'un peu de lubrifiant. Ainsi, puisque les taxes douanières sur l'essence sont moins fortes que sur les toilettes, elles pourront bénéficier de la différence. Dans la même logique, d'autres stratagèmes sont également développés : tentative de séduction des agents des douanes qui se manifestent par la délicatesse des gestes et des paroles, le recours aux liens amicaux, familiaux ou aux relations diverses. Très fréquent chez les femmes appartenant à des familles « puissantes », ce dernier cas de figure consiste à faire part des « tracasseries douanières » à une connaissance, qui est alors soit autorité administrative, soit opérateur économique légalement connu dans la région, soit autorité traditionnelle, pour qu'il fasse envoyer une recommandation, un sauf-conduit aux services de douane. L'ensemble de toutes ces méthodes constitue les moyens de payer, le moins cher possible, les frais de dédouanement (Djanabou, 2009 : 69-70).

5- Mécanismes de distribution des produits au Cameroun

La distribution se fait aussi bien en gros qu'en détails. En effet, ces commerçantes disposent des boutiques, soit à proximité de leurs domiciles ou alors dans les marchés. Une fois les produits déballés, elles sont aidés par leurs familles ou des personnes qu'elles recrutent pour les classer. Généralement, c'est de bouche à oreille ou par des coups de téléphone que les clients fidèles sont informés et viennent faire leurs choix dans les boutiques ou à domicile. Pour ce qui est de commandes, elles sont livrées parfois dans les bureaux ou à domicile par ces femmes elles-mêmes. Celles qui travaillent dans les services publics vont au travail avec les produits pour les placer à leurs collègues à crédit dans la plupart des cas *« Pour arrondir les fins de mois, les femmes travaillant dans l'administration ont transformé les lieux de service en places de commerce où elles proposent toutes sortes d'articles aux collègues, aux collaborateurs et aux usagers »* (Mokam, 2012 : 67). De plus en plus, des boutiques de vente exclusive de ces produits sont créées dans les grandes villes camerounaises. Le marché Congo à Douala et le marché central de Yaoundé, sont devenus des références en la matière. Les grossistes quant à elles, livrent des quantités aux vendeurs en détails avec qui ils ont parfois établi des contrats. Il n'existe pas de prix standards. Tout est vendu à la tête du client, les hauts cadres de l'administration et les hommes d'affaires achetant généralement à des prix plus élevés que les autres[16].

III- Enjeux, problèmes des mobilités et quelques récits de vie

Elles revêtent des implications économiques, sociales, culturelles tant au niveau national que continental. S'il est évident que les récits de vie de quelques femmes impliquées permettent de mesurer les enjeux de ces affaires, il reste cependant qu'elles ne sont pas un ciel sans nuages.

1) *Implications des mobilités*
Elles peuvent être évaluées aussi bien au niveau des actrices de ces affaires qu'à l'échelon des pays impliqués et les dividendes qu'ils peuvent en tirer ou perdre.

-Epanouissement des actrices et développement d'un leadership féminin dans les affaires

Le commerce développé par les femmes constitue désormais un important pan économique. Il a permis à nombre d'entre elles de devenir de grandes figures du business, au même titre que d'autres hommes d'affaires. Les revenus tirés de cette activité commerciale leur permettent de s'occuper de leurs familles, d'investir dans d'autres secteurs comme l'immobilier, le foncier ou l'achat des taxis et mototaxis pour le transport urbain. Certaines baignent dans le confort au même titre que de hauts cadres de l'administration : vivre dans des maisons de haut standing, inscrire des enfants dans les grands collèges et universités privés, se deplacer dans des voitures de luxe. Beaucoup font même la distribution de leurs marchandises en se déplaçant d'un point à un autre à bord des voitures achetées à cette fin. Ce commerce constitue sans doute un facteur d'émancipation et surtout d'épanouissement. Il confère même une influence sociale à

---

[16]Il faut mentionner que les prix varient en fonction des types de clients. Dans les villes comme Yaoundé et Douala où se concentrent l'essentiel des hauts cadres et des opérateurs économiques de grand gabarit, les prix sont élevés. Généralement, les clients n'ont pas besoin de discuter les prix auprès des vendeuses.

ces femmes. Un leadership féminin a pris corps autour de ces affaires et des jeunes gens sont engagés par ces femmes dans le but de les aider dans la distribution des produits. Ces affaires que font les femmes et les dividendes rapportés contribuent résolument à changer l'image qu'on avait d'elles. Elles ne sont plus perçues comme des incapables, des marginales, mais plutôt comme des personnes respectables et même enviées. À propos de ces enjeux, il est rapporté ce qui suit :

> « le commerce informel transfrontalier est de ce fait apparu comme un des secteurs de refuge pour de nombreux acteurs, notamment les femmes. Ces dernières y ont trouvé un cadre idéal pour affirmer, au même titre que les hommes, leur statut d' « homo economicus », au- delà des avantages immédiats qu'elles tirent de l'activité. Le commerce informel transfrontalier a renforcé l'entreprenariat commercial des femmes et leur a ouvert les portes des marchés transnationaux, et propulser certaines d'entre elles au sommet de l'élite, voire d'une bourgeoisie compradora à l'instar des mamans Benz du Togo et du Bénin... Le commerce informel transfrontalier des femmes peut de ce fait être considéré comme un moyen d'atténuation de la précarité des conditions des femmes. Il contribue à minimiser les effets néfastes de la pauvreté chez cette couche vulnérable» (Soulé et Bourgui, 2010 : 8-9).

-Intégration et brassage entre les deux parties de l'Afrique

Au-delà des aspects financiers, ces rapports commerciaux contribuent à rapprocher ces deux parties de l'Afrique et à promouvoir l'intégration. En dehors du volet business, des liens d'amitié et de complicité se tissent autour de ces échanges. Ils permettent de relativiser certains préjugés ou fausses perceptions au sujet de tel ou tel pays. Il en résulte ainsi une dynamique intégrative qui prend corps par le « bas » et c'est ce que relève Egg et Igué (1990),

> « ... la densité des réseaux, leur niveau d'organisation et le rôle déterminant qu'ils jouent dans les échanges amènent à assimiler les formes de coordination qui résultent de leurs actions à de « l'intégration par le bas », c'est-à-dire celles impulsées par les populations »(1990).

-Prolifération et diktat des styles vestimentaires « made in Afrique de l'Ouest » au Cameroun

On constate depuis quelques années que les styles vestimentaires d'Afrique de l'Ouest gagnent du terrain au Cameroun. Les hauts cadres aiment arborer les tenues venues de l'ouest de l'Afrique à l'occasion des cérémonies. Il y a de cela quelques décennies, les gandouras, les ensemble-tailleurs et les costumes étaient les habits les plus utilisés dans la société camerounaise. Mais depuis quelques années, les choses ont changé et ce sont des habits africains venus d'Afrique de l'ouest qui sont prisés, avec leurs broderies et leurs modèles qui semblent fasciner. Les grands évènements tels les mariages, les fiançailles, les cérémonies religieuses (baptêmes, fin de la lecture du Coran, initiation, etc), sont désormais marquées par la sortie de ces habits venus d'ailleurs. Des pagnes connaissent un réel succès à côté desquels se greffent les bazins et autres tissus teints[17].Si jusqu'à une époque récente les habits de type africains, notamment les boubous et les gandouras semblaient n'être que l'apanage des originaires du Nord-Cameroun et adeptes de la religion musulmane surtout, il n'en est plus du tout le cas. Cette conception est un lointain souvenir, étant donné que du Nord au Sud, de l'Est à l'Ouest du Cameroun, les gens aiment bien s'habiller avec ces vêtements africains. C'est donc à juste titre qu'un journal Cameroun consacrait en 2015 un dossier intitulé : *Comment l'Afrique de l'Ouest habille le Cameroun en pagnes et en bazins* (L'Oeil du Sahel, 2015 : 8-9).

1-Contrebande, corruption des agents publics aux frontières et manque à gagner pour les caisses de l'État

Si certains commerçants empruntent les circuits formels dans le cadre de leurs transactions, nombre d'entre eux utilisent plutôt la voie informelle. C'est ainsi que s'est développée la contrebande autour du commerce transfrontalier et de nombreuses personnes ne vivent que cette activité illégale. Dans un travail remarquable sur la contrebande féminine, Djanabou Bakary parle des « *transgresseuses de la frontière* ». En effet, les transactions d'affaires des femmes ont contribué à stimuler l'activité de contrebande. La plupart de celles qui s'y

---

[17] Il est courant de se rendre compte de la prolifération de ces habits arborés avec bonheur et enthousiasme par les hommes et les femmes en sillonnant les rues de la plupart des villes du Cameroun. Il est difficile de rencontrer un cadre de m'administration qui n'a pas ces habits en provenance d'Afrique de l'Ouest dans sa garde-robe.

engagent utilisent des stratégies de contournements des services de la douane. La contrebande transfrontalière féminine est devenue une équation difficile à résoudre par les services de douane.

> « *Les commerçantes utilisent les services d'une gamme étendue d'agents privés de sexe masculin (transporteurs, transitaires, porteurs, chargeurs/déchargeurs, secrétaires) pour le transport de leurs marchandises et les négociations de passage des frontières et des postes de contrôle intérieurs où elles paient les bakchichs aux agents de la douane, de la gendarmerie, de la police voire des collectivités locales* » (USAID, 2000).

Si à plusieurs reprises Transparency International avait classé le Cameroun à la tête des pays les plus corrompus du monde, les secteurs comme la douane transfrontalière est l'un des plus affectés par ce phénomène. C'est d'ailleurs la raison pour laquelle l'administration des douanes est devenue l'une des plus convoitées par la jeunesse camerounaise (Vallée, 2006 : 137-162)[18]. Aussi convient-il de relever que le commerce transfrontalier entre ces deux parties de l'Afrique a un impact négatif sur le secteur manufacturier camerounais qui souffre de l'inondation du marché local par les produits de bas de gamme nigérians, et d'ailleurs de loin compétitifs que leurs semblables camerounais (Soulé et Bourgui, 2010 : 50).

2) *Quelques problèmes autour de ces mobilités*

Ce sont les tracasseries douanières, l'insécurité, la mauvaise foi ou le retard de certains clients dans le paiement des factures et l'épuisement des acteurs.

Les tracasseries douanières constituent l'une des épreuves auxquels ces femmes en mobilité font face. Aussi développent-elles des stratégies diverses pour y échapper, d'où la contrebande évoquée plus haut qui crée des manques à gagner à l'Etat. Parfois, elles risquent leurs vies en faufilant sur des voies étroites et truffées d'obstacles.

Il est arrivé des fois où, du retour de ces voyages, les cars transportant ces femmes sont tombés dans les embuscades des

---

[18] A propos de cette corruption, l'on voudra lire des tonnes d'articles des journaux ou des revues consacrées à cette question qui avait bouleversé l'ensemble du Cameroun.

coupeurs de route, spécialistes en dépouillement des fortunes des voyageurs et semeurs de la mort ou des violences physiques. Aujourd'hui encore, le phénomène Boko Haram qui sévit au Nigeria perturbe à plus d'un titre la libre-circulation des hommes et des biens, au grand dam de ces femmes d'affaires. Elles sont contraintes de se tourner vers d'autres zones comme Mubi, Kano ou Lagos qui sont très éloignées, contrairement à Maïduguri, Banki ou Gambaru.

La mauvaise foi et les retards des clients qui prennent les produits à crédit et ne paient pas vite les factures. Ce qui constitue un frein pour l'activité de ces femmes. Leur calendrier de déplacement étant conditionné par la collecte préalable des recettes des ventes effectuées.

Du point de vue physique, ces voyages réguliers sont épuisants, surtout lorsqu'ils sont effectués par voie terrestre. Ce qui contribue à dégrader le corps et entraîner des soucis de santé, surtout lorsqu'on sait que les femmes sont de nature fragiles.[19].

Sur le plan social, ces mobilités perturbent également la vie des familles. Les absences répétées de ces femmes jouent en défaveur de l'encadrement des enfants et l'équilibre des foyers. Il peut en résulter la déperdition des enfants et l'infidélité tant du côté de ces femmes que de leurs conjoints.

3) *Quelques récits de vie*

C'est autour de trois femmes vivant respectivement à Ngaoundéré, Maroua et Yaoundé qu'ont été élaborés ces récits de vie.

Hadja Fadimatou est une commerçante de Ngaoundéré. Faisant la ligne d'Afrique de l'Ouest, elle est spécialisée dans le commerce des vêtements, des pagnes et des articles de ménage. Elle se ravitaille auprès des Nagos de Lagos pour revendre au Cameroun. Pour écouler ses produits, elle incite ses clients qu'elle rencontre de porte à porte, dans son quartier situé dans la ville de Ngaoundéré, à prendre les marchandises à crédit. Interrogée au sujet du risque qu'elle court, elle répond qu'elle ne propose à crédit qu'à des personnes qu'elle connait directement ou indirectement à travers des proches. Elle a

---

[19]Synthèse des informations recueillies auprès de plusieurs femmes et hommes d'affaires qui font également dans ce commerce.

signalé tout de même quelques cas d'abus que les agents des forces de l'ordre l'on aidée, d'une façon officieuse, à régler. Même si elle est restée réticente au sujet de son capital, le confort dans lequel elle vit permet d'avoir une idée de ce que lui rapportent ces affaires. (Mokam, 2012 : 63-64).

Djabou et Gogo, sont deux complices originaires de Maroua dans la région de l'Êxtrême-Nord. Elles ont réussi dans les affaires ces dernières années à travers les marchandises qu'elles importent du Bénin et du Togo. Tandis que Djabou est installée au quartier Obili à Yaoundé où son mari est cadre au Ministère des P&T, Gogo vit quant à elle à Maroua. C'est Djabou qui l'a initiée dans ce commerce et régulièrement, elles voyagent ensemble vers l'Afrique de l'ouest. Leurs capitaux s'élèveraient à des dizaines de millions, si l'on s'en tient à leur rythme de vie. Chacune d'entre elles s'est construite une somptueuse maison et dispose d'une voiture d'une valeur de plus de 5 000 000 FCFA. Lorsqu'elles rentrent du Bénin, leurs domiciles se transforment en une véritable foire. Gogo vend ses produits à domicile et c'est là que viennent se ravitailler ses clients. Djabou quant à elle, dispose d'une boutique au carrefour Obili, boutique très fréquentée. De par leurs revenus, ces femmes sont régulièrement sollicitées par des fonctionnaires en panne d'argent et faisant face à des problèmes, contre paiement avec des pourcentages[20]. Elles n'ont rien à envier à beaucoup de hauts cadres de l'administration camerounaises vivant à Yaoundé ou à Maroua.

Ces récits de vie donnent une idée des enjeux qui entourent ces mobilités et permettent de comprendre pourquoi ces femmes bravent des obstacles pour aller vers ces horizons lointains. Ces affaires ont contribué résolument à améliorer leurs conditions de vie et celles de leurs familles. Par la même occasion, elles sont respectées et enviées par plus d'une personne dans leur environnement.

Conclusion

Au total, ce travail avait pour but d'étudier les mobilités d'affaires femmes entre le Cameroun et les pays d'Afrique de l'Ouest, à travers

---

[20] Entretien du 15 mai 2016 à Maroua avec Djabou et Gogo, commerçantes des produits du Bénin et du Togo.

le contexte de leur développement, leur fonctionnement, leurs enjeux et les problèmes qui les entourent. C'est surtout vers la fin de la décennie 1980 qu'elles se développent, dans un contexte de crise économique. Cette crise justement, associée aux rudes conditions de vie des femmes, a résolu les femmes à rechercher des alternatives au rang desquelles le commerce. L'ouverture démocratique des années 1990 et son cortège de libertés et le rayonnement des marchés de l'Afrique de l'Ouest sont quelques-uns des facteurs qui ont joué en faveur du développement de ces mobilités féminines. Elles partent des villes du Cameroun en direction du Nigeria, du Bénin et du Togo, empruntant la voie aériennes pour les uns et la voie terrestre pour les autres. De la vaisselle, les pagnes, les tissus et vêtements africains, les parures, les sacs à main, les huiles, les chaussures, sont quelquesproduits phares importés, parfois dans des conditions assez rudes. Ces produits prisés au Cameroun, sont distribués en gros ou en détail. Si certaines femmes ont desboutiques où elles les vendent, d'autres les écoulent plutôt en faisant le porte à porte, le bureau à bureau, auprès d'une clientèle composée en grande partie des fonctionnaires et des hommes d'affaires. Malgré les risques et les difficultés qui entourent ces mobilités, leurs enjeux sont nombreux : épanouissement, émancipation des femmes et développement d'un l'entreprenariat féminin, intégration de deux parties de l'Afrique concernées, brassage des peuples, prolifération des styles vestimentaires ouest-africainsau Cameroun. Seulement, des fléaux tels que la contrebande et la corruption des agents publics aux frontières ont pris corps autour de ces échanges et créent ainsi un réel manque à gagner pour les caisses de l'Etat. L'évaluation du degré d'influence de ces voyages d'affaires sur la vie de ces femmes et celui de leurs familles se lit mieux à travers les récits de vie étudiés ici.

Bibliographie

Alkali, « Comment l'Afrique de l'Ouest habille le Cameroun en pagnes et basins », *L'Oeil du Sahel*, N°725 du jeudi 30 juillet 2015, pp. 8-9.

Bekolo Ebé B., « Contrats, agence et tontines: une application de la théorie des contrats à l'analyse des tontines camerounaises », *Mondes en Développement*, n° 94, 1996, p. 34.

Bennafla K., « La fin des territoires nationaux ? Etat et commerce frontalier en Afrique centrale », *Politique Africaine*, N° 73, mars 1999, pp. 25-49.

Coquery-Vidrovtch C., *Les Africaines. Histoire des femmes d'Afrique Noire du XIXe au XXe siècle*, Paris, Editions Desjonquères, 1994.

Cordonier R., *Femmes africaines et commerce. Les revendeuses de tissu de la ville de Lomé (Togo)*, Paris, L'Harmattan, 1987.

Djanabou Bakary, « La contrebande transfrontalière féminine des marchandises entre le Cameroun et le Nigeria », *Critique Economique*, N° 25, Automne 2009, pp. 167-175.

Ellis S. et MacGaffey J., « Le commerce international informel en Afrique subsaharienne. Quelques problèmes méthodologiques et conceptuels, Cahiers d'Etudes Africaines, N° 145, XXXVII, 1997, pp. 11-37.

Galtier F. et Tassou Z., « La réexportation : vice ou vertu? Le commerce du Bénin vers le Nigeria », *Autrepart*, N°6, 1998, 123-143.

Goïta M. et al. « Recherche sur le commerce informel transfrontalier des femmes : le cas des pays d'Afrique de l'Ouest francophone, UNIFEM, 2008.

http://www.politique-africaine.com/numeros/pdf/065035.pdf, consulté le 10 mai 2016.

http://www.irinnews.org/fr/report/99984/le-march%C3%A9-des-transferts-de-fonds-en-afrique, consultation du 19 octobre 2016.

Humaru B., « Grand commerce féminin, hiérarchies et solidaires en Afrique de l'Ouest », *Politique Africaine*, 1998.

Igué J.O. et Soulé B., *L'Etat-entrepôt au bénin, commerce informel ou solution à la crise*, Paris, Karthala, 1992.

Lazabée P. et Grégoire E., (éds.), *Grands commerçants d'Afrique de l'Ouest*, Paris, Karthala, 1993.

Mokam D., « Les chemins d'émancipation de la femme sahélienne camerounaise », *Nigerian Journal of The Humanities*, Number 18, September 2012, pp. 61-81.

Njikam O., « Situation des femmes dans le commerce informel transfrontalier au Cameroun », UNIFEM, 2008.

OCISCA, « Les échanges transfrontaliers entre le Cameroun et le Nigeria », Rapport de l'Observatoire OCISCA, février 1995.

République du Bénin/Institut National de la Statistique et de l'Analyse Economique, « Importation et transit des voitures d'occasion au Bénin », novembre 2008.

Roukatou, « La femme entrepreneure au Cameroun: profil, problèmes et typologie », *International Journal of Innovation and AppliedStudies*, vol. 13, n°1 septembre, 2015, pp.10-28.Saïbou Issa, « L'embuscade sur les routes des abords sud du Lac Tchad », *Politique africaine* 2/2004 (N° 94), p. 82-104.

Schmoll C., « Pratiques spatiales transnationales et stratégies de mobilité des commerçantes tunisiennes », *Revue Européenne des migrations internationales*, vol. 21, N°1, 2005, pp. 131-154.

Shimwaayi M. etBlackden C.M. 2001, « Gender and poverty in Africa », Belshaw D. etCalderisi R. (dir.), *Faith in Development: Possibilities for Partnership between the World Bank and the Churches of Africa*, co-édité par Regnum Books International (Oxford, Royaume-Uni) et la Banquemondiale, mars 2001.

Snyder M., *Women in African Economies, from Burning Sun to Boardrooms*, Kampala, Fountain Publishers, 2000.

TchamanbéDjiné L., « La femme camerounaise face aux enjeux économiques du XXIème siècle », Communication présentée au colloque sur « Femmes, Leadership et Développement; un regard prospectif sur le 21ème siècle », organisé par le MINCOF, Yaoundé, Mai, 1999, 17p.

TchamanbéDjiné L. et Tchouassi G., « Renforcement des capacités entrepreneuriales des femmes par la formation : une analyse du cas du Cameroun », Communication aux VIIèmes Journées Scientifiques du Réseau Entrepreneuriat de l'AUF, Ile Maurice, 04, 05 et 06 Juillet 2001, 13p.

Tchouassi G., (a), « Femmes entrepreneurs au Cameroun : Une approche par les récits de vie », *Revue Congolaise de Gestion*, numéro double n° 2 et 3, janvier- décembre 2000, pp 63-77.

Tchouassi G., (b), « Les comportements d'épargne des femmes au Cameroun : Une analyse à partir de leurs récits de vie »,

AfricanReview of Money, Finance and Banking, Supplementary issue of Saving and Development, 2000, pp. 117-133.

Urdaneta-Ferran, "Contribution of women working in the informal sector". Rapport sur la 2e réunion du Groupe d'experts sur les statistiques du secteur informel, Groupe de Delhi, avril 1998.

Chapter 5

Terrorist Transnational Imprints, Border Closing and Circulation around the Lake Basin Region: Boko Haram against Human and Merchandise on the Nigeria-Cameroon of Far North Cameroon

Mark Bolak Funteh & Canute Ngwa

The frontiers of Cameroon and Nigeria reflected eventful spaces of openness, offering to both peoples great opportunities in terms of human and commodity cross fluidity. This disposition of consistent flow of persons and trade-currents and their multipliers effects were of great dividend. But due to the insecurity that reigned in Nigeria (caused in the main by activities of Boko Haram) the Nigerian government closed down its borders with her neighbors. This closure had serious influence on the cross-border activities between the peoples of Cameroon and Nigeria, especially those on the Banki-Limani trajectory. In fact, the fear and uncertainty imposed by the acts of insecurity transformed this Cameroon-Nigeria open border type into a close one, causing the quantitative and qualitative human and commodity dwindling flow, and as a matter of cause, situated the smuggling situation on another undisputed state of affairs. Amidst the smuggling, the flow was soon redirected to other corridors of the region of the Far North and later to the region of the North, especially when the insecurity situation in the former region became unprecedented. This paper, based on published and unpublished sources and oral consultation with the actors and eyewitnesses, critically examines how the insecurity disposition in neighboring Nigeria changed the nature of its borders with Cameroon, and how such change directly affected the eventful Far North Cameroon borderline trajectory of Banki and Limani. As it settles on the quantitative and qualitative human and commodity dwindling flow effect of this change, the paper also appraises the smuggling situation imposed upon by the state of affairs. It concludes by attempting a preemptive therapy for future-related situations.

Introduction

Understanding the purposes and functions of international boundaries is critical in determining their relation to peace, integration, and development of a nation-state or a sub-region. Boundaries serve different purposes and have numerous functions depending on what those who drew them had in mind and how those living along them want to use them. The nature of an international boundary also has an impact on the livelihoods of local communities and the stability of a nation-state. Having knowledge of the nature, purposes and functions of international boundaries is very helpful when dealing with border interactions relating to their location, management and administration. Such knowledge, according to Johanson, is critical in diffusing inter-state border tensions and providing solutions such as altering boundaries or changing their functions to make them "more flexible and open to passage." Johanson (as discussed by Touval, 1984: 226) adds that the "purposes and aims" of international boundaries are determined by their "existence and location." Some of a boundary's purposes and aims may be common to states, while many others may reflect the specific characteristics of communities. However, a boundary's functionality—how it works in practice—"is determined by [its] location and by how restrictive or open the state or neighboring states wish [it] to be" (Anene, 1970: 3). This explains why the notion of boundary is universal (Foucher, 1988) and boundary is an important part of human social organization (Alexander, 1963; Anene, 1970; Anderson, 1996). Through the ages, boundaries have remained the "container" by which national space is delineated and "contained" (Anderson and O'Dowd, 1999). For as long as there has been human society based on territoriality and space, there have been boundaries (Cukwurah, 1967; DeBlij, 1973). However, the emergence of modern boundaries as finite delimiters of geopolitical space evolved gradually over the ages, beginning from zones of separation or "no man's land", to the frontier, and finally, to the definite line on map and territorial limits," territoriality, is characterised by the enforcement of control over access to a geographic space as well as to things within it, or to things outside by restraining those within and outside its confines, normally called the frontier lines (Sack, 1986: 32). This agrees with the two broad approaches of international boundaries, namely, the Structuralist and Functionalist. The former represents a state-centric approach whose exclusive preoccupation is with the maintenance of the sanctity of the integrity of the state while other considerations are relegated to the background, meanwhile the latter views boundaries from the perspective of the people whose interests are secondary or ignored in the statist approach. In order words, the permeability of boundary to cater for the realities of everyday interactions with the boundary by people who live along and are directly affected by the boundaries.

These boundaries can be good or bad. From Lord Curzon (1907), good ones would promote peace, while bad ones would provoke (or potentially can provoke) conflict and/or war between neighbors. In fact, two schools of thought, animate this "good" and "bad" discourse. These are the 'revisionists' (who argue that the arbitrary nature of African boundaries has been a major source of instability and an obstacle to development, and that they should therefore be urgently reviewed; Ajala, 1983: 177-189); and the 'anti-revisionists' (who argue for the maintenance of the status quo). Scholars in this latter category advance three main arguments in support of their view. First, that borders everywhere are artificial and that the case for African exceptionalism is therefore weak (Barbour, 1961: 303-323). Second, while acknowledging the arbitrary nature of African boundaries, they have suggested that this has either had few deleterious consequences, presented opportunities for African populations and, in some cases, served as assets for state consolidation. Their third and most popular argument is that, while it is true that Africa has suffered from its partitioned nature, the costs of any attempt to adjust its boundaries would far surpass the hypothetical benefits of doing so. At independence, the 'anti-revisionist' thesis appeared more appealing to both the departing colonialists and the emergent African leadership. Therefore, despite being aware of the haphazard and arbitrary nature of the inherited boundaries, African leaders agreed to maintain them as handed down by the colonialists. It was against this backdrop that the principle of the inviolability of national borders emerged as an axiom of Africa's international relations. In 1963, it was officially inscribed into the charter of the Organization of African Unity (OAU). It was also given a stamp of approval by the United Nations (UN) system. This approach was based on the consensus that any attempt to review Africa's borders would amount to opening a 'Pandora's box' that could unleash a spate of violence and possibly anarchy on the continent (African Union, 2009).

Thus, this dual capacity of "bad" and "good" depends upon which of these characteristics the state chooses to adopt. In other word, states can choose how to interpret their boundaries either as points of cooperation (inclusion and openness) or conflict (exclusion and closure), highlighting the potential dynamism and malleability of boundary discourse. In as much as the state plays a role in quantifying and qualifying the nature of its frontiers, the presence of other intervening variables that shape border actions and reactions. This has been the case with the Cameroon-Nigeria border. Despite the fact that both parties have for long tried to determine their borders on the bases of an open and good type, there has recently been the entrance into the issue another determining variable that reshaped this frontiers' character, that is, the Boko Haram.

As a matter of fact, Cameroon and Nigeria share common borders at given points, and Banki and Limani happens to be one of those frontier points. For long, the "geo-historic" proximity of these nation-states and the nature of this frontier line reflected an eventful space, offering to both peoples great opportunities in terms of human and commodity cross fluidity. This disposition of consistent flow of persons and trade-currents and their multipliers effects were of great dividend, especially to the Cameroon population. But due to the insecurity that reigned in Nigeria since December 2011, the Nigerian government closed down its borders with Niger and Cameroon, which of course demanded an intransigent reaction of the border regimes to that effect. This had a serious impact on the cross-border activities with Cameroon. This impact, negative for that matter, in relations to the human and goods passages, was immediately lived by the peoples of the border towns and their environs, like Banki, Limani, Mora, Maroua and so on. Amidst the high insecurity that reign in the area and because the daily economic survival of these peoples so depended on this frontier-line, the diversion to other traction corridors, the creation of secret routes and transactions became obligatorily options. Thus, what was the pre-

December 2011 Nigeria-Cameroon border character, in terms of its nature and the circulation of persons and goods? What preceded its status-quo change? And what effect did this change have on this circulation? All these constitute questions to be answered by the end of this study. It is for this reason that this paper attempts a theoretical approach to the notion of boundary, situation of the Cameroon-Nigeria border type within global orientation, valorisation of the boundary by the inhabitants of the borderlines of Cameroon and Nigeria, and how their activities rendered this frontier line a cooperating and blending zone before the insurgents of the Islamic extremist Boko Haram. But these insurgencies and the shutting of the borders completely changed the nature of its borders with Cameroon. It also critically examines how such change directly affected the eventful Banki and Limani borderline trajectory, and evaluates the attitude of the border regimes thereto. In a nutshell, it settles on the quantitative and qualitative human and commodity dwindling flow effect of this change, and as a matter of cause appraises the smuggling situation imposed upon by the state of affairs. The paper concludes by attempting a preemptive therapy for future-related situations.

A). Cameroon-Nigeria Border Type

Cameroon and Nigeria share a common border of 1 690 km (see map 1) and both countries have strong historical and cultural ties. This border has often called for research concerns as concern classification. For a better understanding, it is perhaps good to briefly classify existing border types and thereafter attempt to situate that of the Cameroon-Nigeria within its frame. As a matter of fact, there exist two classifications that have been commonly used to identify international boundaries: first, the Boggs' Classification (1940), which identifies international boundaries into (a) physical or natural (boundaries that follow a particular natural feature such as a river, watershed, mountain range, and so on (as cited by Griffiths (1996: 67-68) (b) Geometric (boundaries that follow straight lines, arcs of a circle such as longitude and latitude. (c) Anthropo-geographical (boundaries that relate to various human settlements, culture, and language, and (d) compounded (boundaries that comprise various basic elements mentioned above). The second type is the Hartshorne classification (1938) constituting (a) Antecedent boundaries, drawn before cultural landscapes are developed.(b) Consequent/subsequent boundaries; those delimited after such features have already emerged, which coincide with social, economic, cultural, or linguistic discontinuities. (c) Superimposed boundaries drawn after the development of the cultural landscape but without regard to possible cultural boundaries, and (d) Relict boundaries: those that can still be seen in the cultural landscape, even though they no longer have any function of political division, like "Great Wall of China," the "Berlin Wall" that separated East and West Berlin, and "Hadrian's Wall" in the United Kingdom that was built in AD 122 to demarcate the northernmost boundary of the Roman Empire.

From the above analyses, it would not be wrong in our opinion to classify the Cameroon-Nigeria border to be superimposed, the reason why the porous nature of its existence is common. In fact, however separated these nation-states seem to be, some scholars consider them as a common people, especially the inhabitants of frontier-line. They are duly associated not by colonial effort but through ethnic affiliations. Rather, colonial state creation dishearteningly fragmented brethren. In the coast, according to Mbuagbaw and Brain (1974: 96), the case of the Mamfe depression constitutes part of this circumstance. Within the division of Manyu, besides the Banyang, their northern neighbors living on the "overside" of the Cross River, generally referred to as Anyang and the Keyaka-Ekoi people (Obang, Ekwe and Keaka) constituted an ethnic connection with those distributed in neighboring Nigeria.

Fanso (1989: 53) adds that the Ejagham, who straddle the Cameroon-Nigeria border, are located in the area extending from west of Nchang near Mamfe town to Ikom in Nigeria. They also extend from Agbokem on the Cross River to the Oban Hills and Calabar at the month of the Cross River. Kane (1976: 23-24) highlights reflects the Kanem Bornu, and states that the "nearness and connectivity between these same peoples of Cameroon and Nigeria propelled them to consistently see themselves as brothers despite colonial influences. This is the same case with those of Abongshe and Abong, towns on the banks of the River Benue. The former is part of Donga-Mantung Division (Cameroon) and the latter, part of Taraba State (Nigeria). The river, which separates both towns forms the basis of the international boundary between them. (Shewa, 2005; Ntoi, 2008). Generally speaking, these cross-border brothers depended on one another's political, economic and social contacts, hence serving as an open border type, that of more of inclusive than an exclusive type, permeability for that matter (Niger-Thomas, 2001; Meagher, 2001; and Kate, 1996).

The permeability is characterized by the increase in the actual quantity of cross-border flows, as well as a deepening of the penetration of cross-border operations into the heart of the national territories." This implies that cross-border operations have undergone some structural reorganization. It also indicates that the socio-economic interactions of the respective indigenous populations are carried on with little regards for the colonial demarcation. Because the boundary is ill-defined and unimportant to them, the locals hardly confine their socio-economic activities to particular areas. Indigenes in both countries are able to evade gendarmes from Cameroon and police, customs and immigration officers from Nigeria given that they cooperate in their actions and are very familiar with the terrain. In fact, smuggling is no longer an issue for concern, but has become an accepted strategy for both survival and capital accumulation. Not only smugglers but other categories of people in both societies too benefit from this activity, including state officials themselves.

These activities were common across the Cameroon-Nigeria border in the Northern part of Cameroon, where 7 out of the 10[1] major trade corridors of Cameroon and Nigeria are found. But we are more interested in those of northern Cameroon[2] (see map 2) and

---

[1] Of the other three corridors two are found in the West and one covering products that are transported by sea.

[2] This is the major cross-border trade route in the Far North Region and othe main preoccupation of our study. The road on the Nigerian side to the customs post at Banki is paved and in good condition. However, that from the Cameroonian customs post at Limani to Mora is in very bad condition. It is deeply rutted and trucks break down on it frequently, hindering passage. Although it is only about 30 kilometers in length, even in the dry season a truck may take a week to complete the passage. In the rainy season, it may at times be impassible but traffic volumes increase by fifty percent nevertheless as traffic from further North diverts to this crossing. Although not in great condition, the Route N1 road from Mora to

particularly the Banki-Limani trajectory, which represent two principal lines from Nigeria to Cameroon: a) Maiduguri – Bama – Banki – Limani – Mora –Maroua,[3] the most important and busiest trade route from Nigeria to Cameroon, and b) Maiduguri – Bama – Banki – Limani – Bogo – Maga. Maidugori, Bama and Banki are the Nigerian towns while Limani, Mora, Maroua, Bogo and Maga are Cameroon towns. But the frontier-line between both countries is between the towns of Banki and Limani. Generally, these major corridors are transport linkages relatively near the borders or serve the nearest large commercial centers. This trajectory, for long remained the most active border-line in human interaction and merchandise transactions before the closure Nigeria-Cameroon borders following the activities of Boko Haram that instituted terror, fear and insecurity. This of course had serious decline effects on the human and commercial happenings on this border-line.

Maroua is manageable. Other traffic goes to the north towards Kousseri and Chad. This section of Route N1 is quite bad but is passable even in the rainy season. 96 Overall travel time from Banki to Maroua has increased significantly from 45 minutes to 2.5 hours over the last few years even for smaller vehicles.

[3] On the Nigerian side, this route is the same as the one to Maroua. But, the road from Limani to Bogo and Maga in Cameroon is singled out because this is a very important route for the transportation of fish and rice paddy from the SEMRY project to northern Nigeria, where it is parboiled and milled. The road from Maga to Bogo is paved and in good condition, but the route from Bogo to Maroua is unpaved and the condition of this part of the road can be bad in the rainy season. However, since much of the paddy is transported during the dry season, the Bogo-Maroua road is not a major constraint.

Map 1. Cameroon-Nigeria proximity

Source : *http./news.bbc.uk/2/hiafrica/7559895.stm*, 23 February 2014.

B). Cross-border communion: The pre-shutting situation

Generally speaking, official statistics are largely inconsistent, but non-oil flows from Nigeria to Cameroon are estimated somewhere between USD 1 and 10 million, while non-oil flows from Cameroon to Nigeria are estimated at between 10 and 30 million over the last couple of years, representing only about 1.5 percent of Cameroonian and 0.4 percent of Nigerian non-oil exports. However, anecdotal evidence indicates that real trade flows are significantly larger, and that there was substantial potential for further strengthening bilateral trade before the actions of the Boko Haram. While poorly organized, border crossings, particularly in the North, are busy, and there is wide recognition that parts of Northern Cameroon are largely supplied from Nigeria, with about two thirds of petrol consumed originating in Nigeria. This study supports these broad claims, estimating that before December 2011, trade flows were in the hundreds of millions USD amidst the significant barriers cross-border trade increment, which differed according to the location (geographical characteristics of the border area), weather (seasonal variation), time of day, specific border crossing, scale of operation, type of product, and personalities involved.

Map 2. Corridors in the North

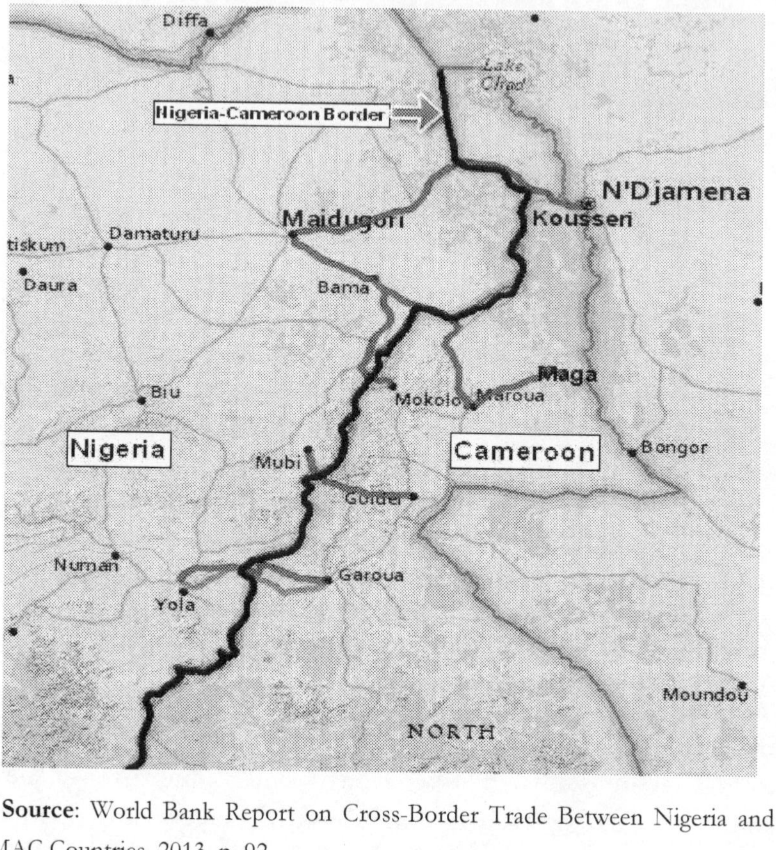

Source: World Bank Report on Cross-Border Trade Between Nigeria and CEMAC Countries, 2013, p. 92.

Note: From the map, apart from the study trajectory, the others are as follows: A) Maiduguri – Bama – Gwoza – Touron – Mokolo B) Maiduguri – Dikwas – Ngala – Fotokol –Maltam – Kousseri. C) Mubi – Boukoula – Guider. D) Jimenta – Demsa – Garoua. E) Yola – Bardanké - Garoua via the Benoué River.

Drivers and actors of cross-border flow

In fact, the drivers for the cross-border trade transactions followed the historical intra-regional trade in West and Central Africa, where by a distinct North-South exchange goods, where people in the arid and the semi-arid north specialized in livestock production while those in southern tropical lands specialized in agriculture and manufacturing did real transactions. Being an East-West trading relationship, other factors determine the trade flows between both countries. The observed trade flows was the result of the distribution of population and agricultural production centers, road networks (accessibility), long-established trading relationships, issues surrounding comparative advantage, and man-made policy distortions on either side of the border. As both countries continued to industrialize and integrate into global supply chains, factors determining the cost of access to primary and intermediate inputs, other costs of production, economies of scale, and specialization in certain products continued to impact production, and consequently trade and human flow patterns.

Whatever, ethnic networks generally facilitated such flow trade within and across borders, and these networks played a particularly critical role in states where rule of law was weak and full information and formal third party enforcement of contracts were inadequate. These networks provided a mechanism for compliance with contracts, as members of well-defined networks were self-policing activities of their members and could effectively implement sanctions for non-compliance. This mechanism was particularly important in a weak legal environment, as could be observed in the parts of Nigeria and Cameroon, and where cross-border enforcement of legal rights seemed cumbersome, costly, or even impossible. In the north of both countries, there are two main ethnic groups involved in trade, namely the Fulbe and the Hausa.[4] These ethnic relationships remained critically important for entering and exercising the profession (as cross-border trader) as they transmitted tacit knowledge that is essential to deal with the many policy restrictions and barriers that make cross-border trade nontransparent (Hoppe *et al.*, 2013: 15-17).

---

[4] Interview with Bakari Sawalda, 62 years, Trader in motor spear parts, Maroua, 28 February 2014; interview with Ababoukar Garbadi, 57 years, trader in building materials, Mora, 12 March 2014.

Traders[5] claim that in some cases, new entrants were first coached by well-established traders who showed them how the business operated and, even more crucially, provided them with the financing needed to become a trader. This coaching played a critical role in starting a new business, and traders explain that working as an apprentice for a period of time and learning the various stages of cross-border trade before becoming independent was essential. This tacit knowledge was necessary for entering operations and being able to overcome the many policy barriers and nontransparent procedures that affect cross-border trade. Group membership provided for trust relationships that allowed outsourcing of specific activities to specialized service providers that were active along the trading route, such as transporters, financiers, people dealing with informal roadblocks and customs officers, or distributers. Obtaining access to supplier credit, or finding a trustworthy transporter also depended heavily on ethnic group membership, as the existing trust relationship permitted other members of the group to vouch for a trader and essentially served as collateral should he not meet the contract. Group membership also provided strong incentives for a trader not to default, as this carried the risk of being ostracized and losing credibility in future business deals. As Konings (2005: 275-301) notes, "collective enterprise enables them to take advantage of economies of scale, to incur lower costs than their Cameroonian counterparts, to set competitive prices for their goods, and to dominate or monopolize the trade in certain goods." Ethnic networks also facilitated trade by reducing risk and uncertainly along the trading corridor and improving access to information. By traveling together and pooling resources, Nigerian traders could be

---

[5] According to the report of Mombert Hoppe, Barbara Rippel, Elisa Gamberoni, José Daniel Reyes, Dirck Stryker, Mukhtar Amin, Abdoulbagui Mohamadou, Luc Foleu, Louis Ndumbe, and Perpetua Ahone on "Estimating Trade Flows, Describing Trade Relationships, and Identifying Barriers to Cross-Border Trade between Cameroon and Nigeria," in 2013, ethnic value of trade in Cameroon was done only by the Ibos. This is incorrect as following interviews with Hamadou Pete, 40 years, trader in Cars and household appliances, Maroua, 12 February 2014; Salifou Ousmanou, 56 years, Trader in loin clothes, Maroua, 12 February 2014; Aba, 43 years, trader in fuel, Maroua, 9 February 2014, it was gathered that ethnic relationship was valuable in the northern part of Cameroon as amongst the Ibos.

better prepared for possible theft, robbery, and extortion along the route. Ethnic networks also facilitated information sharing and reduce information asymmetry particularly with greater access to mobile phones (Hoppe et al., 2013: 15-17). Traders regularly called their suppliers within an ethnic network ahead of time to find out prices, availability, and a host of other information. Group networks remain essential in disseminating such information, particularly for heterogeneous traded goods with no reference price. These goods represented the bulk of goods traded in this region, and belonging to an ethnic group allows a trader to obtain important information that would be nearly impossible for an outsider to acquire.[6]

Apart from ethnic linings, economic factors played a fundamental rule in the cross-border issues. In fact the differences in the natural resource base, agro-climatic conditions, and population size and density, explain part of the trade flows between Nigeria and Cameroon. Population size, density, and income levels contribute to population pressure on land and the potential for economies of agglomeration and scale. Nigeria explored and accessed world markets and arranging deals, giving it a comparative advantage in the production and distribution of many manufactured goods where economies of scale and agglomeration were important. As a result, Cameroonian traders gained access to international markets through their trade relationships with Nigeria. This in turn led to specialized informational advantages within niche marketing networks that evolved over time. For example, Nigeria's large market for imported technical goods enabled importers to amortize relatively cheaply their cost of buying trips abroad and arranging for transport. The availability of Nigeria's large supply of these goods at low prices made them very attractive to Cameroonian importers. The functioning of these specific networks and importation of global products through Nigeria explains why many products made in China were until recently often perceived as being "made in Nigeria" by Cameroonians (Ibid; Kuate, 2008: 5-6).

As a matter of fact, because trade policies were only partially enforced at borders, these price differences offer significant scope

---

[6] Interview with Hamadou Pete; interview with Salifou Ousmanou; interview with Aba; interview with Mustapha Bello, 43 years, Trader in motor spear parts; interview with Jibrila Kello, trader in building materials, Mora, 23 February 2014.

for trade. There are particularly large opportunities for arbitrage in some of the sectors most protected in Nigeria that are being exploited by Nigerian and Cameroonian traders. Interviewed traders in Maroua demonstrated this effect by stressing that protectionist policies in Nigeria for products they were trading were beneficial to them, as they increased prices in Nigeria, allowing them to benefit from larger margins. For example, recent policies with regard to rice imports in Cameroon and Nigeria have led to substantial rice re-exports from Cameroon to Nigeria.

The occurrence of the transactions and interactions along this trajectory are animated by particular actors. These include a wide range of public and private actors are involved in cross-border trade with a strong functional specialization among them. From the public sector are customs officials,[7] security personnel, immigration officers, all agencies tasked with ensuring food safety, agricultural health, and/or quality standards. From the private sector traders, "loaders", forwarding agents, transporters, "escorts", crossers, customs brokers and other provided services are involved. In most cases, goods are loaded at the point of purchase, off-loaded and reloaded at the border, and off-loaded again at the point of delivery, increasing transport costs. Offloading and reloading at the border occurs sometimes happen when trucks effectively did not want to cross the borders, but in most cases, vehicles of all sorts travelled

---

[7] Cameroon has a general policy of stationing customs officials at border posts where the ethnicity of the customs officials is different from that of the local population and traders to reduce corruption. The aim of this policy is to reduce the risk of collusion between customs officials and to deter the possibility of corruption. This tends to be quite important in setting the environment through which cross-border trade is conducted, particularly considering the ethnic differences between the southern part of the country and the north. Brief interviews with local traders and customs officials suggest that most traders and local government officials are resentful of the presence of customs officials from other regions of the country. It is unclear to which extent this policy contributes to the widespread illegal trade in the region. In Nigeria, the national Customs Service is headed by the Comptroller-General and assisted by five Deputy Comptroller-Generals. The country is divided into four zones, under which there are a total of 25 Area Commands. Different Area Commands have varying numbers of customs posts, depending on the size and number of crossing points or sea ports. At the Area Command level, there is a Controller, a Deputy Controller, and an Assistant Controller. At land border posts between Cameroon and Niger, often only Assistant Controllers are present.

along the Banki/Limani trajectory (see plate 1). Trucks were legally allowed to deliver goods across the border, procedures and regulations seemed not to be so cumbersome. Apart from trucks, goods were transported donkeys, bicycles, motorcycles, or smaller cars. All of this handling involves a plethora of actors, including those who are responsible for making arrangements and negotiating with customs and various control points. Meanwhile some bought their goods and did the negotiation at the borders themselves, others did not do so. They, after the buying, handed the goods to particular trust-worthy people to do the negotiations, cross the borders before delivering the goods to their owners.[8]

There exist also other border representatives, in order to regulate trade. On the Nigeria side, the three major border agencies are the Standards Organization of Nigeria (SON), the National Agency for Food and Drug Administration and Control (NAFDAC), and the Nigeria Agricultural Quarantine Service (NAQS) and on the side of Cameroon are the forest products control units from the Ministry of Forests and Fauna (MINFOF) and phyto-sanitary inspection posts under the Department of Regulation and Quality Control of Agricultural Products and Inputs. Several other agencies, including various security agencies, drug control units, local government officials, and immigration officials, are also present at border posts. In addition to various customs checks, traders also have to pass numerous police, gendarmerie, and local government checkpoints. Some of these are permanent and are legitimately authorized, while others are temporary when traders are expected to pass through, and seem to be unauthorized. Local government officials in municipalities along the transport corridors also frequently collect fees from traders and transporters when they stop cars on bad roads by closing the road with a simple rope.[9]

The private sector is animated by Loaders or forwarding agents (*transitaires* in French) are one of the most important players in cross-border trade. Usually male, they are responsible for ensuring that

---

[8] Interview with Regional Chief of Customs; Interview with Oumarou Danki, 62 years, Truck driver, Maroua, 9 January 2014; interview with Sali Mana, 47 years, Truck driver, Mora, 14 February 2014; interview with Ali Halirou, 48 years, Trader in Household appliances, Bogo, 15 February 2014.

[9] Interview with Regional Chief of Customs.

goods are transported from their point of purchase to the final market. They have a good knowledge of the complex process that takes place in transporting goods across the border. They hire the trucks needed to transport the goods, negotiate payments at control points, and engage other agents where the loader may not be the best person to negotiate with road control entities such as customs and other officials. Loaders are particularly involved in handling trade that moves from Nigeria to Cameroon while some traders on this trajectory, often manage the processes themselves for products moving the other way, especially those trading in smaller items. Their goods are taken in small vehicles or through other means as earlier explained, of about 1 to 5 tons of products. Where loaders are involved, their role starts at the market where traders purchase goods and ends at the final market where the goods are delivered.[10]

Once the traders purchase goods, they aggregate all of their goods into so-called "tied cartons", containers of about 100-150 kg, and hand them over to the loader. A price is agreed on for transporting the goods and the traders or their clients wait for them at the final destination. It is then up to the loader to make all the necessary arrangements. The number of days that it takes to deliver the goods to their final destination can vary from days to weeks, depending on distance, condition of road, number of road blocks, and the season. Loaders need to ensure that the payments they receive from traders whose goods they are consolidating are sufficient to cover all costs. In accepting the goods from traders and negotiating a price to charge for transporting the goods and covering all transactions costs en route, the loader has to make sure that the overall price he charges is enough to pay for all these costs while leaving him with some profit margin. Loaders claimed to set themselves a target of 5 million FCFA for a full 20 ton truck. This can sometimes be difficult to achieve, since the weight, volume, or shape of the goods can vary considerably, and the loaders negotiate with each trader separately. On any given trip, a loader may deal with anywhere from a handful of big traders to more than 100 small traders. Overall, profit margins for loaders range from 3 to 5 percent

---

[10] Idem.; interview with regional chief of customs; Interview with Oumarou Danki; interview with Sali Mana; interview with Hamadou Pete; interview with Salifou Ousmanou; interview with Aba.

of the total they charge to transport a 20 ton truck, which amounts to about 150,000 to 250,000 FCFA.[11]

When needed, the loader hires an escort to provide the specialized service of negotiating payments at various road control points along the route. The primary responsibility of the escort is to accompany the goods from the point where the goods are first loaded to the border and/or from the border to the point of delivery. They often travel with the trucks, although sometimes escorts drive in separate vehicles ahead of the trucks in order to make the necessary payments to road controls in advance of the arrival of the goods. In either case, the escort is responsible for negotiating payments at various road control points along the route. These controls include mobile customs units, police checkpoints, drug control units, highway patrol, local government representatives in each state or region, and several other state security personnel as earlier indicated. At times, the loaders incorporate the functions of the escort into their own operation.

Apart from the escorts, there are also custom brokers who serve as clearing agent, with the primary responsibility of dealing with the import/export procedures involved in moving goods from one side of the border to the other. Like most cross-border trade actors between Cameroon and Nigeria, others along this trajectory are crossers or brokers usually male. They tend to live close to the border areas, mostly in Banki and Limani, where they have longstanding work relationships with the various government officials present at the border posts. Brokers have a good understanding of the official and applied import/export procedures, although much of the cross-border trade between Cameroon and Nigeria does not follow the official procedures. These fellows are specialized service providers who are hired by the loader to assist in moving goods across the border. Brokers handle goods flowing in either direction of the borders often arriving in 20 or more ton trucks. Sometimes they receive the goods at somewhere at Banki before the border, and their service ends when the goods have left Banki to Limani. But most

---

[11] Interview with Baba Mustapha, 32 years, truck loader, Mora, 23 February 2014; interview with Mohamadou Oumarou, 28 years, loader, Maroua, 8 March 2014; interview with Ousman Djailo, 53 years, trader in motorcycle spear parts and cement, Maroua, 8 march 2014.

often than not, some clear the goods at the Cameroonian customs at Limani.[12]

The process of clearing goods in Cameroon and making payments to the various Cameroonian entities is generally handled by the loader. But this does not cancel the fact that some traders do all of the procedure of buying and clearing at the customs themselves. Most at times, traders and customs officials claim that a substantial amount of trade bypasses customs in the dry season, when it is possible to cross the land with motorcycles or in a four-wheel drive vehicle without staying on a road. Motorcycles are being used particularly to evade customs posts, since they are small and can pass through rough terrain. It appears that some traders bring their goods to small towns on the Nigerian side of the border and then load smaller quantities of products onto multiple motorcycles.[13] The motorcycles often travel separately, in part to avoid detection but also to reduce the risk of all goods being seized. It was not possible to estimate the volume of goods involved, but it appears to be fairly significant. A large share of the estimated smuggling in fuel is said to take place by this method. In fact the boom of these cross-border actors was quite appreciated by their business of this trajectory before the border closure. The boom was also determined by the effective cross-border circulation of merchandise. Generally speaking, the relationship between public and private sector operators during actual cross-border transactions is complex and characterized by multiple formal and informal payments.[14] Payments are negotiated, procedures are nontransparent, and the outcome is influenced by the power balance between the different actors and their options. Procedures and barriers differ depending on the location (geographical characteristics of the border area), weather (seasonal variation), specific border crossings, scale of operation, type of product, and personalities involved; they are ultimately determined on a case-by-case basis through negotiations, reducing transparency

---

[12] Interview with Aboubakari Garba, 47 years, broker at Limani, Mora, 28 Febraury 2014; Interview with Hassan Kilumja, Customs officer at Limani, 43 years, Mora, 28 February 2014; interview with Abel Sosufa, Motorbike rider at Limani, Maroua, 28 February 2014.

[13] Interview with Abel Sosufa.

[14] Idem; interview with Hassan Kilumja.

and complicating forward-planning entry of new traders into the business.

Estimated trade and products flow

Between 2000 and 2010, the quantity of goods moving along this road from Nigeria to Cameroon, shown in Table 3, was estimated at about 145,000 metric tons per year; that moving from Cameroon to Nigeria was estimated at 112,000 metric tons. Cameroonian exports include re-exports of imported rice, rice paddy from the SEMRY project in Maga. The value of Cameroon's exports along this corridor is estimated to be 139 million USD, while imports are valued at around 351 million USD (Djakna, 2002: 34). But our finding unveiled more products along this line and the estimate it provides are determined by the combination of observed stocks at markets, obtaining information from customs agents and posts, students dissertations, and collection of information from traders, drivers, loaders, brokers, smugglers, Bick and bicycle-riders who got products passing through Limani, Demsa, and Mokolo. The quantity of goods that moved moving along this road from Nigeria to Cameroon was estimated at close to 145,000 metric tons per year and those moving from Cameroon to Nigeria were estimated at 112,000 metric tons. Cameroon exports included generally, cotton, cereals, rice, fish, cows, sheep, groundnuts, onions and galics. In the 1980 decade, say Soudina and Gougeve (2011: 41-43), the Cameroon cotton society (*societe de developpement de cotton du Cameroun, SODECOTON*) established contact with Nigerian affiliates through which cotton was delivered to Nigeria, and following the estimation by 2011, the cotton consumption in Nigeria was between 34,000 and 50,000 tons. This high demand and the available good prized-market in Nigeria (700 to 1000 FCFA as to 250 FCFA per kilograms in Cameroon), caused the local cultivators to fraudulently and massively send their cotton to the Nigeria. According to Fadimatou (2011: 43) in 2010 two-third of all the cotton cultivated in Mayo-Tsanaga and Mayo-Sava areas were diverted to Nigeria. Soudina and Gougeve (2011: 41-44) maintain that over 259,000 tons of cotton, which made up 16 percent of the total cotton production for 2011 was smuggled to Nigeria. Rice was also one of the products that animated this Limani-Banki line.

Following the food crisis of 2008, Cameroon responded by eliminating rice import tariffs. The aim was to cushion the impact of escalating food prices and to reduce any potential civil unrest. Even though rice prices later declined from their global peak of over $1000 per metric ton in early 2008, Cameroon's zero tariff on rice remained in place. Prior to the food crisis, Nigeria had a 109 percent duty on rice imports. Between May and October of 2008, the Nigerian government suspended this tariff, but then instituted a reduced tariff rate of 30 percent for milled rice. This tariff was not applied to the CIF price of rice but to a minimum reference price, which was increased in the second quarter of 2012 to $699 per ton for relatively low quality imports. This was well above the world market price for the same quality, causing the import duty to be much higher that it would be if the tariff rate were applied to the world price. Then in February 2012, a total ban on rice imports was put in place. Such rice policy differences encouraged Cameroonian traders to take advantage of higher prices on the Nigeria side of the border. For example, the price of rice in Nigeria in early 2011 was about 462 FCFA per kg whereas in Douala the price was 330 FCFA/kg. Rice imported into the Douala port made its way to Nigeria from all parts of the border, although the most rice seemed to be re-exported in the northern part of the country (World Bank, 2013: 67).

Particularly, the Cameroonian exports include re-exports of imported rice, rice paddy from the SEMRY project in Maga. It was not uncommon to see daily for over three months over 15-40 trucks full of paddy rice left Maga to Nigeria, and thus representing about 36,000 tons of paddy, or 24,000 tons of rice equivalent. They maintain that in the late months of 2010 and early days of January 2011, over 70,000 tons of rice, 80 percent of total production at SEMRY went to Nigeria. In fact, Bello, Dikwe and Dissia (2013: 34) say that re-exports of rice to Nigeria were estimated by a Cameroonian exporter to be about 50,000 bags per month for 8 months a year. This translates into about 20,000 tons annually. In addition, an average of 10 to 20 ton trucks pick up paddy each day from Maga over three months, which equals about 36,000 tons of paddy, or 24,000 tons of rice equivalent (World Bank, 2013: 34). Table 1 gives an estimation of an average circulation of trucks per month on the trajectory between 2007 and 2010.

Fish (dried and seasoned) often also flew in great quantities to Nigeria. Fish 55 to 70 percent of fish caught in the Adamawa region, 65 percent in the North and 93 percent in Far North all flowed the Limani line into Nigeria, often carried in big trucks and on motorcycles (Ibid.: 44; Halirou, 2008: 56-78; Bello, Hamso and Dissa (2013: 35). Table 2 represents fish transaction between Nigerians and Cameroonians at Darak. Apart from these aforementioned items, there was a huge quantity of cows, sheep, fowls that left Bogo, Maroua, Meme, Pouss, Gazawa, Djounde and the entire Logone and Chari area to Nigeria. More than 1,000 cows went to Nigeria per week. Soudina and Gougeve (2011: 45) estimates that more than 65 percent of these animals and birds brought to the market later took the Limani-Banki route. They maintain that a cow which cost 200,000 FCFA in Maroua, would cost 400,000 in Nigeria.

Table. 1. Estimate of an Average Truck Circulation between 2007 and 2010

Month	Jan.	Feb.	March	April	May	June	July	Aug.	Sept	Oct.	Nov.	Dec.
From Nigeria	150	167	156	145	131	87	62	25	16	145	150	163
From Cameroon	68	78	89	102	70	23	18	6	4	24	61	64

Source: Regional Customs Office Archives, Maroua

Note: From the table, the months that circulation is not that high are June, July, August and September due to the bad state of roads. During this period, much of the transportation is done by smaller vehicles and motorcycles.

Table 2. Commercial task distribution between different interactive nationalities at Darak

Specialization	Nigerians	Chadians	Malians	Cameroonians
wholesalers	2442	1000	900	1053
Intermediaries	1500	250	500	250
retailers	1542	342	300	342

Source: Halirou as cited by Soudina and Gougeve (2011: 45).

Cameroon also benefited from Nigerian goods. (World Bank, 2013: 45) claims that these goods include general merchandise, plastic products such as sandals, vegetable oil[15], and petroleum products, especially fuel. The Banki/Limani trajectory was animated by the transportation of huge quantities of loin cloths, spear parts of cars, bicycles and motorcycles, food and elementary products, cosmetics, pharmaceutics, electronics, electrical appliances, building materials, like corrugated iron sheets, cement, tiles, carpets glasses and paints, and household utensils and equipment (Soudina and Gougeve (2011: 45) and fuel commonly known as *zoua-zoua, funge, awa rawa*, just to name but these few.

Aboubakar, Ngo and Welhidang (2010: 37-38) sustains that *zoua-zoua, i*s one of the famous principle products that animate this border line, transported via cars, motorcycles and even bicycles. The latter two are the most appropriate means used to validate the smuggling activities, passing through obscured and incredible road tracts well-mastered by them. (Gwengi, 2009: 34) confirms this when he says "... that in 2008 study estimated 67% of fuel consumed in the Far-North Region of Cameroon as being imported from Nigeria illegally." As the fuel leaves Nigeria to Maroua, it goes through a series of legal and illegal hands and routes, mainly in the hands of wholesalers, retailers to consumers (see diagram 1 which shows this circulation chain). Meanwhile Soudina and Gougeve (2011: 47) estimates the amount of *zoua-zoua* that entered Cameroon through this trajectory at 8,000 cubic meters per day, they concludes that it represented about two-thirds of the total fuel consumed along the trajectory and of course 60-70 percent consumed in Maroua town per day; sold at a price

---

[15] A significant volume of vegetable oil is exported from northern Nigeria to Cameroon. The area surrounding Kano has long been a traditional region for growing groundnuts, much of which was processed into vegetable oil. More recently, the sources of oilseeds have diversified to include sunflower, oil palm, maize, soya, and sesame, which are grown throughout much of Nigeria even though Kano still remains an important assembly point in the north. The organization of trade is such that Cameroonian traders typically travel to Kano to purchase the oil, although some Nigerian traders also bring the oil to Cameroon. Trucks of 30MT capacity are used to transport the vegetable oil from Kano to the border where it is loaded onto smaller 10MT trucks, which cross the border into Cameroon. Sometimes, these truck drive through into Cameroon. It appears that this border crossing is preferred by most vegetable oil traders in northern Cameroon because of lower customs duty payments that they are able to negotiate.

range of 300 to 400 FCFA . Meanwhile Aboubakar, Ngo and Welhidang (2010: 37-42-47) estimated the flow of this product into Cameroon as per car (trucks 580 galons of 25-50 liters), motorcycles (8-12 galons) and bicycles (3-7 gallons) - as shown on plate 1 and 2 respectively. They say that of the total population of the study locale, 90 percent consumed *zoa-zoa* while only 10 percent went for super. This gave the transporters on motorcycles and bicycles the possibility of gaining close to 4,500 FCFA per gallon of 40 liters per cross trajectory action, that is from Banki or Limani to Maroua.[16]

In fact, this activity, like cotton, remains one of the greatest where smuggling preferment in the Far North region and study trajectory as a whole in this order: (Limani 40 %), Fotokol (24%), Kouseri (13%) Dabanga (11%), Maroua (9%), Kolofata (4%) Mblame (3%) and Mokolo (1%) (see diagram 1), and also where the custom officers had a great deal of work (Report of CLFPP, 2005-2008). Along the study trajectory alone, between 2008 and 2009, the customs impounded over 2,407,620 and 3, 317,700 liters of fuel respectively, to indicate the activeness and (diagram 2 indicates the huge cross-border fuel fluidity and customs' impounded character in 2009) the cross-border smuggling boom on the study trajectory. It is perhaps important to indicate here that this highly animated human and merchandise flow on the Banki-Limani trajectory was disrupted by closure of the Nigerian frontiers with its neighbors due to the activities of p Boko Haram, as earlier highlighted.

---

[16] Interview with Abdoulaye Amidou, 36 years, *zoua-zoua* dealer, Maroua, 13 March 2014; interview with Issa Garba, 52 years, dealer in *zoa-zoa* and building materials, Bogo, 21 March 2014.

Plate 1. Motorcycle with gallons of *Zoua-Zoua*

Source: Snapped by Dialo Bello, 2011, Mora.

Plate 2. Bicycle with gallons of *Zoua-Zoua*

Source: Snapped by Aboubakar, 2010, Maroua.

Diagram 1. Estimated Average Volume of Impounded Fuel in the Far North Region, 2005-2007

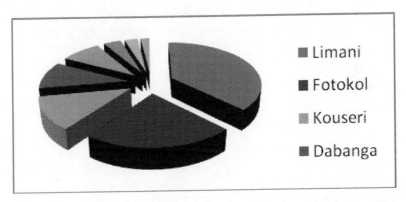

Source: Constituted from Regional Customs Office Archives, Maroua; Aboubakar, Ngo and Welhidang (2010: 37-89); Issaga, Mohamadou, Oumarou (2013: 77-80).

Note: From this diagram, Banki-Limani route records the highest volume of impounded fuel in the region.

Diagram 2. Customs Impounded in 2009

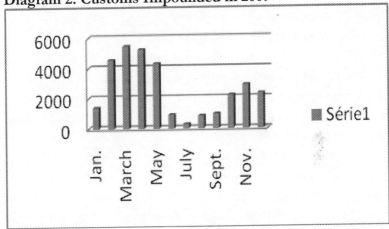

Source: Regional Customs Office Archives, Maroua

Note: It is observed from the diagram that the months when customs registered low impounding were in June, July, August and September due to the heavy rains and bad roads. It became cumbersome for them to do a lot of field work to track down the smugglers.

C). Frontier Closure: Event and Palpable Shrivel Articulations

This part of the paper deals with the events that lead to the shutting of the borders and the repercussion on the human and merchandise circulation (in fact what is termed here as human and goods misery).

The Events

Achuge *et al.* (2014) claim that the federal government of Nigeria, on 23 February 2011, sealed its northern border with Cameroon in an effort to curtail the activities of the Boko Haram insurgents, maintaining that the closure extended from Borno State by Lake Chad, to the southern end of Adamawa State, around halfway along Nigeria's 1,500-mile border with Cameroon (one of three states in the northeast placed under emergency rule following waves of attacks this group). The 23rd Armour Brigade of the Nigerian Army, Yola Brigadier General Rogers Iben Nicholas confirmed the closure of the borders and added that "decision to shut the Adamawa side of the border with Cameroon was imperative to stop illegal movement in and out of the country," and also that the closure was "meant to effectively reduce the activities of the insurgents." In his own words: 'What I have done is to completely close the border. No one will enter and no one will leave Adamawa State. The measure has already reduced the inflow of criminals and terrorist elements to Nigeria,'" (Aljazeera, 2014). According to the Nigerian Army, Boko Haram were carrying out attacks in the north-east of the country, hiding out in under populated regions of neighboring countries such as Cameroon, Chad and Niger. It claimed that this came after the unearthing of a cache of arms, suspected to have been smuggled in from Cameroon to Borno State, Nigeria. The arms included AK47 rifles, pistols, rocket launchers, bombs, and detonating bomb cables. It sustained that fighters set up bases in sparsely populated areas of its northeastern neighbors Cameroon, Chad and Niger which were used to flee across the border after staging attacks to avoid military pursuit (Ibid.). Consequently, the borders between Nigeria and Cameroon in Adamawa state were totally shut down as part of government efforts to halt the influx of miscreants into the country and to surmount the activities of insurgents in the Northeastern part of the country. Of course, these insurgents' activities were those of the Boko Haram; causing enormous alarming, fear and insecurity in and around northern parts of Nigeria. All these had a direct effect on the situation of human and goods movement on the Cameroon-Nigeria borders.

Human and Goods Misery as repercussion

Whatever, the closure of Nigeria's land border with Cameroon indeed negative affected the economies of the two countries and human and goods cross-border communion of the Banki-Limani trajectory as whole in so many ways. Generally speaking, the number of peoples and volume of trade was largely affected even beyond the limits of 85 to 90 percent. Most of the goods and services coming into Nigeria through this route dropped to about 99 percent and 97 percent for those getting into Cameroon. This was so because the tightening of security along the border after its closure, the widening threat posed by the radical Islamist militia Boko Haram, their hurting of livelihoods, did not only raise fear among civilians, but using this trajectory was no longer save for both traders and mere human crossers. Most traders claim that using the Banki-Limani trajectory synonymous loss of goods and suicidal to say the least. Thus, the border shutting, aimed at reducing the flow of Islamic insurgents, rather increased the negative effect of it on the business and the population of the region as a whole. In fact, as the complete closure of the borders intensified, business activities across the two borders came to a standstill as businessmen operating within the borders lamented that the situation negatively impact their businesses. Of course, it did stiffen the flow of humans and goods from Maiduguri through Bama to Banki, and so, Limani was cut off from this huge supply. Those that left Nigeria from Maroua or Maga preferred other routes since their passage through Limani to Nigeria was no longer safe. As a matter of note, the number of truck and small cars that plied the roads before could hardly do so (see table 3) and the huge quantity of goods transported through this route did not only drastically dropped to motorcycle and bicycle carriages, but fast deteriorated to incapability to circulate at all or better still the inability following the stopping of motorbikes from circulation in the Divisions of Mayo Sava, Mayo Tsanaga and Logone and Chari. The relatively low circulation on this trajectory had a direct influence on the official impounded figures of fuel in Limani as indicated by diagram 3.

Table 3. Estimate of an average Truck Circulation, 2011-2013

Month	Jan.	Feb.	March	April	May	June	July	Aug.	Sept	Oct.	Nov.	Dec.
From Nigeria	3	2	1	1	-	-	-	-	-	-	-	1
From Cameroon	7	5	3	1	-	-	-	-	-	-	-	2

Source: Regional Customs Office Archives, Maroua

Note: From the table, the months of circulation here, was due to the timid movement of some hardy-die hard drivers. But as the border security and terror of the BH were becoming more and more serious, so too truck drivers reduced their usage of the Banki-Limani route. They diverted to other corridors in the region.

Diagram 3. Estimated Average Volume of Impounded Fuel in the Far North Region, 2011-2013

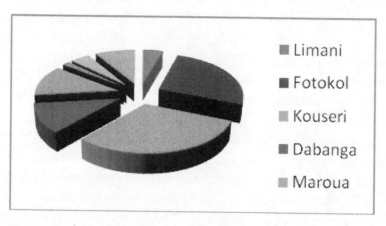

Source: Constituted from Regional Customs Office Archives, Maroua.

Note: If compared with diagram 2 where Limani constituted the largest in circulation and impounded value, during the period of 2011-2013, it represented the least in value.

Conclusion

The paper attempted to discuss how the peoples of Cameroon shared a common at given points, like Banki and Limani and how this frontier point reflected an eventful space of openness, offering to both peoples great opportunities in terms of human and commodity cross fluidity. This disposition of consistent flow of persons and trade-currents and their multipliers effects were of great dividend. But due to the insecurity that reigned in Nigeria since December 2011, the Nigerian government closed down its borders with neighboring countries of Niger and Cameroon, which of course demanded an intransigent reaction of the border regimes to that effect. The closure had serious influence on the cross-border activities between both peoples, especially those on the Bamki-Lamani trajectory. In fact the fear and uncertainty imposed by these acts of insecurity transformed this Cameroon-Nigeria border type into a close one, causing the quantitative and qualitative human and commodity dwindling flow, and as a matter of cause, situate the smuggling situation upon another undisputed state of affairs. However, the flow was redirected to other corridors of the region of the Far North. The governments of Nigeria and Cameroon have made efforts to strengthen border security and prevent the spread of terrorism. Both nations closed down sections of its border with Cameroon and Niger as part of stricter border control measures. However, this is insufficient and tighter, more efficient and mixed border control measures need to be put in place to prevent the movement of Boko Haram and other criminal elements across borders so as to give the people the possibility to carry out their transactions in a security environment, since both peoples depend on cross-border interactions for their sustenance. More so, this mixed border control can be in the form of the creation of a Nigeria-Cameroon trans-border security committee. The committee's establishment would, however, be matched with immediate and precise action to prevent wide-scale terrorist movements across these very vast borders. But this would constitute deeper collaboration between the various border agencies. Information and resource sharing as well as crucial standardisation of policy are also very important. Relevant legal instruments and frameworks between both peoples should also be harmonized. More so, regional and international organizations should support efforts geared at tightening borders and restricting the flow of terrorists within the sub-region. Funding infrastructural development for enhancing border security is one way in which border control efforts can be supported.

References

Aboubakar, Hadji ; Ngo Bakang, B.G.; Welhidang, M., 2010, *Le Commerce Transfrontalier du Carburant dans la ville de Maroua et son incidence socio-économique*, DIPESS II dissertation in History, ENS, University of Maroua.

African Union, 2009, *From Barriers to Bridges—The African Union Border Programme*, Addis Ababa, African Union.

African Union, 2007, "Declaration on the African Union Border Programme and its Implementation Modalities as adopted by the Conference of African Ministers in Charge of Border Issues", *http://www.africaunion.org/root/au/publications/PSC/Border%20Issues.pdf, 01.08.2009*, 17 October 2011.

Ajomo, M.A., 1989, *Legal Perspective on Border Issues, in Borderlands in Africa – A Multidisciplinary and Comparative Focus on Nigeria and West Africa*, edited by A.I. Asiwaju and P.O. Adeniyi, Lagos, University of Lagos Press.

Anderson, B., 1983, *Imagined Communities: Reflections on the Origin and Spread of Nationalism*, London and New York.

Anderson, J. and O'Dowd, L., 1999, "Borders, Border Regions and Territoriality: Contradictory Meaning, Changing Significance". *Regional Studies*, Vol. 33, No. 7, pp. 593-604.

Anene, J.C., 1970, *Nigeria, 1860-1960: The Framework of an Emergent African Nation*, London, Longman

Asiwaju, A., 1996, "Borderlands in Africa: A Comparative Research Perspective with Particular Reference to Western Europe". In P. Nugent, and A. Asiwaju (Ed.). *African Boundaries: Barriers, Contradictions and Opportunities*. London and New York: Pinter Press.

_____, (Ed.)., 1985, *Partitioned Africans: Ethnic Relations across African International Boundaries 1884-1984*, London, C. Hurst and New York, St. Martin.

_____, 2008, *Peaceful Resolution of African Boundary Conflicts: The Bakassi Peninsula Dispute Settlement*, Imeko, AFRI.

Asiwaju, A.I. and P.O. Adeniyi (Eds.), 1989, *Borderlands in Africa*, Lagos, University of Lagos Press.

Barbour, K.M., 1961, *A Geographical Analysis of Boundaries in Intertropical Africa*, in *Essays on African Population*. Edited by K.M. Barbour and R.M. Prothero. London, Routledge Kegan Paul.

Bello, A.; Dikwe, Hamso, Dissia, A., 2013, *La SEMRY: DE 1971 A 2012*, DIPESS II dissertation in History, ENS, University of Maroua.

Boggs, S.W., 1940, *International Boundaries: A Study of Boundary Functions and Problems*, New York, Columbia University Press.

Brownlie, I., 1979, *African Boundaries*. London, C. Hurst & Co.

Davidson, B., 1967, *Old Africa Rediscovered*, London, Longman.

Djoraissou, Soudina ; Tore, Gougeve, 2011, *Le Cameroun et ses Voisins : Le Cas du Nigeria, 1960-2010*, DIPESS II dissertation in History, ENS, University of Maroua.

Fadimatou, Moussa Iya, 2011, *Crise cotonniere et exportation clandestine de coton entre L'extreme-Nord du Cameroun et le Nord-Est du Nigeria : 1974-2011*, MA dissertation in History, University of Maroua.

Fanso, V. G., 1989, "Traditional and Colonial African Boundaries: Concept and Functions in Inter-Group Relations", *Présence Africaine*, 139 no. 3.

Griffiths, I., 1996, "The Scramble for Africa: Inherited Political Boundaries". *Geographical Journal*, Vol. 151, No. 2.

Hargreaves, J.D., 1963, *Prelude to the Partition of West Africa*, London, McMillan.

Issaga Tao, Ngounra; Mohamadou, Hamidou; Oumarou, Koulagna, 2013, *Contrebande et Lutte contre la Fraude Dounaniere dans L'Extreme-Nord du Cameroon: 1987-2012*, DIPESS II dissertation in History, ENS, University of Maroua.

Kane, Eric, 1976, *The Common African Man*, Lagos, Chuku Book.

Meagher, K., 1996, "Informal Integration or Economic Subversion? The Development and Organization of Parallel Trade in West

Africa," in R. Lavergne, ed., *Regional Integration in West Africa*. Oxford: Oxford University Press.

McEwen, A.C., 1971, *International Boundaries of East Africa*, Oxford, Oxford University Press.

Mombert H.; B. Rippel, Gamberoni, E.; Reyes, D.E.; Stryker, D.; Mukhtar, A.; Abdoulbagui Mohamadou, Foleu, L.; Ndumbe, L.; and Ahone, P., 2013, Report on the Estimating Trade Flows, Describing Trade Relationships, and Identifying Barriers to Cross-Border Trade between Cameroon and Nigeria.

Niger-Thomas, Margaret, 2001, "Women and the Arts of Smuggling," *African Studies Review*, 44, 2.

Ntoi, F., 2003, *The Peoples of Ako: Migration and Settlement*, Yaounde, Niva.

Konings, P., 2005, "The Anglophone Cameroon-Nigeria Boundary: Opportunities and Conflicts," *African Affairs*.

Rouke, J.J., 1997, *International Politics on the World Stage*, New York, Dushkin/McGraw Hill.

Shewa, A., 2006, *The Mbembe' of Cameroon*, Yaounde, Niva.

Stoddard, E., 2002, *The U.S.-Mexico Borderland Studies: Multidisciplinary Perspectives and Concepts*, El Paso, The Promontory.

Touval, S., 1984, *Partitioned Groups and Inter-state Relations*, in Asiwaju, A.I; (ed.) (1984), *Partitioned Africans*, London, C. Hurst & Co. Publishers.

Williams, J., 2006, *The Ethics of International Borders: Drawing Lines in the Shifting Sand*, Basingstoke, Palgrave.

Interview

Aba, 43 years, trader in fuel, Maroua, 9 February 2014.

Ababoukar Garbadi, 57 years, trader in building materials, Mora, 12 March 2014.

Abdoulaye Amidou, 36 years, *zoua-zoua* dealer, Maroua, 13 March 2014;

Abel Sosufa, Motorbike rider at Limani, Maroua, 28 February 2014.

Aboubarkari Garba, 47 years, broker at Limani, Mora, 28 Febraury 2014;

Ali Halirou, 48 years, Trader in Household appliances, Bogo, 15 February 2014.

Baba Mustapha, 32 years, truck loader, Mora, 23 February 2014;

Bakari Sawalda, 62 years, Trader in motor spear parts, Maroua, 28 February 2014.

Hamadou Pete, 40 years, trader in Cars and household appliances, Maroua, 12 February 2014.

Hassan Kilumja, Customs officer at Limani, 43 years, Mora, 28 February 2014;

Interview with Regional Chief of Customs.

Issa Garba, 52 years, dealer in *zoa-zoa* and building materials, Bogo, 21 March 2014.

Jibrila Kello, 57, trader in building materials, Mora, 23 February 2014.

Mohamadou Oumarou, 28 years, loader, Maroua, 8 March 2014;

Oumarou Danki, 62 years, Truck driver, Maroua, 9 January 2014;

Ousman Djailo, 53 years, trader in motorcycle spear parts and cement, Maroua, 8 march 2014.

Sali Mana, 47 years, Truck driver, Mora, 14 February 2014;

Salifou Ousmanou, 56 years, Trader in loin clothes, Maroua, 12 February 2014;

Part 2: Conflict, Insecurity and Peace

This part begins with Canute and Akara Damain's articulation on how boundaries were formed and respected in their own rights. They show in their paper that before the colonial encounter, traditional African states had territorial demarcations based mostly on ethnic compositions and were not a barrier to inter-state relations. They insist that in many parts of Africa, ritual land marks were often used as an instrument for the sanctioning of land boundaries amongst states. In the case study, the Cameroon Grassfields, they claim that a number of driving forces influenced the people to strictly adhere to rituals that were performed to sanction inter-state boundaries. These sanctions were garnered by the respect for and the upholding of inter-state boundary decisions. But things changed during the colonial period when the respected values of sanctioned borders were abrogated by German and British colonial policies and interest, and to which he laid the blames for the reemergence of forgotten land and boundary-related wars and or the multiplier of land and boundary disputes in the region.

The colonial policies have been blamed for conditioning the recurrent boundary conflict in the region of the North West Cameroon, which the administrators, traditional and religious authorities have been grappling with. Jabiru in his paper shows how the frequency of this conflict type and their violent natures has earned the region a bad name. As such, he is tempted to interrogate the reasons behind the proliferation of boundary conflicts in the region? And why the efforts of the stakeholders to bring lasting solution have been unsuccessful. However important is this question that Jabiru posses, his investigations into the roots, evolution, effects and solutionary efforts of the stake holders is more important in his paper, since according to him, a real and lasting solution to this issue lays in understanding and toleration of each person's tradition, practice and belief systems. Consequently, the eradication of conflict requires a prolonged process of education, ethical orientation based on social justice and fair play, which according to him can turn the hostile story of intercommunity relations into that of peaceful cohabitation.

As a matter of fact, as intercommunity peace was not absent in North West Cameroon, so were the West Cameroon communities a replica culture of violence. This is Kepgang's preoccupation as he brings forth the acute land palaver between the Bamileke kingdoms of Bangou and Babouantou. He, like the other authors of land and boundary conflict, understands the issue to be both interpersonal and inter-community or better still inter-chiefdom. Sustaining his argument on the historical foundation of the chiefdoms (with their territorial conquest and aggrandizement approaches over rich zones) and leadership affirmation tussles as the principal grounds of the conflict, Kepgnang shows that warring chiefdoms like Batcham, Bafou, Bandjoun, Bana and Bangou historically shifted their territorial boundaries at the detriment of weaker neighbors. While he agrees with Canute and Akara on the bases of value and valor of traditional rites to ascertain boundaries, Kepgang disagrees with them on the bases of colonial recognition of these traditional boundaries. Meanwhile Canute and Akara accuse the colonial authority of destroying them in the regions of the North West, Kepgang hails its efforts and that of the post-colonial state for respecting them and occasionally used the same rites and rituals of the people to reverse events of land and boundary conflicts amongst the people. But he concludes that the successful establishment of a well-sought solution to these recurrent conflicts between both chiefdoms under study can only be facilitated by the political will of the belligerents and a policy blend of traditional and modern methods of conflict resolution in such a changing world.

The blend of methods can be seen in the tactical approach of the Islamic fundamentalist sect, Boko Haram, against its enemies. This is the preoccupation of Mia Bloom, Hilary Matfess and Ankiabom L. Lawyer when they show how this group crosses the gender line of male to female value in strategizing operations for effective impact in their trans-frontier terrorist imprints in and around the region of the Lake Chad Basin. Putting more emphasis on the Nigerian situation, they comprehend from the occurrence of events the workability of the tactics. They show how the usage of female suicide bombers proved fatal in many Nigerian cities with public places being their principal targets. These girls according to them were within the age range of 7 and 14, and their actions contributed to the new page of terrorist strategy in history, especially the Boko Haram history of destruction and pains.

The destruction and pains story introduced, along the borderlines of the Lake Chad Basin area, unprecedented environment of insecurity that led to heightened flow of refugees into Cameroon. This is the preoccupation of Eloundou Messi Paul Basile as he looks how trans-border insecurity represents a nuisance to African state borders. To prove his point, he takes on the Cameroon-Nigeria border situation following the armed crises perpetrated by the Islamic sect, which led to the massive displacement of persons, families and communities and their possessions across into Cameroon. He shows that the immediate reaction of the international community was to create the refugee champ of Minawao, Mayo-Tsanaga division of the Far North Region of Cameroon for the displaced. But owing to the number of persons and their different live styles in the champ, the respect of sound sanitation and hygiene became a severe problem; a problem that exposed the peoples to cholera, meningitis poliomyelitis epidemics. With his health orientation in discussing the trans-border insecurity troubles remains very interesting as Eloundou argues that in the cause of running away from insecurity, refugees can run into another deadly situation of health insecurity if their champs are not closely looked at, especially in terms of the type of water consumption, in the rainy season and the prevalence of tropical diseases for that matter.

The matter of building camps for refugees in Cameroon is not a new phenomenon. Once the domestic situation of Chad became bitter, many Chadians crossed over to Cameroon for refuge. Ousmanou Adama consecrates his chapter on how Chadians broke their ethnic frontiers, reasoned together, created armies to meet the needs of the country. He says that the ethnic and religious solidarities sat up political and military armed groups attempting to overthrow President Idriss Deby's regime for more than three times. Such permanent threats lead to the reinforcement of the Chadian army through a radical transformation. President Idriss Deby did not significantly change the persistence of the family circle as an everlasting ritual from one regime to another in Chad. Between a Sara

State expanded to the Tombalbaye's clan and a Gorane State extended to Hussein's tribe, Idris Deby inaugurated the Zaghawa "sultanate". The sophistication and professionalization of Chadian army for the sake of securization of the nation gave birth to a regional and international super force. Thus, Ousmanou in this work analyzes the adaptation processes of Chadian army from ethnic factionalism and "ordered anarchy" to a model of interposition and intervention army as it is the case not only in the fight against rebellions threatening President Idriss Deby's regime, but also in the war against terrorism in Northern Mali and Boko Haram in the south banks of lake Chad. Through a comparative approach, he tries to apprehend how the multiplication of armed rebellions in a democratic Chad can be understood as the challenge against a pro-democratic sociopolitical order aiming to revivify post-independence ideologies in order to transform the new state into one-party state. He also argues that although democratization released the demons of revenge, it also allowed the establishment of several strategic alliances that proved decisive for social peace in Chad and beyond; thanks to a super security power instituted by President Idriss Deby through transnational interventionism.

Chapter 6

The Authority of Consensual Thoughts and Rituals in Boundary Dispute Settlement in Cameroon: The Case of the Pre-colonial Cameroon Grassfields States

Canute Ngwa and Damian Tatazo Akara

Before the colonial encounter, traditional African states had territorial demarcations which were not a barrier to inter-state relations. In many parts of the continent, ritual land marks were often used as an instrument for the sanctioning of land boundaries amongst states. In fact, there were however, a number of driving forces which influenced some of them to strictly adhere to rituals that were performed to sanction inter-state boundaries. This paper therefore, seeks to examine the motivating factors that garnered the respect for, and the upholding of inter-state boundary decisions in the Grassfields of Cameroon. It further argues that the abrogation of some of such agreements could be blamed partly on the colonial manipulations. The Germans and later the British further heightened the land boundary conflicts because of the way that they carved out administrative districts with little or no consideration for the socio – economic background and aspirations of the people concerned.

Situating the Grassfields

The Grassfields of Cameroon comprises the entire present day North West and West Regions and the fringes of some neighboring regions like the South West. It is a woodland type of savannah extending from the plateau of the Bambutous Mountain range. This area is actually a point of convergence of a multiplicity of cultures. In general, some of the dominant ethnic groups in the Grassfields include the Tikars, Bamileke, Bali – Chamba and the Widikum.

Consensus in Boundary Ritual Designing

Rituals were characteristic of many aspects that touched the day to day lives of the people of the Grassfields of Cameroon. Nkwi (1996) and Fomin and Ngitir (2011) argue that rituals played an important role in the geopolitical diplomacy of many traditional states in the area under study. In addition to this, Alembong (2011), Forde (1979) and Turner (1977) posit that rituals are a way of putting across a message of religious significance by using words, symbols and actions. As such, they provide continuity and unity amongst those who perform or participate in them. In the various traditional states rituals sought to create legality amongst them and their various neighbors. As a result, rituals were often conducted to embellish and concretise the land marks that were established in an attempt to demarcate the boundary between one state and another. According to Nkwi (1988), many Grassfields states kept and observed such ritual pacts because they served as instruments for the balance of power in traditional economic and diplomatic relations.

Prior to the colonization of Cameroon ritual pacts were often used as instruments for guaranteeing the respect and observation of inter-state boundaries. Fomin and Ngirtir (2011: 33) argue that ritual boundary pacts were often successful because they were bounded by both temporal and spiritual obligations to respect them. Hence, it could be said that it was the commitment with which certain groups decided to stick to such arrangements that added grandeur and more meaning to the authority of the designers.

In the Grassfields, boundaries delimited territories rather than interactions or ownership of property. Besides the performing of rituals, there was the respect of the rights of persons to own property across state boundaries (Ibid: 34). For example, the people of Bali-Nyonga owned a sacred river ritual site in Bawock land. In another instant, the fons of Mankon performed ritual sacrifices at the Bamukubit heritage site.

Conversely, there were some states that appeared not to be very interested in boundary sanctioned rituals. They rather seemed to have concentrated in trade and other alliances than ritual boundary pacts. Some of these groups included the Nso, Kom, Bali-Nyonga and Bali-Kumbat (Ibid.). It was often believed amongst traditional authorities and scholars interested in the concept of frontiers in African historiography that some of those states that showed little or no interest in clearly denoting their boundaries as being bedeviled with a hidden agenda. In order to buttress this argument, Fomin and Ngitir (2011: 34) and Emambou (1988: 14) opine that some Grassfields states that failed to clearly carve out their boundaries with their neighbors were reservoirs of aggressive tendencies tailored at exploiting the least opportunity at their door steps to seize more land from their neighbors with the intention of expanding their empires.

In spite of the seemingly lack of commitment in defining their boundaries by some groups, others believed strongly in fulfilling certain ritual requirements with the hope of safeguarding a high level of peace and serenity with their neighbors. For instance, in the eastern Grassfields, the Ahreankeng ritual pact marked the boundary between Essoh-Attah, sometimes referred to as Foreke Chacha, and Lebang, popularly called Fontem. Though found in the present South West Region of Cameroon, this area is culturally and geographically attached to the Grassfields. During the German colonial period, it was administered as part of the Dschang administrative region until 1920 when it was separated from the area due to boundary adjustments between the British and French authorities. The boundary between the Lebang and the Bamileke chiefdoms was along this same line and was sanctioned by similar boundary pacts (Fomin and Ngitir, 2011: 35).

Fomin (2000: 23) paints a vivid picture of the ritual surrounding the Ahreankeng pact that sanctioned the boundary between Essoh-Attah and Lebang which still remains fresh in the minds of the different generations because it included inter alia, the burying of a human being alive on the ritual spot in the mid-19th century (between ca. 1860 and 1910). The two fons involved in conducting the business that led to its accomplishment were fons Fuatem (Fontem) Asonganyi of Lebang and Fualeke (Foreke) Tanjoanji of Essoh-Attah.

At the ritual ground onlookers expected to see concoctions from plants and other related items. The two leaders however, knew in secret that a slave would be buried alive along with some ritual stuff. It was against this backdrop that Mbongakessoh, the unfortunate slave, little suspected when Fon Tanjoanji ordered him to enter and measure himself in the hole that was being dug to bury the ritual stuff. When it was finally found out that the hole was large enough to contain Mbongakessoh and all the ritual stuff, the fon ordered that he be buried with them. At the end of this exercise, Ahreankeng, the ritual spot was recognized by both parties as the "eternal" boundary between Lebang and Essoh-Attah.

The ritual spot is identified today by some ritual plants which were planted in the area. In fact, in the entire Grassfields and other parts of Cameroon there are a number of plants that are accorded special value *vis-à-vis* the performing of libations and in the conduction of rituals that are meant to demarcate inter-state boundaries. Such plants were even more important in the demarcation of boundaries where natural features such as streams, rivers, valleys or hills were absent to play this role. According Michael Mbabit, a prince from the royal palace of Mbemi in Meta in the present day Momo Division, two plants that were outstanding and still play an important role in inter and intra-state boundary demarcations included the fig tree and the peace plant. The peace plant is popularly known amongst many Grassfields groups as the *nkeng*.[1]

According to this informant, these plants (see photographs 1 and 2) were suited for boundary demarcations and other related ceremonies because they did not wither fast; they grew gradually and were resistant to harsh climatic conditions in some parts of the Grassfields. As such, the fig tree, for example, could probably survive a whole century. On the other hand, the *nkeng* apart from being a boundary ritual plant; it was and is still widely used amongst many Grassfields groups as a symbol of peace. When emissaries carried it from one kingdom to the other especially in times of war, it symbolized the willingness of the state they represented to negotiate a peaceful settlement of their differences. When children were born, especially in incidence of twins, the *nkeng* was used as part of the rituals performed at the birth ceremony and then placed on the main door of the home concerned with the intention of keeping away evil spirits.[2]

---

[1] Interview with Michael Mbabit, 60 years, retired CDC worker and Prince of the Mbemi Royal House in Meta, 7th August 2014. Buea.
[2] Idem.

Photograph 1: A Fig Tree Planted to Demarcate Inter-State Boundaries

Source: Provided by Michael Mbabit, Buea, 7 August 2014.

Photograph 2: The Peace Plant (*Nkeng*)

Source: Snapped by author, Bafut, 10 August 2014.

Given that for the most part, land boundary rituals involved the intercession of the ancestors of the land concerned the incantations and the oaths that went along with them in totality was eloquent prove of the fact that messing up with them could invoke the wrath of the gods. It was with this thought that Augustine Fonkeng, a noble of the Lebang community, avers that the authority and respect that was reserved for the dividing line between Lebang and Essoh-Attah stemmed from the involvement of the fons who were the custodians of tradition and whose overriding authority over the lands could not be easily challenged. The fon was regarded as a demi god by his people and the one who stood as the bridge between the people and their ancestors.[3]

This reminds us of the divine rights of kings as was the established order in some parts of Europe before the 18th century. Whatever decision that was sanctioned by the king became the people's command. The traditional Grassfields states were a reflection of this kind of established order. The Ahreankeng ritual became a bond that linked the two states together and kept the spirit of mutual understanding between them alive. Prove of this was the fact that the fons involved became close allies so much so that when the Germans invaded Lebang in 1890, Asonganyi took refuge in Essoh-Attah and this annoyed the German expedition which decided to attack Essoh-Attah as well. Asonganyi was apprehended and exiled to Garoua while Tajoanji suffered the same fate as he was exiled to Tinto (Fomin and Ngitir, 2011: 38).

There were other ritual pacts that were reached involving Essoh-Attah, Lebang and other communities. For instance, Essoh-Attah entered a number of pacts to demarcate her boundaries with Mbing Mak and Biabia in the south west and north-eastern parts of their territories respectively. They decided to redress their boundaries due to the confusion that was set in by the colonial boundaries. For example, Njoaboh the ritual spot at Biabia concretised the north-eastern boundary between Essoh-Attah and Lebang and Ndungalah. The ritual involved taking an oath to respect the established boundaries. The ritual stuff comprised a concoction containing meat

---

[3] Interview with Augustine Fonkeng, 70 years, retired surveyor and a noble of the Lebang clan, 3rd August 2014, Buea.

and *egusi* that were offered to appease the Bamileke gods. Today the area can be traced by the stones on which the leaders sat to take the oath which was concluded in the early 1920s (Ibid.).

The overwhelming authority and driving force that culminated in the upholding of the boundary agreements depended on the mystical incantations and recitations that dominated the entire exercise. These factors showed the severity attached to such an exercise and served as some kind of warning to detractors who should be ready for whatever may befall them should they dare the wrath of the gods. Ritual boundary spots became nerve centers from where communities such as the Nweh made offerings to their ancestors especially at those sites that were on road junctions.[4]

In the Bamenda Grassfields a number of groups had their boundaries sanctioned by ritual pacts and alliances in the same fashion. Before the last quarter of the 19th century, the people of Nkwen had negotiated and concluded ritual boundary agreements with their neighbors as was the case with Mankon.

Amongst the ritual stuff buried included two life dogs and the planting of two fig trees on their various graves. This ritual secured lasting peace between them. The respect for such an arrangement was also validated because it had been extended into a commercial alliance where both parties agreed to protect each other's trade and merchandise. It was on this ground that Nkwi (1998: 19) concludes that the demarcation of boundaries "remain the surest prove of serious commitment among Grassfields states to uphold accepted state boundaries" and that such pacts also helped to affirm good relations among states in the area.

Even expansionist groups like the Chamba who migrated from Fumbina in North Cameroon in the second half of the 19th century became involved in ritual boundary pacts with their new neighbors. The Bali-Nyonga, for example, after clashing with the Widikum, entered into alliances with other states through ritual pacts as a cover for their own security. Their alliance with the Bamessing and Nkwen could be partly explained by the fear of their enemies. On their part, the people of Bali-Kumbat concluded a boundary ritual with the people of Awing for similar reasons.

---

[4] Idem.

The ritual that finalised the boundary between Bali-Kumbat and Awing saw the burial of a slave alongside other ritual stuff. At the end both states pledged, by swearing an oath, never to violate the demarcation line between them (Fomin and Ngitir, 2011: 40). It was in this light as well that Mankon and Nkwen settled their own differences and entered into a boundary pact in the 1880s pledging to respect the boundaries that separated them. They considered this arrangement as a bulwark against the expansionist tendencies of the Bali-Nyonga and other aggressive states.

Colonialism and the Evolutionary Trend

The issue of consensual boundary arrangements in the Grassfields was gradually altered especially with the advent of colonial rule. This is not in any way a conclusion that all of the boundaries that were sanctioned through traditional diplomacy were a *fait accompli*. Hence, there were occasions when some states showed bad faith in respecting established boundaries because of plans of territorial aggrandisement. This was the reason for the war between Nso and Bamun (1885-88) in which the Bamum were defeated and Nsangu, their king, was beheaded thereby putting an end to their westward expansion. Though this conflict occurred after the German annexation of Cameroon, its root causes could be traced to the absence of concrete boundary arrangements between them. In spite of these limitations, the negotiation of boundaries especially in the colonial state injected altogether, a new fillip in the traditional boundary settlement diplomacy.

A number of writers have partly pointed an accusing finger at the colonial masters blaming them for helping to upset the tranquility and decorum that surrounded a number of pre-colonial boundary arrangements. Mbah (2009: 11) argues that "land/boundary disputes in the [Grassfields] region have their roots in European colonialism, and derived largely from administrative policies that were disruptive on inter-village boundaries." This problem became inherent in the post-colonial state where the government has been unable to adequately address some of them. After annexation of Cameroon, the Germans proceeded to administer the territory with the assistance of a few favored groups like the Bali and this had devastating effects on other ethnic groups.

The German support to the Bali following the Blood Pact of 23 August 1891 (between Zintgraff and Galega I) through the provision of modern weapons to this group led to the creation of arbitrary boundaries in the area. This was the case between Bali-Nyonga and the surrounding Widikum villages. Though there were some hostilities between them before colonialism, the German support for Bali-Nyonga facilitated the deprivation of the Widikum of some of their ancestral lands (Ibid: 13-14). Meanwhile, some of the Widikum groups like Ngyen-Mbo and Ngyen-Muwa who refused to bow to the German authorities were placed under the suzerainty of Bali-Nyonga. The move later provoked land boundary conflict between these groups and the Bali-Nyonga.

The British, following the Anglo-French partition of Cameroon, inherited a number of boundary conflicts in the Grassfields and they employed their own parameters to which they deemed best to resolve them. These at times created more confusion and at the same time portrayed a systematic departure from the traditional method of boundary problem resolution. A case in point was the boundary conflict that later emerged between Lebang and Essoh-Attah. These two communities had respected the boundary between them from 1870 to 1933 thanks to the sense of purpose and direction that characterised traditional diplomacy. Unfortunately, colonial manipulations finally broke the yoke of this state of affair. In 1933 open hostility broke out between them because the Lebang ventured to extend their boundary beyond the Ahreankeng line. The British colonial authorities were partly blamed by the people for such a mishap. The British colonial authorities had reorganised and created new boundaries amongst many ethnic groups in the area.

The disruptive impact came from boundary maps that were drawn by Cadman and Greg, British Divisional Officers in 1922 and 1926 respectively. As such, the two leaders, Asonganyi of Lebang and Asongtia I of Essoh-Attah showed lots of misgivings about the British intervention and rather preferred to be left alone to address the issue (Fomin, 1994: 18). The problems that arose from boundary conflicts between Lebang and Essoh-Attah were purported to have emanated from a curse that Mbongakessoh had pronounced on those who used him for the boundary ritual before dying (ibid.). It is however, not scientifically proven if the curse of this slave might have contributed to the calamity that befell the two states or if it was a mere bluff.

The land boundary conflicts between the Bali-Nyonga and Guzang and Mankon on the one hand, and that between Mankon and Nsongwa on the other, were said to have originated from the attempts made by the British to resolve the problems created by the Germans in the area. In 1928 J. S. Smith, a British Assistant District Officer, attempted a peaceful settlement by revising their former boundaries. The Guzang were not satisfied with the outcome because they claimed that part of their raffia groves, fruit trees, ancient places of sacrifice, graves and traditional monuments fell on the Bali-Nyonga side. Unfortunately, Smith failed to inspect the area where rituals had been performed on the boundary demarcation between them. He rather stood on the road and pointed to where he thought or imagined that the boundary was. This did not in any way bring lasting peace between the two contestants (Mbah, 2009: 16).

Both the Germans and the British authorities openly disregarded the traditional diplomatic method of settling land boundary conflicts amongst Grassfields states. They were not ready to validate rituals as part of the instruments used in sanctioning inter-state boundaries. Consequently, their departure from this traditional method saw the introduction of the so-called modern way of land boundary demarcation. From this point, the planting of cairns or pillars (see photograph 3) replaced the performing of rituals and the planting of trees to denote inter-state boundaries. The post-colonial state followed suit this new innovation.

Photograph 3: Boundary Cairn with Boundary Plant in the Background

Source: Taken by author, Bafut, 10 August 2014.

After independence, one of the main challenges facing the government of Cameroon remains that of land boundary disputes especially in the Grassfields. It was in an attempt to find a lasting solution to this problem that certain measures were taken by the government putting in place new instruments for land boundary settlement in the country. On 28 August 1962, for example, Ahmadou Ahidjo, President of the Federal Republic of Cameroon, signed the Inter-community Boundary Settlement Law. Its main objective was to make better provisions for the settlement of disputes in relation to inter-community boundaries. The 1962 boundary law condemned in strong terms those who acted in defiance of any administrative decision on boundary matters by removing or damaging any boundary or any other mark (such as cairns) erected in the course of boundary conflict settlement. Ahidjo warned that a person or group of persons guilty of such acts "shall be liable, on conviction to a fine of one million three hundred and eighty four thousand francs C.F.A. or to imprisonment for three years or to both such fine and imprisonment."[5]

In sum, before colonialism took a threshold over Cameroon in general and the Grassfields in particular, land boundary rituals were amongst the key instruments that were used to sanction boundaries between states. They were important in guaranteeing the sovereignty and integrity of the state through traditional diplomacy. Even though the colonial masters made frantic efforts to settle boundary conflicts, it was rather unfortunate that the bias with which they did so at times resulted in new boundary problems. The situation was even made worse when they rejected some of the ritual pacts that had been signed by some communities denoting their various boundaries. In all, the post-colonial state inherited some of the problems that were left behind by the colonial masters in relation to the land boundary imbroglio amongst some Grassfields groups.

References

Alembong, N. (2011), *Cameroon's Western Grassland Incantations: Background, Society, Cosmology*, Gottinggen, Cuivllier.

Atem, G., (2000), *The Fontem Kingdom: A Brief History and Tradition of Lebang People*, Buea, G.A.

Dze-Ngwa, W., (2011), "Boundary Dynamics and the Search for Geopolitical Space: The Case of the Mbororo in the North West Region of Cameroon" in *Boundaries and History in Africa: Issues in Conventional Boundaries and Ideological Frontiers (Festschrift in Honour of Verkijika G. Fanso)*, Bamenda, Maryland Publishers.

Emambou, P., (1988), *Conflicts and Expansion in the Grasslands of Cameroon*, Lagos, Pinks.

Fomin, E.S.D., (1994), *A Hand Book on Essoh-Attah Chiefdom*, Bamenda, Patron Publishing House.

_____., (2002), *A Comprehensive Study of Societal Influences on Indigenous Slavery in two Types of Societies in Africa*, New York, Edwin Mellen.

---

[5] The Inter-Community Boundary Settlement Law of 1962 is contained in the West Cameroon Law Gazette No. 9 of 1962.

Fomin, E.S.D. and V.S. Ngitir, (2011), "Rituals in Traditional Boundary Settlements in the Cameroon Grassfields," in *Boundaries and History in Africa: Issues in Conventional Boundaries and Ideological Frontiers (Festschrift in Honour of Verkijika G. Fanso)*, Bamenda, Maryland Publishers.

Mbah, E.M., (2009), "Disruptive Colonial Boundaries and Attempts to Resolve Land/Boundary Disputes in the Grasslands of Bamenda, Cameroon," *African Journal on Conflict Resolution*, Vol. 9, 2009.

Nkwi, N.P., (1988), "Traditional Diplomacy, Trade and Warfare in the Nineteenth century Western Grassfields," in B. Chem-Langhee and V.G. Fanso (eds), *Nso and their Neighbours: Readings in Social History*, Massachusetts, Amherrst College.

Miscellaneous
The West Cameroon Law Gazette No. 9 0f 1962.

Interviews
Fonkeng, Augustine, 70 years, retired land surveyor and a noble of the Lebang Clan, Buea, 3 August 2014.
Mbabit, Michael, 60 years, retired CDC worker and Prince of the Mbemi Buea, Royal House in Meta, 7 August 2014.

Chapter 7

Grassfields States Boundary Conflicts in Northwest Cameroon: A Historical Investigation

Jabiru Muhammadou Amadou

Boundary conflicts abound in the Northwest Region of Cameroon. It has become a major pre-occupation to the administrative, traditional and religious authorities. The frequency of boundary conflicts in the region has earned it a bad name. The North West is generally seen as a region dominated by conflicts and violence. Almost all of these conflicts revolves around land issues and has painted a pessimistic picture of the region. As such, one is tempted to ask the reasons behind the proliferation of boundary conflicts in the region? Why, despite all the effort carried out by stakeholders, the conflicts keep on occurring. This study set out to explore the origin or causes, evolution and consequences of boundary conflicts in the North West Region of Cameroon. We also intend to analyze the attempted solutions and recommendations to those conflicts. As a matter of fact, investigation into the causes, evolution and consequences of these conflicts are necessary if we want to seek solution for them. We have come to realize that for peace to reign in the North West, the people must make an effort of understanding each other's culture, beliefs, practices, habits and tradition without necessarily sharing them. There should be that mutual respect and acceptance of each other as brothers and sisters. Violence only leads to destruction. Conflict eradication needs a long process of education, ethical orientation based on social justice and fair play. If all these recommendations are taken into consideration and applied in the field, boundary conflicts in the North West will be a thing of the past.

Introduction

The North West Region is one of the Regions where boundary conflicts have manifested itself in different dimensions. These conflicts were as a result of contradiction arising from divergent interest, ideas, opinions and tendencies. These contradictions were found in every society, among individuals, groups, communities, institutions and even exist in international relations.[6] Boundary conflicts in the North West Region of Cameroon have been given varied names. They are sometimes referred to as boundary disputes, land disputes, frontier conflicts to refer to all the elements denoting boundary quarrels. This is because talking about them simply as land or frontier disputes would hide or overshadow some pertinent causes of conflicts.[7] Conflict can therefore be defined as a serious disagreement between people, groups or countries that make it difficult for them to co-exist harmoniously. Such arguments may sometimes lead to outright war and bloodshed. Conflicts may result in the disruption or destruction of all or some bonds of unity that may previously have existed between the disputants. Conflict can take place between individuals, between individuals and organization or groups, between an organization and one or more of its component. Conflict can also lead to violence. This was the case with boundary conflicts in the North West Region of Cameroon.[8] This study set out to examine the causes or genesis of these conflict, evolution or manifestation of the conflict and finally the consequences and attempted solutions to the North West boundary conflicts. Before that, let us have a look at the geographical and historical presentation of the area.

Boundaries can either be general or fixed. They can also be natural or artificial. Other scholars are of the opinion that natural boundaries involve hydric boundaries, water courses, dry boundaries and mountain ranges. Artificial boundaries on their part are

---

[6] C.G. Ngwa, "Inter-Chiefdom Conflicts in the North West Province of Cameroon", M.A. Dissertation in Social Sciences, Catholic University of Central Africa, 2003, p. 11.

[7] Ibid. p.14.

[8] J. Tunstall, *Stability, Change and Conflict*, London, the Open University Press, 1971, p. 33.

boundaries marked by monuments or boundary marks that are put over the boundary. In other words, natural boundaries have to do with physical boundaries such as river banks and coastlines while artificial are the creation of humans.[9]

Geographical Location of the North West Region of Cameroon

Our area of study is the North West Region of Cameroon. North West Region of Cameroon constitutes parts of the territory of former Southern Cameroons. The North West Region is found in the Western highlands of Cameroon. It lies between latitudes 5°40 and 7° to the North of the equator, and between longitudes 9°45 and 11°10 to the East of the Meridian. It is bordered to the south west by the south west region, to the south by west Region, to the east by Adamawa region, and to the North by the Federal Republic of Nigeria.[10] The North West region is one of the most populated Regions in Cameroon. It has one major metropolitan city: Bamenda. The region saw an increase in population from about 1.2million in 1987, to an estimated 1.8million people in 2001.[11] The population density, at 99.12 people per square kilometers is higher than the national average of 22.6 people per square kilometer. The region urban growth rate is 7.95%, while the rural growth rate at 1.16%.[12] The North West Region is made up of administrative divisions. The region formally known as province[13] was created in 1972 with five divisions. These were Mezam, Momo, Bui, Menchum and Donga-

---

[9] Bongfen Chem-Langhee, "The Road to the Unitary State of Cameroon, 1959-1972", Annals of the Faculty of Arts, Letters and Social Sciences, Vol. vi, Nos 1 and 2, January-July 1990, pp.3-22; V. G. Fanso, "Traditional and Colonial African Boundaries: Concept and Functions in Inter-Group Relations", Presence Africaine, Vol. 139, No. 3, 1986, pp.58-75.

[10] P.S. Ndele, "Inter-Tribal Conflicts in the North West Province of Cameroon: Causes, Consequences and Perspectives", October, 1998, pp.1-10.

[11] S.A. Neba, *Modern Geography of the Republic of Cameroon*, Second Edition Camden, New jersey, Neba Publishers, 1987. P. 171.

[12] N.N. Emmanuel, "Settlement, Grazier or Agricultural Land: A Confrontation of Interest in the North West Province of Cameroon", Annals of the Faculty of Letters and Social Sciences, University of Yaounde, No 10, 1981, p. 175.

[13] The North Province became North West Region in 2008 following a presidential decree reorganizing administrative regions in Cameroon.

Mantung Divisions. Today it has seven divisions, Boyo carved out of Menchum and Donga-Mantung, and Ngoketunjia carved out of Mezam respectively. There are thirty-one sub–divisions in the North West Region.[14]

Historical Occupation of the Region

The population of the North West Region of Cameroon comprise of ethno-linguistic groups. However they could be classed under five main groups, namely, the Tikar, the Widikum, the Bali Chamber, the Hausa and the Fulani. The Tikars originated from the Adamawa Region of Cameroon and finally settled in the Bamenda Grassfields; the Bali chambers also originated from the Adamawa region. The Fulani are a dispersed minority who migrated from Northern Nigeria to the North West Region in the early 20th Century. The Hausas who also came from Northern Nigeria are predominantly urban dwellers who occupy themselves in petty trading. The main languages spoken in the region include Lamso, Mungaka, Bafmeng, Oku, Ngemba, Fulfulde, Hausa, Bali Kumbat, Kom, and Pidgin English.[15]

Most of the villages in the North West region are classified under chiefdoms. These chiefdoms are under the control or leadership of traditional rulers commonly called Fons or chiefs. Decree NO; 77/245 of 15th July 1977 classified the traditional leaders of Cameroon under first class, second class and third class chiefs. The five main fondoms of the North West region are Bafut, Kom, Bali, Nso and Mankon.[16] What were then the main causes of boundary conflicts in North West Cameroon?

---

[14] Ngwa, "Inter-Chiefdom Conflicts", p.13.

[15] Etienne, Tazo and Unusa Haman, "Contribution of Land use Conflicts to Peasant Impoverishment: the Case Opposing the Mbororo Pastoralists and the Indigenous Crop Cultivators of Mezam Division (North West Cameroon)", Revue de Geographie du Cameroun, volume XVII, No 1, 2006, pp. 47-49.

[16] Ngwa, "Inter-Chiefdom Conflicts", p. 13.

I. Causes of Boundary Conflicts in the North West Region of Cameroon

First of all, land remains the tap root of boundary conflicts in the North West region of Cameroon. The numerous land Reforms that had been carried out in most African countries in the sixties and seventies shows the interest of traditional rulers to ensure control and management of land. This holistic perception of land as an embodiment of the spiritual and temporal spheres which were vital for the survival of man and his community demonstrates the centrality of land for reproducing the community. And this perception explains why land disputes account for the chaotic ethnic assaults.[17]

The president of the Republic, with the powers conferred on him by law N° 73-3 of July 7, 1973, enacted three ordinances of July 6, 1974, governing land tenure in Cameroon.

There were:

- Ordinance N° 74-1 of 6th July 1974 establishing rules governing land tenure;
- Ordinance N° 74-2 of 6 July 1974 establishing rules governing states lands
- Ordinance N° 74-3 of 6th July 1974 concerning the expropriation procedure.[18]

These hastily conceived texts raised problems at the level of implementation that by the end of 1985, some 57 supplementary texts on land tenure had been published in the official Gazette.

At independence, ethnic groups still functioned like autonomous communities or sub-nations and regarded the out-group as strangers and intruders. Cases abound, case file NO 586/61 opposing Fon Angwafor II of Mankon as plaintiff and Fon Angufor of Bafreng of the boundary delimitation at Ntamulung as well as NO L2.1159

---

[17] M. Tatah, "Ethnic Conflicts in Anglophone Cameroon", in les Conflits Ethniques au Cameroun, Quelles Sources, Quelles Solutions? Service œcuménique pour la Paix, Yaounde, Imprimerie Saagraph, 2000, p. 91.

[18] Ibid. p. 94.

NW/HB. 71 opposing Akum and Santa-Akum were merely tips of the ice bergs in the general ethnic contention.[19]

Laws have also exacerbated land disputes, which constantly explode violently with the introduction of partisan politics in the 1990s. For instance degree No 77/525 of December 23, 1977 modifying the territorial boundaries of some communities in Mezam and Momo Division has been greeted with remarkable violent resentment. Article 2, 3, 4 and 5 of the decree modified the territorial boundaries of Bali, Baforchu, Mba, Mbatu and Nsongwa communities in Mezam and Ngyen Muwa and Ngyen Mbo communities in Momo, thus re-igniting the Bali-Widikum, Bali-chomba land dispute.[20] Here, the state Balkanizes the people with vexatious and unstudied boundaries cutting through ethnic unity.

We also have the Balikumbat-Bafanji, Bamunka-Bamali, Oku-Noni, Binka-Binshua were some of the 62 smoldering and/or exploding boundary disputes in the north-west region which have swept away more than 100,000 souls since 1952. In addition to land disputes, identity problems spark off ethnic conflicts. The desire of the Fon of Akum to rule over Santa- Akum has brought this kind of conflict to the fore-front.[21] Fungie in Ngoketunjia Division and Buchi in Santa sub-division resent Bambi and pinyin hegemonic claims respectively. In fact, the North West Fons exist in two factions: The CPDM–backed North West Fons Conference and North West Fon's Association which preaches their neutrality to partisan politics. Such meddling in partisan politics has robbed many Fons of their remnants of credibility and nobility.[22]

One other glaring example was that of the Balikumbat sub-division, into which was incorporated the Fondom of Bafanji. Balikumbat obviously had a domineering influence over Bafanji. And the aftermath had been the savage invasions of 1905 and 1996. Political scapegoat is causal to ethnic conflicts; political blackmail and sabotage were common place techniques. Using the tool of political stigmatisation of opponents in conflictual interactions had been rewarding. For instance, the Governor of the North West Region

---

[19] Ibid., PP. 95-96.
[20] Ibid.
[21] Ibid.
[22] Ibid, pp. 96-97.

summoned a meeting of Fons in 1995, following the invasion of Bafanji. The Fon of Balikumbat arrogantly refused to attend it. Few years later, the Fon of Balikumbat was a mayor and the lone parliamentarian in the region, parliamentary secretary and member of the central committee of the ruling party. Hence, using such parcels of power to boot out irritating administrators was no big issue.[23]

The problem of succession was one of the sources of conflict. Princes quarrel among themselves when the Fon was "missing".[24] Kingmakers and even the villagers split, by siding with the prince they love to succeed. The losing prince often leaves the group for a new settlement where he gradually begins to claim to have autonomy. More often than not, such autonomy results in conflicts both with the original chiefdom and the new neighbours. The case of Bambui and Fungie was a clear example.[25]

Competition for scarce economic resources may be considered as one of the major sources of conflict. The economy of the North West revolves around farming. The infertility of land causes people to leave their original places and farm in neighbouring places. After some decades, the agreements reached at were forgotten. Consequently, false information filters around. This was the case with Mbessa and Oku conflict where a fertile land was left at the disposition of the Oku people who later neglected or forgot the terms of the agreement and claim ownership of the farmland. We also notice this in Bafut and Bambui conflict. The search and competition for the scarce fertile land and other economic resources have led to many conflicts in the North West. Land was the cardinal and pivotal cause of conflicts between chiefdoms. In the Bambili-Babanki conflicts, for instance, one of the points of contention was Lake Bambili. In Benakuma-Atue conflict in the Menchum valley sub-division, there was conflict over the ownership of Lake Benakuma. The forest reserve in Mbessa-Oku was also a source of conflicts. Not

---

[23] Ngwa, "Inter-Chiefdom Conflicts", p. 23.
[24] The Word missing here refers to the death of Fon. In the North West region the Fon is never said to be dead but missing.
[25] Ngwa, "Inter-Chiefdom Conflicts" , PP ; 36-37 ; P. Nkwi, *Traditional Diplomacy, A Study of Inter-Chiefdom Relations in the Western Grassfields, North West of Cameroon,* Publication of the Department of Sociology, University of Yaounde, 1987.

forgetting the perennial Farmer-Grazier conflict in Menchum that have often been very bloody and resulted to the destruction of properties and the loss of so many lives. [26]

Population increase also leads to conflicts. As the number of people living together increases, the potential for inter-chiefdom conflict grows. Immigrants into certain areas not only increase the population but also sometime try to lord it over the indigenes. A society that grows fast, where there is rapid change, is obviously opened to conflict. Population increase reduces the amount of fertile land for cultivation because the opportunity for following and shifting cultivation were drastically reduced. Also, lack of written documents was another source of boundary conflicts in North West Cameroon. We may add the lacks of maps. The absence of written records results in false information, which was readily exploited by trouble makers. Some of the cases are the Bambui-Fungie, Bambui-Bafukum, Bambui-Bambili conflicts.[27]

One other important cause of boundary conflict in North West Cameroon was the domineering attitude of some traditional rulers. Some traditional rulers who have large populations feel superior to their neighbours with smaller population. Such domineering rulers consider it their right to take over control of lands of smaller chiefdoms especially farmlands. We must not forget that the classification of rulers also had a role in the origin of some inter-chiefdom conflicts; Some Fons feel superior to others and believe that the political administration will always and only listen to them. Therefore, the struggle between peace and war revolves around institutions of power and only the possession of power makes it possible for supporters of an ideology to realise its goal.[28]

Also, the attitude of some administrative officers in conflicts resolution was a cause for concerned. Some administrative officers who wanted to make personal gains from both sides keep on adjoining cases. Sometimes the common good was not considered and some administrative authorities take bribes and side with the highest bidder in a conflict. Such conflicts never end. The corruption

---

[26] Ibid.
[27] Ibid. pp. 67-68.
[28] Ngwa, "Inter-Chiefdom Conflicts", pp. 35-40.

and laisser faire attitude of some administrative officers toward criminals had also been observed to be a cause of conflicts.[29]

Politicians have contributed immensely to violent boundary conflicts in the North West Region. Some traditional rulers have become completely absorbed in the ruling party (CPDM). When a traditional ruler becomes involved in partisan politics, the community becomes easily divided. This causes war and destruction, but the government side with them. The Balikumbat-Bafanji, conflict was a clear example where the government sided with the Fon of Balikumbat. We notice that even the political parties in our country were based on tribal sentiments.[30]

Finally the demarcation of inter-chiefdom boundaries by colonial authorities continues to be a source of conflicts between chiefdoms sharing a common boundary. Most of the colonial boundaries were arbitrary drawn. The delimitations and demarcations did not take into account the cultural similarities or differences of the neighbouring peoples. The colonial impact posed ethnic problems and created rational and social problems, as well creating for its own purpose an administrative entity totally artificial from the point of view of traditional history. The colonialists went further to put one ethnic group against the other. The case of pinyin and Babadju was a clear example.[31] We also had the case of Bali Nyonga and its neighbouring chiefdoms such as Moghamo, the Bambili and Babanki Tungo. After having examined the causes of inter- chiefdom conflicts in North West Cameroon, what then are the evolution or manifestation of those conflicts.

II. Evolution/Manifestations of Boundary Conflicts in the North West Region of Cameroon.

The chaotic land conflicts in the North West Region were manifested through catastrophic confrontations. A glaring example was the land dispute that erupted between Bambui and Fungie on Friday, August 09, 1996. The Fon of Bambui sent some youths to

---

[29] Ibid.
[30] The Herald, N° -231, 1995, p. 4.
[31] Tatah, "Ethnic Conflicts", pp. 92-95.

harvest Kolanuts in a natural kolanut plantation. This area was disputed by the two chiefdoms. The youths were chased away.

The youths went back to the Fon and explained what had happened. According to the Herald newspaper, the youth went to work on the Fon's raffia bush. This was seen as a lack of respect since the Fon claims that Fungie was a quarter in Bambui. Irritated by this provocation, the Bambuis ravaged their numerically inferior opponents orchestrating untold loss to human lives and property.[32]

Another incident followed. A woman known as Grace Manga, a native of Bafut, married to a Bambui man but resident in Fungie was attacked and wounded by the Fungie people who considered her a spy. She reported the matter to the Fon of Bambui. The third incident occurred when the Fungie people arrested Mr. Lucas Nju, in his house. He was a native of Bambui, resident in Fungie. It is claimed that he was molested in the Fungie palace before being freed at about 5 pm. The Bambui people hearing of this mobilised and entered Fungie in the night with the pretext of freeing him. The Bambui-Fungie frontier war left several people dead, Fungie village completely destroyed and over 2000 persons injured.[33] The government did not remain indifferent to this disastrous ethnic conflict. It was condemned as a criminal act and government took certain measures to bring the situation under control.

Heavily armed gendarmes stormed the Bambui Fon's palace on Monday, August 12, 1996, in search of the Fon and other culprits accused of perpetrating the destruction. Disappointed by the escape of the Fon, these gendarmes went on a rampage in the palace and destroyed valuable antiquities, including the Fon's stool of power, crops in the Fon's garden, looted property and also opened fire indiscriminately on *Takumbeng* women, killing three and arresting several people.[34]

The conflict between Mbessa and Oku was principally a land conflict. The conflict concerns the boundary between these two communities. River Metreh was considered as the boundary but the Oku people considered their boundary to be beyond it, and even beyond the second river known as river Kwawih. The Oku people

---

[32] The Herald, No 344-55.
[33] Ngwa, "Inter-Chiefdom Conflicts", pp. 25-26.
[34] Ibid.

considered those who live across river Metreh as out casts. As the population of Oku increased, there was need for expansion and more farmland. The Oku people not only expanded into Mbessa but also went too far, according to a Mbessa man. In 1982, the Oku people entered the Ambel forest. The Mbessa people were determine to push them out. This sparked off the first major confrontation between the two groups.[35]

The first major conflict between Mbessa and Oku took place in 1982 because of Oku constant harassment. Sometimes the Mbessa were fined for not participating in community work. In 1988, the second major conflict took place from the 27th to 28th of August. In this conflict, houses in Ibalichim were burnt down and one person was killed. Presently, very few people are staying in Ibalichim, which is considered a place of conflict. In 1996, the Mbessa- Fubian women drew the attention of their Fon to the invasion and annexation of their farmlands by the neighboring Oku people. The above incident sparked off another conflict between the two chiefdoms. Mbessa-Oku inter-chiefdom conflicts had led to so much loss of lives and destruction of property.[36]

The Oku-Noni border land dispute also figures as one of the bloodiest and catastrophic chaotic conflicts in the North West. This war escalated on February 11, 1997. The then senior divisional officer for Bui, Tanyi Tiku Baye Arikai Martin was arrested to have stirred the war when on February 07, 1997, he defied the established colonial boundary between the two fondoms and planted beacons demarcating the boundary between Balu-Oku and Din-Noni. An uneasy calm reigned and war loomed in the air as Fon Ngum Samuel III of Oku refused to endorse the new boundary and his Din counterpart, Fon Salomon Dom II, equally refused to pour the traditional Libation to proclaim peace. On February 09, 1997, the Balu market "owned" by the Nonis was burnt down allegedly by pro-Oku agents. This was just a prelude to a full-scale bloody armed confrontation that broke out on February 11, 1997.[37]

---

[35] P. Nkwi, Traditional *Government and Social Change, a Study of the Political Institutions among the Kom of Cameroon Grassfields*, Fribourg, University Press, 1976, p. 11; Tatah, "Ethnic Conflict", pp. 92-96.

[36] Ngwa, "Inter-Chiefdom Conflicts", pp. 31-32.

[37] Tatah, "Ethnic Conflicts", pp. 100-101.

The then governor of the North West Region, Fai Yengo Francis, reacted promptly to this war and on February 14, 1997 issued a circular nullifying the demarcation made by the Bui senior divisional officer that had provoked the hostilities. The consequences of this border war were great and disastrous. Over 237 houses were burnt and so many lives loss. On December 16, 1997, the Okus and Nonis were once more on the battle field again. This second incident was also blamed on the Bui Senior Divisional Officer Tanyi Tiku Arikai. The North West Administration accused him of flouting provincial decisions and refusing to implement the Governor's instructions. More to that, the conflict erupted when he was out of Bui without permission. This time again, there was great loss of lives and destruction of property.[38] The war created psychological distrust, animosity and hatred between the Okus and the Nonis all attesting to the sapience of ethnic politics.

Furthermore, the catastrophic and violent land dispute between Balikumbat and Bafanji in the Ngoketunjia Division is to be noted. These Fondoms went to war on June 1995 and only two and half years later they were again involved in a bloody war. Hence, the second Balikumbat–Bafanji war erupted on Saturday January 31, 1998 and continued till February 02. It was immediately triggered by the fact that unknown men seized the Fon of Bafanji's car, Peugeot 504. This happened on Thursday January 29, when the Fon of Bafanji's wife, Margaret Ngwefuni accompanied by four others were returning from a meeting in Balikumbat convened by the Balikumbat Divisional officer.[39]

The Bafanjis made vain efforts to retrieve the car and in the course of this Balikumbat people pounced on them. The war resulted to more than 100 houses burnt in Njanung quarter of Bafanji, property destroyed and about 14 slain on both sides. In the June 1995 war, more than 18 people were slain, property worth 5 billion destroyed and looted in Bafanji. The North West Governor reacted by dispatching a contingent of storm-troopers on Saturday to Njanung which pushed away the Balikumbat People.[40]

---

[38] Ibid.

[39] Ngwa, "Inter-Chiefdom Conflicts", pp. 23-24; Nkwi, *Traditional Diplomacy*, p. 75.

[40] Ibid.

One other bloody and recurrent boundary conflict in the North West has been that pitting the Babankis and Bambili people. The Babanki people come from Kedjom Ketungo. The chiefdom originated as a result of conflict over succession. This was precisely what happened in Babanki-Ketungo. That conflict led to the departure of one faction of the group to Bambili, a neighboring chiefdom. The faction met the Fon of Bambili who gave them a piece of land to settle on. Soon they began to claim the land as theirs, after initially living cordially with the Bambili, supporting and defending each other's interests. Their support for one another was unquestionable. However, the then reigning Fon of Babanki, Fon Ngu, was not in support of his subjects claiming Bambili land. So he and his family decided to settle in Bambili. Since then there has been constant fighting between the Babanki and Bambili people.[41]

The place of conflict was a piece of land located in an area called Nkwire. The Babanki people claim that they had been cultivating the land for ages. The Bambili people have been trying to push the Babanki people away from this land. On the 10th of September 2001, the Fon of Bambili, HRH Awemo II, sent a report to the Senior Divisional Officer, in which he clearly stated the reason why conflicts continued to rise between the Bambili and the Babanki-Tungo people, despite the efforts to resolve them.[42]

Another manifestation of chaotic boundary conflicts in the North West is motivated by hegemony. They manifest themselves through ultimatums and injunctions that create a tense atmosphere. This was the type of conflict in which Nso-Nkar people were involved in which reached its peak on September 4 and 6, 1997. The last straw that provoked the conflict occurred when the Fon of Nkar and his people learned of the death of Barrister Mbinglo, a Nso prince, they boasted and jubilated. Strained relations started mounting between Nso and Nkar when in the 19th Months dispute between Ntev and Nkar, Barister Mbinglo intervened in favor of Ntev. In this development, the Fon of Nso installed the Ntev

---

[41] Ndele, "Inter-Tribal Conflicts", pp. 1-15, Ngwa, "Inter-Chiefdom Conflicts", p. 27-28.
[42] Ibid.

Fondom at Dzekwa near the Nkar palace to the disapproval of the Nkar people.[43]

The Kumbo people and Nso Nwerong took the attitude of the Fon of Nkar and his people as enough provocation and hence reacted promptly and vigorously too. The ultimatum or injunction to the Nkar Fon and people were pronounced in the Jakiri and Mbveh Markets and all Mangong houses were asked to mobilize for an eventual punitive assault on Nkar. In the injunction the Fon of Nkar was demoted and, therefore all Nso sons and daughters were prohibited from clapping their hands (royal way of greeting Fons), to the reverence of the Fon of Nkar.

The Fon of Nkar and his Nwerong were prohibited from performing any sacrificial rites in the Nso territories of Kirumen, Ber, Vekovi, Washi, and Wainamah. Again, any juju from Nkar seen on Nso land was to be forcefully apprehended and brought to the Nso palace and no person from Nso was to attend Nkar market.[44]

The Mundabili-koshin land dispute in the Fungom sub-division of Menchum Division equally features as one of the manifestations of chaotic ethnic conflicts in North West. The tension that mounted between these neighboring villages in 1997 was preceded by a bloody confrontation over a farmland in 1995. What provoked the 1977 tension was the fact that Koshin people erected a fence which blocked access for the Mundabili people to some disputed farmlands. In the 1995 conflict, the Koshin warriors killed pa Ntonga Gabriel in cold blood and made away with his head. Equally they set many houses in Mundabili on fire and looted property. The Menchum administration created a commission to probe into the war. It ordered the Koshin people to bring back the Mundabili man's head but nothing has ever since been done. The case was also taken to the court in Wum.[45] We also have another land dispute that pitted Mbatu and Nsongwa in Mezam Division. The Mbatu people also accused one Nsongwa elite, the representative of his Fon of spying on them.

Another boundary conflict that had made headline news in the North West is the bloody war between Bamunka and Bamali in 1997. It erupted in July 21 and was cause by the allocation of rice fields by

---

[43] Tatah, "Ethnic Conflicts", p.102.
[44] Ibid.
[45] Ibid, pp. 1.3-104.

UNVDA. The UNVDA gave Bamali farmlands to Bamunka and Bamessing. In this way an armed confrontation ensued in which several houses were destroyed and many injured on both sides. Also, 37 people were detained at Ndop and 28 guns seized from both parties. North West Governor visited the warring villages and appealed for calm while gendarmes were deployed to the disputed area.[46]

The Bum chiefdom also had boundary conflicts with the Nkanchi people of Misaje. The conflict originated over a village called Chako. Among the villages listed in the presidential degree creating Misaje Sub-Division, Chako was listed. In the presidential degree creating Bum Sub-Division, Kichako was also listed as one of the villages of this Sub-Division. It must be noted that Chako and Kichako refer to the same village. The Bum people claim that the Nkanchi people begged the land from them to do farming given that the land was fertile. The Bum people do claim that the village Chako belongs to them. They even went as far as pointing to the fact that their parents' graves are found in Chako.[47] There had been a series of conflicts in North West Cameroon. In 1980, 1983, 1984, 1988, 1991, 1995, 1996, 1997, 1999, 2002, 2005. These conflicts led to the destruction of farms, crops and properties. What then have been the consequences of all of these conflicts?

III. Consequences of Boundary Conflicts in the North West Region of Cameroon

The consequences of boundary conflicts are many and varied. They can be political, economic and socio-cultural. Conflicts, especially armed conflicts, lead to social disintegration and are obstacles to development. The consequences can also be both negative and retrogressive. The political economic and social progress of the parties concerned is usually retarded or completely halted. There is destruction of infrastructures, breakdown of families, and displacement of people and loss of life. Conflicts are in general very costly in terms of resources and manpower. The failure to

---

[46] Ibid; the Herald, No, 344-555.
[47] Ngwa, "Inter-Chiefdom Conflict", pp. 31-35, the Herald, NO 231, 1995, pp. 4-5.

recognize the need for mutual co-existence has often led to bestial cruelties. Co-operation between chiefdoms are more often broken down by conflicts. Conflicts also lead to looting of property. This was the case between Bafanji and Bali Kumbat, Bambui and Fungie and Bambili and Babanki.[48] There are even instance of vandalism for fun, as some people take pleasure in ill-treating their enemies; they are also attack on specific objects to settle off old grudges. This was the case between Bafanji and Balikumbat where one Mr. Peychu of Bafanji suffered a great loss as a result of the conflict. Mr. Ngu Nfor also experienced terrible loss as a result of the same conflict.[49]

There were much intermarriage between the Balikumbat and Bafanji people before the boundary conflict between the two chiefdoms. The situation gradually changed when the conflict strained relations seriously. Presently, there is rarely any intermarriage between members of these two conflicting communities. Those who perhaps have grown and lived away from the villages may still try to intermarry, but this practice is frowned upon in the villages and those who do so are considered as traitors. The situation of inter-marriage between Mbessa and Oku is different from that of Balikumbat and Bafanji. Intermarriage still takes place between members of the former villages. As far as Bambui and Fungie are concerned, intermarriage was being discouraged and those who violated were seen as sell-out. Such persons are considered as those who want to extinguish the group.[50]

Conflicts have an enormous effect on education. For instance during the Balikumbat-Bafanji conflict, a secondary school was destroyed. Bafanji students found it very difficult attending Government High School Balikumbat. They preferred to go to Ndop and attend school there. So too with the Babanki-Bambili conflicts, students of Babanki origin studying in the various institutions in Bambili felt unsecured. In Fungie, primary school buildings were all destroyed as a result of the boundary conflict between Bambui and Fungie.[51]

---

[48] Nkwi, *Traditional Diplomacy*, pp. 86-90; Ngwa, "Inter-Chiefdom Conflicts", pp. 61-63.

[49] Ibid.

[50] Ndele, "Inter Tribal Conflicts", pp. 10-60

[51] Ngwa, "Inter-Chiefdom Conflict", pp. 51-52.

Violent boundary conflicts in the North West region have claimed a lot of lives and placed many families in difficulties. The physical harm caused is immeasurable. In the Mbessa-Oku boundary conflict many people were killed. Some of the killings were dreadful. In 1982, many people died as result of the conflict. A certain Mr. Tal Michael Yuing, head Christian of Ibalichim was beheaded. Mr Akong Alfred Ntoane was chased and he rolled down a cliff and died. Mr Ndim chuvus was killed, tied up and dumped in a valley at Itchim. In 1998, Kelvin Chumsi was killed. In the Balikumbat-Bafanji war of 1995, eighteen people were killed, fourteen from Bafanji and four from Balikumbat. Among those killed was one Puncho Oscar, a farmer from Bafanji. He was burnt to death. In the Djottin-Noni war, four persons were killed in Elak. More so, sophisticated arms were used.[52]

Boundary conflicts in the North West also lead to the displacement of people. Most of these people often leave behind all but a few of their possessions. They are forced to leave their area and seek refuge elsewhere. This is additional burden to their hosts. Some people decide to leave the area out of fear and insecurity. Many Babanki people for instance who had houses in Bambili were forced to abandon their houses and take refuge in other areas. Some people do sell their assets at giveaway prices so as to get away from the conflicting environment. Twenty-four families were displaced during the Babanki-Bambili conflict. In all 180 person were displaced; seven women of Bambili origin were kidnapped in the Babanki market and taken to the regent. The district officer of Tubah proceeded to the palace of Babanki to retrieve the kidnapped women. During the Bafanji war about 5000 Bafanji people fled the village to different divisions. Some of the refugees were residing in Baham and Ngalim in the Western region. Many school children were also displaced.[53]

Persistent boundary conflicts between chiefdoms in the North West have gravely affected the economy of that region. Chiefdoms and individuals have been plunged into economic hardship as a result of conflicts, we find houses and property burnt here and there and crops destroyed. The Bambui people estimated damage caused to

---

[52] Ibid, pp. 53-57
[53] Ibid, pp. 55-57.

their property at close to 10,000 000 FCFA. During the Mbessa-Oku conflict, coffee plants, plantains and kolanut trees were burnt down.[54]

During the Babanki-Bambili conflict, the Babanki market was completely destroyed. The stores were burnt down and all the huts were also burnt down. The attack was a surprise. The homes of the Babanki people in Bambui were destroyed. The Balikumbat and Bafanji boundary conflict resulted in the burning of houses, the destruction of government primary school Bafanji, the Bafanji cooperative society buildings and the Bafanji health centre. In retaliation, the Bafanji people destroyed crops and houses of some Balikumbat people at the periphery of the Head quarter-Balikumbat. In the Djottin-Noni conflict of February 1996 one hundred and sixty houses were burnt in a village called Ngiptand.[55] Boundary conflicts in the North West have some repercussions on the ecosystem. Burning of trees, plants and grass leads to soil erosion as a result of denuding the earth of coverage. After examining the consequences of the conflicts, we will then proceed to look at the attempted solutions and proposed recommendations to the North West inter-chiefdom conflicts.

IV. Attempted Solutions to the North West Boundary Conflicts

Administrative authorities in the North West Region have been doing all their possible best to see into it that the North West boundary conflicts are brought to an end. In 1988, the government created a no-man's land buffer zone, one hundred metres from each direction, between Balikumbat and Bafanji. The Balikumbat people did not respect this zone and are still farming on this land today. The General impression is that the Fon of Balikumbat was using his position as a parliamentarian to cause havoc. During the conflict between Ashong and Bali-Nyonga in 1987, the provincial governor, Bell Luc Rene, asked all the villages that had conflicts around that area to pay 285,000 FCFA each. This money was to be used to see about the resolution of these conflicts and to trace boundaries. When

---

[54] Ibid.
[55] Ibid, 55-60.

the governor was appointed Delegate of National Security the project died out.⁵⁶

It should be noted that administratively Mbessa belongs to Boyo Division, Belo Sub-division, while Oku belongs to Bui, Oku Sub Division. During the 1982 boundary conflict, the government tried to restore peace by dispatching gendarmes to the conflict area who settled in Ibalichim. A delegation from Yaounde, even visited the area. It was agreed that the boundary between the two communities be established at the river Joametung. The Oku people remained adamant. Government's promises to compensate those who lost property in the area have never been fulfilled to date.⁵⁷

The government in 1988 tried again to solve the problems by constructing pillars at Balasang, Ndong-Ebinsih, Ndong–Tucatih to demarcate the boundary between the two communities, but the Oku people destroyed these pillars. There was no reaction from the government. Concerning the boundary conflict between Bambui and Fungie, the sub-divisional officer of Tubah took certain measures to end it. He sent the Brigade commander of the Gendarmerie, the commissioner of police and two gendarmes to Fungie. Wounded men, women and children were brought to the sub-divisional Hospital, in Bambui. The Bambui people resisted their being hospitalised in Bambui. They were later transferred to Big Babanki health centre. On the 29ᵗʰ of April 1996, the sub-divisional officer had a meeting with both parties. He condemned the violent and illegal acts carried out by both parties. A dialogue committee was put in place between the two communities to look into the matter and resolve the conflict.⁵⁸ As concerns the conflict between Mejung and Kedjom Keku, the administrative authority convened a meeting of the parties involved. Certain resolutions were finally taken in order to curb the situation. As a matter of fact, the government has been doing much to solve boundary conflicts in the North West, but then more efforts is being awaited of the government.

The traditional authorities of the North West Region have been leaving no stone unturned in order for boundary conflicts to come to an end. For instance, the Fon of Oku and Mbessa have been trying

---

⁵⁶ Tatah, "Ethnic Conflicts", p. 104-106; the Herald NO 231.
⁵⁷ Ngwa, "Inter-Chiefdom Conflicts", pp. 62-64.
⁵⁸ Ibid, pp. 62-64.

to resolve the conflict splitting their two villages; they have held meetings and discussions with each other. Ibalichim and Andum which are Mbessa speaking villages were to be given to Mbessa while Ichim, Anyma and Njikijm which are Oku speaking, be given to Oku. The Fons met through the coordination of the Ijim mountain forest project.[59] Marriages were also used by the traditional authorities in the North West to resolve conflicts in the area. For example the Fon of Bafut is married to a woman from Aghem. The Fon of Akum is also married to a Bafut woman. All these alliances have help to create a strong bond between the three villages, and thus curb conflicts between them. We also have the Momo Fons' union, Ndop Fons conference, North West Fon's union and North West Fon's conference which are all structures aimed at resolving conflicts in the North West Region. One other structure that was created in 2003 was the North West partnership. This was the effort of some notable North West Elites. One of the primordial aims of this partnership was to ensure peace and unity among the different villages of the North West Region.[60] Also, dialogue and negotiations are often used by stakeholders to resolve boundary conflicts in the North West.

The religious authorities have also been playing vital role to resolve boundary conflict in the North West region. This was the case of the Kumbo Diocese, His lordship Cornelius Fontem Esua, who created the Kumbo Diocesan Justice and peace commission as a pastoral structure. This commission has been involved in the conflicts between chiefdoms in the diocese. The commission has been to Djottin, Buh, Mbiimm Ngiptangm Nkor, Oku and Elak to see about the conflicts existing in these areas. Christians were encouraged to be involved in promoting peace and justice between Bambui and Babanki. Catholics, Presbyterian and the Baptist are involved. The religious authorities in Babanki Tungo, Bambui, Bambili, Oku and Mbessa have taken active parts in Conflicts resolution in their areas. Not leaving out the Bambui-Fungie and Balikumbat-Bafanji where the catholic Christians have been doing all

---

[59] Ndele, "Inter-Tribal Conflict", pp. 40-50, F.M. Cheo, "Bambili and her Neighbours: Inter-Village Relations since 1961", M.A. Dissertation in History, University of Yaounde I, 1996, pp. 40-90.

[60] Ngwa, "Inter-Chiefdom Conflicts", pp. 71-73; M.T. Aletum, *Political Sociology*, Yaounde, Patoh publishers, 2001, p. 223.

their possible best for the conflict to come to an end. They have been attending peace meetings and contributing[61] Religion has highly contributed to the lessening of tension and the management of conflict in the North West Region.

Non-Governmental organizations have also played very important role in resolving boundary conflict in the North West. The very first NGO in the North West Region to be involved in the resolution of boundary conflict was the human right clinic and education (HURCLED) centre that was created in Bamenda in 1993. The NGO organized seminars to create awareness of the consequences of conflict. The centre has been actively involved in seeking solutions to the numerous conflicts between chiefdoms because such conflicts are sources of human right violations. Other active human rights NGOs in the North West Region include the Ecumenical service for peace and the Ecumenical Youth Peace initiative in Cameroon (EYPIC). Both of these organizations work in the area of peaceful resolution of conflicts. Since 1997, they have been involved in mediating the peaceful resolution of the numerous boundary conflicts that abound in the region. These organisations have also been involved in the organization of seminars on conflict resolution in collaboration with the traditional rulers in the region. One of such seminars was organised between the Baligham and Awing people.[62] This effort by NGOs contributed enormously in reducing boundary conflicts in the North West. After having examined the attempted solutions to boundary conflicts in the North West, what are some of the recommendations we can propose to bring the situation under control?

V. Recommendation to Boundary Conflicts in the North West Region of Cameroon

To begin with, taking into consideration the fact that most of the North West boundary conflicts are land or frontier disputes, the

---

[61] Pastoral Letter of Bishops of Cameroon to Christians and all People of Good will on Tribalism, Wednesday, 6 November 1996.
[62] Ibid; Pastoral Letter of the Bishops of Cameroon to Christians and all People of Good will on Corruption, 3rd September 2000.

administration has to respect colonial boundaries between villages and tribes when creating administrative units.

Another recommendation is that government administrators and officials from all levels have to manifest solidarity and unity of purpose when handling conflict situations. The law courts to which boundary conflicts are submitted for judgment have to be prompt and objective in passing the verdict. Delays have been observed as a catalyst to renewed catastrophic hostilities.

The government or the administration is called upon to employ all severe measures at her disposal to stamp all ethnic conflicts. Those who perpetrate and mastermind the wars resulting to untold effects have to be tried and sanctioned accordingly. Also, in some cases, local government administrators are corrupt, arrogant and disrespectful of hierarchy. They therefore set villages against each other. In this case, the government should probe into the roots of the war, try and sanction her officials who are responsible for the conflicts.

Furthermore, with regards to the fact that most of these boundary conflicts are over land, the government has to create jobs and other employment avenues in order to diversify the activities of the local population depending on agriculture. This will help lessen the pressure on land that has been at the roots of boundary conflicts.

More to that, mediators or third parties in the chaotic boundary conflicts have to listen and learn to get details about roots of the conflicts. In this case, they need to avoid getting drawn into the political issues in a conflict or revealing strong sympathies with either side. The mediator's most effective moral stance is empathy for the victim. The government can incorporate ethnic group into the political and administrative institutions. There should be the cultural representation of ethnic diversity. Also there should be federalization or decentralization which implies the concession of certain autonomy to regional units but often in reality to ethnic groups.

Finally, political parties and religious bodies have to organize seminars and other fora in which the population should be taught the importance of peace and peaceful resolution of boundary conflicts.[63] We believe that if all the above recommendations are taking into consideration and apply in the field, it will not only reduce those

---

[63] Tatah, "Ethnic Conflicts", pp.105-106.

conflicts but eradicate and why not bring boundary conflicts in the North West to an end.

Conclusion

To round up, conflict or better still boundary conflicts can be a destructive factor in people's relationship. Conflicts may result in the disruption or destruction of bonds of unity that previously have existed between the disputers. That is the case of the North West Region of Cameroon. Indeed, the region had been a theatre of diverse and catastrophic boundary conflicts. The origin of these conflicts lies on hatred, identity crisis, boundary and land disputes which has often led to the escalation of violence. For years, boundary conflicts have instilled instincts of mutual distrust and hostility among the North Westerners. Hundreds of people have perished in these wars, hundreds of houses and property worth billions destroyed. Worst still, thousands of people have been rendered refugees and wanderers in their homeland. The solutions to these bloody boundary conflicts are still to be found. In this study, we have presented the causes, evolution, consequences and attempted solution to boundary conflicts in Northwest Cameroon.

The strategies adopted may not necessarily be contradictory to the people expectations. What we are trying to point out is the fact that some politicians do not think about the common interest of the entire group but are concerned about their personal interest. All they desire is to get to power at all cost. So too are the government administrators who are sometimes inefficient, corrupt and unable to handle those boundary conflicts. The lives lost in bloody boundary conflicts may not be much their concern. It is about time for all stakeholders, politicians, administration, NGOs, and those of the civil society to identify for themselves the cultural blind spots, disagreement, misunderstanding and the elements that seem inevitable in order to produce the best plan of action to bring boundary conflicts in the North West to an end.

References

Aletum, T.M., *Political Sociology*, Yaounde, Patoh Publishers, 2001.

Chem-Langhee Bongfen, "The Road to the Unitary State of Cameroon, 1959-1972", *Annals of the Faculty of Arts, Letters and Social Sciences*, Vol. vi, Nos 1 and 2, January-July 1990, pp.3-22; Fanso V. G., "Traditional and Colonial African Boundaries: Concept and Functions in Inter-Group Relations", Presence Africaine, Vol. 139, No. 3, 1986, pp.58-75.

Cheo, M.F., "Bambili and her Neighbours: Inter-Village Relations since 1961", M.A. Dissertation in History, University of Yaounde 1, 1996.

Emmanuel, N.N., "Settlement, Grazier or Agricultural land: A Confrontation of Interest in the North West Province of Cameroon", Annals of the Faculty of Letters and Social Sciences, University of Yaounde, No 10, 1981.

Ndele, S.P., "Inter-Tribal conflicts in the North West Province of Cameroon: Cause, Consequences and Perspectives", October, 1998.

Neba, A.S., *Modern Geography of the Republic of Cameroon*, second Edition, Camden, New Jersey, Neba Publishers, 1987.

Ngwa, C.G., "Inter-Chiefdom Conflicts in the North West Province of Cameroon", M.A. Dissertation in Social Sciences, Catholic University of Central Africa, 2003.

Nkwi, P., *Traditional Diplomacy, A Study of Inter-chiefdom Relations in the Western Grassfields, North West Province of Cameroon*, Publication of the Department of Sociology, University of Yaounde, 1987.

Nkwi, P., *Traditional Government and Social Change, a Study of the Political Institutions among the Kom of Cameroon Grassfields*, Fribourg, University Press, 1976.

Pastoral letter of Bishops of Cameroon to Christians and all people of Goodwill on Tribalism, Wednesday 6 November 1996.

Pastoral letter of Bishops of Cameroon to Christians and all people of Goodwill on corruption, 3rd September 2001.

Tatah, M., "Ethnic Conflicts in Anglophone Cameroon", in les Conflits Ethniques au Cameroun, Quelles sources, quelles solution? Service Oecuménique pour la Paix, Yaoundé, Imprimerie Saagraph, 2000.

Tazo Etienne and Haman Unusa, "Contribution of land use Conflicts to Peasant Impoverishment: The Case Opposing the Mbororo Pastoralists and the Indigenous Crop Cultivators of Mezam Division (North West Cameroon)", Revue de Geographie du Cameroun, volume xv11, No 1, 2006.

The Herald, No 231, 1995.

Tunstall, J, *Stability, Change and Conflict,* London, the Open University Press, 1971.

Chapter 8

L'acuité Des Conflits Frontaliers Entre Les Chefferies Bamiléké À L'ouest Cameroun: Le Cas De Bangou-Babouantou

Rodrigue de Paul Kepgang

Les querelles de limites sont d'une violence particulière à l'Ouest - Cameroun, non seulement entre les individus au sujet des parcelles de terre, mais surtout entre les chefferies. Elles plongent leurs racines dans les processus historiques de fondation des entités politiques, avec pour enjeux la conquête des ressources naturelles, la lutte pour la survie et l'affirmation du leadership. Les 'chefferies guerrières' comme Batcham, Bafou, Bandjoun, Bana ou Bangou ont historiquement agrandi leur territoire au détriment des plus faibles voisins. Les frontières ont été reconnues par des rites traditionnels, les autorités coloniales et l'État post colonial. Cependant, certaines chefferies ressassent encore l'amertume de ces pertes territoriales et estiment parfois être outillés pour renverser la situation. Ainsi se forment de nombreux fronts sanglants aux frontières de celles-ci, pour revendiquer 'la terre de leurs ancêtres'. Ce texte s'appuie sur les plaintes, les rapports circonstanciés et les memoranda des chefferies en conflit, les archives du Ministère de l'Administration Territoriale, de la Cour Suprême, du Cadastre, de la gendarmerie, des huissiers de justice, ainsi que sur les observations de terrain et les interviews des acteurs et témoins pour décrypter le cas Bangou-Babouantou. En apportant un éclairage sur les origines profondes, les manifestations et les conséquences des conflits frontaliers entre chefferies, ce texte montre que leur résolution doit passer par une réelle volonté politique des protagonistes et une synergie des méthodes traditionnelle et légale de leur gestion. Malgré les mutations de la société globale, aucune des méthodes ne peut être efficace toute seule.

Introduction

Au regard de la recrudescence des conflits armées dans nos sociétés, il importe de s'interroger si l'homme est vraiment violent par nature et par essence. L'agressivité est-elle contenue dans le sang et le cerveau de l'homme ? Au-delà de la violence qui s'accentue dans le monde, la paix demeure cependant le but idéal auquel tendent raisonnablement tous les peuples. Cette étude porte sur les questions de frontières qui minent les chefferiestraditionnelles en « pays bamiléké ».

Dans l'Afrique traditionnelle, le concept de frontière, politique ou ethnique, désignait les voisins avec qui on partage les mêmes limites. Les Africains désignaient par « frontière » la zone où les peuples voisins « partagent » la terre, l'endroit où les peuples se rencontrent en vue de rituels ou de cérémonies, et non la ligne qui les sépare (Fanso Verkijika, 1982 : 14). Or, la notion de frontière en tant que ligne de démarcation matérialisée sur le terrain pour délimiter les domaines de souveraineté territoriale est d'origine coloniale (Asiwajuet Adeniyi, 1989 : 11).

Dans cette perspective, comment ne pas s'interroger sur les véritables limites territoriales entre les chefferies Bandjoun et Bafoussam, Batié et Badoumdjia, Banka et Badoumdjia où le vivre-ensemble est souvent gelé par les querelles de frontières ? À qui appartient Bakassa, nœud du litige frontalier entre Bansoa et Bamougoum, litige dans lequel Jacques Ives Mbele, ex ministre des Mines, de l'Eau et de l'Énergie allait laisser sa peau en 1999[1] ? Quelles sont les vraies limites de la chefferie Bangou qui, depuis les années 1980 vit une résurgence de conflits frontaliers avec ses voisins ? Voilà quelques exemples pris parmi les nombreux « volcans » plus ou moins actifs recensés entre les chefferies bamiléké. L'analyse des instabilités aux frontières de Bangou, en l'occurrence les conflits Bangou-Babouantou que les populations désignent par « Bakassi[2] sud», donne une vue d'ensemble de l'acuité des conflits

---

[1] J. S. Tagny; « Imminente guerre civile à l'Ouest », in *Ouest Nouveau* N° 037 de mai 1999, p.8.

[2] La résurgence des conflits frontaliers entre Bangou et ses voisins coïncide avec la période des affrontements entre le Cameroun et le Nigéria au sujet de la presqu'île de Bakassi. C'est pourquoi les fronts ont été qualifiés de « Bakassi ».

frontaliers dans une région où la densité de la population est un facteur majeur de la lutte pour l'occupation des terres. Comment comprendre cette permanente instabilité sans se pencher sur les origines et les enjeux traditionnels des conflits qu'il faut rechercher dans la naissance et l'expansionnisme de certaines chefferies (I), les initiatives coloniales et traditionnelles de leur gestion (II), ainsi que le regain des violences (III) et les balbutiements de l'État dans ses tentatives de résolution (IV) ?

I- Aux sources des conflits : la naissance et l'expansionnisme de certaines chefferies

La dispersion des *Ndobo* (fondateurs de chefferies) est le fait, soit des princes non-héritiers qui vont à la recherche de la fortune ailleurs, soit de notables en quête de liberté, soit de quelques aventuriers chasseurs en quête du gibier. La naissance d'une structure organisée obéit généralement à un schéma. Les migrations d'un groupe d'individus à la quête de ressources ou de la sécurité entrainent la sédentarisation. Le groupe s'organise en clans ; plusieurs clans reconnaissent ensuite l'autorité d'un roi ou chef : ainsi nait un royaume ou une chefferie. La chefferie, dans la lutte pour sa survie, élabore des stratégies de préservation de son autonomie, mais aussi de conquête d'autres royaumes. Le résultat est la création de vastes entités où l'autorité du pouvoir central s'exerce sur plusieurs vassaux qui lui paient des tributs et lui rendent allégeance. C'est en ce sens queThiernoMouctar Bah affirme dans sa thèse que: «Dans cette région (l'Ouest-Cameroun), de nombreuses entreprises guerrières ont été menées au nom de la revendication d'un certain espace vital» (Bah Thierno, 1985 : 156). Il est question pour nous de montrer la relation entre la volonté d'expansion des chefferies et la genèse des conflits frontaliers, objet de notre étude. Nous allons étudier d'abord la mise en place de la chefferie Bangou, ensuite celle de Babouantou avant de présenter les premières hostilités entre elles.

« Bakassi sud » pour désigner le conflit entre Bangou et son voisin Babouantou au sud, « Bakassi nord » pour nommer celui qui l'oppose à son voisin Bandenkop au nord.

I.1. La fondation de la chefferie Bangou

La chefferie Bangou, comme beaucoup d'autres, fut fondée vers 1700 par la ruse et la violence. Le fondateur était un aventurier chasseur au nom de Kouagou, venu de Fokamezo dans la Ménoua actuelle[3]. En effet, Kouagou, de son vrai nom Aka'ago[4] serait venu avec ses compagnons de chasse. À son arrivée, il fonda sa chefferie à *Tseigweu*, près de l'actuel Lycée de Bangou. Très rusé et doté d'un esprit de conquête, il séduisit les populations rencontrées sur place par sa générosité: il distribuait gratuitement les produits de chasse aux autochtones. C'est à partir de *Tseigweu* qu'il décida de soumettre Fieuyep et Fieu Ganwouok (site actuel du palais royal) qui constituent la souche dirigeante de Bangou.

La tradition orale nous apprend que sa stratégie consista d'abord à lier de bonnes relations avec ces princes autochtones. Un jour, après avoir conquis leur sympathie, il organisa la construction d'une case communautaire. Il invita à cette occasion les deux princes et leurs valeureux sujets. Les hommes de Fieuyep et Fieu Ganwouok travaillaient à partir de l'intérieur tandis que ses hommes et lui étaient à l'extérieur. Or, c'est à la fin de la construction que Kouagou devait percer une porte du dehors en signe d'inauguration de la case. Le moment venu, il incendia la casse et décima ainsi tous ses ennemis. Alors, sans aucune forme de procès, il s'accapara de tous leurs attributs de pouvoir, se fit proclamer chef de toutes ces principautés et transféra son palais de *Tseigweu* pour l'actuel site. Ainsi, naquit la première chefferie unifiée Bangou.[5] Après avoir fondé cette chefferie, Kouagou lança les premières attaques contre les voisins. Entre temps, les principautés Lemgheu et Lembo vivaient de façon autonome. La chefferie *Bété*, fondée deux ans plus tard par Bouomegni, originaire de Bandenkop, rendit allégeance à Kouagou qui le reconnut comme son vassal et fit de lui le chef de *Bété*, dépendant de Bangou.[6] Il dirigea ensuite ses attaques vers Lembo où vivaient quatre princes

---

[3] Entretien avec Ntonfo Daniel, notable bangou, 40 ans, Yaoundé le 3 juillet 2004.

[4] Le chef Tayo II de Bangou fait comprendre que Kouagou est la mauvaise appellation de Aka'ago.

[5] Entretien avec TagniTiepma Philippe, notable bangou, 80 ans, Yaoundé le 2 juillet 2004.

[6] Entretien avec Simeu Gibert, chef *Bété Fieubouo*, 25 ans, Bangou *Bété* le 3 septembre 2004.

indépendants : Fieu Ngnou, Fia Tieheu, Fieu Ndo'o et Fieu Tchep. Ce sont ses successeurs qui réussiront plus tard à soumettre ces chefs et les autres voisins.[7]

I.2. La fondation de la chefferie Babouantou

La tradition orale fait de Djamegni le fondateur de la chefferie Babouantou.[8] Avant son arrivée, vivaient sur place des autochtones dont les chefs étaient Fieupi du village *Sessieu*et Fouayeh du village *yeh*. Non loin de là se trouvait le chef de *Mekekep*.[9] Ces petits chefs étaient indépendants et conservateurs de leur pouvoir. Mais ils entretenaient entre eux de bonnes relations. Cependant, l'arrivée de Djamegni dans la région marqua la fin de leur autonomie et l'unité de Babouantou.

En effet, Djamegni était un chasseur venu de Badrefam et sa mère était de Bangoua. Il arriva dans la région avec ses deux frères. L'un fonda la chefferie Banka et l'autre la chefferie Bakou.[10] Par la ruse, Djamegni soumit Fieupi et Fouayeh. Voici ce que révèle la tradition orale :

> *Djamegni demanda à Fieupi d'organiser la danse Medjong[11] en l'honneur de sa visite. Il demanda aux hommes de Fieupi de mettre le masque, mais instruisit les siens de danser sans masque. À un signal, ses hommes massacrèrent ceux de Fieupi qui étaient masqués. C'est ainsi qu'il se déclara chef de Sessieu.*
>
> *Il utilisa un autre stratagème pour annexer Fouayeh. Un jour, pendant qu'il fendait du bois, il demanda à Fouayeh de l'aider à enlever le burin qui servait à écarter ce bois. Lorsqu'il mit ses deux mains, Djamegni enleva la hache : le bois saisit ses deux mains. Prisonnier, Fouayeh accepta la soumission au rusé Djamegni qui devint ainsi le chef des deux petits villages.[12]*

---

[7] Entretien avec WembaMbuehYongueh, chef de 3è degré, 78 ans, Bangou le 31 août 2004.

[8] Entretien avec *Feu*KaleukMongoué Pierre, chef supérieur Babouantou, 50 ans, Babouantou le 1er septembre 2004.

[9] Entretien collectif avec Sotchap (70 ans), D. Woladji (77 ans), E. Ngadeu (54 ans), paysans et notables babouantou, Babouantou le 10 septembre 2004.

[10] Sotchap et. al, 10 septembre 2004.

[11] Le *Medjong* ce sont les guerriers du chef. Leur danse s'appelle également *Medjong* et se fait avec le masque.

[12] Entretien avec Benkap Tchoupou, notable babouantou, 76 ans, Babouantou le 2 septembre 2004.

Il ressort de ces récits légendaires une vérité historique. C'est que Djamegni soumit des autochtones avant de devenir chef. Après avoir fondé la première chefferie, Djamegni dit *Fieu Djonvieuh* (chef chasseur) et ses successeurs immédiats se consacrèrent à la réalisation de l'unité et l'expansion du groupement Babouantou. Comment Babouantou et Bangou entrèrent-ils en conflit ?

I.3. La politique expansionniste de Bangou et ses conséquences territoriales

Aucune chefferie, aucun royaume n'a jamais eu les mêmes limites tout au long de son existence. D'après les témoignages recueillis chez les protagonistes et selon les chercheurs tels qu'Emmanuel Ghomsi, les guerres de conquête entre les chefferies ont commencé bien avant l'arrivée du colonisateur. Albert Pascal Temgoua soutient d'ailleurs cette thèse lorsqu'il affirme que l'expansionnisme se pose comme la constance qui se dégage du processus de formation des chefferies bamiléké, une fois qu'elles ont pris naissance (Temgoua, 2014 : 76). En ce qui concerne le conflit Bangou – Babouantou, les hostilités ont débuté à la fin du 19ᵉ siècle, sous le règne des chefs Djomo I de Bangou[13] et Ngadeu de Babouantou.[14] Djomo I fut le stratège bangou de cette époque : il livra des combats acharnés contre son homologue Ngadeu de Babouantou au sujet de la parcelle qui fait problème aujourd'hui. Cette zone était un petit village autonome dénommé Bamekekep.[15] Chacune des deux chefferies réclamait sa suzeraineté sur ce territoire. Bangou l'emporta à l'issu de nombreuses batailles.

Tayo I (vers 1914-1937), successeur de Djomo I, est connu comme le plus grand conquérant bangou. Il avait le rêve de créer un royaume aussi vaste que le royaume Bamum. Il se faisait d'ailleurs appeler *So'o fia Mouop*, c'est-à-dire « l'ami du roi bamum ». Fin stratège, il s'appuya sur son vassal FieubouoMambou (chef Bété) pour repousser Babouantou à plusieurs reprises. Il repoussa aussi Bandenkop, Batchingou, Bangoua, Bana et Bamena. Mais la

---

[13] Entretien avec WafieuKouahou, chef de 3è degré à Baloumgou, Baloumgou le 19 août 2004.

[14] Entretien collectif avec Ngaleu (75 ans) et MagniWelatah (80ans), Babouantou le 17 septembre 2004.

[15] Entretien avec Simeu Gibert, 3 septembre 2004.

campagne de Bamena fut l'une des plus rudes.[16] Comme le nom *Nieup* l'indique, c'est-à-dire « bouger et bousculer tout ce qui est autour », Tayo I repoussa la plupart de ses voisins et donna à Bangou ses limites actuelles. C'est l'une des plus vastes chefferies de la région avec 94 km^2 contre 72 pour Babouantou, 35 pour Bandenkop, 73 pour Bana et 26 pour Batchingou (Ghomsi, 1978 : 26), pour ne citer que celles-là. L'expansion territoriale constituait le fondement de la politique du *NieupNgheu*, « le grand *Nieup* », « bousculer, s'imposer et fairefaire sa volonté ». C'était là le principal leitmotiv de la fougue belliqueuse de certaines chefferies.

Thierno Mouctar Bah soutient qu'à l'époque précoloniale, la guerre était l'instrument de mesure de la solidité des institutions (chefferies). Scruter celle-ci serait incontestablement riche d'enseignements et permettrait de mieux cerner l'antagonisme d'entités distinctes entre lesquelles s'établit une liaison perpétuellement mouvante marquée par des périodes problématiques et critiques. Il conclut qu'en Afrique précoloniale, la possession des moyens de destruction a été un facteur déterminant dans l'exercice du pouvoir. Par ailleurs, dans les chefferies bamiléké, le chef, en plus de ses pouvoirs magico-religieux, devait être un fin stratège, apte à défendre sa collectivité et éventuellement à assurer son expansion par des campagnes victorieuses contre les voisins (Bah Thierno, 1985 : 2). Martin SopKamgang va dans le même sens lorsqu'il justifie la raison d'être des « guerres tribales » par le patriotisme, l'amour de sa chefferie. C'est pourquoi il s'iterroge : « A quoi servirait d'avoir une patrie et de l'aimer à l'égal de ses parents si on ne peut pas la défendre, fût-ce au péril de sa vie ? C'est ça la guerre» (Sop Kamgang, 1975 : 47).

Le pillage était la principale conséquence des attaques. Les vainqueurs effectuaient des razzias chez l'ennemi et pillaient systématiquement les récoltes, les greniers et tout autre bien matériel se trouvant à leur portée. C'était cela l'essentiel du butin de guerre, sur le plan matériel. C'est dans ce climat que les Allemands dans la région en 1910 et imposent des frontières en vue d'une meilleure administration de leur conquête.

---

[16] Entretien avec TagniTiepma, 4 juillet 2004.

II- Les initiatives coloniales et traditionnelles de gestion des conflits frontaliers

Les colonisations successives[17] qu'a subies le Cameroun ont eu de profondes conséquences sur les questions de frontière, tant avec les pays voisins qu'à l'intérieur du territoire national. Le Professeur Daniel et les autres éditeurs d'un ouvrage en hommage au Professeur Verkijika G. Fanso, s'appuient sur ses multiples travaux portant sur les frontières conventionnelles pour conclure que :

> *V.G. Fanso have shown in his many works on conventional boundaries that European colonial boundaries have had profound effects, generally, negative on the history of statehood in Africa as they are generally responsible overtly or covertly for many inter and intra-states conflicts in the continent. This is because many of them were created without due considerations of the traditional state boundaries that pre-colonial African states-builders had made and sanctioned through different types of traditional mechanisms.* (Abwa et al, 2013: xiii)

En effet, la colonisation implique un choc de cultures et de civilisations. Les colonisateurs, n'ayant pas la même conception de frontières que les Africains, les ont imposées sans souvent tenir compte des réalités endogènes. Les autorités coloniales allemandes et françaises ont chacune initié des approches pour gérer ce qu'ils qualifiaient de « guerres tribales ».

II.1. Les Allemands face aux conflits frontaliers

Les Allemands eurent d'énormes difficultés à s'imposer aux autorités traditionnelles du territoire qu'ils venaient d'annexer. Quoiqu'ils trouvent dans le *Grasssland* de nombreuses chefferies rivales depuis de longues dates, certaines comme Bafut et Mankon durent taire leur haine réciproque et nouer une alliance anticolonialiste pour tenter d'assurer leur survie (Temgoua, 2014 : 34). D'ailleurs, la présence des Européens dans la région était à

---

[17] Il est certain que le Cameroun n'a jamais eu le statut juridique de « colonie ». « Protectorat » sous domination allemande, « pays sous mandat » de la SDN, « Pays sous tutelle » de l'ONU, ces différents statuts juridiques n'ont généralement pas été respectés ; les différentes puissances dominantes ayant toujours dans leur subconscient la gestion du Cameroun comme une colonie.

l'époque un phénomène extraordinaire. Dans chaque localité, les populations voulaient défendre l'intégrité du territoire et surtout leur indépendance. Après leur victoire militaire sur les résistances locales, l'approche des Allemands fut d'imposer *manu militari* leur vision afin d'instaurer la « paix » nécessaire à une meilleure exploitation du territoire.

En effet, les expéditions allemandes dans le *Grassland* furent dirigées par Zintgraff. Il rencontra et vainquit les résistances opposées par les chefs traditionnels, particulièrement ceux qui étaient en conflit avec leurs voisins.Ils optèrent pour une matérialisation des frontières de chefferies par le creusement des tranchées. Le 24 janvier 1910, la troupe réunie à Bana se mit en marche vers Batcha et brisa la résistance des chefs traditionnels. À la fin de ce mois, plusieurs villages dont Babouantou de Ngadeu avaient demandé la paix et payé la rançon. C'est au mois de mars qu'une partie de l'expédition, dirigée par le lieutenant Rausch, marcha sur le village Balambo et traversa le territoire vers le Noun jusqu'à Bangangté (Ghomsi, 1978 : 85).

Après avoir vaincu les résistances primaires (résistances à la conquête), les Allemands rencontrèrent une fois de plus l'opposition de certains chefs traditionnels qui trouvèrent leur politique très rude et violente. Ces résistants secondaires (à la domination coloniale) furent temporairement ou définitivement écartés du pouvoir, en fonction de leur degré de résistance. Le chef bangou, Djomo I, fut détrôné par les Allemands et serait déporté vers l'île de Fernand Do Pô en 1914.[18] Le chef Ngadeu de Babouantou fit quant à lui trois mois de prison à Bana et paya de lourdes amendes pour refus de collaborer avec l'administration.[19]

Les Allemands trouvaient que la récurrence des « guerres tribales » était de nature à déstabiliser le pouvoir colonial. L'administration imposa à son gré des limites entre les chefferies. Les territoires jadis conquis ne devant plus faire l'objet d'une quelconque remise en cause. C'est alors que sur instruction du colon, les chefs Ngadeu et Tayo I (Tayo I succéda à Djomo I après sa déportation) creusèrent une longue tranchée en 1914 pour matérialiser les limites de leurs chefferies. Certaines sources parlent de 1916 comme étant la

---

[18] Entretien avec Ntonfo Daniel, 3 juillet 2004.
[19] Entretien avec Ngaleu Jean, 75 ans et MagniWellatah, 80 ans, cultivateurs, 2 septembre 2004.

date de creusement de cette tranchée. Or, à cette date les Allemands sont déjà chassés du pays lors de la guerre. Donc elle aurait été creusée avant le début de la guerre, soit en 1914[20].

Emmanuel Ghomsi montre qu'après leur défaite, les Allemands laissèrent dans la région des souvenirs peu agréables, surtout dans les chefferies qui avaient été victimes de leur système. Ainsi, leur défaite fut accueillie avec joie par plusieurs de ces chefs. Suite à leur débâcle, les populations du district de Bana dont Bangou et Babouantou étaient enclines à vider leurs querelles en de petites guerres. En effet, ces populations, depuis le mois de mars (date à laquelle le poste de Bana avait été évacué par les troupes anglaises), avaient tout simplement repris les « guerres tribales » (Ghomsi, 1978 : 235). C'est dans ce climat que les Français prendront le contrôle de la région.

II.2. La médiation française et la tranchée de 1922

L'administration coloniale française opta également pour la matérialisation des frontières en faisant creuser des tranchées aux frontières des chefferies en conflits. En 1922, Giron, premier administrateur français de la région du Noun basé à Bana[21] fit creuser une longue tranchée allant de Bana au Sud vers Bandenkop au Nord, sans tenir compte de celle creusée auparavant par les Allemands. Cette tranchée fut matérialisée sur la demande pressante des voisins Babouantou et Bandenkop qui, s'ils n'en étaient pas totalement satisfaits, étaient tout de même à l'abri des violents raids de Tayo I de Bangou. Cette médiation fut accompagnée de rites traditionnels. La conséquence fut donc l'existence de plusieurs tranchées aux frontières.

Par ailleurs, l'administration française fit déplacer une bonne partie des populations bamiléké vers la rive gauche du Noun. Cette zone aux terres volcaniques était très riche et favorable aux cultures

---

[20] La date de 1916 pose un problème. Les forces britanniques occupent la région bamiléké bien avant. La région est placée sous la direction de l'autorité politique C. Stobart. Le poste de Bana est placé sous l'autorité politique de Dschang jusqu'au 5 février 1916, date où l'administration de Bana est assumée par le capitaine M. H. Corsellis. (Lire à ce sujet la Thèse de Ghomsi, *Les Bamiléké*...pp. 235 et suivantes)

[21] Mémoire bangou en appel à la décision de la Commission Provinciale chargée du règlement du litige frontalier Bangou – Babouantou, adressé au MINAT le 13 juillet 1981.

maraîchères. Elle avait besoin de main d'œuvre sur place et bon marché. Or l'argument officiel présenté par l'administration est qu'elle contribuait à résoudre les problèmes de terre à cause des superficies restreintes et la densité élevée de la population dans les chefferies. C'est pourquoi Bangou bénéficia de vastes étendues de terre sur la rive gauche du Noun. Les populations bangou, tout comme les Baham et les Bamendjou, se déplacèrent massivement dans les années 1930 pour y fonder de nouvelles familles et créer des plantations. Le nouveau village fut dénommé « Bangou II » ou « Bangou Rive Gauche ». Le chef Bangou II était vassal du chef Bangou. C'est à lui qu'il versait les impôts collectés dans son village afin que celui-ci les transmette aux colons.Tayo I y installa Fieu Bopda dit *Fieu* Ko'okep comme premier chef Bangou II. Le chef actuel de Bangou II est Tapa'anihi, descendant de *Fieu* Ko'okep.[22] Pour témoigner sa vassalité, lorsqu'on attrapait la panthère à Bangou II, c'est à la chefferie Bangou qu'on la dépouillait.[23] Les communautés déplacées dans les années 1930 occupent toujours ces terres et entretiennent des relations ancestrales avec leurs chefferies mères.

II.3. Les mécanismes traditionnels de résolution des conflits frontaliers

Les chefferies en conflit ont eu à initier des mécanismes traditionnels pour restaurer la paix. C'est l'exemple des pactes sacrés à travers l'enterrement des chiens noirs. Thierno Bah, soutient d'ailleurs que les aspirations à la paix ont conduit la plupart des sociétés à développer des techniques de normalisation dont l'objectif est de limiter ou tout au moins de refreiner la violence et les conflits armés. Ceci a conduit à la mise sur pied d'une gamme variée de pratiques dissuasives et de modes de prévention des conflits. C'est en ce sens qu'il déclare que

> *Dans la plupart des sociétés négro-africaines, les aspirations à la paix ont conduit à développer des techniques de normalisation dont l'objectif est d'éviter ou tout au moins de réfréner la violence et les conflits armés. Ceci a donné naissance à une gamme variée de pratiques dissuasives et de modes de prévention des conflits, la*

---

[22] Entretien avec Wemba Mbueh Yongueh, 31 août 2004.
[23] Entretien avec TagniTiepma, 10 juillet 2004.

violence étant canalisée par des structures socio-politiques spécifiques et des conventions orales ou tacites à caractère juridique ou magico-religieux. (Bah : 97).

Chez les Béti tout comme chez les Bamiléké, ne dit-on pas qu' « un chef de guerre est avant tout un chef de Paix » ? Ces mécanismes de gestion des crises sont entre autres la palabre qui est un cadre privilégié de résolution des conflits et les alliances sacrificielles sur lesquelles nous allons insister.

Sur les deux rives de la tranchée, Tayo I et Ngadeu scellèrent un pacte de non-agression mutuelle. Ce pacte avait consisté à enterrer deux chiens noirs et deux esclaves vivants (dit la tradition orale) : soit un chien et un esclave vivants de chaque côté de la tranchée. Ceci était accompagné de nombreuses autres pratiques magiques comme savent bien le faire les populations bamiléké.[24] Les deux chefs avaient juré par ce rite que celui qui violerait le serment sera frappé par la foudre divine.

Enterrer un chien noir pour résoudre un conflit était une pratique très utilisée dans les chefferies. Albert Pascal Temgoua relate que les Allemands ne vinrent à bout de la résistance de Babadjou qu'en humiliant son chef, en le criblant de balles devant sa population. Les Babadjou condamnèrent cet acte et détestèrent à jamais le Blanc en sacrifiant un chien noir :

> *Pour sceller cette condamnation, un grand trou fut ouvert à l'entrée du palais et un gros chien noir amené ; on apporta aussi tout ce qui pouvait être objet de parjure. Sur tout cela, les Babadjou jurèrent non seulement pour eux, mais aussi pour les générations futures, qu'ils ne pourraient en aucune occasion collaborer avec le Blanc. À la fin de ce fameux serment, on précipita le chien tout vivant, ainsi que les autres objets, dans la tombe et l'on enterra le tou* (Temgoua, 2014 : 80).

Le recours à l'animal et à d'autres éléments de la nature n'est toutefois pas l'exclusivité des Bamiléké. À titre d'illustration, l'utilisation de la tortue dans la résolution des conflits et la culture de la paix est très répandue en Afrique noire. Daniel Abwa a expliqué

---

[24] Les protagonistes confirment l'exactitude de toutes les pratiques, mais ne s'accordent pas sur les lieux des faits. Pour Babouantou, c'est au niveau de la tranchée de 1914 que ces sacrifices eurent lieu. Pour Bangou, c'est plutôt au niveau de la tranchée de 1922. La mauvaise foi des protagonistes ne nous permet pas d'établir les faits avec plus d'exactitude.

son rôle déterminant dans la quête de la paix perpétuelle chez les Banen au Cameroun. Il affirme que le serment prononcé sur une tortue, symbole de la justice et de l'équité, n'est jamais pris à la légère (Abwa, 1989 : 78-103).

De telles pratiques ont existé entre Bangou et certains autres voisins avec qui il était entré en guerre ou non. Les alliances sacrificielles consistaient généralement en la matérialisation des zones d'influence, soit par des *Sieup* ou tranchées, soit par des arbres, des pierres ou des rivières. C'est ainsi qu'entre Bangou et Baham, les deux chefs plantèrent un arbre sacré appelé *Zack*. Ils burent également une potion magique appelée *Ngue* et enterrèrent un chien noir. Ainsi, cet arbre symbolisait l'accord de paix. Il en fut de même avec Bangoua. Les chefs scellèrent un pacte de non-agression au lieu-dit *Logo Kepang*, c'est-à-dire « la pierre du chimpanzé ». Entre Bangou et Bamena, c'est également une longue tranchée. Avec Bayangam, Bangou matérialisa les limites par deux arbres de paix appelés *Tchang*.[25]

Delarozière qui a étudié les institutions politiques et sociales des Bamiléké soutient que ces genres de pratiques étaient d'efficaces modes de règlement et de prévention des conflits, car la transgression était fatale pour le fauteur. C'est pourquoi ils enterrèrent de préférence le chien noir aux conséquences très dangereuses (Delarozière, cité par Tatiodjo, 1994 : 100). Ces mécanismes traditionnels de résolution des conflits ont contribué à la stabilité aux frontières des chefferies jusqu'au début des années 1980 lorsqu'une nouvelle génération aux velléités belliqueuses décida de remettre en cause les pactes ancestraux et relancer les hostilités.

III- Du regain des violences aux balbutiements de l'État dans la gestion des conflits

Depuis les accords de paix de 1922, les populations Bangou et Babouantou ont vécu en bonne intelligence. De nombreux mariages inter chefferies ont contribué à contribué à consolider cette paix chèrement acquise. Mais depuis 1980, Babouantou remet en cause le pacte de 1922, revendiquant ainsi ses « terres ancestrales » situées entre les tranchées allemandede 1914 et française de 1922. Il estime

---

[25] Entretien avec TagniTiepma, 4 juillet 2004.

que Bangou a usé de son statut de collaborateur de l'administration française pour creuser unilatéralement la tranchée de 1922.[26] Les revendications se manifestent par des violents raids dans la zone litigieuse, occupée depuis 1922 par les Bangou. La dernière des plus violentes est celle de 1992, attaque au cours de laquelle le nommé Michel Simeu dit Sop Simetcho'o du village Bangou avait été violemment assassiné. La résolution de ce conflit a été une rude épreuve pour l'État camerounais et ses institutions, dans un contexte fragile de transition démocratique des années 1990.

III.1. La reprise des sanglants affrontements aux années 1980

Les décennies 1980 et 1990 ont été marquées par des violences meurtrières, d'une part entre les populations bangou et babouantou, d'autre part entre les Bangou et les Bandenkop. Depuis l'intronisation de *Fo* Pierre Kaleuk Mongoué à la chefferie Babouantou en 1974, celui-ci est déterminé, avec l'appui de ses élites, à reconquérir « la terre de ses ancêtres ».

Le 26 novembre 1979, devait avoir lieu le bornage de la concession de Maurice Ngambo, ex maire de Nkongsamba, originaire de Bangou. Sa concession se trouvait à côté de la rivière *Pitchap* qui relaye la tranchée de 1916. Or, ce bornage n'eut pas lieu à cause de l'opposition du chef Babouantou. Les revendications babouantou se manifestaient par de nombreuses attaques accompagnées de destruction des biens, de création de nouvelles plantations d'eucalyptus et de caféiers et d'actes provocateurs de guerre. Le bain de sang fut évité par un contexte défavorable à Bangou. En effet, le 23 novembre 1979, mourait Sa Majesté Djomo II, chef supérieur bangou. Intronisé le 24 décembre 1979, Sa majesté Tayo II, le jeune chef bangou, ne voudrait pas voir son pouvoir déstabilisé par une guerre, surtout que sa légitimité était contestée. Mais il y a surtout les raisons historiques qui motivaient la non-violence de ce chef. C'est pourquoi, le 4 septembre 1980, il adressait au gouverneur de la province de l'Ouest les propos suivants :

---

[26] Rapport circonstancié du peuple babouantou relatif au conflit frontalier Bangou - Babouantou : 1922 -1995 enregistré au MINAT le 12 avril 1995 sous numéro 001786 CF.

> *Monsieur le gouverneur, Bangou a beaucoup souffert du terrorisme [maquis]. Je ne voudrais plus le voir plonger de nouveau dans la guerre [...] Je suis particulièrement inquiet des conséquences qui peuvent découler de la remise en cause de la paix acquise au prix des milliers et des milliers des vies humaines.*[27]

L'administration alertée, demanda d'arrêter toute nouvelle mise en valeur dans la zone litigieuse, ce jusqu'à nouvel ordre ; car la zone convoitée, riche en carrière de sable et fertile pour les exploitations agricoles, n'était mise en valeur que sur une infime partie. Malgré l'interdiction de toute nouvelle mise en valeur et l'appel au statut quo de l'administration, on enregistra des multiples nouvelles attaques les années suivantes.

Par ailleurs, les motivations politiques justifiaient également cette volonté expansionniste de Babouantou. Dans son rapport, le sous-préfet de Bangou informait le préfet de la Mifi qu'un certain homme politique très influent du côté des agresseurs motiverait ces actes d'agression. Il aurait bénéficié d'un titre honorifique traditionnel à la chefferie Babouantou. Il vise la possibilité d'en porter celui de chef de quartier s'il pouvait se faire valoir un territoire.[28] Il n'est plus à démontrer que la seule possibilité pour lui c'est d'annexer *Balambo* qui se trouve à la limite du quartier *Batoula* (Babouantou). D'après plusieurs témoignages oraux, il s'agissait du grand homme d'affaires Lévis Kolokou qui pourtant est de mère bangou.[29]

C'est pour toutes ces raisons que les 9, 10 et 11 août 1982, les Babouantou envahissent par milliers (hommes et femmes) le quartier *Balambo* (lieu-dit *Batougoug*) jusqu'à 500 mètres du carrefour *Balambo*. Ils créent de nouvelles plantations de caféiers et d'eucalyptus, tout en détruisant au préalable les exploitations préexistantes. Ils prennent en otage la voiture de Jean Claude Kouamou. Selon le procès-verbal de Hamidou-Niababa et Enonguene Ngeh en service à la brigade de Bangou, il s'agissait d'une opération bien préparée par les assaillants, car c'est en leur présence qu'ils avaient pris en otage cette voiture

---

[27] Plainte du chef bangou contre le chef babouantou, adressée au gouverneur de la province de l'Ouest le 4 septembre 1980.

[28] Rapport confidentiel du sous-préfet de Bangou, adressé au préfet de la Mifi le 27 septembre 1991.

[29] Entretien avec MbaZo'otchuiNguebou, chef de 3ème degré, environ 48 ans, Bangou le 2 septembre 2004.

tandis que la Renault 4 OU-923-O de la boulangerie de Bafang ravitaillait les travailleurs en pain.[30] Informés de l'ampleur du conflit, les préfets du Haut-Nkam et de la Mifi programmèrent une descente sur les lieux le 12 août de la même année. Malgré la médiation de l'administration, Babouantou continua à perpétrer ses attaques (1983, 1984, 1985, 1988, 1991). L'une des plus violentes est celle de 1991.

III.2. Les raids meurtriers de 1991

Les raids d'août et septembre 1991 sont favorisés par le contexte des « villes mortes ».[31] Les attaques ont fait l'objet d'un procès-verbal dressé par Georges Ngono Alomba, commandant de brigade de Bangou. On peut lire dans ce rapport ce qui suit :

> *Le 23 août 1991, vers 10 heures, un groupe de plus de cinquante Babouantou fait irruption à Balambo et pille tout le quartier pendant quarante minutes. Le 30 août vers 7 heures, ces mêmes individus, n'étant pas inquiétés par l'intervention de la brigade de Bangou, (relate le commandant) réapparaissent, toujours armés de fusils, machettes et lances. Ils détruisent sur les mêmes lieux, bananiers, arbres fruitiers, eucalyptus et plusieurs cases. Continuant leur forfait sous la direction des nommés Henri Leuta et Elie Mongoué (Babouantou), ils perpètrent de nouvelles attaques les 1er et 2 septembre.*[32]

Les conséquences des affrontements ont été importantes. Des toits de cases ont été endommagés. La plaque indiquant l'école publique de Bété a été détruite. Le nommé Jean Tchokossi a été grièvement blessé au nez et au tibia lorsqu'il s'opposait à l'incendie de l'école publique de Bété. Elie Yameka et Elie Tati, grièvement

---

[30] Procès-verbal de Hamidou -Niababa, MDL/Chef et EnoungueneNgeh, MDL, en service à la brigade de Bangou sur "l'affaire Ouafo Nana et autres contre le chef du groupement Babouantou et autres pour coups et blessures volontaires, arrestation et séquestration, pillage en bande et à mains armées, pratique de sorcellerie", adressé à la Légion de l'Ouest et à la Compagnie de Bafoussam le 14 août 1982.

[31] Il s'agit des troubles sociopolitiques qui ont secoué le Cameroun dans les années 90. Liées à l'application des réformes démocratiques, les villes mortes stipulaient l'arrêt de toute circulation interurbaine de lundi à vendredi.

[32] Procès-verbal de G. NgonoAlomba, commandant de la brigade de Bangou au sujet de « l'affaire Henri Leuta et autres (Babouantou) contre Noubissi et autres (Bangou) », adressé à la Légion de l'Ouest et la Compagnie de Bafoussam le 3 septembre 1991.

blessés, ont été évacués à l'hôpital de Bangou et au dispensaire de Bangou Carrefour. David Ngongang et Clément Ngongang ont été pris en otage. Après être passés à une impitoyable torture, ils ont été abandonnés dans un état comateux avant d'être transportés plus tard à l'hôpital protestant de Bangoua.[33] Nous ne pouvons dresser ici une liste exhaustive des dégâts multiples causés lors de ces affrontements. Les assaillants ont toutefois continué leur forfait, en mettant cette fois un terme à la vie du nommé Michel Simeu en 1992.[34]

Le 18 novembre 1992 à 9 h 30 minutes, un groupe de plusieurs centaines de Babouantou, dirigé par Maturin Mongoué alias « Bon Blanc », fait de nouvelles irruptions au quartier *Bété* (Bangou). Les concessions ciblées sont celles de Ouafo Nana et François Kouankam, chefs du quartier *Bété* et chefs de file de la résistance bangou. Les mutins pillent la maison de Ouafo Nana en son absence, tranchent en deux parties sa paire de tennis qu'ils laissent dans la cour, puis mettent une croix sur sa maison et donnent rendez-vous dans quatre jours.

Le 21 novembre 1992, soit un jour avant la date de leur rendez-vous, les Babouantou ressurgissent et réussissent à réaliser leur forfait. Ils pillent de nombreuses autres concessions, emportant ainsi des biens matériels. Le rapport du commandant de Bangou montre que les assaillants ont criblé le corps de Ouafo Nana de plombs d'armes à feu. Son corps gisait sur le sol de sa chambre à leur arrivée. Son fils avait également reçu des balles dans le dos. Immédiatement ils ont organisé le secours. Continuant leur investigation, ils ont constaté que les nommés Gilbert Raoul Tayo, Oscille Simo, Jean-Claude Kwayeb et Martin Djosseu – pour ne citer que ceux là – avaient été gravement blessés. Plus loin, ils ont constaté que suite à de multiples blessures, le vieux Michel Simeu avait rendu l'âme. Son corps gisait sous un buisson, la face contre le sol. Il présentait de profondes blessures à la tête, aux chevilles et aux poignets. Sa dépouille a fait l'objet d'un examen médical du docteur Victor Akeh, médecin-chef à l'hôpital d'arrondissement de Bangou. Les autres

---

[33] Ibid.
[34] E. Njeveme, inspecteur de police retraité, environ 70 ans, entretien à Bangou le 21 novembre 2003.

blessés ont été transportés d'urgence à l'hôpital protestant de Bangoua.[35]

Les faits ci-dessus relatés constituent des infractions prévues et réprimées par le code pénal camerounais selon les articles 276 (1) (a) pour assassinat ; 230 (1) pour le pillage en bande ; 279 (2) pour coups avec blessures graves ; 227 (1) pour incendie volontaire ; 316 (1) pour destruction des biens et 338 pour port dangereux d'une arme. Pour ces raisons et au nom de la loi, les agents de la brigade de Bangou ont arrêté Maturin Mongoué et sa suite pour les présenter devant le procureur de la République à Bafoussam. Une copie de ce procès-verbal a été adressée au Secrétaire d'Etat à la Défense.[36]

Le même rapport mentionne qu'au moment de leur arrestation, les malfaiteurs possédaient (39) trente-neuf machettes, (29) vingt-neuf lances, (9) neuf couteaux, (5) cinq fusils, (3) trois barres de fer, (3) trois frondes, (5) cinq gourdins, (1) un sac de grigris et (1) une boîte à poudre. Ces objets ont été saisis et gardés à la brigade de Bangou pour enquête.[37]

Eu égard à la spécificité de cette phase du conflit et au caractère particulièrement violent des agressions et des raids, il ressort que depuis la reprise des hostilités en 1980, les attentats de 1992 sont ceux qui ont fait grand bruit sur le territoire national. C'est à ce stade seulement que l'Etat est vraiment intervenu avec une relative détermination. Mais l'on peut se demander pourquoi avoir laissé couler autant d'encre ? Les raisons souterraines de ce silence complice de l'État sont à chercher dans l'idéologie politique de Bangou, l'agressée. Bastion imprenable de la résistance de l'U.P.C. à l'oppression coloniale, Bangou était opposant du régime Ahidjo et fief du S.D.F. dans les années 1990. Cette position politique qui lui était défavorable expliquerait en partie le peu d'intérêt que l'État accordait aux plaintes de cet « opposant historique ». Conscient de ce grand handicap stratégique, on peut comprendre son revirement politique en faveur du parti au pouvoir au début des années 2000.[38]

---

[35] Rapport circonstancié de Ngono Alomba, 23 novembre 1992.
[36] Ibid.
[37] Ibid.
[38] Le revirement politique de Bangou visait à s'attirer les bonnes grâces du régime en place. Bangou est depuis 2002 contrôlé par le RDPC, parti au pouvoir. En 2007, Mme Rosette Boutchouang, belle-mère du chef de l'Etat, avait été élue à

IV- Les tentatives administratives et judiciaires de résolution du conflit

Les premiers assauts babouantou au mois d'août 1980 amènent le chef Bangou à saisir le gouverneur de la province de l'Ouest en date du 4 septembre 1980. Nous sommes à un moment où l'angoisse des troubles d'indépendance est encore vivace dans les esprits des principales victimes. Le gouvernement camerounais était appelé à prendre toutes les mesures nécessaires pour préserver la paix, la stabilité et la cohésion nationales chèrement acquises.En ce sens, il devrait empêcher tous soulèvements susceptibles de renouveler la « rébellion ».Il est question d'analyser ici les mesures prises par le Ministère de l'Administration Territoriale (MINAT) pour restaurer la paix et la concorde entre les voisins. Face aux maladresses des commissions mises sur pied par ce ministère pour résoudre ces conflits, la Cour Suprême dû se saisir de l'affaire.

IV.1. La médiation du Ministère de l'Administration Territoriale

La haute hiérarchie administrative avait prescrit l'apaisement ainsi que le maintien du statu quo territorial dans la zone litigieuse, en attendant qu'une solution soit trouvée au différend. Dans cette perspective, par arrêté n° 104/AP/POU/SG/CAJF du 15 octobre 1980[39], Luc Loé, Gouverneur de la province de l'Ouest, avait constitué, conformément au décret présidentiel n° 78/322 du 3 août 1978[40], une Commission Provinciale chargée de régler ce litige. La commission était également créée conformément à la loi n°

---

la tête de cette commune. Depuis ces années 2000, on vit une accalmie aux frontières et de nombreuses promotions politiques des élites bangou au sein des institutions étatiques.

[39] Arrêté provinciale n°. 104/AP/SG/CAJF portant nomination des membres de la commission pour le règlement du conflit frontalier entre les groupements Bangou (Mifi) et Babouantou (Haut-Nkam), 17 octobre 1980.

[40] Décret présidentiel n° 78/322 du 3 août 1978 portant institution des commissions pour le règlement des litiges relatifs aux limites des circonscriptions administratives et des unités de commandement traditionnel.

62/LW/9 du 28 août 1962 dénommé *Inter CommunityBoundarySettlement Law.*[41]

La commission était constituée des membres ci-après : le gouverneur de la province de l'Ouest ou son représentant (président), les préfets de la Mifi et du Haut-Nkam (membres), les représentants des parties au litige, les chefs de groupementsconcernés, des personnalités choisies en raison leur bonne moralité et les représentants des services techniques, notamment le chef service provincial des Domaines, le chef service provincial du Cadastre et le délégué provincial de l'Agriculture.Après des descentes sur le terrain en décembre 1980, le 14 juillet 1981, le gouverneur transmettait par lettre n° 801/L/POU/SG/CAJF au MINAT, cinq procès-verbaux des travaux de la commission en se prononçant pour le partage de la zone litigieuse, décision qui rencontra l'opposition et l'appel de Bangou pour « nombreuses irrégularités »[42]. Le 23 septembre 1981, le Secrétaire Général à la Présidence de la République, par la lettre n°1621/SG/PR, demandait au MINAT de « veiller au règlement des litiges tels que Bangou - Babouantou, à ce qu'il soit exclusivement tenu compte des frontières ayant existé entre les deux villages depuis l'époque coloniale ».[43]Mais après avoir présidé une nouvelle réunion le 20 octobre 1981, le gouverneur maintint le partage de la zone. Il estima que pour ramener la paix dans cette zone, il ne fallait ni vainqueur ni vaincu.[44] L'échec de la Commission Provinciale et la reprise des violences en 1982 qui poussèrent la Commission Nationale de règlement des litiges de limites des circonscriptions administratives et des unités de commandement traditionnel à se saisir du problème.

C'est une commission qui s'occupait de tous les litiges frontaliers sur toute l'étendue du territoire national. Elle était créée par le décret

---

[41] Ibid.

[42] Mémoire bangou, le 13 juillet 1981.

[43] Le Secrétaire Général de la Présidence de la République, cité par le directeur de l'Organisation du Territoire dans sa note n° 146/N/MINAT/DOT/OA à l'attention de monsieur le Ministre d'Etat chargé de l'Administration Territoriale, 28 septembre 1981.

[44] Rapport du directeur de l'Organisation du Territoire dans sa note n° 146/N/MINAT/DOT/OA à l'attention de monsieur le Ministre d'Etat chargé de l'Administration Territoriale, 28 septembre 1981.

présidentiel du 3 août 1978.[45] Ce décret créait des commissions locales chargées de statuer en premier ressort, et la Commission Nationale au niveau du Ministère de l'Administration Territoriale. Elle statuait en deuxième et dernier degré, selon l'article premier de ce décret. Son article 12 stipule que les commissions désignées connaîtront de tous les litiges non définitivement tranchés par le *Boundary Tribunal* institué le 23 août 1962 par l'ancien État fédéré du Cameroun occidental.[46]

La commission s'est réunie dans la salle de conférences du MINAT le 1er novembre 1982. Elle était présidée par Joseph ChongwainAwounti, vice-ministre de l'Administration Territoriale. On y notait la présence des membres suivants : Mahmoudou Moussa, directeur de l'Organisation du Territoire; Maigari Bello Bouba, député représentant l'Assemblée Nationale; Edouard AkameMfoumou, représentant les services du Premier Ministre et le commissaire Martin Kougoué, représentant le Délégué Général à la Sûreté Nationale.[47] L'ordre du jour comportait l'étude de quatre questions de frontières. Il s'agissait des litiges suivants: Batié-Badoumdjia; Bambili-Nkwen; Banka-Badoumdjia et Bangou-Babouantou.

La Commission Provinciale ne publia cependant pas son rapport. C'est l'assassinat du nommé Michel Simeu en 1992 qui détermina la mise sur pied d'une nouvelle commission chargée de statuer exclusivement sur le litige frontalier Bangou - Babouantou au bilan déjà très lourd. Conformément au décret n°05/305 du 7 mars 1985[48] et à la constitution camerounaise, le Président de la République créa par arrêté présidentiel du 10 janvier 1995, une Commission Nationale de règlement du litige Bangou-Babouantou[49].

La présidence de cette commission revenait au Ministre d'État chargé de l'Administration Territoriale. Les membres étaient: Claude

---

[45] Décret présidentiel n°78/322 du 3 août 1978.

[46] Ibid.

[47] Procès-verbal de la réunion de la Commission Nationale du règlement des litiges de limites des circonscriptions administratives et des unités de commandement traditionnel, dressé à Yaoundé le 1er novembre 1982.

[48] Décret présidentiel n° 05/305 17 mars 1985 portant création d'une Commission Nationale des frontières.

[49] Procès-verbal de la Commission Nationale chargée du règlement du litige relatif aux limites territoriales entre les groupements Bangou et Babouantou, 27octobre 1995.

Mbafou, conseiller technique représentant le président de la commission; le colonel Momnougui, représentant le Ministère de la Défense; Alphonse Samba Letina, député représentant l'Assemblée Nationale; Philippe Ngole Ngwese, directeur de l'Organisation du Territoire (par intérim); Martin Nchungong, directeur des Domaines et Ernest Bodo Abanda, directeur du Cadastre. Les autres membres du gouvernement pouvaient assister aux travaux en qualité d'observateurs.[50] Après les travaux des services techniques, la commission s'est réunie dans la salle de conférences du MINAT le 27 octobre 1995 sous la Présidence d'Antar Gassagay, Secrétaire d'Etat au MINAT, représentant le chef de département empêché. Elle a décidé à l'unanimité de partager la zone litigieuse en trois parties. Une zone (I) est attribuée à Babouantou, une zone (II) dite « domaine privé de l'État » est attribuée à Bana qui pourtant n'a jamais revendiqué cette parcelle d'environ vingt ha, et une zone (III) attribuée à Bangou.

Par arrêté n°103/CAB/PR du 12 mars 1996, le Président Paul Biya portait approbation et officialisait le procès-verbal de la Commission Nationale, dressé à Yaoundé le 27 octobre 1995. Sur ce, le MINAT matérialisa de nouvelles limites sur le terrain en plaçant les bornes.[51] Il faut noter que l'enjeu des limites entre Bangou et Babouantou est d'autant plus important qu'elles constituaient en même temps les limites des arrondissements de Bangou et de Bandja, de même que celles des départements de la Mifi (des Hauts-Plateaux depuis 1992) et du Haut-Nkam. Si Babouantou et Bana ont été satisfaits de ce procès-verbal, Bangou l'a entièrement rejeté et a saisi l'instance suprême de la république en matière de la justice : la Cour Suprême.

IV.2. L'affaire groupement Bangou contre État du Cameroun

C'est à cause de la « dénaturation des faits par les commissions du MINAT » que le groupement Bangou s'est plaint contre l'État du

---

[50] Procès-verbal de la réunion de la Commission Nationale... 27 octobre 1995.

[51] J. Simeu et. al soutiennent que lorsque les autorités du MINAT plaçaient les bornes en 1996, le commandant de la Légion de l'Ouest a demandé au secrétaire général du gouverneur comment on appellera la partie située entre la borne et l'ancienne limite Il a répondu « placez les bornes ». Entretien du 23 août 2004.

Cameroun à la Cour Suprême du Cameroun. En effet, depuis 1980, le MINAT s'est prononcé par deux fois en faveur du partage de la zone litigieuse ; d'abord en deux, ensuite en trois parties, la troisième revenant à Bana qui n'était pas une partie en conflit. Le 15 juillet 1996, le groupement Bangou, par la voix de son chef supérieur, faisait un recours gracieux au Président de la République[52] en vue du retrait de l'arrêté n°103/CAB/PR du 12 mars 1996 portant approbation du procès-verbal des travaux de la Commission Nationale chargée du règlement du litige frontalier Bangou - Babouantou. Le 8 octobre 1996, le groupement Bangou faisait également un recours contentieux au président de la Chambre Administrative de la Cour Suprême du Cameroun aux fins d'annulation et de sursis à exécution de l'arrêté présidentiel n°103/CAB/PR du 12 mars 1996. Ce recours est enregistré à la Cour Suprême sous le numéro 655/96-97 du 8 octobre 1996.

Le 13 novembre de la même année, Clément Atangana, président de la Chambre Administrative de la Cour Suprême, statuait sur la recevabilité dudit recours dans l'affaire « groupement Bangou contre État du Cameroun (MINAT) ».[53] La cour décida dans son article 2 qu' « il est ordonné le sursis à exécution de l'arrêté n°103/CAB/PR du 12 mars 1996 du Président de la République du Cameroun jusqu'à l'issue de la procédure au fond ».[54] Cette décision est un acte fort en ce qui concerne le fonctionnement des institutions républicaines, notamment la question de séparation des pouvoirs au Cameroun.

Le 24 avril 1997, la Chambre Administrative de la Cour Suprême se réunit au palais de justice de Yaoundé, dans la salle ordinaire des audiences de la cour. Elle rendit en audience publique ordinaire et conformément à la loi, le jugement n° 70/96-97 sur l'affaire « État du Cameroun (MINAT) contre groupement Bangou ». L'audience était

---

[52] Recours gracieux du chef supérieur bangou à monsieur le Président de la République du Cameroun, en retrait de l'arrêté n°103/CAB/PR du 12 mars 1996 portant approbation du procès-verbal des travaux de la Commission Nationale chargée du règlement du litige relatif aux limites territoriales entre les groupements Bangou et Babouantou, Bangou le 15 juin 1996.

[53] Ordonnance n°04/OSE/PCA/CS/96-97 de la Chambre Administrative de la Cour Suprême portant sursis à exécution de l'arrêté n°103/CAB/PR du Président de la République dans l'affaire "Etat du Cameroun (MINAT) contre groupement Bangou", 13 novembre 1996.

[54] Ibid.

composée du président Clément Atangana, des assesseurs Clément Bityeki et Marie Mviena, et du greffier Bernadette Biag. La cour après établit que la commission avait outrepassé ses pouvoirs en incluant Bana dans le conflit. Ainsi, l'arrêté présidentiel qui approuvait le procès-verbal de ses travaux avait entériné l'irrégularité dont celui-ci était entaché. Il s'ensuivit que le recours de Bangou était fondé.[55] Par ces motifs, statuant publiquement, contradictoirement en matière administrative, à l'unanimité des membres et en plein ressort, la cour décida :

> *Article 1: Le recours du groupement Bangou est recevable en la forme.*
> *Article 2: Il est fondé. Par conséquent, l'arrêté n°103/CAB/PR du 12 mars 1996 portant approbation du procès-verbal des travaux de la Commission Nationale chargée du règlement du litige frontalier Bangou - Babouantou est annulé.*[56]

La Cour Suprême ayant rendu son jugement, le Président de la République se devait de donner de nouvelles instructions à l'Etat. C'est l'objet de la correspondance du Secrétaire Général à la Présidence, MarafaHamidou Yayaau MINAT, avec mention « très urgent ». En voici la teneur :

> *En son audience du 24 avril 1997, la Chambre Administrative de la Cour Suprême a annulé l'arrêté présidentiel n°103/CAB/PR du 12 mars 1996, portant approbation du procès-verbal des travaux de la Commission Nationale chargée du règlement du litige relatif aux limites territoriales entre les groupements Bangou et Babouantou, au motif que ladite commission avait outrepassé ses pouvoirs en statuant au-delà du litige soumis à sa magistrature. Vous faisant tenir ci-joint ledit arrêté, j'ai l'honneur de vous demander de bien vouloir prendre les dispositions nécessaires en vue de la reprise des travaux dans le sens infléchi par la Cour Suprême.*[57]

---

[55] Jugement du 24 avril 1997, (Grosse)
[56] Ibid.
[57] Correspondance du Secrétaire Général de la Présidence à Monsieur le Ministre de l'Administration Territoriale au sujet du litige Bangou – Babouantou, 25 novembre 1998.

Le MINAT s'opposa à ces instructions, ayant interjeté appel au jugement de la Cour Suprême. Le 25 août 1997, la Cour Suprême recevait le mémoire en appel du MINAT déposé par son représentant Mouala Guietsing à la Chambre Plénière de ladite cours aux fins d'annulation du jugement n° 70/96-97 rendu le 24 avril 1997 par la Chambre Administrative. Le 23 août 2001, la Cour Suprême, siégeant en Assemblée Plénière réunie au palais de justice en la salle ordinaire des audiences de vacation de la cour, rendit le jugement n°61/A du 23 août 2001, au sujet de l'affaire « État du Cameroun (MINAT) contre groupement Bangou ». L'audience était composée du président Daniel Minlo et des conseillers Georges Gwanmessia, Florence Arrey, Hans Ngalame Kome et Moïse Flaubert Tcheptang.[58] Après examen de la requête du MINAT, les juges conclurent que, malgré le délai légal de trente jours qui était imparti à compter de la déclaration d'appel du 2 mai 1997 et qui avait expiré le 3 juin 1997, et que l'État du Cameroun n'avait déposé de mémoire que le 25 août 1997, il y avait lieu, en conséquence, de déclarer l'Etat du Cameroun déchu de son appel pour dépôt tardif de mémoire. Par ces motifs, les juges avaient décidé à l'unanimité ce qui suit :

Article 1: l'appel de l'Etat du Cameroun est recevable en la forme.
Article 2: l'Etat du Cameroun déchu de son appel pour dépôt tardif de mémoire.[59]

Voilà les différentes péripéties qui ont mis à rude épreuve les institutions de la république et qui parallèlement montrent l'acuité des conflits frontaliers au Cameroun en général et à l'Ouest en particulier.

Conclusion

Cette étude nous a permis de comprendre la complexité de la gestion des conflits liés aux frontières à l'Ouest-Cameroun. Si les ambitions expansionnistes ont motivé la fougue belliqueuse de certaines chefferies, les administrations coloniales allemande et française imposé des frontières, ce qui n'était pas toujours une

---

[58] Arrêté n°61/A du 23 août 2001, rendu par l'Assemblée Plénière de la Cour Suprême au sujet de « l'affaire État du Cameroun contre groupement Bangou ».
[59] Ibid.

solution durable à ces conflits. Au prix des rites traditionnels et des mariages inter chefferies, la paix et la concorde ont régné entre les chefferies pendant quelques décennies. Avec la résurgence des affrontements aux années 1980 et 1990, l'État du Cameroun a montré ses forces et ses faiblesses dans la gestion de conflits frontaliers pouvant mettre en péril la paix et la stabilité du pays. La médiation de la Cour Suprême du Cameroun dans ces conflits a permis de comprendre la fonctionnalité des institutions républicaines et la suprématie de cette cours ; l'annulation de l'arrêté présidentiel portant approbation des travaux du MINAT éclairant davantage sur le caractère démocratique des institutions camerounaises. Mais depuis 35 ans que l'État intervient dans ces conflits, on est resté à la case de départ, malgré qu'ils aient entraîné la modification de la loi sur les frontières au Cameroun[60]. Chacune des deux chefferies en conflit se déclare vainqueur, malgré la relative accalmie. Succès ou échec de l'État ? Certes les enjeux multiples sont souvent de nature à paralyser la fonctionnalité des institutions traditionnelles et légales, mais la résolution des conflits de frontière passe par une réelle volonté politique des parties prenantes et la combinaison des méthodes traditionnelles et légales de leur gestion. Claude-Hélène Perrot et François-Xavier Fauvelle-Aymar se sont interrogés sur cette cohabitation entre la royauté et la modernité (Perrot et Fauvelle-Aymar, 2003 : 10).

Les conflits et leur résolution coûtent très chers aux acteurs directs, à l'État ou à la communauté internationale qui se mobilisent pour leur résolution. Il est plus que jamais question pour les mentalités de faire du chemin, de comprendre que les énergies déployées dans les guerres doivent être transformées pour le développement et l'amélioration des conditions de vie des populations. Cette vertu est d'autant plus réalisable que les recherches scientifiquement menées sur les fondements de la violence humaine (confère la Déclaration de Séville su la violence) montrent que, par essence, elle n'est contenue ni dans le sang ni dans le cerveau de

---

[60] Le jugement rendu par l'institution suprême de la République en matière de justice est resté lettre morte depuis 1997. La loi n° 2003/016 du 22 décembre 2003 attribue désormais à l'Exécutif l'exclusivité de la gestion des litiges de limites des circonscriptions administratives et des unités de commandement traditionnel. Toute possibilité de recours auprès d'une instance judiciaire est écartée.

l'homme. C'est un phénomène culturel lié à l'environnent social et à l'éducation. Les pères fondateurs de l'UNESCO ne déclaraient-ils pas que « les guerres prenant naissance dans les esprits des hommes, c'est dans les esprits des hommes que doivent être érigées les défenses de la paix » ?

Sources et Références Bibliographiques

A- Ouvrages

Abwa D. et al, (éds), 2013, *Boundaries and History in Africa: Issues in Conventional Boundaries and Ideological Frontiers. (Festschrist in Honour of Verkijika G. Fanso), Langaa* RPCIG Publisher, Mankon-Bamenda.

AsiwajuA. I. andAdeniyi P. O., *Borderland in Africa, A multidisciplinary and comparative focus on Nigeria and West Africa*, Lagos, Civiletis International Printer, 1989.

Perrot C.-H. et Fauvelle-Aymar F.-X., 2003, *Le retour des rois. Les autorités traditionnelles et l'Etat en Afrique contemporaine*, Paris, Karthala.

Temgoua, A. P., 2014, *Le Cameroun à l'époque des Allemands*, Paris, L'Harmattan.

SopKamgang, M., 1975, *Le chef, la guerre et la patrie chez les Bamiléké* (inédit), Yaoundé.

B- Articles

Abwa, D., « La diplomatie dans l'Afrique précoloniale, le cas du pays banen au Cameroun », in *AfrikaZamani, Revue d'Histoire africaine* N° 20 et 21 de juillet 1989, pp. 78-103.

Bah, T. M., « Mécanismes traditionnels de prévention et de résolution des conflits en Afrique noire » in UNESCO (Préface de Federico Mayor), Les fondements endogènes d'une culture de la paix en Afrique.

Tagny, J. S., « Imminente guerre civile à l'Ouest », in *Ouest Nouveau* N° 037 de mai 1999, p.8.

C- Thèse et mémoires

Bah, T. M., 1985, « Guerre, pouvoir et société dans l'Afrique précoloniale (entre le Lac Tchad et la côte du Cameroun) », Thèse de Doctorat d'Etat d'Histoire, Paris, Université de la Sorbonne.

FansoVerkijika G., 1982, « Transfrontiers Relations and Resistances to Cameroon-Nigeria Colonial Boundaries: 1916-1945", Thèse de Doctorat d'Etat en Histoire, Université de Yaoundé.

Ghomsi E., Les Bamiléké du Cameroun, (Essai d'études historiques des origines à 1920), Thèse de Doctorat de IIIe cycle d'Histoire, Paris, 1978.

Tatiodjo, M., 1994, «Les conflits armés dans la chefferie Batcham de 1903 à 1959», mémoire de Maîtrise en Histoire, Université de Yaoundé I.

D- Documents d'archives

Arrêté provinciale n°. 104/AP/SG/CAJF portant nomination des membres de la commission pour le règlement du conflit frontalier entre les groupements Bangou (Mifi) et Babouantou (Haut-Nkam), 17 octobre 1980.

Arrêté n°61/A du 23 août 2001, rendu par l'Assemblée Plénière de la Cour Suprême au sujet de « l'affaire État du Cameroun contre groupement Bangou ».

Correspondance du Secrétaire Général de la Présidence à Monsieur le Ministre de l'Administration Territoriale au sujet du litige Bangou-Babouantou, 25 novembre 1998.

Décret présidentiel n° 78/322 du 3 août 1978 portant institution des commissions pour le règlement des litiges relatifs aux limites des circonscriptions administratives et des unités de commandement traditionnel.

Décret présidentiel n° 05/305 17 mars 1985 portant création d'une Commission Nationale des frontières.

Loi n° 2003/016 du 22 décembre 2003 portant gestion des litiges de limites des circonscriptions administratives et des unités de commandement traditionnel.

Mémoirebangou en appel à la décision de la Commission Provinciale chargée du règlement du litige frontalier Bangou – Babouantou, adressé au MINAT le 13 juillet 1981.

Ordonnance n°04/OSE/PCA/CS/96-97 de la Chambre Administrative de la Cour Suprême portant sursis à exécution de l'arrêté n°103/CAB/PR du Président de la République dans l'affaire « Etat du Cameroun (MINAT) contre groupement Bangou »,13 novembre 1996.

Plainte du chef bangou contre le chef babouantou..., adressée au gouverneur de la province de l'Ouest le 4 septembre 1980.

Procès-verbal de Hamidou -Niababa, MDL/Chef et EnoungueneNgeh, MDL, en service à la brigade de Bangou sur « l'affaire Ouafo Nana et autres contre le chef du groupement Babouantou et autres pour coups et blessures volontaires, arrestation et séquestration, pillage en bande et à mains armées, pratique de sorcellerie », adressé à la Légion de l'Ouest et à la Compagnie de Bafoussam le 14 août 1982.

Procès-verbal de la réunion de la Commission Nationale du règlement des litiges de limites des circonscriptions administratives et des unités de commandement traditionnel, dressé à Yaoundé le 1er novembre 1982.

Procès-verbal de G. NgonoAlomba, commandant de la brigade de Bangou, au sujet de « l'affaire Henri Leuta et autres (Babouantou) contre Noubissi et autres (Bangou) », adressé à la Légion de l'Ouest et la Compagnie de Bafoussam le 3 septembre 1991.

Procès-verbal de la Commission Nationale chargée du règlement du litige relatif aux limites territoriales entre les groupements Bangou et Babouantou, 27 octobre 1995.

Rapport du directeur de l'Organisation du Territoire dans sa note n° 146/N/MINAT/DOT/OA à l'attention de monsieur le Ministre d'Etat chargé de l'Administration Territoriale, 28 septembre 1981

Rapport circonstancié du peuple babouantou relatif au conflit frontalier Bangou - Babouantou : 1922 -1995 enregistré au MINAT le 12 avril 1995 sous numéro 001786 CF.

Recours gracieux du chef supérieur bangou à monsieur le Président de la République du Cameroun, en retrait de l'arrêté n°103/CAB/PR du 12 mars 1996 portant approbation du procès-verbal des travaux de la Commission Nationale chargée du règlement du litige relatif aux limites territoriales entre les groupements Bangou et Babouantou, Bangou le 15 juin 1996.

E- Liste des informateurs

BenkapTchoupou, notable babouantou, 76 ans, Babouantou le 2 septembre 2004.

Feu KaleukMongoué, chef supérieur Babouantou, 50 ans, Babouantou le 1er septembre 2004.

Fieu Tayo II Marcel, chef supérieur bangou, 57 ans, Bangou le 31 août 2004.

MagniWellatah, cultivatrice, 80 ans, Babouantou le 2 septembre 2004.

MbaZo'otchuiNguebou, chef de 3ème degré à Bangou, 48 ans, Bangou le 2 septembre 2004.

Ngadeu Etienne, notable babouantou, 54 ans, Babouantou le 10 septembre 2004.

Ngaleu Jean, paysan babouantaou, 75 ans, Babouantou le 2 septembre 2004.

Njeveme Elie, inspecteur de police retraité, 70 ans, entretien à Bangou le 21 novembre 2003.

Ntonfo Daniel, notable bangou, 40 ans, Yaoundé le 3 juillet 2004.

Simeu Gibert, chef Bété Fieubouo, 25 ans, Bangou Bété le 3 septembre 2004.

Sotchap, notable babouantou, 70 ans, Babouantou le 10 septembre 2004.

TagniTiepma Philippe, notable bangou, 80 ans, Yaoundé le 2 juillet 2004.

WafieuKouahou, chef de 3è degré à Baloumgou, 79 ans, Baloumgou le 19 août 2004.

WembaMbuehYongueh, notable bangou, 78 ans, Bangou le 31 août 2004.

WoladjiDaniel, paysan babouantou, 77 ans, Babouantou le 10 septembre 2004.

Chapter 9

Women as Symbols and Swords in Boko Haram's Terror

Ankiabom L. Lawyer

In June 2014, a middle-aged woman riding a motorcycle approached the military barracks in the North Eastern Nigerian city of Gombe. While being searched at the military checkpoint, she detonated the explosives strapped to her body, ending her life and killing a soldier in the process. With this act, a new chapter in the destructive history of Boko Haram began: the group joined the ranks of terrorist groups around the world that have incorporated women into their organizational profiles. Since the first attack, women and young girls (between the ages of 7 and 17) have been coerced into targeting civilians at markets, bus depots, and mosques. The 89 attacks documented between June 2014 and January 2016, mostly of civilian soft targets, are responsible for more than 1,200 deaths and an even greater number of injuries. The adoption of female suicide bombers is not especially surprising as an operational adaptation to increased state surveillance of the group's activities; it has been a tactic adopted by secular and religious terrorist groups from Sri Lanka to Syria. However, Boko Haram depends on female operatives disproportionately, relative to similar insurgencies; for example, the Tamil Tigers used 46 women over the course of 10 years, whereas Boko Haram has deployed more than 90 women in a little over a year and a half.[2]

Introduction

Though Boko Haram is known to be the most significant source of violence in Nigeria since the transition to democracy in 1999, the group's abuses against women have also earned it international notoriety. When the group abducted the Chibok Girls from their school in April 2014, impassioned advocates around the world promulgated the #BringBackOurGirls movement and popularized the hashtag on social media, demanding that former President Goodluck Jonathan mount a serious effort to rescue the victims. Not only did human rights advocates marshal support through NGOs and public awareness campaigns, but Nigeria's international partners, including the United States, also provided supplementary military support.[3] The United States bolstered Nigeria's capacity to monitor the Sambisa Forest, where much of Boko Haram was located, and collect intelligence on the insurgency by providing drones and unmanned surveillance aircraft.[4] The attention that the group garnered following these abductions, which facilitated the spread of its propaganda domestically and internationally, may have emboldened the group to rely more heavily on female operatives.[5]

Unfortunately, while the focus on the victimized girls helped garner international support, the effort overlooked the role that women and girls play in the insurgency's operations and ideology, depriving analysts of critical insights about the functioning of the group. The timing of the group's use of females as weapons conforms to the use of gender-based violence globally as a recruitment strategy by terrorist organizations in conflicts as diverse as Turkey, Sri Lanka, and Iraq. Further, Boko Haram's use of female suicide bombers connects it to the broader global extremist movement, which is increasingly deploying female fighters and suicide bombers.[6] However, the forced conscription and deployment of young women and girls is a differentiating feature of Boko Haram among other terrorist organizations, many of which have benefited from willing female participation.[7] The group's conceptualization of females has also distinguished it from other Islamist movements in North East Nigeria; given the group's origins as a dissident movement, methods of differentiation are critical aspects of the insurgency. Analyzing the group's propaganda and the local religious-political context in which it operates shows how women, and their position within the group's ideology, allow Boko Haram to differentiate itself from other Nigerian Salafi movements. Other Salafi groups have advocated for women's education and have coexisted with the Nigerian secular state—by emphasizing its differences with such movements, Boko Haram portrays itself as the vanguard of "true Islam."

This article analyzes the roles of women and girls within Boko Haram and its ideology to elucidate the motivations, capabilities, and strategies of the organization. Women and girls have become "swords" mobilized and weaponized to carry out attacks while also being used as powerful "symbols" of Boko Haram's ideology; understanding women in the insurgency requires an examination of ideology in the context of other Islamic actors in the region, and a determination of the factors that prompted Boko Haram's operational shift towards female operatives. Our research will explore the broader patterns of tactical violence against women globally before moving to a discussion of the diversity of female engagement in Boko Haram's militant activities, addressing women's roles as wives, coerced weapons, and willing recruiters. The article will then assess Boko Haram's rhetoric vis-à-vis women, including statements about the Chibok girls, as well as insurgents' statements about women's position within. Finally, we will address some preliminary conclusions garnered from our research and emphasize the importance of an inclusive deradicalization and counterterrorism program.

I. Background

Boko Haram's adoption of suicide bombing and its increasing reliance on female operatives occurred against a backdrop of mounting sexual violence against women for political ends throughout the African continent; according to the Armed Conflict Location and Event Data Project (ACLED), "rates of rape used as a weapon of political violence have been higher than average...since late 2012."[8] While this may be the result of increasing availability of reports on the issue, ACLED's assessment suggests that there has been a significant rise in politicized sexual violence against women. This corroborates research conducted by Dara K. Cohen, which found that the overwhelming number of cases she studied in Africa have occurred during political conflicts, such as the one that initially triggered the creation of Boko Haram. Cohen also finds that rape leads to "peace fragility, primarily through the destruction of social trust," suggesting that conflicts that rely on sexual violence arise from and contribute to the unraveling of the social fabric, even following the cessation of the fighting which further complicates the already tortuous process of post-conflict reconciliation.[9]

While Cohen's research is concentrated geographically, her findings can be applied more generally. Understood as a means of fostering cohesiveness among forcibly conscripted soldiers, while simultaneously undermining external social bonds and instilling fear, violence against women is particularly suited to the goals of terrorist organizations. This issue is not confined to Africa, nor is it a novel development; sexual violence against women is an unfortunate feature of many conflicts worldwide.

Despite the longevity of this issue, the seeming acceleration in the adoption of this tactic prompted the United Nations to release a report in April 2015 highlighting wartime sexual violence—focused on rape, sexual slavery, forced prostitution, and forced pregnancy of women and girls—in 19 countries.[10] The UN expressed "grave concern" over the numerous accounts of rape, sexual slavery, and forced marriage perpetrated by jihadist groups like ISIL and Boko Haram, as well as widespread gender-based violence by armed groups in Iraq, Syria, Somalia, Nigeria, Mali, Libya, and Yemen.[11] This is especially disturbing as many jihadi groups herald women's "purity," defined in an oppressive and patriarchal way, as a main goal for the movement and emphasize in their propaganda the need to protect "their sisters in Islam" from abuse by secular communities. In light of the increasing prominence of gendered violence in jihadist groups that claim to operate in the name of Islam, understanding the operational and symbolic role of women is critical to counter the threat posed by these groups globally.

But women have not merely been disproportionately victimized by modern conflicts, they are playing an increasingly important role in the tactical operations of terrorist groups and insurgencies. Many, including one of the authors, have highlighted the role that revenge or retribution plays in galvanizing female participation and note the prevalence of widows among female militants.[12] Interestingly, some have suggested that economic incentives can motivate participation; in underdeveloped countries, economic growth "might be linked to women's diminishing share of the labor market," pushing them to join "terrorist groups out of desperation," whereas in advanced economies, "women may be attracted to terrorist groups more by their ideological or religious determination," rather than out of coercion or necessity.[13] Indeed, anthropologist Scott Atran reflects that suicide attackers in general "are rarely ignorant or impoverished."[14] While it is unclear what prompts women to join such groups (when they do so willingly), the value they add to the organizations is clear. As Angela Dalton and Victor Asal assert, when discussing female suicide bombers:

> The very fact of being female is proven to enjoy several tactical advantages. First, women suicide terrorists capitalize and thrive on the "element of surprise." They can take advantage of cultural reluctance toward physical searches to evade detection. Given their seemingly feminine facade, they are categorically perceived as gentle and non-threatening. Further, they constitute a potentially large pool of recruits, a resource that terrorist organizations can draw from and cash in on. Symbolically, the death of women bombers is more likely to evoke a feeling of desperation and sympathy.[15]

While in previous conflicts secular groups (particularly Marxist) were more likely to make use of female suicide bombers than religious groups, modern jihadist groups have increased their dependency upon female recruits and participation.[16] Boko Haram and ISIL are perhaps at the cutting edge of this Salafist-jihadi tactical experimentation with religion, patriarchy, and war. While sexual violence against women and their incorporation into armed movements is a worldwide phenomenon, the increase of female participation in Boko Haram has taken on novel characteristics, specific to this insurgency's objectives and operational tactics.

The incorporation of women into Boko Haram's activities builds upon a history of tactical experimentation, undertaken in response to cyclical government responses and opportunities posed by regional trends in arms availability.[17] Additionally, the symbolism of female-led attacks has been a means by which Boko Haram has distinguished itself from similar movements and local rivals. Understanding Boko Haram's use of women is particularly critical, as it is the most lethal insurgency on the continent, having claimed an estimated 29,000 lives since 2002, and shows no signs of abating.

II. Operational Uses – Women as Swords

Boko Haram has used women and girls for a multitude of operational purposes. This section will review, briefly, how females have been used by the group to increase insurgent cohesion, add reproductive capacity, carry out attacks, maintain order within the camps, and as bargaining chips with the Nigerian government.

However, before discussing how women and girls have been used, it is critical to note that the vast majority of women within the organization are not participating of their own volition. Boko Haram's reliance upon women and girls is a part of an organizational shift that includes forced conscription as a means of generating support. The abductions of women and girls parallel abductions of young men, who were also forcibly conscripted into the movement in night raids—though there have not been reports of the young men being subjected to sexual violence. The abductions, both of males and females, followed the May 2013 declaration of a state of emergency in Borno, Yobe, and Adamawa States.

The state of emergency was accompanied by the deployment of security forces to the region and prompted the group to abandon urban guerilla tactics in favor of holding territory. Reports of mass kidnappings emerged during this period, alongside stories of individuals being abducted. Though both men and women were abducted, the novelty of female abduction by the group drew the lion's share of attention.

The availability of women for sexual purposes became a means of satisfying insurgents and cultivating loyalty. A Civilian Joint Task Force commander, who participated in a raid that liberated women and girls, linked the abduction of women to the Nigerian government's counterterrorism deployment of security forces to urban centers; he asserted that when Maiduguri (Borno's capital) became "too hot" for the insurgents, they abandoned their urban wives and began "picking up women anywhere and using them to satisfy themselves."[18] A Human Rights Watch report published in November 2013 claimed that Boko Haram raided villages and "after storming into the homes and throwing sums of money at their parents, with a declaration that it was the dowry for their teenage daughter, they would take the girls away."[19]

The women were not always abducted by men for the latter's own purposes; rather, some of the abducted women and girls were "gifted" to Boko Haram fighters for "marriage." This euphemism for sexual violence belies the strategic aspect of the abuse. Prior to the group's descent into violence, Boko Haram's founder Mohammed Yusuf helped arrange marriages for local men struggling to muster the necessary social and economic capital to marry; however, the group has since evolved and the new class of marriages constitutes sexual slavery. There is a horrific logic at play in the institutionalization of sexual slavery; research suggests that sexual violence may be effective for building group cohesion and fostering camaraderie, particularly in insurgencies that rely on forced conscription.[20]

The "marriages" to abducted girls thus served multiple tactical purposes: increasing group cohesion through the provision of women as prizes, cultivating loyalty through the enhanced status following "marriage," and increasing local fear of the insurgents. Boko Haram's violence against women is similar to other groups' use of sexual violence as "a conscious strategy…employed by armed groups to torture and humiliate opponents, terrify individuals, destroy societies though inciting flight from a territory, and to reaffirm aggression and brutality, specifically through an expression of domination."[21]

Stories of women being abducted were eventually followed by accounts of female conditions in captivity; as women escaped from Boko Haram and the military recovered territory from the insurgents, journalists provided graphic details of the women's lives in Boko Haram. Reports found that hundreds were raped, many repeatedly, in what relief workers described as "a deliberate strategy to dominate rural residents and create a new generation of Islamist militants."[22] Despite Boko Haram's strident declarations that many of the abducted women were brought into the Islamic fold, conversion did not necessarily improve a woman's status. Regardless of religion, during their captivity almost all the women were repeatedly raped, gang raped, and subjected to sexual slavery. An internally displaced person who had lived under Boko Haram for two years reported that many of the foot soldiers have more than one wife.[23] Female captives were also subjected to non-sexual violence that served the insurgents' needs; as a part of this, the women were denied food, forced to carry the insurgents' possessions and weapons, deprived of sleep, and forced to cook.[24] The psychological trauma that these women have suffered is difficult to overstate. One escapee burst into tears while telling reporters, "I can't get the images out of my head. I see people being slaughtered. I just pray that the nightmares don't return."[25]

While following in the pattern of other terrorist groups, Boko Haram has also exhibited particular characteristics unique to Northern Nigeria in its conceptualization of women's roles and its use of rape as a weapon of war. In addition to rape for the purposes of torture, punishment, or humiliation, the group appears to be using rape to produce the next generation of extremists that will pursue Boko Haram's particular brand of jihad.[26] The governor of Borno State, Kashim Shettima, insists that, "the sect leaders made a conscious effort to impregnate the women…Some…even pray before mating, offering supplications for God to make the products of what they are doing become children that will inherit their ideology."[27] It appears that Boko Haram's fundamentalist ideology is being treated in the same manner that ethnicity was considered in conflicts in Rwanda and Serbia: a hereditary characteristic that can be bred into the population.

It is possible that this belief is being justified by a perverse interpretation of one of the hadiths narrated by Quranic scholar Abu Zayd, which contends that, "every infant is born with a natural disposition to accept Islam, but parents can socialize their infants to accept other religions."[28] Prior to his extrajudicial execution, Boko Haram's founder, Mohammed Yusuf, used this hadith as evidence for the detrimental effects of Western education in turning children away from Islam; the hadith was offered as a justification of the organization's activities which he argued were a return to the "natural" order. Boko Haram has not issued a public statement regarding its impregnation campaign or religious justification of it, which limits an exact analysis of its motives, however Boko Haram's systematic sexual abuse of women suggests that women's reproductive capacity is a critical aspect of its strategy as children would bolster the insurgency's strength by inflating its ranks.

Even more directly than through their (re)production of future militants and the group cohesion that "marriage" may foster, women have contributed to Boko Haram's campaign by carrying out attacks. Between the Chibok abductions and October 2015, there have been nearly 90 attacks with female perpetrators.

These attacks have typically been against "soft targets," such as markets, mosques, and bus depots and have taken place in urban settings. Boko Haram, like other terrorist groups, has used women because they draw less attention and are less likely to be subjected to searches than men. Since Nigerian counterterrorism efforts increased in urban centers as a part of the State of Emergency and Multi National Joint Task Force, women have become tactically important for the group to maintain an urban presence.

Figure 1: Deaths from Boko Haram Female Suicide Bombers over Time

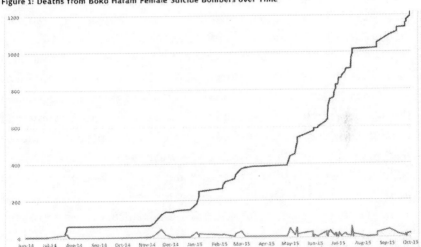

Graph illustrates cumulative (red) and incident (blue) death tolls over time in the Lake Chad region.

While the majority of these attacks have been suicide bombings, this is perhaps a misnomer as "suicide bomber" implies that the perpetrator's decision to martyr oneself is made of his or her own volition. Yet, many of the Boko Haram attacks were conducted by girls too young to have agency; others, such as rape victims and those subjected to psychological trauma, have been robbed of their autonomy to make that choice. In some instances, the bomber may have not even understood what was happening. A military source speaking to Nigerian news went so far as to suggest that, "some of those girls might not really know they were strapped."[30] In some cases, the Nigerian military preempted female suicide bombers who offered little resistance, suggesting that they were not fully committed to, or even necessarily aware of their "mission." Some reports suggest that family members coerced the girls to join the organization; in July 2014, a 10-year-old girl accompanied by her older sister and an older man was arrested while wearing a suicide bombing vest.[31] One 13-year-old girl detained by the state reported that her father, a supporter of the insurgency, had encouraged her to join.[32]

One source cited by Awford suggested that, of the women that have participated willingly, some might have been homeless or beggars who had been banned from Kano, where many of the bombings occurred. The source asserted that such women and girls "are easy to recruit and [may] have fallen prey to Boko Haram members who have lured them with a few naira notes. They may also be ignorant of what they are being asked to do."[33]

Others might have been married to "slain or arrested members of the Islamic sect who have been indoctrinated and brainwashed to take revenge on behalf of their husbands."[34] Revenge-motivated female participation in terrorist activities is a well-documented phenomenon globally. Regardless of motivation, there is evidence that women have indeed actively participated in Boko Haram's activities. For example, several Nigerian soldiers were shot by women in the Sambisa Forest while rescuing the women, suggesting that some of the women have developed allegiance to the terrorists. Additionally, a soldier posted in Adamawa State, in North East Nigeria, confirmed reports of female fighters, "wearing burqas and guns."[35]

In addition to sexual and physical abuse, Boko Haram perpetrated psychological abuse of the captives in order to maximize the utility of women and girls to the group's mission.[36] According to a social worker in Maiduguri, " [t]he militants feel it is easier to intimidate and brainwash young girls than adult women. Besides, these girls come cheap, and most of them are extremely loyal...."[37] Perhaps because of this pliability, girls and young women have been employed frequently by the insurgency in suicide bombings, despite the fact that the first such attack was conducted by a middle-aged woman. The treatment of young women as malleable and expendable echoes how terrorist leaders in other conflicts have viewed female participation in conflict, not as members of the organization with autonomy, but as another form of artillery.[38]

Women who have escaped or have been rescued by Nigerian soldiers report exposure to, and/or forced participation in, extreme violence. The militants have used girls they claimed were from the Chibok abductions as "enforcers," parading them in front of kidnapped women and telling them that, "these are your teachers from Chibok." During raids "people were tied and laid down and the girls took it from there...the Chibok girls slit their throats."[39] Within the camps, the Chibok girls were used "to teach groups of women and girls to recite the Qur'an.... Young girls who couldn't recite were...flogged by the Chibok girls."[40] Such reports suggest that "exposing women to extreme violence [is] a strategy to strip them of their identity and humanity, so they can be forced to accept the militants' ideology" and contribute to maintaining order within camps.[41] Several of the women and girls have suffered from the double trauma of abduction and sexual exploitation, as well as efforts to convert them to Boko Haram's ideology through brainwashing and consistent exposure to propaganda.

The question remains whether the women who are victimized have been genuinely radicalized, whether women related to the insurgents might share the same ideology, goals, and purpose as the men, or whether the women are suffering from severe trauma, causing a form of "Stockholm Syndrome."[42] It is difficult to discern women's motives for participation in Boko Haram's activities, as the women's bodies are often too "mutilated to...identify them," let alone recognize and put a name to the women, a source within the Nigerian government told the authors.[43]

The group has also used women as bargaining chips with the Nigerian government. After a raid on the Borno State village of Bama in 2015, Boko Haram released a video in which abducted civilians were paraded in front of the camera. In the footage, Boko Haram leader Abubakar Shekau threatened that if the Nigerian security forces "do not release our wives and children, we will not release theirs."[44] Just two weeks later, President Goodluck Jonathan ordered the release of women and children imprisoned for their connection to Boko Haram. In return, Boko Haram released its captives. Boko Haram has also offered to exchange captive women for insurgents captured by the state.[45] Shekau routinely makes threats, for example to kidnap President Goodluck Jonathan's daughter. He also framed the abduction of the Chibok girls as retribution for abuses perpetrated against Muslim communities and has issued threats against the wives and daughters of other state officials. In 2012, he released a video in response to the detention of 10 women related to Boko Haram members, in which he stated, "since you are now holding our women, just wait and see what will happen to your own women...to your own wives according to shariah law."[46] Shekau's statements rely upon examples of the "proper" treatment of women; in this way, women within Boko Haram are a symbol for the Islamic rule envisioned by the group, in addition to being valuable targets to gain the government's attention. These interactions allow the group to portray itself as a "protector" of Muslim women and source of justice against un-Islamic actors.[47]

The use of women as bargaining chips straddles the line between the operational and rhetorical advantage women have given Boko Haram; within the group, women and girls serve as symbols and swords. The image of persecuted Muslim women, the model of the righteous Muslim wife, and the symbol of Muslim women as vessels for the next generation of jihadi fighters are valuable propaganda tools. Additionally, the tactical advantages gained by using women in coordinated attacks have allowed the group to maintain a presence in urban areas despite significant Nigerian and regional efforts to push the insurgency out.

III. Rhetoric and Ideology – Women as Symbols

The Chibok abductions and ensuing controversy provided the first nationally and internationally recognized symbol of the group's violence against women. Shekau successfully used the Chibok girls' symbolism and visibility as a megaphone to telegraph the group's strength and ideology.[48] Violence against women and girls "is often intended to humiliate their families and communities, wherein women and girls are 'bearers of honor,' and men are shamed for failing to protect 'their' women."[49] In this way, sexual violence is a mechanism of destroying family and community, making it a valuable tool for terrorist groups.[50] Scholar Ruth Seifert observed that, "rape is not an aggressive expression of sexuality, but a sexual expression of aggression...a manifestation of anger, violence and domination,"[51] making violence against women a way for terrorist groups to project power and demonstrate their capacity to intimidate civilian populations.[52] Boko Haram's attitude towards women terrorizes Nigerians at the national level, and also serves to differentiate the group from other mainstream, nonviolent Salafi movements locally, such as Yan Izala, which advocate modern education for girls and boys.[53]

In a propaganda video released in May 2014, shortly after the Chibok abductions, Abubakar Shekau claimed responsibility for the raid. The abducted girls were not just used for gendered labor within the camps (though reports suggest that such work was integral to their condition), but were also a valuable tool to illustrate the implementation of Boko Haram's vision of shariah. Shekau asserted that he would, according to holy directives, sell the non-Muslim women. In later videos, Shekau proclaimed that the Chibok girls had converted and were married to Boko Haram militants.

According to Shekau, Boko Haram "would marry them out [sic] at the age of 9 or 12."[54] He justified his actions within the context of his interpretation of Islamic history and "marrying off" a girl as young as nine "like it was done on [his] mother Aisha and the wife of the Prophet" (there are varying accounts of how old Aisha was when she was married).[55] Shekau contended that the girls should have never been in school in the first place as they were old enough to be married.[56] By going to school, the girls had supposedly violated shariah in a variety of ways; not only were they participating in an educational system that contradicted Islamic teachings, but their attendance in school was considered a violation of their role as women.[57]

In these videos, which sometimes featured images of the abducted girls fully dressed in burqas, Shekau positions himself as the abducted girls' savior from the infidel lifestyle and institutions, while offering salvation to those willing to support his violent process of "reclamation" of society, notably through the overrunning of territory, the destruction of secular, modern institutions, and the abduction of women and girls. He taunted, "don't you know the over 200 Chibok schoolgirls have converted to Islam? They have now memorized two chapters of the Qur'an. They have seen themselves in the Books of Luke and John that Christians have corrupted the Bible. Girls from Chibok [are] confessing [that] Islam is the true religion."[58]

Shekau is not a fixture in all of Boko Haram's propaganda, suggesting that the group saw the girls as a valuable publicity opportunity. The group used this global platform to threaten communities and increase the audience for its ideological proselytization. In one video, Shekau insisted that Nigerians could avoid being targeted by espousing their Salafi-jihadist interpretations of Islam. "If you turn to Islam…you will be saved. For me anyone that embraces Islam is my brother."[59] He also threatened Nigerians that "nothing will stop this until you convert."[60]

Boko Haram's use of women has served to distinguish the group from other Salafi groups in the region. In a 1987 interview, Abubaker Gumi, the leader of the largely non-violent Salafi Islamist Yan Izala movement, said that, "politics are more important than prayer" and that Muslim men should allow their women to vote and "to mix in public, especially in times of impending elections" to further the political Islamist agenda.[61] Gumi's statements carried significant weight because of the prominence of Yan Izala in Northern Nigeria as a source of religious authority. Yan Izala has established a number of educational institutions for women; these schools impart both traditional Quranic education and, in some instances, "Boko" learning. The headmasters of Izala schools for women "uniformly stated that they were founded 'to help society to know their God and to know how to worship their God,'" according to academic Elisha Renne's review of such institutions in the North Eastern city of Zaria.[62] Yan Izala is far from progressive with regard to gender relations; the practice of female subordination and seclusion is regularly practiced among the Izala and "for wives and daughters of the Yan Izala, membership…means wearing the hijab—a veil that ideally covers much of their bodies—and living in total or partial seclusion," according to Adeline Masquelier.[63] However, while Yan Izala promotes some conservative practices such as female veiling, the progressive notion of female education was seen as equally critical for its religious and political legitimacy; Renne notes that "women's pursuit of Islamic education has strengthened the position of the Izala movement in Zaria."[64]

By asserting its position on women's "proper" role and attire, Boko Haram is reaffirming its role as an Islamist reformist movement and differentiating the group from rival Islamists. It is worth noting that Boko Haram's founder Mohammed Yusuf worked alongside Ja'far Adam, a Salafi scholar in the Yan Izala movement, before founding his own offshoot with a different ideology than Adam's teachings. When Adam and other Muslims (including mainstream Salafis) spoke out against Boko Haram, they were targeted in violent attacks.[65] This illustrates the stakes of intra-Islamic debate following the implementation of shariah across northern Nigeria following the adoption of the 1999 constitution. As the Boko Haram insurgency has escalated, mainstream Salafis, according to Alex Thurston, have been placed in "a complicated position vis-à-vis both Salafi-leaning audiences in the state."[66] While Yan Izala has "worked to undermine Boko Haram's messages and Salafi credentials," it has simultaneously "criticized the state's response to Boko Haram."[67] Thus, the debate over women's proper role in society is a contentious battleground in the debate between Salafi groups in Northern Nigeria.

Preliminary Conclusions

Women serve the dual purpose of serving as symbols of Boko Haram's ideology as well as swords bolstering the insurgency's operational effectiveness. Boko Haram's abuse and use of women provides a clear example of how women who are victimized may in turn victimize others because of coercion, honor-bound cultures, and (mis)conceptions about how identity and ethnicity are transmitted from one generation to the next—a process that is, unfortunately, being replicated globally.

In 2015, African troops in Nigeria (composed of soldiers from Nigeria, Chad, Cameroon, and Niger) liberated almost 1,000 women, indicating that the total number of women abducted far exceeds the 276 Chibok students.[68] In the aftermath of the women's rescue, human rights groups alleged that the vast majority of the women were pregnant.[69] Nigerian religious leaders and the members of the ulema have intervened to prevent the women from being shunned by their own families and communities. The reintegration of these abused women will be difficult, given the conservative values and "honor culture" that discourages premarital sex and extols virtue. The women's experiences have justifiably instilled a fear and loathing of Boko Haram among a diverse population.

Women who have escaped report psychological trauma and rejection by their communities despite the best efforts of religious leaders. Particularly for those who have been forcibly impregnated, reintegration is practically impossible. In honor-bound societies, women who have been raped are often blamed for sexual violence and fear retribution from the community, especially if children resulted from the sexual abuse. In light of the humiliation faced by these women, the UN High Commissioner for Human Rights, Zeid Ra'ad al-Hussein, has spoken out forcefully urging "the most compassionate possible interpretation of the current regulations in Nigeria to include the risk of suicide and risks to mental health for women and young girls who have suffered such appalling cruelty" and may wish to terminate their pregnancies.[70] Currently, Nigerian laws permit abortion only in instances where the mother's life is at risk. However, even if Nigerian restrictions were eased for victims of Boko Haram, it is likely that traditional women would not seek such services because of the accompanying stigma. John Campbell, a senior fellow at the Council on Foreign Relations and a former U.S. ambassador to Nigeria noted, "there is law, and then there is social custom and social custom is much stronger than law in many parts of Nigeria."[71]

Victims' legitimate concerns about being shunned by their communities are compounded by their fear that the militants will return and track them down. One woman interviewed by Al Jazeera feared that her Boko Haram militant husband would "kill her for running away;" at the same time, in her community she is considered "an outcast…they remind me that I have Boko Haram inside me," since she was impregnated.[72]

Rescuing the women from the insurgents is only one part of the solution. Providing psychological support, health services, and community reintegration is critical to the success of Nigeria's counterterrorism and counterinsurgency strategy. In June 2015, Dr. Fatima Akilu, head of the Countering Violent Extremism

Department of the Office of the National Security Advisor, announced that 20 women and girls who had been recruited by Boko Haram had been "saved" and were "undergoing rehabilitation and de-radicalization," though the details of the program were not released.[73] One woman whom the authors spoke to had gone through the rehabilitation program after being abducted and held by Boko Haram, and spoke enthusiastically about the program; however, the woman was uncertain about her future and lacked freedom of movement and access to livelihood generation programs.[74] The approach to treatment has to be multi-layered and sensitive to the experiences of these women who have been victims many times over. Further, "as long as the basic social and economic context does not decisively change—specifically, Nigeria's on-going inability to achieve sustained economic growth as well as some degree of social justice—militant movements such as Boko Haram will rise again," meaning that a wholesale reformation of the socioeconomic landscape of Northern Nigeria must be undertaken in the quest to recover from the Boko Haram insurgency and prevent such conflict in the future.[75]

As academics Bradley Thayer and Valerie Hudson note, improving women's status results in decreases in overall levels of violence; they assert, "when society's male members develop ways of relating to women other than through physical dominance and violence, and when women begin to take coordinated action to dampen the most oppressive features of their society, positive change will spread to broader social realms, and even affect interstate relations."[76] In conflict-afflicted and post-conflict contexts, the state must take an active role in asserting the equality and value of women through legislative equality and socioeconomic programs aimed at female empowerment. Doing so will help counter ideological conceptions, like Boko Haram's, of female subordination. Just as women and girls have become an integral part of Boko Haram's strategy, the Nigerian state must cultivate a robust strategy of female empowerment and reintegration to counter the insurgency's long-term consequences.

Notes

1 This work was supported in part by a MINERVA N000141310835 grant on State Stability under the auspices of the Office of Naval Research. The views and conclusions contained in this document are those of the authors and should not be interpreted as representing the official policies, either expressed or implied, of the Department of Defense, the Office of Naval Research, or the U.S. government.

2 Scott Steward, "An Unprecedented Use of Female Suicide Bombers," Stratfor, October 23, 2015, https://www.stratfor.com/analysis/unprecedented-use-female-suicide-bombers?0=ip_login_no_cache%3D96ccf0b0b49f942449324ef3ce2e13a.

3 Bradley McAllister, "Amnesty: Boko Haram has abducted at least 2,000 women since 2014," Jurist, April 15, 2015, http://jurist.org/paperchase/2015/04/amnesty-boko-haram-has-arrested-at-least-2000-women-since-2014.php.

4 Erin McClam, "Nigerian Girls May Be Held in Country's 'Evil Forest,'" NBC News, May 7, 2014, http://www.nbcnews.com/storyline/missing-nigeria-schoolgirls/nigerian-girls-may-be-held-countrys-evil-forest-n99306.

5 Maya Rhodan, "Report: Boko Haram Abducts 2,000 Women and Girls Since Start of 2014," Time, April 14, 2015, http://time.com/3820873/boko-haram-nigeria-chibok-amnesty/.

6 Mia Bloom, "Death Becomes Her: Women, Occupation and Terrorist Mobilization," PS: Political Science and Politics 43, no. 3 (July 2010): 445-450.

7 Lindsey A. O'Rourke, "What's Special about Female Suicide Terrorism?," Security Studies 18, no. 4 (2009): 681-718.

8 Roudabeh Kishi, "Rape as a Weapon of Political Violence, Part 1: Trends Across Africa," ACLED Crisis Blog, February 18, 2015, http://www.crisis.acleddata.com/rape-as-a-weapon-of-political-violence-part-1-trends-across-africa/; See also Raleigh, Clionadh, Andrew Linke, Håvard Hegre and Joakim Karlsen, "Introducing ACLED-Armed Conflict Location and Event Data," Journal of Peace Research 47, no. 5 (2010): 651-660.

9 Dara K. Cohen, "The Reach of Rape: Does Mass Rape Affect How Wars End and What Comes Next?" (Research for Peace Conference at the Folke Bernadotte Academy, Stockholm, Sweden, June 9, 2015).

10 United Nations Office of the Special Representative of the Secretary General for Sexual Violence in Conflict, "Sexual Violence in Conflict 'Great moral issue of our time' UN Special representative tells Security Council," April 25, 2014. http://www.un.org/sexualviolenceinconflict/press-release/sexual-violence-in-conflict-great-moral-issue-of-our-time-un-special-representative-tells-security-council/.

11 Edith M. Lederer "Sexual Violence Becomes Favorite Tool Of Torture For Extremist Groups Like ISIS And Boko Haram: Report," The Huffington Post, April 14, 2015, http://www.huffingtonpost.com/2015/04/14/sexual-violence-report-boko-haram-isis_n_7059652.html.

12 Mia Bloom, "Female suicide bombers: a global trend," Daedalus 136, no. 1 (2007): 94-102.

13 Angela Dalton and Victor Asal, "Is It Ideology or Desperation: Why Do Organizations Deploy Women in Violent Terrorist Attacks?," Studies in Conflict and Terrorism 34, no. 10 (2011): 802-819.

14 Scott Atran, "The moral logic and growth of suicide terrorism," Washington Quarterly 29, no. 2 (2006): 127-147.

15 Dalton and Asal.

16 O'Rourke.

17 Initially, at the group's founding in 2002, Boko Haram employed "hit-and-run-style" attacks on local politicians and religious centers critical of the group's leader at the time, Mohammed Yusuf. As the group metastasized into a full-blown insurgency, the group increasingly relied on bombings, including those by male suicide bombers, to attack symbols of the state, churches, mosques, and other public places. Following the declaration of a State of Emergency in the spring of 2013 across three states in the country's North East, the organization moved towards territorialization tactics that relied upon overrunning and controlling territory in response to the increased military presence in the urban centers. The return to guerilla tactics, and the strategic adoption of female suicide bombers in June 2014, was also in response to renewed Nigerian focus on curtailing the insurgency.

18 Lederer.

19 These abductions were accompanied by the kidnapping of young men as well, who were forcibly conscripted into the insurgency's ranks. See "Nigeria: Boko Haram Abducts Women, Recruits Children," Human

Rights Watch, November 29, 2013, http://www.hrw.org/fr/node/121029.

20 Dara Kay Cohen and Ragnhild Nordås, "Do States Delegate Shameful Violence to Militias? Patterns of Sexual Violence in Recent Armed Conflicts," Journal of Conflict Resolution 59, no. 5 (2015): 877-898.

21 Megan Bastick, Karin Grimm, and Rahel Kunz, Sexual Violence in Armed Conflict: Global Overview and Implications for the Security Sector (Geneva: Geneva Centre for the Democratic Control of Armed Forces, 2007). http://www.essex.ac.uk/armedcon/story_id/sexualviolence_conflict_full%5B1%5D.pdf.

22 Adam Nossiter, "Boko Haram Militants Raped Hundreds of Female Captives in Nigeria," New York Times, May 18, 2015, http://www.nytimes.com/2015/05/19/world/africa/boko-haram-militants-raped-hundreds-of-female-captives-in-nigeria.html?_r=0.

23 Interview conducted by Hilary Matfess with internally displaced person, Yola, Nigeria. December 2015.

24 Isaac Abrak and Emma Ande, "Freed Nigerian women reveal the horror of Boko Haram captivity," Business Insider, May 3, 2015, http://www.businessinsider.com/freed-nigerian-women-reveal-the-horror-of-boko-haram-captivity-2015-5.

25 Tulip Mazumdar, "Chibok girls 'forced to join Nigeria's Boko Haram,'" BBC, June 29, 2015, http://www.bbc.com/news/world-africa-33259003.

26 Roudabeh Kishi, "Rape as a Weapon of Political Violence, Part 2: Where, When, and by Whom is This Tactic Used?," ACLED Crisis Blog, February 25, 2015, http://www.crisis.acleddata.com/rape-as-a-weapon-of-political-violence-part-1-trends-across-africa/; See also Raleigh, Clionadh, Andrew Linke, Håvard Hegre and Joakim Karlsen, "Introducing ACLED-Armed Conflict Location and Event Data," Journal of Peace Research 47, no. 5 (2010): 651-660.

27 Nossiter.

28 "The Popular Discourses of Salafi Radicalism and Salafi Counter-radicalism in Nigeria: A Case Study of Boko Haram," Journal of Religion in Africa 42, no. 2 (2012): 118-144.

29 Graph data gathered from Nigeria Social Violence Project data, complemented by additional news sources.

30 Jenny Awford, "Bomb strapped to a 10-year-old girl explodes in busy market in Nigeria killing 20 and injuring 18," Daily Mail, January 10, 2015, <http://www.dailymail.co.uk/news/article-2904497/19-dead-18-injured-Nigeria-market-blast-police.html>.

31 Charlotte Alfred, "How Boko Haram Uses Female Suicide Bombers To Terrorize Nigeria," The Huffington Post, February 28, 2015, http://www.huffingtonpost.com/2015/02/28/boko-haram-female-suicide-bombers_n_6763386.html.

32 "Nigerian Girl, 13, says father gave her to Boko Haram to be Suicide Bomber," The Associated Press. December 27, 2014.

33 Ibid.

34 Senator Iroegbu, "Kano Bombings Traced to Female Beggars," ThisDay, August 4, 2014.

35 Interview conducted by Hilary Matfess with Nigerian soldiers, December 2015.

36 Former Iraqi Prime Minister, Nuri al-Maliki stated that over 60 percent of women who implemented suicide attacks in Diyala were coerced. See Mia Bloom, "In Defense of Honor: Women and Terrorist Recruitment on the Internet," Journal of Postcolonial Cultures and Societies 4, no. 1 (2013): 150-195.

37 Mark Woods, "Boko Haram could be using kidnapped Chibok schoolgirls as suicide bombers," Christian Today, May 26, 2015, www.christiantoday.com/article/boko.haram.could.be.using.kidnapped.chibok.schoolgirls.as.suicide.bombers/54681.htm.

38 For interviews with leaders of the LTTE in Sri Lanka, see Mia Bloom, Bombshell: Women and Terror (Philadelphia, PA: University of Pennsylvania Press, 2011).

39 Mazumdar.

40 Ibid.

41 Ibid.

42 "Stockholm Syndrome" is a condition in which kidnapped people sympathize with their captors. Kathryn Wescott. "What is Stockholm Syndrome?" BBC News, August 22, 2013. http://www.bbc.com/news/magazine-22447726.

43 Conversation between Hilary Matfess and a Nigerian Government Official, August 2015.

44 Paul Cruikshank and Tim Lister, "Boko Haram has kidnapped before – successfully," CNN, May 12, 2014,

http://www.cnn.com/2014/05/12/world/boko-haram-previous-abductions/.

45 Conditions within Nigerian prisons are notorious, which has prompted Boko Haram to engage in well-publicized prison breaks; their ransoming of women for prisoners is thus an additional tactic to portray themselves as Muslim vanguards.

46 Benjamin S. Eveslage, "Clarifying Boko Haram's Transnational Intentions, Using Content Analysis of Public Statements in 2012," Perspectives on Terrorism 7, no 5 (October 2013).

47 In October 2014, it was reported that in exchange for a $600,000 ransom and the freeing of 30 prisoners, Boko Haram released the wife of Cameroonian politician Amadou Ali and his family along with ten Chinese engineers. See Michelle Faul, "Negotiator: Boko Haram asks Nigerian government to swap detainees for kidnapped Chibok girls," StarTribune, July 8, 2015, http://www.startribune.com/boko-haram-offers-to-swap-detainees-for-kidnapped-girls/312497711/.

48 "Shekau Denies Ceasefire, Says Chibok Girls have Converted to Islam, Married Off," Vanguard, November 1, 2014, http://www.vanguardngr.com/2014/11/shekau-denies-ceasefire-says-chibok-girls-converted-islam-married/.

49 Kishi, "Rape as a Weapon of Political Violence, Part 2."

50 Ibid.

51 Ruth Seifert, War and Rape: Analytical Approaches (Geneva: Women's International League for Peace, 1991).

52 For Bloom, women have become commoditized by terrorist groups as a way to "recruit, reward and retain" fighters within Jihadi/Salafi groups.

53 Baca.

54 Clement Ejiofor, "Boko Haram Leader Abubakar Shekau's Latest Speech," Naij, May 2014, https://www.naij.com/65903.html.

55 Ibid.

56 Katie McDonough, "'God instructed me to sell them, they are his properties and I will carry out his instructions': Boko Haram leader on abducted Nigerian schoolgirls," Salon, May 6, 2014, http://www.salon.com/2014/05/06/god_instructed_me_to_sell_them_they_are_his_properties_and_i_will_carry_out_his_instructions_boko_haram_leader_on_abducted_nigerian_schoolgirls/.

57 New York Times, "Explaining Boko Haram, Nigeria's Islamist Insurgency," New York Times, November 10, 2014, http://www.nytimes.com/2014/11/11/world/africa/boko-haram-in-nigeria.html; Kirk Ross, "Why Boko Haram Wages War Against Western Education," May 16, 2014, http://news.usni.org/2014/05/16/boko-haram-wages-war-western-education.

58 "Missing Nigerian schoolgirls 'married off,'" Al Jazeera, November 1, 2014, http://www.aljazeera.com/news/africa/2014/10/boko-haram-says-schoolgirls-married-20141031222536853563.html.

59 Ibid.

60 CKN Nigeria, "Full English Transcript Of Boko Haram Leader Abubakar Shekau's Latest Video," CKN Nigeria, May 7, 2014, http://www.cknnigeria.com/2014/05/full-english-transcript-of-boko-haram.html.

61 Roman Loimeier, "Patterns and Peculiarities of Islamic Reform in Africa," Journal of Religion in Africa 33, no. 3 (2003): 248

62 Elisha P. Renne, "Educating Muslim Women and the Izala Movement in Zaria City, Nigeria," Islamic Africa 3, no. 1 (2012): 55-86.

63 It is critical to realize that a number of intra-Islamic debates in northern Nigeria concerning "what constitutes respectability, piety, and modesty [center] on women's dress and deportment and the creation of "docile bodies." See Adeline Masquelier, Women and Islamic Revival in a West African Town (Bloomington, IN: Indiana University Press, 2009): 97.

64 Renne.

65 For more information, see "Nigeria Social Violence Project," The Johns Hopkins University School of Advanced International Studies, http://www.connectsaisafrica.org/research/african-studies-publications/social-violence-nigeria/.

66 Alex Thurston, "Nigeria's Mainstream Salafis between Boko Haram and the State," Islamic Africa 6, no. 1-2 (2015): 109-134.

67 Ibid.

68 Reports cited allege that as many as 2000 women have been abducted thus far. See "Nigeria says troops invade last Boko Haram stronghold," Al Jazeera, April 23, 2015, http://www.aljazeera.com/news/2015/04/nigeria-boko-haram-sambisa-forest-150423090548354.html.

69 Morgan Winsor, "Boko Haram Rescue: Pregnant Women, Girls Among Those Found In Sambisa Forest By Nigerian Army," International Business Times, May 4, 2015, http://www.ibtimes.com/boko-haram-rescue-pregnant-women-girls-among-those-found-sambisa-forest-nigerian-army-1906965.

70 "UN urges Nigeria to ease abortion access for women raped by Boko Haram," Al Jazeera America, July 1, 2015, http://america.aljazeera.com/articles/2015/7/1/un-urges-nigeria-to-ease-abortion-access.html.

71 "UN Urges Nigeria to Ease Abortion Access for Women Raped by Boko Haram," Al Jazeera America, July 1, 2015.

72 Ibid.

73 "Nigerian agency saves 22 female suicide bombers," The News, June 30, 2015, http://thenewsnigeria.com.ng/2015/06/nigerian-agency-saves-22-female-suicide-bombers/.

74 Interviews conducted by Hilary Matfess, Yola, Nigeria, December 2015.

75 Roman Loimeier, "Boko Haram: The Development of a Militant Religious Movement in Nigeria," Africa Spectrum 47, no. 2-3 (2012): 47.

76 Bradley A. Thayer and Valerie M. Hudson, "Sex and the Shaheed: Insights from the Life Sciences on Islamic Suicide Terrorism," International Security 34, no. 4 (2010): 61

Chapter 10

Insécurité transfrontalière, mouvements des populations et risques sanitaires dans le camp des réfugiés de Minawao Mokolo (Extrême-nord, Cameroun)

Eloundou Messi Paul Basile

L'insécurité transfrontalière représente une menace sur les frontières des États en Afrique. Les frontières camerouno-nigérianes ne font pas l'exception ; elles sont, depuis quelques années, confrontées aux exactions de la secte islamique Boko-Haram. C'est un conflit armé qui amène des violences au niveau des frontières entraînant le déplacement massif des personnes, des familles, ou des communautés entières et de leurs biens vers l'intérieur du Cameroun. La création de camps de réfugiés, tels que celui de Minawao dans le Mayo-Tsanaga a pour but d'accueillir ces déplacés. Le foisonnement d'un nombre important de personnes dans un même milieu peut entraîner le non respect scrupuleux des règles d'hygiènes. Les risques sanitaires peuvent être envisagés à cause des comportements des groupes de populations qui y vivent. Ces mouvements de personnes sont de nature à entraîner des épidémies graves de choléra, de méningite et de poliomyélite.

Dans ce travail, nous montrons que l'acte de création d'un camp de réfugiés près de la réserve forestière de Zamay -Minawao présente des écarts socio-écologiques. La méthodologie de cette recherche va s'appuyer sur une revue de la littérature existante sur les problèmes dans le camp de réfugiés et sur une enquête de terrain basée sur un questionnaire et des interviews auprès des gestionnaires de ce camps de réfugiés et enfin des refugiés résidents dans ce milieu clos. Les risques sanitaires peuvent être perceptibles à travers les comportements des groupes de populations qui y vivent. La saison pluvieuse s'annonçant, toute crise ira croissante du fait de l'humidité et de la présence des eaux. Nous avons aussi montré que l'utilisation abusive des ressources floristiques dans la réserve peut entraîner une rupture écologique. Ce type de situation favorise l'émergence et la diffusion des maladies tropicales.

Contexte de la recherche

Au cours des trois dernières années, la Région de l'Extrême-nord du Cameroun, dans la partie Est de sa frontière, a connu des agressions par des individus armés (Boko-Haram) qui ont provoqué des crises humanitaires et sanitaires matérialisées par les déplacements de personnes et leurs bêtes vers les zones plus sécurisées dont le camp des réfugiés créé pour la circonstance. Ce type de situation est considéré comme favorable à l'émergence de plusieurs maladies infectieuses et épidémiques. Les guerres civiles et les fondamentalistes religieux sont à l'origine des déplacements des populations vers des lieux inconnus pour sauver leur vie, oubliant tous les instruments de la survie derrière elles. L'Extrême-Nord du Cameroun est enclin aux exactions menées par la secte islamique Boko-haram sur sa partie de sa frontière Est sur une distance de 250 km. Celle-ci a provoqué le déplacement des milliers de personnes venant du Nigéria vers le Cameroun et les camerounais des villages frontaliers vers l'intérieur du territoire. Les autorités camerounaises, pour canaliser ce flux de migrants, ont été obligées de créer un camp de réfugiés près de la réserve forestière de Zamaï pour drainer cet afflux de migrants nigérians vers ce camp de réfugiés de Minawao, le plus important, puisqu'il abrite au moins 50 000 âmes. La situation sanitaire dans le camp est devenue chaotique, parce que certains migrants se sont déplacés avec leurs bétails, ce qui a rendu difficile la gestion de l'espace affecté aux réfugiés, en plus des personnes, il fallait aussi penser aux bétails. La santé des populations, plus particulièrement des migrants, est préoccupante dans un contexte de crise humanitaire. Si les catastrophes naturelles et humaines ont des conséquences souvent similaires sur la santé, par ailleurs les situations engendrées par l'action humaine résultent parfois d'une volonté délibérée d'affaiblir une population et sont plus dévastatrices (Lautze, Leaning, Raven-Roberts, Kent et Mazutana, 2004 cité par La liberté D., 2007). Le constat fait est que les groupes de populations étaient déjà exposés lors de leur fuite dans les villages respectifs cités. Le déplacement est précoce ou brusque, cela peut se faire de jour comme de nuit. La nuit est une période où le risque est plus élevé, car c'est un moment de repos, après un dur labeur en journée. Les populations sont appelées à se reposer pour un éventuel jour de travail le lendemain, celles-ci sont surprises en plein sommeil et sont contraintes de libérer les lieux, lorsque survient une crise humanitaire en pleine nuit, celles-ci sont obligées de sauter de leur couchette pour se sauver. Dans la nuit, tout est sombre, la population n'a pas une bonne visibilité, mais obligées de fuir leurs ravisseurs. C'est au cours de cette fuite que ces personnes sont souvent blessées. Les femmes et les jeunes filles sont souvent aussi violées par les assaillants qu'elles ne souhaitent pas toujours faire le déplacement à cause du mauvais état de la route ou des sentiers empruntés pendant le déplacement, ils sont obligés de se déplacer nuitamment pour avoir leur vie sauve. Les migrants qui vivent au camp de Minawao sont les réfugiés ou les déplacés que Agier M. (2006) « les indésirables» qui représentent à peu 20 millions aujourd'hui dans le monde. Donc le camp de Minawao compte à lui seul 56785 réfugiés répartis sur une superficie de 554 hectares. Les conditions de vie difficiles des réfugiés au camp de Minawao pour l'accès à l'eau potable restent précaires et constituent un facteur déterminant pour la santé en Afrique, surtout pour les populations qui vivent dans les milieux clos, selon FOE, B.

Localisation de la zone d'étude

Minawao, ce petit village jadis inconnu aujourd'hui au centre de tous les débats sur les réfugiés au Cameroun, qui se trouve dans l'arrondissement de Mokolo, Région de l'Extrême-Nord du Cameroun s'est vu implanter un camp des réfugiés. Cette localité se situe à 35 kilomètres de la ville de Mokolo sur la route Maroua – Mokolo. Le village de Minawao couvre une superficie de 34263 Km2. Le camp des réfugiés de Minawao est devenu célèbre avec l'afflux des réfugiés qu'il enregistre chaque jour et devient l'un des camps des réfugiés le plus grand d'Afrique centrale. Il s'étend sur 319 hectares (Rapports d'activités UNHCR 2015). Il abrite aujourd'hui 56000 réfugiés. Il est situé à l'Ouest de Zamay limité au Nord par les plaines de Gawar et plus à l'Ouest par l'arrondissement de Hina. Géographiquement, ce camp se localise entre 10°34'60" de latitude

Nord et de 13°52' 60"de longitude Est. La figure 1 nous présente la petite localité de Minawao sur la carte du département du Mayo Tsanaga.

Figure : 1 Carte de localisation du Camp des réfugiés de Minawao Mokolo

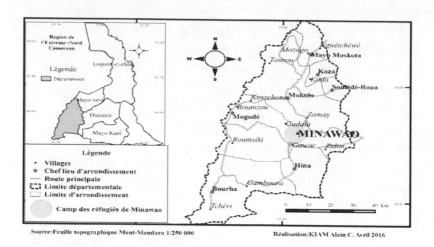

Méthodologie

Dans cette étude nous nous proposons de mener une réflexion sur la santé des personnes en situation de crise humanitaire, liée à une migration de refugiés, éclairée par une revue de la littérature, des enquêtes sur le terrain et des observations effectuées dans le cadre de l'intervention des ONG humanitaires sur le site de Minawao. Cette méthodologie va insister sur les enquêtes de terrain menées par moi-même et des étudiants dans le cadre d'une excursion dans ce grand camp de réfugiés. Ceux-ci ont consulté les registres des humanitaires en charge des questions de santé sur le site qui abrite les réfugiés nigérians. Les interviews ont été accordées aux responsables en charge des organismes humanitaires, pour mieux comprendre leur plan d'action sur les domaines aussi divers du site de recasement des réfugiés. Ces autorités nous ont éclairés sur les pathologies que les réfugiés ont ramenées dans le camp et les risques sanitaires auxquels ceux-ci peuvent être exposés dans le camp, si certaines dispositions ne sont pas prises. C'est pourquoi le déploiement des ONG du domaine de la santé est le plus présent sur le site. Les principaux problèmes de santé associés aux humanitaires et la riposte des organismes humanitaires sont présentés, pour ensuite proposer un cadre d'analyse tout en dégageant les risques sanitaires encourus par le pays d'accueil et les pathologies dont sont victimes les réfugiés résidant dans le camp de Minawao est une migration forcée et avec des incidents sur leur état de santé. Les outils utilisés pour le traitement des données sont les logiciels Excel pour le traitement des données numériques et la réalisation des tableaux et le logiciel Qgis qui a permis la réalisation des cartes.

Afflux des réfugiés vers Minawao

Les déplacements des populations vers Minawao sont dus aux œuvres des islamistes de la secte Boko-Haram. Ceux-ci ont commis des exactions dans des villages frontaliers des deux pays (Cameroun et Nigéria), ce qui a entraîné le déplacement massif de personnes le long de la frontière. L'afflux des migrants vers la ville de Mokolo a poussé à l'Etat à agir promptement avec l'aide des bailleurs de fonds pour la création de ce camp de réfugiés de Minawao. Cela a permis une prise en charge efficace des réfugiés venant du Nigéria. Ce camp accueillait tous les jours des vagues de migrants qui avaient échappé aux folies des islamistes de Boko-Haram. D'après les Organisations non gouvernementales en charge des questions humanitaires basées à Maroua, le site a accueilli des milliers de réfugiés en un temps très court. Le camp de Minawao est devenu un point de chute précieux pour les populations migrantes à la recherche d'un abri et de sécurité pour leur vie et leurs bétails. Le Cameroun, face à cet afflux de migrants, ne pouvait pas agir seul, d'où la nécessité de faire appel à l'aide des organismes internationaux Onusiens et les ONGs humanitaires pour pouvoir subvenir aux besoins essentiels des populations déplacées suite aux exactions de la secte Boko-Haram au niveau de la frontière nigéro-camerounaise. Le camp de Minawao devient un exutoire, pour les populations fuyant l'enrôlement dans la secte islamique Boko-Haram des villages frontaliers au Cameroun. Le camp débute ses activités avec 3000 réfugiés en 2013. Le camp de réfugiés de Minawao semble exigu pour abriter des arrivants t oujours plus nombreux. Le nombre de personnes qu'héberge cette superficie connaîtra une saturation rapide. Les réfugiés sont donc obligés de vivre dans la promiscuité à l'intérieur du camp, confinés dans les abris de fortune que leur offrent les institutions onusiennes. L'afflux des migrants fuyant les exactions de la secte islamique est présenté dans le tableau 1 ci-dessous :

Tableau : 1 Afflux des migrants Nigérians vers le Cameroun

Date ou période d'arrivée au camp	Afflux des déplacés	Réfugiés au Camp de Minawao
Mai 2013 – 1Décembre 2014	39000	17000 Réfugiés
30 décembre 2014	13000	22000
1 Février 2015	4470 avec transit à Mozogo	24667
28 Février au 1 Mars 2015	16000	32600
Juillet 2015 au 12 Août 2015	4742	44808
25 Octobre 2015	245 et 64 familles	47009
Décembre 2015	12000	54000
25 Mars 2016	2785	56785

Source : Rapports d'activités d'UNHCR 2013- 2016

Le tableau1 ci-dessus nous présente l'afflux des migrants nigérians et camerounais qui arrivent dans les localités proches de la ville de Mokolo qui sont orientés vers le camp des réfugiés de Minawao pour être pris en charge par les institutions des Nations Unies. Le nombre de migrants a connu une évolution rapide au fur et à mesure que le conflit prenait de l'ampleur sur le terrain dû aux exactions de la secte islamique Boko-Haram au Nigéria et en terre camerounaise sur sa partie frontalière. Il va entraîner le déplacement des personnes et leurs bétails vers les villes camerounaises proches de la frontière pour leur sécurisation. Nous allons donc recevoir au camp de Minawao selon les différents pointages du Haut Commissariat pour les Réfugiés (HCR). Le nombre des réfugiés est monté très rapidement passant de 17000 réfugiés à 22000 réfugiés a moins d'un an d'une guerre asymétrique que livrent les armées nigériane et camerounaise pour éradication de cette nébuleuse secte Boko-Haram. La période de février 2015 jusqu'au Août 2015, durant une période de 8 mois le nombre de réfugiés a évolué de façon vertigineuse et il est même passé du simple au double à cette même période, passant de 24667 réfugiés à 44808 réfugiés. Cette évolution du nombre des réfugiés va se maintenir au fur et mesure que les attaques de Boko Haram vont s'intensifier dans les villages ou les villes qui sont peuplés et les déplacements seront aussi de plus en plus massifs, d'où ces chiffres de 56785 réfugiés en Mars 2016. Avec ce nombre de réfugiés, le camp de Minawao semble débordé. Dans cette étude, nous voulons aussi dresser la typologie des organismes qui interviennent dans le camp des réfugiés de Minawao.

Typologie des ONG humanitaires sur le terrain

Le phénomène Boko Haram a conduit à la création d'un camp de réfugié à Minawao. Dans ce camp l'on retrouve deux catégories d'ONG. Celles qui s'occupent de la distribution des aliments aux réfugiés et les ONG qui se préoccupent de la santé des personnes déplacées du camp. Les organismes onusiens s'occupant de la distribution de la ration alimentaire sont les plus représentatifs sur le terrain. Leur nombre y est allé croissant au fur et à mesure que la population augmentait dans le camp. La secte islamique Boko Haram a créé des traumatismes dans des familles et au sein des populations citadines et villageoises. Ces organismes onusiens ont été obligés de venir en aide à ces populations sinistrées victimes des exactions de la secte islamique qui ont eu leur vie sauve en fuyant. Parmi les Organismes des Nations Unies qui s'occupent du ravitaillement des réfugiés en nourriture, nous pouvons citer entre autres le PAM (Programme Mondial Alimentaire), le HCR et IEDA Relief. Le camp de Minawao compte aussi des ONG qui s'occupent des problèmes de santé des réfugiés, il s'agit de Médecin Sans Frontières, International Médical Care et ALIMA (Alliance Médical Afrique). Au regard du nombre important des réfugiés du camp, ces structures ne peuvent qu'être débordées par le travail de soins infirmiers au sein du camp vu le nombre de personnes qui sollicite leur service.

Caractéristiques du milieu de vie des réfugiés à Minawao

Les réfugiés sont ceux qui ont fui les exactions de la secte de Boko-Haram. Ils viennent de plusieurs villes nigérianes et sont d'origines culturelles variées. Le foisonnement des personnes dans un espace réduit entraîne la promiscuité au sein des familles qui y résident. Les réfugiés ont chacun un abri par famille. Celui-ci n'est pas cloisonné pour permettre une certaine intimité au sein des membres qui résident dans le même abri. Les populations qui ont eu la chance d'évacuer leur village ou leur maison avec le bétail sont obligées de vivre avec ces animaux dans le même abri. La superficie attribuée à une famille est de 12m2 quel que soit le nombre de personnes qui constitue la famille. C'est un milieu de vie insalubre du fait que ces réfugiés vivent avec leurs bêtes (petits ruminants et grands ruminants et même de la volaille). Ces animaux domestiques défèquent à l'air libre; ce qui pose aussi les problèmes d'assainissement dans le camp. En saison de pluies, le camp est insalubre et à la limite invivable et la présence de la boue complique les déplacements des réfugiés à l'intérieur du camp. Les eaux de ruissellement peuvent souiller la nappe phréatique. En saison sèche, la poussière que l'on rencontre dans le site entraîne différents types de pollutions qui pourront être à l'origine des vecteurs de certaines maladies dans le camp. L'ensemble des agissements maladroits des réfugiés vivant dans le camp contribue en jouer à leur défaveur dans la fragilisation de l'écosystème. Cela conduit à l'insalubrité du camp, malgré la présence des agents d'entretien. Pour preuve illustration, la photo 1 présente un cliché de la vie quotidienne dans les abris de fortunes dans le camp des réfugiés qui pose, également le problème de l'insalubrité dans le camp de Minawao au grand jour.

Photo 1 : Abris de fortune et insalubrité au camp des réfugiés de Minawao

Cliché Eloundou Messi 2016

L'instabilité transfrontalière entre les frontières camerounaises et Nigérianes est l'origine de la création de ce camp de fortune qui abrite, comme nous le savons déjà, 56785 réfugiés. Ces cases de fortune provoquent les problèmes d'insalubrité dans la zone, entraînant les problèmes d'assainissement.

Insuffisance des installations de base

Le camp de Minawao, au vu de l'évolution des migrants en direction dans le camp selon International Médical Care, les premières personnes arrivent au camp en juillet 2013 qui compte déjà 6000 personnes. Le nombre va pratiquement doubler en septembre 2014, dépassant les 14793 réfugiés, cette ascension va se maintenir avec les débordements de la secte islamique qui verra le chiffre passer du simple au double en décembre 2014 à 25793 personnes et en décembre 2015, il est passé à 53911 réfugiés. L'afflux du nombre de réfugiés au camp de Minawao a poussé les autorités politiques, administratives, la communauté internationale et les ONG à mettre en place des infrastructures de base pour les réfugiés (toilettes, latrines et forages) pour permettre à ces populations d'avoir un minimum et se mettre à l'aise. Ce secteur reste encore en dessous du seuil minimum des standards internationaux dans la prise en charge. Soit 21 forages qui sont inégalement répartis sur la superficie puisque certaines parties nouvellement construites n'ont pas des infrastructures de base. Les forages du camp ont été réalisés par le HCR (11) et L'UNICEF (10). Selon les informations des agents du camp, seul 16 forages sont en état de fonctionnement et cela peut impacter sur les quantités d'eau à distribuer aux réfugiés. Le rationnement de l'eau dans le camp reste l'épineux problème à résoudre puisque selon les mêmes sources sur les études menées sur la quantité d'eau de la nappe phréatique, ces forages ne pouvaient alimenter que 25000 personnes alors que sur le site on compte 53911 personnes. Ce qui fait que chaque réfugié reçoit 7 l d'eau par jour pour des multiples travaux domestiques et le bain. Cela ne correspond pas aux normes internationales qui sont de 40 Litres par jour et par personne. Nous sommes très en deçà du seuil minimum. Ce qui expose le camp à des risques sanitaires. Le camp des réfugiés de Minawao pose un véritable problème d'accès à l'eau potable par les déplacés de guerre de la secte islamique Boko-Haram. La photo 2 nous donne un aperçu des problèmes d'eau au camp de Minawao.

Photo 2 : Insuffisance et longue file d'attente pour l'eau potable à Minawao

Cliché : Kiam 2016

Cette image nous donne une idée du temps d'attente des familles pour avoir un bidon d'eau. Les bidons vides au point de ravitaillement sont en attente d'un éventuel approvisionnement en eau par les camions citernes du camp et même de la Brigade d'Intervention Rapide (BIR).

Le site compte 341 latrines et 237 douches à utilisation mixte. Les risques de contagions sont assez élevés puisque les hommes et les femmes fréquentent les mêmes toilettes et les mêmes douches. Le camp de réfugiés qui compte depuis le dernier pointage de décembre 2015 une population estimée 53911 résidents. La promiscuité vécue dans ce camp n'est pas à décrire, les enfants vont dans les mêmes toilettes que leurs parents, ceux-ci étant plus fragiles car plus exposés aux maladies. Le ratio par latrine nous conduit à des statistiques suivantes : 84 personnes / latrine et on estime à 121 personnes / douche pour une journée, ce qui est quasiment impossible que tout le monde puisse se laver dans une douche au cours d'une journée.

Certains réfugiés seront tentés d'utiliser les moyens de bords, c'est-à-dire de prendre leur bain hors des douches ce qui n'est pas commode. Ces douches et latrines sont très insuffisantes d'après le nombre de réfugiés vivant dans le camp. La question de l'assainissement à Minawao reste encore entière à cause des mentalités et des comportements rétrogrades qu'affichent certains individus en société. Certains résidents vont souvent déféquer dans la nature créant les pollutions de toute sorte à travers les déchets déposés dans les broussailles tout autour du camp, ce qui pollue l'atmosphère du camp et peut contribuer à la prolifération de certaines maladies d'origine hydrique.

Pathologies dans le camp des réfugiés

Les maladies sont présentes dans ce camp, d'où les cas de morbidité. Le problème auquel le personnel de santé est confronté dans ce camp est celui des préjugés que l'ensemble des résidents réfugiés ont pour les vaccins gratuits que l'on administre pour lutter contre certaines pathologies dont la propagation est assez rapide surtout au sein de la population jeune. Certains estiment que ces vaccins sont administrés pour réduire ou pour stopper les accouchements aux femmes, d'où un refus catégorique de certains chefs de ménages s'opposer au vaccin. Les mesures d'hygiène et les infrastructures sanitaires de base sont insuffisantes, les causes de morbidité dans le monde sont d'origine hydrique. Dans le camp, la mise en place des mécanismes vitaux sont joués par l'eau pour le transport des germes, indices de pollution qui sont pour la plupart d'origine fécale. La gastro-entérite est la maladie la plus fréquemment associée à l'ingestion d'eau ou aliments contaminés par la matière fécale et qui entraîne des problèmes santé graves. Selon les enquêtes et les informations du personnel de santé du camp, les Infections Respiratoires Aigues (IRA) représentent 41% des cas de morbidité alors que le paludisme présente 19% de cas. La qualité de l'eau peut contribuer à l'augmentation des pourcentages de la diarrhée qui sont de 8%, alors que les dermatoses sont créditées de 10% des cas de morbidité. En ce qui concerne la morbidité infantile, la rougeole et les autres maladies sont créditées respectivement de 5% et 17%. Le cadre de vie de Minawao reste très précaire en ce qui concerne la gestion des pathologies. Celle-ci se confirme par les cas de décès que l'on dénombre dans le camp des réfugiés selon les informations d'International Médical, 130 réfugiés sont morts. Les consultations enregistrées dans les centres de santé du camp de Minawao nous ont permis de connaître les différentes pathologies qui sévissent dans ce milieu. Le tableau 2 ci-dessous nous donne l'aperçu des maladies enregistrées pendant trois ans par les ONG en charge des problèmes de santé au Camp de réfugiés de Minawao.

Tableau 2: Maladies récurrentes au Camp de réfugiés de Minawao

Consultations par types de maladies	2013	2014	2015
Dermatose	73	50	200
Diarrhée	60	650	238
Fièvre typhoïde	30	190	136
Choléra	500	124	0
Paludisme	150	1500	1900
Tuberculose	28	60	50
Malnutrition	175	369	886
Rougeole	15	26	15
Maladies mentales	35	80	78

Source : Rapports d'activités UNHCR 2016

Dans ce rapport d'UNHCR qui présente les pathologies les plus actives dans le Camp des réfugiés, toutes ces maladies sont liées au milieu de vie très difficile pour les déplacés du camp des réfugiés de Minawao. Ces populations ont tout abandonné derrière elles pour se sauver. Ce cadre de vie est donc non approprié pour ces populations qui vivent entassées sous les tentes aux conditions d'hygiène déplorables d'où ces maladies liées à la promiscuité et au manque d'hygiène et d'assainissement dans ce milieu. Le paludisme est la maladie la plus récurrente dans le camp avec un effectif de 1900 cas en 2015. La malnutrition est aussi très en hausse à cause de la présence de nombreux petits enfants qui y vivent avec 886 cas déclarés dans ce milieu de vie des réfugiés. Les maladies dues à la mauvaise qualité des eaux utilisées par les réfugiés nous amènent à voir que les diarrhées ont 238 cas et les dermatoses 200 cas déclarés en 2015. L'insuffisance d'eau pour approvisionner l'ensemble des réfugiés fait défaut, ce qui amène les populations à se débrouiller comme elles peuvent pour avoir de l'eau pour le bain, la vaisselle et le linge. Mais tout cela ne peut pas satisfaire les populations présentes à Minawao. La fièvre typhoïde est l'une des maladies liées à la consommation de l'eau souillée qui est aussi en hausse avec un total de 136 cas déclarés en 2015. Selon les registres d'UNHCR, l'année 2015 a été celle qui a connu une flambée de maladies dont tout en hausse à cause de l'affluence qu'a connue le camp des réfugiés pendant cette période. Les conditions d'hygiène et d'assainissement se sont dégradées très rapidement dans ce camp des réfugiés avec l'arrivée massive des déplacés due à la secte islamique Boko-Haram. Cela va entraîner le débordement des structures sanitaires situées dans le camp. Celles-ci ne peuvent plus servir efficacement les populations victimes des pathologies suscitées. Les longues files d'attente devant les services de santé situés dans le camp des réfugiés de Minawao la photo 3 présente les conditions d'attente des patients au service de santé. Certains malades sont debout et d'autres assis à même le sol pour une éventuelle réception par un agent de la santé.

Photo 3 : Longues files d'attente dans un centre de santé au Camp de Minawao

Cliché de KIAM 2016

L'engorgement d'un centre de santé à Minawao nous donne un exemple sur le temps d'attente des patients à recevoir les soins de santé dans le camp des réfugiés. Ces orphelins de la santé passent parfois toute la journée à l'attente des éventuels soins. Ces rangs sont souvent longs et le temps de travail ne dure que de 7h30 à15h30 et certains malades nous ont affirmé que, après ce long temps passé, le personnel soignant n'arrive toujours pas à consulter tous les patients. Certains malades sont souvent obligés de se retourner vers l'automédication. La vente des médicaments de contrebande se fait donc dans le camp à ciel ouvert, pour que les populations puissent se soulager elles-mêmes. Cette situation n'est guère reluisante pour des populations qui ont tout perdu et ne comptent que sur l'aide sanitaire à leur accorder par les ONG.

Conclusion

L'analyse que nous venons de faire au camp de réfugiés de Minawao présente les problèmes que l'on rencontre dans tous les camps des réfugiés. L'insuffisance sur les différentes infrastructures sanitaires de base dans cet espace à eux réservé. Cette recherche avait pour but de présenter les difficultés qu'ont les réfugiés qui vivent au camp. Nous voulions aussi souligner les risques sanitaires que courent les populations qui vivent dans le camp de Minawao. La prévalence et la diffusion de certaines maladies épidémiques et endémiques dans le camp peuvent être facilitées par la promiscuité et l'insalubrité qui règnent dans et autour du camp ne permet pas aux réfugiés d'être dans un milieu sain. Le mauvais comportement de ces derniers dans le camp a provoqué la pollution de cet espace par le non respect des règles d'hygiène. Malgré l'insuffisance des infrastructures sanitaires de base, ces populations doivent respecter l'environnement pour éviter de transformer leur milieu de vie en un dépotoir. Qui deviendra plus tard une niche de maladies potentielles pour les enfants et les adultes qui y vivent. La vie dans le camp de Minawao semble une jungle pour les résidents de cet espace. Il serait donc souhaitable que les solutions envisagées soient orientées dans les domaines culturels, anthropologiques et religieux.

Références Bibliographiques

Anctil, F., 2007 L'eau et ses enjeux. Presses de l'Université de Laval
Bayard, R., (2004) *FMO Thematic Guide: Forced Migration and Public Health*, FMO Research Guide, July, 29 p.

Christian Aid, 2007. Human Tide: The Real Migration Crisis, Londres. 50 p

Iddri, 2009. Le milliard le plus pauvre et le changement climatique dans le contexte de la crise mondial ; IDDRI, Paris, 30p

Laliberté D., Laplante B. et Piché V., (2003) The impact of forced migration on marital life in Chad, *European Journal of Population*, 19 (4), pp. 413-435. DOI : 10.1023/A: 1026397629800

Laliberté-Béringar D., (2002) Problématique du genre dans les situations de détresse : le cas des réfugiés en Afrique, *Refuge*, 20 (4), pp. 53-62.

Melonio, T., 2008. Les balances migratoires ; concepts, hypothèses et Discussion AFD DEPARTEMENT DE LA Recherche, Paris. 33 p

Piguet, E., 2008. Migration et changements climatiques ; Futuribles n° 341 pp 31- 43

Samboudian, K., 1999 Afrique : La raréfaction de l'eau potable assoiffe des populations. Communication diffusée sur internet.

Chapter 11

From Transnational to National Security, the Changing Pattern of Ethno-Military Systems in the Post-independence Chad: Comparative Study from Tombalbaye to Deby

Ousmanou Adama

Ethnic and religious solidarities sat up political and military armed groups attempting to overthrow President Idriss Deby's regime for more than three times. Such permanent threats lead to the reinforcement of the Chadian army through a radical transformation. President Idriss Deby did not significantly change the persistence of the family circle as an everlasting ritual from one regime to another in Chad. Between a Sara State expanded to the Tombalbaye's clan, a Gorane State extended to Hussein's tribe, Idris Deby inaugurated the Zaghawa "sultanate". The sophistication and professionalization of Chadian army for the sake of securization of the nation give birth to a regional and international super force. The purpose of this study is to analyze the adaptation processes of Chadian army from ethnic factionalism and "ordered anarchy" to a model of interposition and intervention army as it is the case not only in the fight against rebellions threatening President Idriss Deby's regime, but also in the war against terrorism in Northern Mali and Boko Haram in the south banks of lake Chad. Through a comparative approach, the present study intends to apprehend how The multiplication of armed rebellions in a democratic Chad can be understood as the challenge against a pro-democratic sociopolitical order aiming to revivify post-independence ideologies in order to transform the new state into one-party state. We argue that although democratization has released the demons of revenge, it also allowed the establishment of several strategic alliances that proved decisive for social peace in Chad and beyond; thanks to a super security power instituted by President Idriss Deby through transnational interventionism.

Introduction

Chad is highly ethnically fractionalized. Although many scholars refer to the division between North and South (or even Arabs and Blacks) as the most politically salient, it is more useful to think of Chad as divided into three zones (Lemarchand 1986, 28). The nomadic Toubou (also called Gorane) and the Zaghawa live in the Saharan North, in the Borkou-Ennedi-Tibestsi (BET) region. The Toubou are important participants in the Chadian civil war and are divided into two politically important groups; the Teda Toubou of Tibestsi (Northwest) and the Daza Toubou of Borkou (Center-North). The Zaghawa, semi-nomadic Arabs, live in the Northeast. This group participated in the civil war and became politically prominent in the 1990s under Idriss Deby. The Independent Chad political culture since 1960 was characterized from the beginning by lawlessness and violence: "Since it was not possible to express freely and democratically their political opinion, opposition leaders find and adopt other forms of struggle to make their voices heard".[1] The presentation of the historical dynamics relating to ethno - military changes in Chad provides a comparative approach to detect their evolution, continuities and dissimilarities in order to see how the same factors are sometimes expressed from one regime to another. Two trends discourse on democratization and ethno- religious conflicts in Chad emerged. The first focuses on the influence of ethnicity and religion (from Tombalbaye to Habre regimes), and the second focuses on the nature of the democratization and strengthening of the Chad military power both nationally and internationally under Idriss Deby.

1. "First Regime" under Tombalbaye 1960-1975

On August 11, 1960, Chad gained its independence from France. But the post-independence euphoria was short-lived as François Tombalbaye, the country's new president, proved to be an autocratic leader. Almost immediately he banned all political parties - paving the way for nearly 30 years of civil war. In fact, parliamentary elections

---

[1] - Interview with Mamahamt Ahmed Kosso, N'Djamena January 2008.

were held on March 4, 1962, and the *Chadian Progressive Party (Parti Progressiste Tchadien* – PPT) won 85 out 85 seats in the National Assembly. The MPs approved a new constitution on April 14, 1962, which replaced the parliamentary political system with a presidential political system. François Tombalbaye of the PPT was elected president on April 23, 1962. He is a member of the Sara tribe (Christians and animists) of southern Chad. In an unconstitutional decision President Tombalbaye suppressed Muslim political parties and leaders, resulting in an increasing opposition to the government among the dozens of non-Sara ethnic groups in the country. Tombalbaye swiftly removed opposition politicians, including Northerners, and finally imposed a single-party state in 1962 (Decalo 1980a, 498; Whiteman; 1980, 6).

In fact, Southern Chadians dominated Tombalabye's administration. Education that was provided to them during the colonial period played a key role in this regard. The Northerners had virtually not been trained enough compared to southerners. Thus, after independence, northerners found themselves facing a bureaucratic domination of southern officials, who were ideologically different and hostile in a context of struggle for social and political emergence.

A serious riot broke out in the capital (then called Fort Lamy; later renamed as N'Djamena) on March 26, 1963 when President Tombalbaye dissolved the National Assembly and arrested several northern politicians. Whiteman (1980, 6) suggests that many participants in the rebel movement FROLINAT fled the country at that time. In fact, Ethnic hatred began to flame the fires of destruction more than ever before, especially amongst the traditionally opposing North/South, Muslim/Christian groups. Economic difficulties presented populations with stress that was manifested through increased ethnic tension.[2]

In such circumstances, President Tombalbaye became unpopular because he was also suspected to have sold the Aouzou strip, a disputed area along the Chad-Libya border, to Muammar Qaddafi in

---

[2] - In 1966, the FROLINAT (National Liberation Front), a guerrilla movement composed mainly of members of the Northern ethnic groups emerged. The expulsions and massacres of civilians multiplied throughout the country to the extent that the monopoly of power considerably weakened.

1972/3. Furthermore, the president alienated those who underwrote his rule – the armed forces and the French. His megalomaniacal vision was sold as a "cultural revolution", and involved changing the capital's name to N'Djamena and his own name to "Ngarta" (chief). President Tombalbaye made enemies of the people by forcing senior administrators, politicians, and civil servants to undergo a Sara initiation rite called *Yondo*. These initiation rites involved physical hardship and some were little more than torture sessions (Nolutshungu 1996, 82-3). Indeed, Tombalbaye insisted upon a return to tradition and even forced a return to traditional dress. Many Chadians were forced to dress as was common at the turn of the twentieth century.

In 1963, the Chadian political and security scene became very active due to President Tombalbaye's goals or wishes to distance himself from the former colonial influence of "Mother France". He created a form of spoils system that institutionalized the preferential treatment of those of southern ethnic descent, i.e. Ngambaye, Moundang, etc., especially Sara. President Tombalbaye put a system of national change in place that he termed an *Africanization* of policy, or *Chadditude* [Collins, 2007: 38].

Thus, President Tombalbaye's actions almost ensured that he would be overthrown. That is what happened in a junior officer's coup in 1975. Azevedo attributes the coup to President Tombalbaye's repeated purges of senior officers. [Azevedo, 1998: 11]. Whereas Buijtenhuijs argues that the French knew of the coup and chose not to prevent it [Buijtenhuijs, 1998: 30]. "Since then each regime that rose to power has had to live with this democratic violence. To this day we can't get rid of it," said Saleh Kebzabo, the head of opposition in the National Assembly of Chad. After the military coup and the assassination of the first President Tombalbaye in 1975, there were several years of instability. The Tombalbaye government (1960-75) in fact, never faced a united enemy, despite attempts to create a united front under FROLINAT. Attempts at unity were complicated by the fact that control over local factions was difficult and by leadership conflicts. The cycle of violence continued after Tombalbaye's death and was often inflamed by Chad's neighbors.[3]

His successor, Felix Malloum, continued the pattern of concentrating political power in the executive branch of government but was persuaded to bring rebel leaders Goukouni Oueddei and Hissein Habre into his government. Their rebel forces eventually proved stronger than Malloum's army, and he was forced out of office in 1979. His successor, Goukouni, was the first of Chad's insurgent leaders to become president of the Republic of Chad.

A series of unsuccessful coalition governments oversaw Chad's descent into a state of civil war. The major coalition, the Transitional Government of National Unity (Gouvernement d'Union Nationale de Transition—GUNT), was led by Goukouni, whose relatively conciliatory style of governing contrasted with the previous pattern of authoritarian regimes. Some critics rose against his administration considered him weak and indecisive, and he was strongly influenced by Libyan leader Muammar al Qadhafi, whose primary aims were to install a sympathetic Muslim leader in Chad, expand Libya's influence in the region, and reduce Western influence across the continent.

Chad's political shifts in the early 1980s resulted from international fears of Libyan intervention through influence in Goukouni's regime; France's revised African policy following the Socialist Party's election victory in 1981, and military gains by Habré. Habré had served in governments led by Tombalbaye, Malloum, and Goukouni, and he had led insurgencies against all of them. Finally in 1982, with the loyal northern forces, French and United States support, Habré ousted Goukouni and proclaimed himself the new president of Chad.

---

[3] - "Intense pressure from the Central African Republic, Sudan, Algeria, Libya, and Nigeria contributed in no small way to the proliferation of factional splits at the top of the Chadian government". Chad's neighbors had much reason to be concerned. For further information on this issue, refer to Lemarchand, Rene, *Chad: The Misadventures of the North-South Dialectic*, African Studies, Review, the African Studies Association, Vol. 29, No. 3, September 1986, p 35.

2. Ethno-military factionalism under Hussein Habre (1979-1982)

The use of violence and the formula of power conquest and/or control by arms is a fundamental pillar in Chadian political reality. An African university scholar emphasizes that "factionalism more that ethnicity is the force that sets up the power struggle in Chad. The factions undermine the state's ability to regulate social order, so that the state is unable to meet the basic needs of the population, that's what is stimulating ethnic clashes while ultimately leading to factionalism".[4]

Indeed, beyond the North-South dichotomy, this vicious circle would be to a large extent responsible for the violence and chaos that devastated the Chad for decades. But at the same time, the potential of the factionalism that has conditioned the life of the country could not be understood without the fragility of the state institutions and the militarization of political confrontation.

In addition to the North-South confrontation, we should consider the interethnic competition between Saras and none Saras, between Arabs and Toubou, between Toubou and Zagawa, between Goran and Zagawa (like in most of the armed groups, there are some internal divisions into clans and sub-clans, and on many occasions clashes arise for leadership disputes even though sometimes we can notice a slight unity of the dominant groups when they are to confront a common enemy).

Introduced by Lemarchand in the study of ethnic and religious factions, factionalism better reflects in the proliferation of rebellion groups in the 1980s and 1990s in Chad. However, Lemarchand did not give a precise definition of that concept. That is why Buijtentruijs made reconciliation analysis between the segmental nature of the ethnic composition in Chad and its impact on the proliferation of rebellions. In the Chadian post-independence model of factionalism two secondary segments of the society can clash. But if attacked by the combined forces of another primary segment, they will unite as a primary segment to repel the enemy. In turn, the primary segments

---

[4] C. Baroin, 1988, « Introduction », in *C.* Baroin (éd.), Gens *du roc et du sable* : *les Toubou,* Paris, Editions du CNRS, pp. 22-23.

will come together as a tribe when a neighboring tribe will be threatening. The war thus meets very specific rules that cannot be transgressed. While interpreting these traditional ethnic rules in Chad, along the lines of the Toubou case, Baroin named this system the "ordered anarchy". In this case, the post-independence rebellion movements in Chad did no longer obey such rules. According to R. Buijtentruijs:

> The protagonists of the civil war obey not the ideal model of segmental oppositions but blithely change sides and above all with anyone. Thus Goukouni Oueddeï in 1980 accepted military support from an Arab leader: Ahmat Acyl and a southerner Kamougué, and even appealed to the Libyan assistance to fight his "brother a Goran: Hussein Habré. At the same time, Hussein Habré was leading a coalition constituted of his Borkou brothers, but also with Hadjeraï elements, Bideyat-Zaghawa factions, as well as southwestern fighters, while internationally supported by Sudan, Saudi Arabia, Egypt and the United States. We are therefore far from a traditional "ordered anarchy".[5]

In these conditions, it is difficult to give an exact definition of ethnic factionalism which is the backdrop of the Chadian imbroglio. However, the opportunistic nature of the rebellion groups let them join their forces with their yesterday's enemy when power dynamic was shifting from of Hussei's FAN (Northern Armed Forces) and Goukouni's FAP (People's Armed Forces).

Although Islam plays an important role in the identity differentiation of the rebels, the FROLINAT did not claim the establishment of an Islamic state in replacement of the Republic of Chad. The Islamic identity of the rebels certainly maintains an undeniable Muslim climate, but it was only a Muslim insurgency rather than Islamic revolution. We agree with R. Buijtenhuijs that this is a "socio-cultural" revolution. The civil war in Chad was not a holy war or a crusade either.

---

[5] R. Buijtenhuijs, Les Toubou dans la guerre civile du Tchad, in *Politique Africaine*, n⁰ 42, pp.131-133

For regionalist affinities, the FAP allied to FAN, despite their differences. Through these two competing fractions, the northerner FROLINAT became the master of the capital city Ndjamena. The neighboring countries and France then imposed a ceasefire and pushed for a political arrangement. The Kano conferences I (March 1979), Kano II (April 1979) and Lagos (August 1979), brought together all the rebellion factions and the Chadian political forces. The Nigerian diplomatic influence at that time was considerable for the whole region. These meetings result in the formation of a government of national reconciliation known as the Transition Government of National Unity (GUNT). As its name suggests, the GUNT had the task of leading and reconstructing the national institutions and representative. The GUNT government brought together the leaders of rival trends with Goukouni as President, Kamougué as vice president and Hussein as Minister of Defense.[6]

In March 1980, Hissène Habré broke down the GUNT agreements and grabs a part of Ndjamena. Goukouni officially appealed to Libya to help him secure his regime. By December 1980 Hussein Habré was pushed out of Ndjamena. The withdrawal of Libyan troops (under the pressure of several governments including France) in November 1981, opened up the opportunity to Hussein to re-conquest the power by June 7th, 1982.

Hussein Habré established a new government with widespread international recognition. The last remaining wing of the GUNT definitely shattered. This period was marked by the rise inside of the late GUNT one of its best organized components: the Democratic Revolutionary Committee (CDR), which is at the first place, the political expression of the Arabs (about 10% the population) broke as well into several factions.

Among the main trends, we can distinguish: the first army led by Abba Siddiq. It was the survival wing of the original FROLINAT. The People's Armed Forces (FAP) or second army led by Goukouni Oueddei in the BET region recruiting among the Toubou in Tibesti, the Northern Armed Forces (FAN) led by Hussein Habré composed mostly of Gorane from the Borkou region, the Democratic Revolutionary Committee (RDC) headed by Acyl Ahmat whose

---

[6] Interview with Lol Mahamat Choua, N'Djamena 15 September 15th 2008.

troops are from the tribes of the Chad-Libyan border, the Western Armed Forces (FAO) under the authority of Mohammed Abdelrahman recruiting among Kanembu of the Chad-Nigerian border [Issa Saibou 2001: 137].

That was the beginning of incomprehensible acronyms for someone who is posing a novice look at the Chadian political and military situation. At the same time, we also notice: the FROLINAT-VOLCANO, the FROLNAT-FPL, the "Third Force", the fundamental FROLINAT supervised by Hadjaro Sanousssi and MPLT (Movement for the Liberation of Chad). The CDR Acyl gave birth to CDR Mahamat Abba as the first army and CDR Abdoulaye Adoum as a second army volcano.

According to Tokinon, one of the former captains of southern rebellion groups known as *codos* (Commandos), the establishment of the southern rebellion fractions was a circumstantial reaction to the northern ones in order to prove that the north did not have the monopole of violence "the reason of the establishment of the southern rebellion was first of all for the southern population self and legitimate defense purposes. Then we would like not only to protect our populations against FAN, but also prove to northerners that they don't have the monopole of rebellion organizations". [7]

Hussein Habré managed to mix and match his mono-ethnic recruitment. Since the South was hostile to his administration, he cut the region into several military occupation zones. The Moyen-Chari was administered by the Zaghawa. The Logone Valley fallen under the Goranes authority. The Mayo Kebi was shared between the Hadjerai and other ethnic groups of the north that still allied to him. The attitude of his administration suggested a sort of revenge on the Sara, without allowing any fear of an Islamist or northerner's oriented power. This is especially true for his relatives', parents and people of his close clan occupying key positions (general administration, finance, military high command). According to the Chad's internal politics Memorandum published in 1989, a Gorane, for having a few years of higher education even without any certificate, can be appointed as director. The Goranes executively have the highest

---

[7] Interview with Abdel Daim Abdoullah Usman, member of the supreme court of Islamic affairs, N'Djamena September 13th 2008.

offices, the most beautiful and big cars, the most beautiful villas: the privileges of power. [Cabot, 1965: 229].

This *goranisation* of the power is the ultimate ethnic, regional and religious manipulations made by Hussein. To achieve this goal, he established the Ain Galaka Association, a sort of ethnic shield. In a report published in 1989 by Idriss Deby, the then rebel and opposed to the Hussein regime, the author highlighted that the sole objective of the AAG is to "implement the *goranisation*" of power. Indeed, in the northern tribal, customs and traditions, political power held by any of their songs, belongs to the rest the clan members.

Abandoned by France and targeted by Idriss Déby the head of MPS (Patriotic Salvation Movement) movement an organized rebellion from Sudan, Hussein was kicked out on November 30th 1990. "We did not help Idris Deby. We just did not interfere" said the French Cooperation Minister Jacques Pelletier dispelling any ambiguities about the role of France in shaping the heads of state in Chad [The Cornec, 450-451].

3. Military alliances in a democratic process under Idriss Deby from 1990 to present

Chad is undoubtedly unquestionably without rival and able to play in the same category as world record holder of the rebel movements. As a Result: hundreds of incomprehensible acronyms that reveal a deep malaise in the country of the "democratically elected" Idriss Deby as he was called by the then French Foreign Minister, Bernard Kouchener.

The Participation to the war effort of Sara, Arabs and Goran during the *coup d'Etat* led by Idriss Deby was supposed to allow them to have their share of the national cake. The government policy established by Idriss Deby could have calmed down the appetites of power of the most prominent supporters by taking into account the skills of each ethnic group involved in the battle for N'Djamena in1990. The reward consisted of honorary posts and sinecures cleverly distributed. Divisions and sub-divisions commanders, ministers, the management of public industries were to be allocated to the ethnic leaders for their faithful services rendered to the Deby's alliances. Such a social and political emergence of ethnic leaders could have ensured in return the redistribution of wealth among his followers. [Magnant 1984: 194]. It is such a political system known as classical clientelism that was set up by Idriss Deby at the heart of which there is an asymmetric relationship between ethnic groups' leaders and political actors described as patrons and clients.

Oppositions arise because some Sara, and even some Goran and Zaghawa/wagi aggrieved benefit compared to those of the Zaghawa/Bireyara the sub-clan president Idriss Deby is belonging to". The disappointment, however, were growing among the Zaghawa/Wagi sub-clan mainly originated from Sudan in the early years of the regime for the less qualified and uneducated civil servant were gradually dismissed and sent back to Sudan".

The arbitrariness and denial of meritocracy noticed in the upper echelons of the state apparatus highlight the difficulties of access to sinecures. It was undeniable that the ministry departments and other institutions have been emptied of most of their prerogatives, and the management of daily state business is sanctioned by the Presidency.

While the sinecures of the different regimes constituted a client in their region of origin, disgruntled and opponents could only find any support by taking the foot-cons of the Zaghawa leaders. It is in these conditions that appear and develop regionalist reflexes and sentiment in Chadian politics. All non-Muslim southerners' frustrations, the non-Zaghawa northerners and jealousies are pushed forward. If Idriss Deby had kept his promises of democratization, the Sara would have forgotten the abuses of northerners on their populations since Hussein Habré.

With the arrival of Idriss Deby in power, there is a rampant proliferation of rebel movements. Deby came to power at the head of his own rebel group, the Patriotic Movement of salvation (MPS), from neighboring Sudan. All former 1980 rebel groups resumed back military activities. This is the case of the Democratic Revolutionary Council (CDR) of Acheikh Ibn Oumar, but this time, the south also provides us a nice contingent of rebellion groups. Idriss Deby is from the north-eastern region and his army was formed mainly of members of his ethnic group, the Zaghawa. They were particularly and heavy murderous against sedentary farmers of the south. Besides MPS we also had the National Committee of Chad recovery (CNRT) headed by Abbas Koty, the National startle Committee for Peace and

Democracy (CSNPD) under Moses Kette Nodji leadership, the Armed Forces for the Federal Republic (FARF) led by Laokein Bardé Frisson, the National Front of Chad (FNT).

Idriss Deby also managed to generate rebel movements in the north. The Movement for Democracy and Development (MDD), based in the Lake Chad area is created in 1995. There were two variances of MDD. The first branch which was under the authority of Medella Moussa Ibrahim Mallah. The second branch known as the Armed Movements and Political Parties Coordination (WCPA) in association with the Chad Renovated National Front of (FNTR) supervised by Ahmat Yacoub. In the Tibesti, we have the Movement for Democracy and Justice in Chad (MDJT) created in March 1999 and led by Youssouf Togoïmi. The Chadian Action for Unity and Socialism (NEWS) founded by Dr. Ley NGARDIGAL Djimadoum. The United Front for Democratic Alternation Chad (FU / ADT) led by Jean-Prosper Boulada. The Rally for Progress and Social Justice (RPJS) headed by a Mrs. Louise Bourkou Ngaradoum. The Exterior Front for Renovation (ERF) created by Antoine Bangui. The Popular Democratic Front (FDP) led by Dr Nahor. The Alliance of Democratic Resistance (ADR) chaired by Yunus Ibedou. The Convention of Nationalist Forces (CFNT) belonging to Moussa Tchorgué. The Board of Union for Renewal (CURE) under the authority of Amadou Ahidjo Ngaro. Force for the Rake, the Coalition and the Recovery of Chad (FRRRT) under the leadership of Ali Yaya Batit. The Popular Movement for the Revolution (MRP) founded by Titinan Biré.

However, Idriss Déby is not showing any will of a democratic transition in Chad as long as he is alive. He intends to remain the powerful leader of the country, thanks to the international support mainly from France. He was elected and reelected in 1996, 2001, 2011 and 2016. Since last year there is no more any limitation of the number of presidential terms. Such a long time in office created divisions, grudges, exclusion, misfortunes and inter-ethnic conflicts. For example, the first "coup d'état" attempting to overthrow his regime on October 13rd 1991 perpetrated by his former right-hand man, Colonel Maldom Abbas with the supported of a dozen political and military leaders were mostly from the Hadjarai ethnic origin. It was a first power-sharing conflict between the Hadjarai and the

Zaghawa (Idriss Déby's own ethnic group). As we can see, it is not easy to differentiate between political alliances in the post-democratic Chad because some political parties merge from rebel movements or maintain at least an armed wing besides the political branch.

In February 2008, a Chadian rebel group, the 'Union of Forces for Democracy and Development' (UFDD), launched a lightning assault against the capital city N'Djamena. Armed mostly with machine guns and rocket launchers, they crossed 1000 kilometers of semi-desert in 4x4 vehicles in a matter of days. After a series of confrontations with the Chadian National Army (ANT), a small rebel column was able to break through the capital's defences and arrived within a few kilometers of the presidential palace where they clashed with the presidential guard. Hundreds were killed and thousands displaced by the fighting. According to contemporary accounts, President Idriss Déby Itno was within hours of being unseated, and was only saved by aerial intelligence support from France and divisions within the rebels at the decisive moment [Hicks, 2015: 5].

Following the various rebel offensives of November 2006, October 2007 and February 2008, on three occasions the government declared a state of emergency in all or part of the country. When the state of emergency was declared on 15 February 2008, extra-budgetary public expenditure of more than $300 million was reportedly authorized by decree. Decree no. 192/PR/2008, suspending normal procedures for public procurement tenders and the control of public spending, simultaneously served as an instrument to provide legal justification for the extra-budgetary use of oil revenues. Thus all the mechanisms for controlling the management of oil revenues were in practice gradually dismantled.

Ethnic and religious solidarities sat up political and military armed groups to overthrow Idriss Deby's regime for more than three times, but his defense and France's intelligence assistance were determinant in maintaining him so far. The power remains the target and to achieve this goal the ethnic, religious and regionalist disparities are sometime silenced among different armed forces. There were Sara and non-Muslims in the political and military groups who attempted to put an end to Idriss Deby's regime. This is a step forward in the acceptance of each other, but also a relative denial of ethnicity as a source of conflict in Chad.

Up until 2009, Chad's army, which on paper numbered some 17,000 soldiers, had been woefully unequipped and was characterized by disloyalty and power struggles. One of the leading generals of the UFDD rebel group Mahamat Nouri was a former army officer and a series of defections had been crucial to the rebels' success. President Déby had long feared the greatest threat to his position would come from the army – there were many rival Zaghawas within its ranks and other groups such as the Gorane vying for power and influence and who felt the CAN (Chadian National Army) had been neglected during the 2000s – and there were regular clampdowns on purported 'coup plotters'.[8]

However by the battle of Am Dam in 2009 the CNA was well on the way to being transformed and reorganized into an effective and well-equipped fighting force. As the vulnerabilities of the CNA and its inability to protect the president became obvious during the war, President Déby became determined to ensure that such a crisis would not occur again. Thanks to the start of the exploitation of Chad's oil deposits in 2003, he now had unprecedented amounts of cash at his disposal to achieve this.

In 2006 as the rebel threat from the UFDD increased, Chad ripped up the original agreement with the World Bank allowing it to change the list of 'development priorities' to include 'national security' which in reality meant arms. From 2006-9 Chad spent an estimated $600m on six reconditioned Sukhoi fighter jets, attack helicopters and armored personnel carriers. A systematic review of the armed forces was also launched, ensuring salaries were paid and 'ghost' soldiers and those who had shown disloyalty in the past (particularly those from troublesome clans such as the Gorane) were purged.

The internal and external threats to Chadian political stability and economy paved the way for Idriss Deby to significantly modernize their army in recent years. This increased spending with oil money which should have been put towards development was a crucial factor in the ANT's decisive victory against the rebels in 2009 at Am Dam. This defeat effectively signaled the end of the face-to-face

---

[8] Gary, I. and Reisch N. 2005, Chad's Oil; Miracle or Mirage?, *Catholic Relief Services*, p2. Available from:
http://www.crs.org/publications/showpdf.cfm?pdf_id=187.

combat in lightly armed 4x4 vehicles which had characterized Chadian military strategy for decades. And as Chad's oil continues to be developed, the opportunities for military spending are still present. It is largely due to this increased spending that Chad has been able to transform its armed forces into the outfit scoring victories in northern Mali, and now against Boko Haram.[9]

As Chad's military strength increased, President Déby committed the country to a series of regional military interventions which served to both project the image of a strong and stable country in the heart of a dangerous neighborhood, and to bolster Déby's own position by attracting the support of international players who seemed unwilling or unable to comprehensively tackle complex Sahelian security questions alone.

After February 2008 rebel attacks in N'Djamena, the victorious parade made by the army shown the military and financial power of president Deby due to oil prices. The Chad uses that year 50% of its oil revenues in buying weapons, with a budget estimated at about 274 billion CFA francs[10] President Deby provided his army with armored tracked and wheeled tanks T-55, significant artillery, several Sukhoi-25, MiG-29, some transport aircraft, and combat helicopters. Similarly, compared with 5-7 000 men of the CAR army or the 7800 Malian soldiers, the 30,000 Chadian soldiers made the country a military power.[11]

In early 2013, France announced the launch of Operation Serval, a lightning offensive against a coalition of Tuareg and jihadist rebels which had over-run large swathes of northern Mali and was now making direct threats against the capital, Bamako. As the UN, African Union and neighboring African countries stalled on plans to implement a peacekeeping force to protect the civilian population from daily exactions, Chad sent about 2000 troops to join Serval. Within weeks Operation Serval chased the jihadists out of the northern town of Timbuktu, and made good initial progress in securing Gao. Chadian troops with their vast experience in desert

---

[9] -Madjiasra Nako, « How much does the war against Boko Haram cost to Chad ? », *Jeune Afrique*, march 10th 2015.

[10] Gilbert Maoundonodji, cité par Géraud Magrin, *art. cit.*

[11] Gaël Grilhot, « Les forces tchadiennes au Mali : mythe et réalités », *RFI*, 20 janvier 2013.

warfare were able to fight the jihadists in Mali's Adrar des Ifoghas mountain range, and even killed one of their top commanders.

Considered more as a warrior force than a modern army, the Chadian National Army, was deeply reformed by Idriss Deby supported by the French cooperation. On October 22nd, 2011, a reorganization program has indeed been launched. Its goal was to "degrease" units, mainly constituted of the aggregation of former rebel groups and members of clans rallied to power. "The Chadian national army consisted of traders, students, farmers, women and the dead, then listed by a state chief collaborator. Recruited by senior officers and commanders of military regions, they were illegally and fraudulently promoted to the rank of assimilated officers, that is to say, lieutenant colonel".[12]

A partial withdrawal of Chadian troops from Mali was announced soon after – perhaps a canny appreciation from Deby of the importance of not getting bogged down in an essentially unwinnable war against jihadist groups in such a vast, unpoliced region – but Chad had already turned its attention to the Central African Republic. Chad's long involvement in its troublesome southern neighbor - driven principally by self-interest as CAR's northern provinces which border Chad are essentially out of the control of the Bangui government and are often used as safe havens by various Chadian rebel groups - was typified in its support for General Francois Bozizé's coup in 2003. However in late 2012 as the 'Seleka' coalition of rebel groups threatened the capital Bangui, the Chadian leadership appears to have decided not to help their former ally. Bozizé was overthrown by the rebels in March 2013. The precise nature of Chad's involvement in this murky story is hard to know, but the country has long had groups of 'irregular' soldiers operating in CAR. These troops' role has been to patrol the border region, and to chase out Chadian rebel groups which were often infiltrating displaced and refugee populations. Chadian troops were certainly already present in the country when a new AU peacekeeping force MISCA was announced in late 2013, and once again Chad seemed to jump at the chance to show its commitment to regional peacekeeping

---

[12] Tshitenge Lubabu M.K., « Tchad : l'opération "nettoyage" de l'armée a commencé », *Jeune Afrique*, 10 novembre 2011.

by authorizing 850 troops to join the mission. However this time Chad's involvement was not so benign – a hasty withdrawal was announced in April 2014 after accusations that soldiers were involved in human rights abuses, including the deaths in a Bangui market of at least 30 of the very civilians they were supposedly protecting.

In January 2015, Chad took the opportunity to lance a particularly problematic boil that had been festering just over the border in north-eastern Nigeria since 2009. Boko Haram started life as a local group with specific grievances in north-eastern Nigeria however its objectives morphed in recent years seemingly in response to the Nigerian authorities' tactics. By 2014 the group had emerged as a regional security threat, as exemplified by its attacks against Nigerien soldiers in Diffa in the country's south-east, and kidnappings and attacks on army posts in northern Cameroon. Although Chad was at first not directly targeted, during 2014, as refugees from attacks on Nigerian villages began arriving in western Chad around the shores of Lake Chad – an area particularly difficult to access or defend because the shrinking lake has created a series of islands surrounded by shallow marshy areas – Chad became concerned that Boko Haram may be able to infiltrate the displaced people's camps.

When Chadian troops crossed the Cameroon border to fight the Nigerian Islamic group Boko Haram, the danger is clearly identified. With the capture of the Nigerian town of Baga by the sect fighters early January 2016, the Chadian capital, 70 km far from the border, is directly threatened. On the other hand, the actions of Boko Haram directly affect the country's economy. While it already suffers from reduced trade with the north-eastern Nigeria and the obligation to go through the Niger, insecurity in northern Cameroon will close the Douala-Maroua-N'Djamena road. Trucks must take a bypass road through Bongor and Moundou, resulting in spending 4 to 6 days trip, and an increase in food prices on the Chadian market.[13]

Although initially the frustrations were not made public, the Chadian and Nigerien governments were both disappointed that the Nigerian army had seemed unable or unwilling to stop the rebels' advance. The situation was already tense - behind the scenes efforts

---

[13] Christophe Châtelot, "Why does Chad join the fight against Boko Haram", *Le Monde*, February 6th 2015.

by Chad to negotiate the release of the kidnapped Chibok schoolgirls in late 2014 (which led to accusations of Chadian complicity in Boko Haram's activities in some sections of the Nigerian press) had led nowhere and may have even inflamed the Islamists. With Baga overrun, Chad's western flank was dangerously exposed at a time when the country was also increasingly concerned about its northern frontier – with the collapse of state authority in Libya, groups such as Al Qaeda in the Islamic Maghreb (AQMI) and Toubou rebels were able to act with impunity in Libya's southern deserts.

However it was not just about the perceived threat from Boko Haram. It is vital to read these military adventures with an appreciation of Deby's keen understanding of how to stay in power. Despite elections in 2011 being described by the EU as 'free and fair', there is deep political discontent in the country. From late 2014 onwards, the dramatic drop in the world oil price has been having a serious impact on Chad's financial position. Boko Haram's presence in northern Cameroon has disrupted important import routes, raising prices, and a series of protests about the rising cost of living, and particularly the cost of fuel, broke out mostly in the populous south of the country in late 2014.

The kind of economic transformation people expected after twelve years of oil production has not occurred – Chad remains almost of the bottom of the UN's Human Development Index and a large section of the population continues to live in poverty and food insecurity. Having come to power himself through means of a military rebellion from the east, and having survived the 2005-9 crisis, Déby knows only too well that the failure to share wealth and power can create serious grievances, and that the trigger could come from within the CNA. Increased military spending can be seen as a way of rewarding loyalty. Sending the troops to participate in active campaigns abroad can also be seen as a chance to deflect attention away from failures at home, while simultaneously bolstering Chad's image with international players.

Thus the Chadian soldiers' involvement in external operations is risky. On May 1st, 2013, the Deby regime denounced a conspiracy organized by civil authorities and some former rebels.[14] If this

---

[14] *Amnesty international*, octobre 2013, p. 22.

conspiracy case can be analyzed as a justification for Deby to get rid of real or potential opponents, fear spreading, or even weld the support of power around the president through the reaffirmation of the possibility of a coup, different approaches exist. As for Roland Marchal indeed, this event is the mirror of new internal fragilities in the circles of power resulting from "the accession of Chad to the power status", either because of oil wealth or outside the liabilities scheme. [15]

After the general elections of 2011, an increasing portion of revenues from oil exports is devoted to civilian use and the same year, an agreement signed with the Chinese Exim Bank opened a line of credit secured on Chad future oil resources. But these financial flows, controlled or managed by the Presidency, generate tensions: first among many Zaghawa and one of the wives of Deby, Hinda Mahamat Abderrahim, (Arab origine) has been able to build an influential network in the State apparatus; then the award of contracts led to the emergence of an entrepreneurial class mainly composed of cronies of power overwhelmingly Zaghawa, sparking discontent in other business, including Goranes, who played a significant role in the survival of the regime in the 2000s. On the other hand, intervention in Mali has caused "deep acrimony" in the troupe, mostly Zaghawa and often even among the Bideyat sub-clan of Déby, due to the important role the official media are giving to Deby's son, Mahamat, despite his absence to the frontline.

In this context, intervention in Mali and against Boko haram awoke old tensions within Bideyat against Deby about the appointment in early 2000 of his brother Sultan Timan and as district chief, or of the reform of local government in the Zaghawa country after the election victory of 2016. In so doing, the presidential regional ambitions have created a field of confrontation that heavy losses in the Chadian troops could continue to sharpen if they are accompanied by a discomfort with the command and authorities; this may partly explain the denunciation supported the government's treatment of Chadian soldiers in Mali late 2014. [16]

---

[15] Roland Marchal, *art. cit.*, p. 214.
[16] AFP, « Mali : le Tchad accuse l'ONU de se servir de ses soldats comme "bouclier" », 20 septembre 2014.

N'Djamena's regional ambitions are not new. During 1980 years, the Chadian leaders play a key role in the rise and the eviction of various heads of States that followed one another in Central African Republic. More recently, the *Seleka* came to power thanks to the passivity of the Chadian forces consolidation of peacekeeping mission in Central African Republic. But Chad's military involvement in the Mali crisis and the fight against Boko haram, far away from its traditional environment is a major change to a more active regional policy. This helps to establish and portray the country as a key state on regional and even continental level.

Conclusion

To conclude we agree with Wada Nas that politics has its instruments and operational tools: "It has its pattern of approach and vanguards that perform as arrow heads in achieving set goals".[17] Relativizing, we think that triggered the rebellions in the North from 1965 to the present day are not directed towards an opposition against the south, but an opposition against the central government. The creation of the FROLINAT was motivated by a noble goal that is the struggle for justice and better management of power. The movement was not in any way directed against the southerners as non-Muslims. After the events of 1979, armed clashes did not have a clear purpose. This leads to qualify the ethno-religious fractions as small armies engaged in skirmishes for small interests.

Indeed, Chadian political leaders of all leanings manipulated ethno-religious and regional phenomenon to achieve their narrow interests that provided them with significant personal benefits. Before democratization, no regime has presented to Chadians a social project and a governmental program. Failing to meet the real needs of populations, political forces propagate ethnicity and radical Islam in order to draw a usurped legitimacy. Civilians are killing each other without knowing the reason of their upheaval. The Chadian people certainly have an attraction to their ethnic and religious communities, but this has never been a source of hatred and contempt between different ethnic groups. "Muslim and non-Muslim populations must

---

[17] Wada Nas, "Beyong religious surfaces", *Abuja Miror*, march 1-7, 2000, p.1.

make peace. Some of them can do nothing without the other, and separating them corresponds through ethnic, religious and regional identities manipulation for the sake of power control, may lead to a complete extinction through one another absorption".

We find out that in Chad as elsewhere in Africa, political engagement of a leader aimed to ensure a better life for himself and his family. This is the politics of the belly. As Savonnet-Guyot emphasizes, "the state is in an identity crisis, it is the most trivial case in Africa where ethnic removed from power accuse the state of being captive of a dominant ethnic group in favor which exists exclusively belly policy". In Chad, the lack of adequate economic infrastructure, stagnation of economic activity and the lack of a professional perspective are real causes of ethno-religious conflict and rebellion.

Democratization considered as conflict-generating system in Chad eventually became after an awareness of civil society of the services it can get from political alliances for the conquest and/or control over power. In fact, beyond the exacerbation of the ethno-regional conflicts by democratization, the power confiscation by a single ethnic group in Chad can only explain violence and the emergence of rebellions groups. The multiplication of armed rebellion in a democratic Chad can be understood as the challenge against a pro-democratic sociopolitical order aiming to revivify post-independence ideologies in order to transform the new state in the one-party state. Although democratization has released the demons of revenge, it also allowed the establishment of several strategic alliances that proved decisive for social peace in Chad.

There are broad political, social and economic differences resulting from the use of violence as a means of survival and hegemony between the state, the north and south disparities and the rebel groups. After more than thirty years of civil war and the establishment of the democratic process in 1990, the population of Chad remains subject to political violence and terror. President Idriss Deby imposed himself as the strong man of Chad, repelled rebel groups by force and becoming a regional power and now investing in modern infrastructure thanks to oil revenues. Yet the nature of policies and transition programs in experimentation, the national question and the north-south antagonism in Chad seem to lead the country towards the resurgence of the exacerbation of ethnic fiber and the reactivation of the political and military groups, clearly expressing their distrust of the Chadian national unity under construction. Under these circumstances and given the post-civil war context, Chad has more need of a strong man, a patriot and a nationalist dictator than a democratic regime like in Western countries. Indeed, democratic process restructures and reactivates old rivalries and a strong regime, by the terror it inspires, leads to the overcoming of ethnicity and religion while ensuring sustainable development. The socio-political and economic lives in present days Chad help to reinforce the authority of President Idriss Deby through polls. However, the democratic process without free and fair election constituted a threat to the stability of the country. Since there is no longer a limitation on the presidential term, it seems that the "democratic process" in Chad is serving to strengthen the authority of the strongman President Idriss Deby, rather than creating opportunities for freedom. Democratisation is therefore, more a risk than an opportunity for peace in Chad.

Selective Bibliography

Amoo, Sam G., *Frustrations of Regional Peacekeeping: The OAU in Chad, 1977-82*. The Carter Center, 1995, Columbia International Affairs Online,
http://www.ciaonet.org/wps/ams02/ams02.pdf, 3 September 2005).

Azevedo, Mario. "Power and Slavery in Central Africa: Chad (1890-1925)." *The Journal of Negro History*, Vol. 67, No. 3, Autumn 1982, 198 - 211.

Buijtenhuijs, Robert. 1995. La situation dans le sud du Tchad. Afrique Contemporaine 175.

———. 1998. Chad in the Age of the Warlords. In History of Central Africa: The Contemporary Years Since 1960, edited by D. Birmingham and P. M. Martin. London: Longman.

———. 2001. The Chadian Tubu: Contemporary Nomads who conquered a State. Africa [Great Britain] 71 (1): 149-61.

Decalo, Samuel. "Regionalism, Political Decay, and Civil Strife in Chad." *The Journal of Modern African Studies*, Vol. 18, No. 1. Mar., 1980, pp. 23-56.

Decalo, Samuel. "Chad: The Roots of Centre-Periphery Strife." *African Affairs*, Oxford University Press, Vol. 79, No. 317, Oct. 1980, 490-509."François Ngarta Tombalbaye."

Lemarchand, Rene. 1980. The Politics of Sara Ethnicity: A Note on the Origins of the Civil War in Chad. Cahiers d'Etudes Africains 20 (4): 449-71.

Lanne, Bernard. 1998. Chad: Regime Change, Increased Insecurity, and Blockage of Further Reforms. In Political Reform in Francophone Africa, edited by J. Clark and A. Gardinier. Boulder: Westview Press.

Lemarchand, Rene, *Chad: The Misadventures of the North-South Dialectic*. African Studies Review, the African Studies Association, Vol. 29, No. 3, September 1986, 27-41.

Marc-Antoine Pérouse de Montclos, «Nigeria's Interminable Insurgency? Adressing the Boko Haram Crisis », *Chatham House*, septembre 2014, pp. 7-8.

May, Roy, and Simon Massey. 2000. Two Steps Forward, One Step Back: Chad's Protracted 'Transition to Democracy'. Journal of Contemporary African Studies 18 (1): 108-132.

Miles, William F. S. 1995. Tragic Tradeoffs: Democracy and Security in Chad. Journal of Modern African Studies 33 (1): 53-65.

Neuberger, Benyamin. 1982. Involvement Invasion and Withdrawal. Qadhdhafi's Libya and Chad 1969-1981. Tel Aviv University Occasional Papers 83.

Nolutshungu, Sam C. 1996. Limits of anarchy: intervention and state formation in Chad. Charlottesville: University Press of Virginia.

Thompson, Virginia, and Richard Adloff. 1981. Conflict in Chad. London: C. Hurst for the Institute of International Studies, Berkeley CA.

Part 3: State Creation, Building and Sustenance

This part is opened by Pierre Englebert who looks at the existence of African states and their boundaries today as a backdrop of the colonial interest and colonial shaping. He qualifies them as being arbitrary. He further shows that extend to which the partition of Africa affected the pre-colonial structured political and ethnic disposition and suffocated pre-colonial cultural blend of such political entity. His conclusions are clear, that the boundaries which young African states inherited and upon which they grew are significantly related to the international dispute and domestic upheavals each go through, civil war, secession attempts and political upheavals in the main. Thus the shaky foundation of territorial construction of the African state brings to the stability of that nation to real book. He proposes remedies to the issue not to end his paper on a sad note.

One of the remedies of this shaky foundation of boundaries and state creation in Africa was proposed by the first heads of states who tried blurring the various ethnic compositions, lines and positions for a practical national unity, integration and interactional form. This guiding political philosophy of power constituted post-colonial Africa, and is what interest Nguemba in his paper. He shows how to realize this goals and where necessary, the political leaders by-passed the ethnic reality and dispositions by reconstructing and reconfiguring the administrative structures of their states, but this did not still work as they desired. The consequences of these reconfederations helped to induce boundary related conflict amongst Africans. This is what David Wala looks at amongst the Tupuri communities in North Cameroon and Tchad. Put Ngemba insistence on the argument that in Africa, reinvesting on collective politics for state survival has led to the failure of pluralism due to totalitarianists and deconstructivists preferences of the Western nationalism, who do not dissociate the concept of identity from that of universal domination.

But how did the political philosophy of the post-colonial government of Cameroon mange to survive the visible hallmark lines of ethnic and linguistic differences (with their various the expectations) to reach the point of relative "unity"? Ernest Kum's paper attempts an answer to this question that remains so unique to the Cameroon. It is consecrated to this experience which, unlike in most part of Africa, similar cases have plunged the nation into sever chaos. Kum shows how the merging of these peoples from different pre-colonial and colonial backgrounds, despite its high susceptibility to a civil war onset, yet has experienced any. Thus, his paper looks at what mended such glaring boundaries for a formidable outcome of peace, especially for a nation incubating very diverse and grievant communities. Why can the Cameroon experience not apply in other parts of Africa with similar ethnic compositions? But the question to be asked at this juncture is whether the Cameroon government has been able to do so on its own, without any foreign help? May be this is the reason why Nguemba talks of the concept of universal domination as a rule in the present political philosophical disposition in Africa.

As a matter of fact, the concept of universal domination has been one of approaches most international institutions have advanced to solve international problems, especially those originating from the colonial issues. Whatever, such global involvement is upheld by many as a fundamental solutionary approaches to boundary-related problem which have in many cases ignited international conflicts, and the United Nations organizations has been at the forefront of these belief. But in some cases such solutions are not remedial enough, as they create further local problems; situations that still bring back to mind the arbitrariness of African borders and its multipliers effect. This is what Mark Bolak Funteh tries to talk about. He, having understood the peace role of the UNO in attempting to solve most problems affecting human security, brief on the Cameroon-Nigeria territorial crises over the Bakassi Peninsula and the ruling the International Court of Justice gave in favor of Cameroon as the right solution to the problem. But this decision was strongly questioned by the local populations, who saw themselves as neither Cameroonians nor Nigerians, and consequently to defile this verdict of the ICJ, the recognized international boundaries and to create a state on its own rights. And their approach of making their claims known for their objective realization was through rebel voices along the Cameroon coastal towns that were fast checked by the Cameroon armed forces to maintain the statues-quo, and sustain the integrity of territorial integrity of both states.

In fact, the attempt of the Bakassi people of invalidating the verdict of the ICJ was in other words questioning the territorial disposition of these states and valorizing the pre-colonial politico-ethnic normalness of most African compositions. But this way of reasoning was checked by the international law which recognizes and sustains the inherited boundaries of the African states. However important the recognition and preservation of these boundaries may seem to have worked for a good time; the advent and force of globalization has strongly challenged this stand and the functioning value of the structured state and its boundaries. This is what provokes Fogou Anatole's reoccupation who does not only intimates on the worth of territorial integrity of states but the obligation to besmirch this worth for the search solutions to global problems, which he sees a workable therapy for African problems within the confines of integration, but not in disrespect for each other's individual space. But for how long can such individual space be respected when it's defiling can improve the economy and citizen's lifestyle? In this case, the fruits of globalization for an emergent country are better considered than the precepts of a stiff-necked singular closed territorial conscious nation. This is also the Awong Kingsly's outlook on the issue.

He argues that it is even though it is good to often respect states' individual space, it is within this respect that they also look for the most surviving strategies to carry along its people within the countenance of its policies vis-a-vis its people's betterment. One of such workable strategies is allowing its territorial boundaries to be unconsciously tainted by the purpose of multinationals. Many African states have allowed multinationals to get established as a means of supporting their emerging economies. This is the direction towards where Awong Kingsly's paper is focused as it also tries to comprehend how the growing importance of emerging economies has led to an upsurge of outward investment of EMMNCs and their contributions towards the development of local communities in Africa, as well as the difficulties they encounter in this process.

In the process of African emergence, all aspects of the state and the peoples' being have to play a vital role. One of the areas where both seem to blend for this common purpose is at the level of cultural heritage and education. For a long period, there wide dichotomy between Museums and education has been maintained in many states. Many had valorized these differences, which did render the population cut off from the realities of their past life made alive in Museums and the quality of their educational objectives and pursuit. But the differences between Museums and education in Cameroon are indistinct by Zacharie Duflot Tatuebu's research which recognizes the sound inter-relationship between them for the purpose of educational amelioration, national unity and integration; a link which nations like the USA and France had long realized, utilized and valorized as an essential ingredient for the greatness.

Chapter 12

État postcolonial et problématique identitaire : la nation politique

Nguemba Guillaume

Le présent article est une contribution à la philosophie politique africaine et plus particulièrement à la critique de la production historique postcoloniale. En effet, nous voulons montrer qu'à la suite de la domination coloniale, les politiques de recomposition, de restructurations telles qu'elles ont été définies par les dirigeants africains au lendemain des Indépendances n'ont pas abouti, comme cela se devait, à la reconnaissance et à la réhabilitation des identités collectives des nations. L'historiographie des États-nations en Afrique montre que ce réinvestissement du politique sur les identités collectives a conduit plutôt à la faillite du pluralisme à cause des dérives totalitaires et déconstructivistes, calquées sur les nationalismes occidentaux dont la conception identitaire reposait sur un universalisme de domination, bien différent de l'universalisme africain qui se définit fondamentalement par le pluralisme identitaire et le brassage des cosmopolitismes.

Introduction

La Conférence de Berlin[1] est un acte historique qui a marqué l'historiographie de l'Afrique coloniale. Comme Acte des grandes puissances européennes, elle a conduit au partage géographique du continent noir par la création ou la transformation des territoires en colonies d'occupation. Au terme d'une longue lutte de décolonisation

---

[1] Du 15 novembre 1884 au 26 février 1885. Quatorze puissances représentant à l'époque la quasi-totalité des Etats d'Europe y compris l'Empire ottoman se concertent pour le partage de l'Afrique, il y manque la Suisse, la Grèce et les principautés balkaniques. Aucun État africain n'y est représenté, même pas le sultanat de Zanzibar ou le Royaume de Madagascar, internationalement reconnus par ces mêmes puissances européennes.

politique et territoriale, les peuples africains ont pu réclamer l'indépendance et la souveraineté sur leurs territoires, ce qui a conduit à la création des États aux frontières fixées de façon exogène. Mais il faut dire que cette transmutation des colonies en États s'est faite à l'inverse du processus normal de formation des États. D'où la principale difficulté à laquelle se heurtent les politiques africaines postcoloniales : comment intégrer la multitude ethnique à la communauté politique nationale sans altérer les particularismes identitaires. La construction des États-nations a donc posé non seulement le problème des frontières, mais également celui du pluralisme identitaire. En quoi ce réinvestissement du politique à la suite de la décomposition coloniale a-t-il conduit aux autoritarismes ? L'unité identitaire recherchée n'était-elle pas en contradiction avec le principe de pluralité qui caractérise fondamentalement le socle mémoriel des sociétés africaines ? Autrement dit, en quoi la nation politique existante contredit-elle le principe d'identité ?

L'objectif de notre analyse consiste donc à montrer tout d'abord que si les Indépendances africaines ont abouti à la création des États fondés sur l'absolutisation de la souveraineté, cette absolutisation a donné naissance à un autoritarisme qui n'a fait que reproduire, par la radicalisation des identités nationales, la logique coloniale. Ensuite et enfin, nous montrerons comment l'absolutisation du principe d'identité a conduit à la négation de la nation au sein de l'Etat, parce que n'étant pas suffisamment articulé sur le pluralisme identitaire.

1- La Problématique De L'état-Nation En Afrique

1.1-L'idée de nation

Les États postcoloniaux africains se singularisent par leur origine et leur situation politique toujours précaire, toujours instable. Historiquement, c'est la nation qui précède l'État en lui donnant un fondement historique, une assise nationale qui lui permet de se maintenir comme communauté politique historique consciente. Il existe deux sortes de nation :

La première, qui se définit sous un registre ethnologique, peut s'appeler la *nation ethnique*. Il s'agit d'une multitude immédiate, informe, vivant dans sa culture selon les lois naturelles. La nation ethnique est la première manifestation de la vie associative. Mais, comme les consciences particulières qu'elle fait émerger de la nature n'ont pas encore atteint l'universel, elle reste une communauté subjective. Les individus se limitent aux seuls intérêts du groupe et à la seule culture qui est la leur. La conscience reste donc prisonnière des traditions et des coutumes. Le groupe est vécu comme un ordre sacré et toute opposition est perçue comme une menace.

La deuxième, la *nation politique*, qui ne naît que d'un développement objectif des consciences individuelles. Les individus, par leur vouloir, décident de se donner librement des lois et des règles de conduite. Unis ensemble par des lois émanant uniquement de leur volonté, ils transcendent leur particularité pour former ce que Rousseau appelle un « moi moral », c'est-à-dire un peuple. Mais il faut dire qu'il n'est pas aisé pour une nation de passer de l'état naturel de la simple multitude à l'état politique, entendu comme état de droit. Tout doit s'organiser autour de ce que Renan appelait à son époque le « principe spirituel » (1997 : 31) de la nation, c'est-à-dire le socle mémoriel historique sur lequel elle se forme.

Quand Rousseau se propose d'examiner l'acte par lequel un peuple devient un peuple, il entend définir la nation dans son fondement comme une construction historique des individus. Rousseau conçoit le contrat comme l'acte qui fait passer de la naturalité à la civilité. Toutefois, l'acte fondateur ne suffit pas, Rousseau lui adjoint un législateur. C'est lui qui crée et consolide la nation au moyen de sages lois. Il doit savoir user de son intelligence pour éduquer les individus à l'amour de la nation. La nation devient ainsi une communauté politique consciente d'elle-même et de son identité. La citoyenneté est une seconde nature. Instituer une nation consiste donc à sortir les individus de leur naturalité immédiate, de leur ethnicité primaire pour les élever au niveau de l'universel moral. C'est pour cette raison que la citoyenneté est toujours perçue comme un processus d'humanisation.

Mais l'idée de nation, telle qu'on peut la percevoir aujourd'hui dans les États modernes dominés par l'extension de la démocratie et le cosmopolitisme, ne se réfère plus uniquement aux seuls traditionnels critères énoncés par Renan, elle en appelle davantage à de nouveaux questionnements, notamment « l'articulation entre identité nationale et histoire » (Cristina Ion, Thierry Ménissier, 2007 : 11). L'émergence du cosmopolitisme, l'affaiblissement des souverainetés et les regroupements communautaires ne font plus aujourd'hui de la nation une identité historique immuable. Quand Habermas affirme qu' « aujourd'hui, le retour à une identité qui se constitue à partir de l'histoire nationale est une démarche qui, du moins dans les sociétés occidentales, ne nous est plus permise » (1990 : 293), la pertinence de cette remarque se prolonge au seuil même des sociétés africaines modernes, puisque la mondialisation nous impose aujourd'hui une autre culture fondée sur le brassage des cosmopolitismes, le dépassement des frontières et la dialectisation des identités nationales.

1.2- L'État postcolonial

Les États issus de la décolonisation présentent plusieurs caractéristiques dont la plus importante est sans aucun doute le problème national. Les Etats postcoloniaux ont été formés sur des bases géographiques et politiques arbitraires. La logique de leur formation obéissait beaucoup plus aux exigences de l'impérialisme qu'aux réalités sociales et culturelles des peuples. Il est donc évident que ces États nouvellement indépendants n'étaient pas encore des nations au sens historique du terme. Georges Burdeau souligne que :

> Dans tous les pays anciens, c'est la nation qui a fait l'État ; il s'est lentement formé dans les esprits et les institutions unifiées par le sentiment national. Dans l'État nouveau, tel qu'il apparaît sur le continent africain, c'est l'État qui doit faire la nation. (1970 : 37)

Rappelons que la nation, au sens large, peut se définir comme une communauté d'hommes ayant en partage des lois, des mœurs, des traditions, en un mot tout ce qui constitue le patrimoine culturel d'un peuple. Mais cette définition n'est pas réductible, comme certains le pensent, au seul sentiment d'appartenance à un État. La nation est plus qu'un sentiment. Elle est dans son existence la manifestation objective de la loi. La nation ne désigne pas une communauté immédiate et informe. Elle est la forme objective des institutions d'un peuple ou d'une communauté politique historique. Les institutions auxquelles nous faisons allusion ici ne sont pas forcément politiques ou administratives, elles peuvent aussi être traditionnelles, c'est-à-dire sociales.

Ce qui signifie que pour qu'une communauté soit érigée en nation, il faut qu'elle atteigne d'abord un certain degré d'objectivation des institutions. Or, pour franchir cette étape, il faut qu'il y ait nécessairement un pouvoir qui régit et ordonne la vie des individus. Ce n'est que dans cette perspective que la nation peut conduire à l'État et plus précisément à l'État de droit, qui n'est que la forme pleinement institutionnalisée de la nation politique.

La difficulté des États postcoloniaux vient donc du fait qu'ils regroupent dans leurs territoires plusieurs communautés ethniques sans lien culturel. Il n'y a par exemple aucun lien culturel entre le Beti du Sud Cameroun et le toupouri du Nord. Par contre, il existe des liens d'affinité culturelle entre les Béti du Sud Cameroun et les Fang du Gabon ou de la Guinée Equatoriale. Pourtant, ces deux communautés sœurs appartiennent à deux États différents. L'exemple le plus patent de ce type de phénomène se démontre dans les pays de la région des Grands lacs où plusieurs pays se partagent les mêmes populations au-delà des frontières conventionnelles.

Compte tenu de toutes ces difficultés (géo) politiques, l'urgence s'imposait aux Africains d'imaginer des solutions favorables à l'émergence d'une nation unie, ce qui exigeait des dirigeants « une puissance peu commune. » (Burdeau, Ibid.) Car, c'est à eux que revenait le rôle « de créer dans leurs pays les conditions indispensables à l'établissement d'un pouvoir étatique. » (Burdeau, Ibid.)

Pour y arriver, l'option pour le parti unique semblait la voie la plus sûre par la possibilité qu'elle donnait aux dirigeants de galvaniser les consciences individuelles et collectives en vue de la consolidation de la conscience nationale. Il fallait éviter la dispersion des énergies en interdisant la liberté d'association et la formation de partis politiques. Le pluralisme politique était donc à proscrire. C'est pour cela qu'il fallait plutôt rechercher des compromis avec les dissidents.

Jean-François Bayart (1985) montre par exemple qu'il fallait plusieurs compromis au Cameroun entre les élites anciennes (autorités traditionnelles) et les élites nouvelles (intellectuels et acteurs politiques occidentalisés) pour bâtir l'État. A cette politique d'intégration s'ajoutait un présidentialisme fort qui affirme la prééminence du président de la république dans toutes les sphères du pouvoir. Et comme les politiques africaines postcoloniales, plus particulièrement en Afrique francophone, sont des imitations de la « vieille Europe », le renforcement du présidentialisme a eu pour but de créer de toutes pièces une nation, il en est résulté un autoritarisme sans mesure, ce qui a replongé l'Afrique dans une forme nouvelle forme de domination plus redoutable que la première. C'est ce « mal présidentiel » qui caractérise négativement les démocraties modernes et affecte plus particulièrement les démocraties postcoloniales. Pierre Rosanvallon écrit :

> Le mouvement de décolonisation en Afrique a donné le premier signal d'une extension à ce continent de la démocratie présidentielle. [...] Cinquante ans après l'émancipation de la tutelle coloniale, la situation reste toujours mouvante sur un continent où les guerres civiles et coups d'État n'ont cessé de se multiplier. [...] La présidentialisation des régimes a partout dessiné l'horizon considéré comme « naturel » et souhaitable de l'ordre démocratique, et elle s'est largement imposée au début du XXIe siècle. (2015 : 150)

À la suite de cette remarque, l'auteur se réfère à un ouvrage de Maurice Duverger, *La Monarchie républicaine* dont le titre est fort évocateur d'un malaise qui existe aussi bien dans le fonctionnement de la démocratie que dans la conceptualisation de la république, il s'agit de la présidentialisation du pouvoir : un seul est investi de la légitimité de décider sur toute la vie de la nation. Cette légitimation naturaliste du pouvoir a transformé chaque dirigeant africain en « père de la nation ». Ce qui exclut bien évidemment toute possibilité de contestation. En Afrique, dit-on, les enfants ne contestent pas les parents. Il s'agit d'une vision paternaliste du pouvoir qui se fonde elle-même, selon Achille Mbembe (1985), sur une « lecture parentale de la subordination politique. »

Subjectivation et personnalisation sont des caractéristiques qui font des États postcoloniaux des républiques autoritaristes. Il faut dire qu'il n'y a de rationalité étatique que là où les institutions ont revêtu un caractère historique. Georges Burdeau définit une institution comme une « entreprise au service d'une idée et organisée de telle sorte que l'idée étant incorporée dans l'entreprise, celle-ci dispose d'une durée et d'une puissance supérieure à celle des individus par lesquels elle agit. » (1970 : 71) L'institution qui définit l'État dans son principe est la constitution, c'est-à-dire la loi fondamentale qui énonce le peuple comme souveraineté. L'actualisation des constitutions africaines s'avère à cet effet problématique.

Comme le souligne Hussein Mahmoud, il y a dans l'État postcolonial un ensemble de difficultés qui relèvent, non pas seulement des dirigeants, mais également de la nature même de l'État comme institution établie. Selon lui, il existe au sein de l'État postcolonial.

Trois instances décisionnelles d'origine différente et d'efficacité contradictoire : l'organe de direction et d'encadrement né des combats pour l'indépendance, l'appareil d'État mis en place par le colonisateur, le réseau des chefferies confessionnelles, tribales ou claniques qui commandent encore les allégeances d'une partie plus ou moins importante du pays profond. (1989 : 157)

Cette complexité fait de l'État postcolonial une institution ambiguë et dysfonctionnelle. C'est ce qui fait dire à Jean-François Bayart qu' « en Afrique, l'État est un lieu primordial d'engendrement de l'inégalité. » (1989 : 87) Ce qui est tout à fait paradoxal puisque l'État, comme le souligne Rousseau, doit assurer l'égalité et de la liberté de tous les citoyens.

1.3- Le dépassement ethnique et la problématique unitaire

L'idée d'une république une et indivisible n'est pas juste. Malheureusement, c'est ce qu'énoncent les constitutions républicaines. Pourtant, bien d'exemples montrent les limites de cette définition. Les États-Unis et le Royaume Uni sont des républiques plurielles où le peuple dans son essence est défini comme pluralité. La république est plurielle et divisible. C'est cette pluralité qui caractérisait les politiques africaines précoloniales. L'idée d'une unité nationale qui se construirait en marge et en méconnaissance du pluralisme est contradictoire au principe républicain. Dans la nation, il y a un processus d'identification et de reconnaissance. Il s'agit d'une reconnaissance qui repose sur une identité plurielle. En termes hégéliens, on parlerait de l'« identité de l'identité et de la différence ». Le concept d'identité suppose nécessairement le principe de différence. La biopolitique se définit comme cette nouvelle approche qui consiste à traiter d'une manière différenciée certaines souches de la population jouissant ou non de la nationalité ou de l'appartenance territoriale.

Pour revenir au triptyque État-nation-territoire, la problématisation des identités nationales en Afrique subsaharienne comme dans bien de pays, pose la question de la territorialisation des nations. L'extra-territorialisation de la souveraineté, caractéristique des nations européennes, rend problématique l'effectuation de la démocratie. Comment choisir entre la souveraineté nationale et la souveraineté communautaire ? L'événementalité des Indépendances africaines a donné lieu à une impasse : le maintien des pays du Sud dans une relation de dépendance économique avec les pays du Nord.

Au lieu de s'engager dans la construction d'un droit international économique efficace, avec des normes précises de nature à assurer la maîtrise de l'économie mondiale sur des bases de juste répartition, les peuples libérés du colonialisme ont opté pour le renforcement de leur souveraineté, le droit international n'intervenant que pour garantir cette souveraineté. (Monique Chemillier-Gendreau, 2013 : 209)

La décolonisation a corrigé une injustice par une autre. Le renforcement du droit économique international en faveur des pays décolonisés aurait pu accélérer leur développement. Malheureusement, c'est plutôt la souveraineté sur les ressources naturelles qui a été plus en vue. Comme le remarque Castoriadis :

> L'Europe a fait beaucoup de cadeaux à l'Afrique. Entre autres, sa division en prétendues nations, définies par des méridiens et des parallèles. [...] Mais elle n'a pas pu lui faire cadeau du capitalisme, ni de régimes politiques libéraux. (1986 : 132-133)

Il n'est de doute que la question de la souveraineté internationale reposait sur la cause identitaire. Pour bâtir l'Etat-nation, l'appartenance à une seule et même nation devenait un impératif catégorique. Toute possibilité de sécession était réprimée au nom de l'unité nationale. Les politiques de répression identitaire s'appuyaient sur la fausse idée que la nation ne se construit pas à partir des caractéristiques ethniques qui relèvent de la sphère infra politique. L'ethnicité, au lieu d'être considérée une composante sociologique de la nation, était plutôt regardée comme un obstacle. Or, la nation ne se décrète pas, elle advient. Et si certaines politiques postcoloniales ont réprimé le sentiment ethnique au nom de la nation, c'était tout simplement pour reproduire et perpétuer la politique coloniale, puisqu'il fallait à tout prix rassembler au moyen de la force ce qui a été divisé. L'historiographie des nations africaines postcoloniales révèle le caractère « artificiel » de leur origine. Engelbert Mveng dans ses études sur l'histoire du Cameroun relève que :

> Rien dans le passé, écrit-il, ne semblait avoir préparé ces peuples à devenir un peuple. Qu'y avait-il de commun entre les tribus kirdis éparses du Tchad à la Bénoué, les foulbé à la silhouette hiérarchique, les Tikars ou les Niam-Niam de l'Adamaoua, les Mboum, les Babouté, les Bamiléké, les Bamouns, les Baya et tous les semi-soudanais des frontières de la savane et de la forêt ? (1963 : 252)

C'est ce caractère « artificiel » des Etats africains qui les distingue fondamentalement de ceux de l'Europe. Il est vrai que certaines nations européennes ont été balkanisées, mais cette balkanisation n'a pas été effectuée, comme en Afrique, sous la forme de la colonisation. Les États africains sont nés du simple découpage géographique du continent, ce sont les enjeux d'un tel découpage qui sont mis en exergue dans ces propos de Jean-Yves Calvez :

L'unité de la nation dessinée sur la carte, dans les frontières de l'État nouveau, et ainsi plus fragile que ne l'était au XIXe siècle celle des nations européennes même déchirées par les luttes sociales de la Révolution industrielle. Ou plutôt la nation n'a pas encore vraiment trouvé son unité par-delà un pluralisme extrême, aggravé encore par les disparités que la situation coloniale puis l'indépendance ont institué, en des sens divers, entre les populations. (1970 : 53)

Ce que l'Afrique a perdu dans la période coloniale, c'est son pluralisme. Nous avons hérité de la colonisation l'idée d'une république une et indivisible. Or, comme nous l'avons vu, les États précoloniaux africains n'étaient pas fondés sur une unité politique ou religieuse. Ce qui était considéré comme fondement du vivre-ensemble, c'était la diversité et la reconnaissance de tous. Le chef incarnait non pas l'unité de la multitude mais l'unité de la diversité. Les royaumes et les empires précoloniaux étaient pluriels.

Si nous reconnaissons objectivement à la philosophie politique de Hegel la nécessité pour les peuples de parvenir à l'État rationnel, gage de la liberté et de l'épanouissement des individus au nom de l'unité substantielle que l'État incarne dans son administration, sa justice et ses institutions, admettons que cette unité, pour intégrer la reconnaissance de tous, doit reposer sur la diversité et le pluralisme. Les politiques africaines doivent se garder de tout modèle d'imitation. La décolonisation politique ne se fera pas par simple reproduction des Constitutions occidentales, le plus important - et le plus difficile aussi - est de parvenir à la pensée des modèles de gouvernementalité propres à notre contextualité historique. C'est ce qui ressort de cette réflexion de Frantz Fanon :

> Ne payons pas, écrit-il, de tribut à l'Europe en créant des États, des institutions et des sociétés qui s'en inspirent. L'humanité attend autre chose de nous que cette imitation caricaturale et dans l'ensemble obscène. Si nous voulons transformer l'Afrique en une nouvelle Europe, (…) alors confions à des européens les destinés de nos pays. Ils sauront mieux faire que les mieux doués d'entre nous. Mais si nous voulons que l'humanité avance d'un cran, si nous voulons la porter à un niveau différent de celui où l'Europe l'a manifestée alors il faut inventer, il faut découvrir. (2002 : 304-305)

Pour sortir de l'impasse coloniale et néocoloniale, l'Afrique doit frayer son propre chemin, créer son propre modèle de développement, en un mot sa propre révolution. Une telle révolution n'est d'ailleurs pas impossible en Afrique qui a, comme l'Europe du XVIIe siècle, ses philosophes et ses politiques. Seulement pour y parvenir, elle doit nécessairement rompre avec les idéologies passéistes et particularistes qui contribuent beaucoup plus à son enfermement qu'à son ouverture au monde. Comme le pense Hubert Mono Ndjana, il faut :

> Abolir le vieil ordre monarchique et féodal dans lequel les sujets étaient des libertés les plus élémentaires, pour lui substituer un ordre républicain et démocratique où chaque citoyen prendrait effectivement part à la souveraineté générale avec les mêmes obligations. (1988 : 24-25)

C'est cette révolution politique qui, seule, pourrait permettre à l'Afrique contemporaine de sortir de l'obscurantisme et du sous-développement. La question politique est donc primordiale, puisque la liberté est la condition de tout développement. Il serait très difficile à l'homme de développer ses facultés intellectuelles et ses potentialités physiques dans un milieu qui n'est pas a priori favorable à sa liberté.

2. Constructivisme Cosmopolitiste et Particularisme Identitaire

2.1. La nation : une identité politique construite

La modernité contemporaine ou la postmodernité se caractérise particulièrement par l'émergence du pouvoir et de la volonté de l'homme. Plus qu'une période historique, la postmodernité, sur le plan politique, se définit comme une vision constructiviste du monde.

Ainsi, au-delà des dérives libertaires, la postmodernité appelle à une réflexion sur le concept de nation et plus précisément sur la notion d'identité nationale, quand nous savons que l'un des plus grands projets de la postmodernité est aujourd'hui la construction européenne, événement inédit dans l'histoire de l'humanité. Le traité de Maastricht a suscité et suscite encore de nombreuses interrogations sur le devenir de l'État-nation. Que deviendra la nation au sein de grands ensembles politiquement construits ? La souveraineté des Etats peut-elle encore être stricte au regard de la multitude de conventions et de traités internationaux ? Quelle est donc aujourd'hui l'identité politique du citoyen postmoderne ?

La nation se qualifie par des caractéristiques culturelles, géographiques et historiques. Ainsi, dans son archéologie la plus primitive, la nation désigne un groupe humain ; elle délimite spécifiquement un groupe donné à l'intérieur d'un territoire. Voilà pourquoi il existe des nations sans État. On peut facilement remarquer que Montaigne dans ses *Essais* emploie le terme « nations » pour désigner ces peuples qu'il admire et que certains de ses contemporains appellent « barbares ». Dans cette conception, il y a autant de nations que de différences. Chaque groupe humain étant différent d'un autre, constitue une nation. Dominique Schnapper précise que « depuis le XIIIème siècle et jusqu'à la naissance de la nation politique moderne, les contemporains désignaient par nation ce que nous appelons aujourd'hui ethnie. » *(*1994 : 29)

La citoyenneté est une seconde nature. Instituer une nation consiste à sortir les individus de leur existence immédiate et de leur subjectivité pour en faire des êtres civiques. Et pour y arriver, Rousseau recommande au législateur beaucoup de prudence : il ne doit user ni de la force, ni du raisonnement. La force brutalise les citoyens et les incite à la révolte ; le raisonnement, lui, peut s'avérer inefficace surtout quand il n'est pas à la hauteur du peuple. Le législateur doit rendre les lois accessibles et les citoyens doivent nécessairement s'y retrouver afin d'être en parfaite harmonie avec l'ensemble du corps social. Rousseau fait la remarque que les bâtisseurs des nations ont « dû recourir à l'intervention du ciel » pour rendre leurs sujets dociles.

Spinoza dans le *Traité théologico-politique* s'est préoccupé du statut sacré des textes prophétiques comme éléments constructifs d'une nation. S'il rejette la valeur sacrée des prophéties, il reconnaît cependant le rôle déterminant qu'elles jouent dans le processus de formation d'une nation. C'est grâce aux textes prophétiques que certaines nations se sont constituées. Ils ont permis la formation et la diffusion du récit national.

Rousseau insiste non pas sur les textes sacrés, mais sur le rôle du législateur. La nation et, en dehors de ce qui préexiste à sa formation, une construction politique et juridique destinée à la réalisation objective des individus. Il précise dans son Projet de constitution pour la Corse que « la première règle que nous avons à suivre, c'est le caractère national. Tout peuple a, ou devrait avoir, un caractère national. S'il en manquait, il faudrait commencer par le lui donner. » (1972 : 123)

Cette idée a sans aucun doute inspiré les instituteurs des nations du XIXème siècle. Quelques-uns ont certainement pris cette idée de Rousseau à la règle en s'attelant à la création, voire à la production des identités nationales. La formation des nations s'est ainsi trouvée réduite à la construction des entités politiques identitaires. La modernité politique se heurte aux dangers liés à l'invention des identités nationales. (Anne-Marie Thiesse, 1999)

La solution que Renan propose est certes nécessaire, mais elle ne saurait être interprétée comme une volonté manifeste d'occulter l'histoire d'une nation. Mais à notre avis, ce qui mérite d'être admis, c'est l'idée que chaque nation doit se réconcilier avec son histoire. La conscience nationale suppose le dépassement des particularités ethniques, religieuses ou régionales. En tant que forme de conscience universelle, la conscience nationale n'est pas une donnée définitivement acquise, elle se construit en permanence.

La nation est une identité dynamique. L'existence d'une nation est un plébiscite de tous les jours, comme l'existence de l'individu est une affirmation perpétuelle de vie. (Anne-Marie Thiesse, 1999) L'idée de nation est aujourd'hui confrontée aux multiples mutations. Le retour au communautarisme menace la nation politique. L'émergence des constructions nationalitaires l'expose à des dérives totalitaires. À cela s'ajoute la tension engendrée par la mondialisation, entre le particulier et l'universel. La formation ou la construction des structures supranationales, dont l'Europe représente le modèle dominant, suscite des interrogations sur le devenir de la nation.

Liée à l'existence d'un peuple, la nation pose le problème de l'État-nation et plus précisément celui de la souveraineté. Comment penser la souveraineté dans un contexte mondial où les identités nationales se dissolvent au profit de grands ensembles et d'organisations internationales ?

2.2. Le principe de souveraineté et l'idée de nation

La question de la souveraineté est d'une importance capitale dans le débat sur l'État post moderne. La pensée politique se trouve aujourd'hui partagée entre les partisans de la souveraineté absolue des États – les souverainistes – et les partisans de l'ordre juridique international – les antisouverainistes libéraux. Les premiers sont regardés comme des conservateurs antilibéraux, ennemis du progrès et de l'ordre universel. Ils sont assimilés à des fascistes, défenseurs des particularités nationales et des politiques étatistes. Les seconds sont des libéraux « pur sucre », défenseurs de la mondialisation, optimistes du progrès universel et partisans sans réserves de la vision unilinéaire de l'histoire universelle.

Il est pourtant un fait remarquable : l'universalisation de la démocratie et de son corollaire les droits de l'homme. Comment peut-on alors penser la démocratie à l'échelle mondiale en dehors du concept de souveraineté ?

Rousseau à la suite de Bodin pense que la souveraineté étant pensée comme la *potestas* (*la puissance*), elle ne peut en aucun cas souffrir d'une quelconque diminution. Elle est tout ou elle n'est rien. Elle n'est ni divisible, ni aliénable, ni même communicable. La souveraineté est un attribut consubstantiel au peuple. L'article III de la Déclaration Universelle des Droits de l'Homme et du Citoyen énonce que le principe de souveraineté réside essentiellement dans la nation. Que faut-il en penser ?

Selon Rousseau, une autorité n'est légitime que si elle est digne d'obéissance. En y obéissant, les citoyens n'obéissent qu'à eux-mêmes. La légitimité d'une autorité ou d'un pouvoir est essentiellement fondée sur l'approbation libre et volontaire de ceux qui y sont soumis. Il n'y a donc point de légitimité en dehors de l'approbation du peuple.

En obéissant à la volonté générale, les individus n'obéissent qu'à leur propre volonté, d'où l'égalité qui s'établit entre gouvernants et gouvernés. Tous sont égaux devant la loi, c'est-à-dire devant la volonté générale. Or, la volonté générale en tant que volonté commune est une expression de la souveraineté du peuple dont elle émane. Donc, la souveraineté du peuple est l'expression inaliénable de la volonté générale, entendue comme volonté commune de tous les individus.

Comme la nation est la matérialité historique d'un peuple, elle exprime sa volonté souveraine, c'est-à-dire sa capacité politique de s'autodéterminer. On parle alors de *souveraineté nationale* ou souveraineté du peuple. Ce qui ne signifie pas que *nation* et *peuple* sont équivalents.

Par voie de conséquence, relativiser le concept de souveraineté, comme le prétendent les mondialistes libéraux, conduit inévitablement à un paradoxe grave : la négation de la démocratie, qui pis est du droit naturel est finalement la négation de l'homme comme absolu de valeur. Renoncer à la souveraineté, c'est nier le pouvoir du peuple. Il faut reconnaître que dans l'imagination des antisouverainistes, l'idée d'une volonté du peuple prête à équivoque. Beaucoup la considèrent comme une entité politique archaïque, totalitaire et donc irrationnelle et irréfléchie. C'est ce que pense Platon quand il définit la démocratie comme la tyrannie de la multitude.

La même confusion s'observe chez les néolibéraux qui défendent l'État de droit tout en admettant que celui-ci n'implique pas nécessairement la liberté politique pour tous. Tous n'ont pas le droit de participer politiquement aux délibérations des affaires de leur pays. Les néolibéraux – Hayek et ses disciples – semblent reconnaître l'État de droit tout en refusant l'idée de souveraineté populaire. La seule liberté qui est reconnue aux individus, c'est celle de vendre ou d'acheter. Etre libre, ce n'est donc point choisir entre plusieurs marques de marchandises ou de produits.

Dire que la souveraineté conduit au nationalisme et ses dérives nous semble très péremptoire. Car ce n'est pas la souveraineté en tant que telle qui est cause des violences nationalitaires, mais c'est plutôt l'absence de démocratie qui conduit généralement à des luttes identitaires. Les peuples qui ont été rassemblés malgré eux sont le plus souvent obligés d'user de la violence pour se faire entendre. Ce fut le cas des guerres d'indépendance en Afrique à la période coloniale ainsi que la montée des mouvements séparatistes en Europe de l'Est.

Certains critiques ont affirmé que l'État-nation était à l'origine des guerres nationalistes du XIXème et XXème siècles. Il n'en est rien, car c'est plutôt la faiblesse du principe de souveraineté inhérent à la formation de l'Etat-nation qui en est la cause. La crise de l'État postmoderne – crise qui vise à sa déconstruction par la société civile – n'a d'autres origines ailleurs que dans la faiblesse du principe de souveraineté.

Mais il est aussi remarquable que cette négation ou cette faiblesse du principe de souveraineté ne s'applique que dans les États économiquement et militairement faibles. Les grandes puissances s'imposent aux nations faibles par leur souveraineté. C'est toujours au nom de celle-ci qu'elles prétextent agir. La volonté de relativiser la souveraineté des États périphériques est une manifestation impérialiste. Elle se définit comme la possibilité insidieuse de légitimer le « droit d'ingérence ».

La difficulté à laquelle l'Europe se trouve confrontée est celle liée au principe de souveraineté : comment pourra-t-on relativiser le principe de souveraineté dans une communauté où les Etats doivent se traiter également ? Qui sera plus souverain que l'autre pour guider les décisions de l'ensemble ? Un parlement européen ne pourra être efficace que s'il admet les spécificités souveraines des Etats membres. Voilà pourquoi la naissance d'une Europe politique paraît difficile.

L'Europe, en effet, au-delà des péripéties qui l'empêchent de naître comme entité politique est, par sa culture et son histoire, l'espace d'un renouvellement de l'entendement politique général. La souveraineté y est née, elle y disparaîtra. Pour l'heure, la forme Etat ou souveraineté est encore un obstacle au déploiement de ce nouvel entendement. Ce n'est pas, en tout cas, par un accord douanier ou agricole – aussi nécessaires soient-ils – que l'Europe peut naître : c'est par un abandon du concept de souveraineté. Loin d'être utopique, un tel abandon existe déjà comme tendance immanente, quoique manifeste. Au droit de recours individuel direct […], il faut ajouter l'élection d'un parlement européen au suffrage universel direct : événement unique dans l'histoire politique universelle. Il y a là une tendance irréversible au dépassement de l'archaïsme de la souveraineté. (Gérard Mairet, 1987 : 158-159.)

L'importance de ce texte nous oblige à le citer dans toute sa longueur. La conclusion à laquelle l'auteur aboutit ne nous semble pas justifiée. Il est certes vrai que l'Europe, comme il le souligne, inaugure un nouvel entendement politique par l'institution d'un parlement communautaire au suffrage direct, mais cela ne conduit pas inéluctablement au dépassement du principe de souveraineté. Les États membres ne sont-ils pas obligés de ne pas tout céder à la législation européenne, compte tenu des réalités propres à chaque État ? Nous réitérons que la naissance d'une Europe politique n'est pas aisée. Un pays peut céder à sa souveraineté économique, mais difficilement à sa souveraineté politique, car il y va de son existence comme nation et comme démocratie.

En définitive, l'une des idées que nous critiquons est la négation du principe de souveraineté. Les courants antisouverainistes prétendent, comme nous l'avons souligné, libéraliser l'État et la nation du totalitarisme nationalitaire. La négation de la souveraineté implique la négation de l'idée de nation. Les politiques d'union ont leur efficacité sur des questions économiques et sociales, mais les questions politiques liées à la souveraineté de l'État méritent d'être réservées à la volonté des peuples. Les nations européennes peuvent-elles dissoudre entièrement leurs parlements nationaux au profit d'un parlement « nomade », le Parlement Européen ?

2.3. Mondialisation et pluralisme identitaire : vers un cosmopolitisme de la diversité

Hegel, penseur de l'histoire universelle, a dans son projet réconcilié l'universel avec le particulier. Penseur par excellence de la dialectique, il n'a jamais omis de réaffirmer l'idée selon laquelle l'universel n'est effectif que dans la particularité. Autrement dit, un universel qui n'a pas d'effectivité dans la particularité est un universel abstrait, donc vide. Posons-nous alors la question de savoir de quel type d'universel est la mondialisation.

Telle qu'elle est pensée, la mondialisation est un universel englobant, totalisant. Elle se définit comme un projet uniformisant et pluridimensionnel. Ainsi conçue, il n'est pas de doute qu'elle vise à la dissolution des identités nationalitaires. Les nations se dissolvent dans des ensembles plus vastes. Les États-nations se dissoudront progressivement dans des ensembles politiques et économiques.

Beaucoup de penseurs post kantiens défendent cette thèse et croient trouver sa légitimité philosophique dans le kantisme. Ce qui ne nous semble pas vrai. Lorsque Kant parle de « communauté de l'humanité », il ne fait nullement allusion à une réalité concrète, encore moins à un argument anthropologique. Il est question d'après lui d'une idée régulatrice, d'un concept qui se déduit de la liberté humaine. C'est pour cela que l'histoire universelle kantienne est pensée « selon un plan de la nature qui vise à l'unification politique parfaite dans l'espèce humaine. » (Kant : 1985 : 198.)

Il faut dire qu'il existe chez Kant une vision téléologique de l'histoire, certains penseurs – à notre avis constructivistes – ont vu en celle-ci la justification historique de la construction européenne. Kant écrit :

> Les hommes pris isolément, et même des peuples entiers, ne songent guère au fait qu'en poursuivant leurs fins particulières, chacun selon son avis personnel, et souvent l'un à l'encontre de l'autre, ils s'orientent sans le savoir au dessein de la nature, qui leur est lui-même inconnu, comme à un fil conducteur, et travaillent à favoriser sa réalisation. (Kant, Ibid.)

Les États sont vus par Kant comme des individus dans leur passage de l'état de nature à l'état civil. Comme des individus, les

États poursuivent « sans le savoir » les desseins de la nature. Mais il faut bien comprendre que Kant ne se prononce pas pour un universalisme dogmatique. Il n'est pas question pour lui de cautionner la dissolution des États-nations particuliers dans des constructions supranationales. L'État tire sa légitimité de la souveraineté du peuple.

Le contrat social est ainsi pensé pour empêcher l'aliénation des États. Comme la personne humaine, l'État est une personne morale. Sa souveraineté ne doit par conséquent souffrir d'aucune limitation. Le cosmopolitisme kantien est une union des peuples qui vise à la réalisation d'un idéal républicain. Il s'agit d'un idéal moral et non d'un projet de globalisation ou d'uniformisation des peuples. Le cosmopolitisme kantien n'est pas la mondialisation. Les États peuvent s'unir et se rapprocher sans pour autant cesser d'être des nations souveraines. Denis Collin pense que le cosmopolitisme kantien présuppose une pluralité d'États libres et non une chimérique fusion. Il n'est pas question cependant de renoncer à ordonner raisonnement les relations internationales : les États ne peuvent véritablement être libres – d'une liberté raisonnable et non de cette liberté sans limites que réclament les libéraux – que s'ils s'allient dans une fédération qui n'exerce aucune domination sur eux.

La réalisation d'une telle construction ne va pas de soi, elle suppose deux conditions essentielles : premièrement, les États membres doivent présenter une constitution républicaine, c'est-à-dire fondée sur la volonté souveraine du peuple et l'objectivité de la loi ; deuxièmement, le droit cosmopolitique adopté doit se limiter uniquement au droit des gens, c'est-à-dire aux « conditions de l'universelle hospitalité. »

La mondialisation doit refléter la dialectique de l'universel et du particulier. Elle ne doit pas être un projet idéologique qui vise à la disparition des États-nations, considérés à tort comme des organisations politiques archaïques. Les particularismes identitaires ne sont pas incompatibles avec l'émergence des grands ensembles cosmopolitiques.

Kant n'a pas pensé le développement cosmopolitique comme un processus de dépérissement des nations ou des États. La communautarisation des États doit se limiter à des domaines d'intérêt commun : l'agriculture, l'économie, l'emploi, la santé, la recherche scientifique, etc. Elle peut – et c'est là sa vraie finalité – aboutir à l'existence d'un grand ensemble politique admettant en son sein les États et leurs spécificités. Il faut d'ailleurs dire qu'une fédération n'a de sens que si elle s'enrichit de la diversité de ses membres. La mondialisation ne saurait être un processus conduisant l'humanité à l'institutionnalisation d'une « monarchie universelle » ou à l'uniformisation du monde. L'idée d'un « village planétaire » conduit inévitablement à l'existence d'une monarchie cosmopolitique. Kant rejette l'idée d'un État cosmopolitique parce qu'il voit en elle la possibilité d'une émergence des politiques impérialistes.

Il n'est pas de doute que la mondialisation uniformisante a favorisé la montée du terrorisme. La crise des identités qu'elle a favorisée a certainement poussé les nations dominées à des repliements idéologiques ou religieux. Le monde présent subit des dérives d'une mondialisation globalisante, cherchant à réduire la diversité humaine à un modèle unique. Faute de se retrouver dans un modèle unique, les peuples particuliers affichent des résistances. On est donc allé trop vite en besogne en pensant que les déclarations d'indépendance en Afrique avaient franchi définitivement les peuples des préoccupations nationalistes. Plus les particularismes identitaires seront occultés, plus les peuples les revendiqueront. L'évolution historique des sociétés africaines postcoloniales ne les a pas dispensées de leur mémoire d'identité. Il n'y a pas de nation sans mémoire d'identité.

Conclusion

Au terme de notre analyse, nous pouvons retenir que le développement planétaire de la démocratie et des Droits de l'Homme ne se fera pas sans prise en considération effective des particularismes identitaires. Sur ce plan, nous pouvons dire que l'Afrique, dans une certaine mesure, est en avance puisque l'universalisme qu'elle défend se définit fondamentalement comme un universalisme de la diversité, fondé sur le brassage des cosmopolitismes. Le pluralisme identitaire vise à maintenir la cohérence entre des communautés politiques d'échelons différents au sein d'un État, sans enfreindre à leur autonomie. Voilà qui explique qu'en Afrique les frontières ne soient pas perçues comme des limites infranchissables. La géographie des jeunes africains aujourd'hui n'est pas la géographie des nationalistes européens. Le monde que les jeunes africains se représentent est un monde sans frontières où, comme le pense Levinas (2006 : 136), la « proximité du prochain - la paix de la proximité – est la responsabilité du moi pour un autre ». En revanche, l'idée d'une nation pensée comme totalité ne correspond en rien au pluralisme des sociétés africaines. Comme Cheikh Anta Diop (1987) l'a montré, l'Afrique politique précoloniale était monarchique et tribale, ce qui signifie que son unité n'était pas monolithique mais plutôt pluraliste. C'est cette unité pluraliste que la colonisation a rompue et que les leaders africains n'ont pas su rétablir. Le projet d'une révolution politique des sociétés africaines consisterait donc à restaurer au sein des nations le principe de pluralité qui constitue leur essence et qui a été rompu par la domination coloniale.

Références bibliographiques

Bayart, Jean-François (1985) : *L'État au Cameroun*, Presses de la fondation nationale des sciences politiques, Paris.
Bayart, Jean-François (1989) : *L'État en Afrique, la politique du ventre*, Paris, Fayard.
Burdeau, Georges (1970) : *L'État*, Éditions du Seuil.
Calvez, Jean-Yves (1970) : *Aspects politiques et sociaux des pays en voie de développement*, Paris, Dalloz.
Castoriadis, Cornelius (1986) : *Domaine de l'homme. Les carrefours du Labyrinthe*, Paris, Éditions du Seuil.
Chemillier-Gendreau, Monique (2013) : *De la guerre à la communauté universelle*, Paris, Fayard.
Diop, Cheikh Anta (1987) : *L'Afrique noire pré-coloniale*, Paris, Présence Africaine.
Fanon, Frantz (2002) : *Les damnés de la terre*, Paris, Éditions La Découverte & Syros.
Habermas, Jürgen (1990) : « Conscience historique et identité post-traditionnelle », in *Écrits politiques*, traduction française, Paris, Éditions du Cerf.
Ion, Cristina et Ménissier, Thierry : « Présentation. Qu'est-ce que (encore) qu'une nation ? », in *Cités*, 2007, n°29.

Kant, Emmanuel (1985) : *Idée d'une histoire universelle au point de vue cosmopolitique*, 9ᵉ Prop., Introduction et traduction de Luc Ferry, Paris, Gallimard « Pléiade ».

Levinas, Emmanuel (2006) : *Altérité et transcendance*, Paris, Le livre de poche.

Mahmoud, Hussein (1989) : *Versant Sud de la liberté*, Paris, Éditions La Découverte.

Mairet, Gérard (1987), *Le dieu mortel*, Paris, PUF.

Mbembe, Achille (1985) : *Les jeunes et l'ordre politique en Afrique noire*, Paris, L'Harmattan.

Mono Ndjana, Hubert (1988) : *Révolution et création*, Université de Yaoundé.

Mveng, Engelbert (1963) : *Histoire du Cameroun*, Paris, Présence africaine.

Renan, Ernest (1997) : *Qu'est-ce qu'une nation ?* Paris, Mille et une Nuits.

Rosanvallon, Pierre (2015) : *Le bon gouvernement*, Paris, Éditions du Seuil.

Rousseau, Jean-Jacques (1972) : *Le projet de la constitution de la Corse*, Paris, UGE.

Schnapper, Dominique (1994) : *La Communauté des citoyens*, Paris, Gallimard.

Thiesse, Anne Marie (1999) : *La création des identités nationales*, Paris, Éditions du Seuil.

Chapter 13

Problème de l'imprécision des frontières chez les pays Tupuri du Cameroun

David Wala

Les frontières internes semblent, dans certaines parties du Cameroun, devenues problématiques. Les conflits frontaliers et territoriaux enregistrés çà et là attestent du caractère conflictogène et même géopolitique que revêtent désormais ces frontières. Les enjeux de cette transformation sont aussi multiples que variées. Ainsi, dans le pays Tupuri du Cameroun, se pose le problème de l'imprécision des frontières; et les enjeux territoriaux actuels exposent les frontières aux situations conflictuelles.

Introduction

Les frontières internes du «pays tupuri»[1] du Cameroun ont connu de nombreuses mutations tant au niveau de leur conception que de leurs fonctions. C'est ainsi que des frontières zonales et symboliques aux frontières linéaires et géopolitiques, il se dessine un schéma complexe qui recoupe une construction mentale des identités territoriales et une construction sociale de l'espace vital. De la période d'occupation allemande à l'administration post indépendance, l'on constate une superposition de frontières culturelles et de frontières

---

[1] Il est nécessaire de clarifier certaines expressions qui seront utilisées tout au long de cette étude. Le «pays tupuri» désigne ici ce que l'on pourrait appeler le foyer de peuplement originel de ce peuple, l'ensemble du territoire occupé par les tupuri autour leur chef spirituel, *Wang Doré*, qui est à Fianga au Tchad. Il est évalué à une superficie de 4.000 km², se situe à cheval entre le Cameroun et le Tchad. Mais, dans le cadre de ce travail, nous traitons essentiellement de sa partie camerounaise, à cheval entre les départements du Mayo-Danay et du Mayo Kani dans la région de l'Extrême-Nord. La désignation du «peuple Tupuri» fait certes référence à l'ensemble de la population du pays tupuri du Cameroun comme du Tchad. Cependant, nous nous contenterons de travailler avec les informations que nous n'avons pu recueillir que dans la partie camerounaise du pays tupuri.

administratives. Cette superposition n'a pas favorisé la démarcation des frontières internes, au moins dans certains cas. Le rôle joué par ces frontières internes devient incertain, et les frontières internes elles-mêmes problématiques. De plus, la nature des rapports de l'homme à l'espace produit la construction d'identités territoriales diversifiées. Les frontières internes deviennent alors conflictogènes. Ce qui pose le problème de la très faible gestion des frontières internes. Il est ainsi opportun de questionner ce qui explique la recrudescence des conflits frontaliers dans le pays tupuri du Cameroun. Pour répondre ce questionnement, l'on tente de conceptualiser la frontière et comprendre la réalité du territoire dans la société tupuri ancienne. Ensuite, il s'agit de définir les fonctions et usages des frontières avant de voir les mutations observées dans celles-ci. Enfin, il est question d'étudier certains conflits frontaliers enregistrés dans le pays tupuri du Cameroun et les processus de résolution de ces conflits. Ces différentes étapes débouchent une spéculation primitive du devenir des frontières internes au Cameroun.

1. Frontières et territoires dans la société tupuri ancienne

La vie de l'homme tupuri est profondément marquée par la religion qui est présente à tous les niveaux. La religion marque toutes les étapes de la vie, aussi bien de l'individu que de la société toute entière. De ce fait, les fondements des frontières dans la «société tupuri ancienne»[2] doivent se comprendre sur la base de la construction du territoire et des principes religieux qui l'accompagnent. Mais avant d'y parvenir, il est essentiel de comprendre l'essence même du concept de frontière dans la langue tupuri.

---

[2] La «société tupuri ancienne», dans le cadre de cette analyse, renvoie à la société ou au peuple tupuri, avec ses us et coutumes, ses pratiques sociales, avant le passage des frontières symboliques aux frontières administratives dans le sens moderne du terme. L'on situe ce passage à peu près pendant la période de l'administration allemande au Cameroun. Il est clair cette mutation sera plus définitive pendant sous l'administration française.

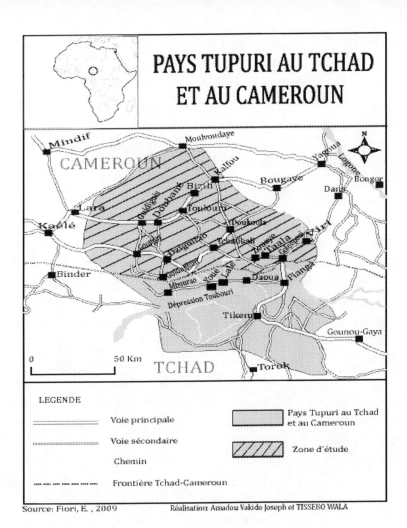

Source: Fiori, E., 2009   Réalisation: Amadou Vakido Joseph et TESSEBO WALA

1.1. Le concept de frontière dans la langue tupuri

Le concept de «frontière» est un concept aux contours imprécis. Son appréhension peut varier selon les sciences, l'espace et le temps. Sa définition, sa/ses fonctions et sa nature peuvent varier d'une région géographique à une autre. Néanmoins, qu'elle soit zonale ou linéaire, la frontière permet de distinguer des espaces ou des entités territoriales.

Dans la langue tupuri, de prime abord, le mot «frontière» se traduit par *haagu*. En effet, *haagu* n'est pas un mot composé. Les mots composés, en règle générale, sont une association de d'éléments ou de référents qui permettent d'identifier un phénomène ou de saisir une réalité. Cette réalité peut à la fois être une émanation du peuple en question ou une adoption, une nouveauté que l'on n'a pas pu désigner ou nommer au premier contact. Qu'à cela ne tienne, ce fait atteste de l'ancienneté du concept de «frontière-limite» dans la société tupuri.

En réalité, le mot *haagu* se traduirait davantage par «limite». Il s'agissait notamment des limites entre les surfaces agricoles, parce que rappelons-le, l'on est en face d'un peuple dont la principale activité est l'agriculture. C'est une ligne de séparation ou de démarcation entre deux espaces connus, entre deux surfaces dont l'appropriation est ainsi prononcée. Mais la méconnaissance de la frontière-ligne entre les territoires (villages) amène certains à traduire la frontière par le concept de *Djaksiri*.

Le mot *djaksiri* signifie littéralement «la bouche de la terre». Il est composé de *djak* qui signifie «bouche» et *siri*[3] qui signifie «terre». Il peut aussi se traduire par l'entrée ou la sortie du territoire ou du village. C'est pourquoi Djongyang (2004: 21) affirme que «[…] le *djaksiri* est l'entrée du village». *Djaksiri* constitue la principale matérialisation de l'appropriation d'un territoire ou de la fondation d'un village. Il s'agit d'un espace consacré par des cérémonies et rites magico-religieux. C'est également un point de passage ou de communication entre les hommes et leurs ancêtres, bref «l'au-delà». De ce fait, le *djaksiri* constitue davantage le noyau du territoire que ses frontières. Ainsi, quoique constitué par des éléments physiques, il a un caractère magico-religieux de par ses fonctions. Cependant, il joue un rôle capital dans la saisie de la symbolique et des fonctions des frontières dans la société tupuri ancienne.

L'expression *taogue ti siri* est parfois utilisée pour désigner la frontière. *Taogue ti siri* peut se traduire par «la fin de la terre» ou «la fin du territoire». Il s'agit d'un espace, mieux d'une zone au-delà duquel l'on se retrouve dans un «ailleurs». La seule différence ici, c'est que l'on se retrouve en face de l'inconnu. Si donc la frontière se définit par une ligne de séparation ou un point de rencontre entre deux territoires, un élément de distinction entre deux entités territoriales, une substance essentielle à la construction d'une identité territoriale, ce qui se trouve de l'autre côté de la frontière est connu. Même dans

---

[3] Le mot *siri* peut à la fois se traduire par «la terre», «des terres» ou «de territoire».

la Rome antique, l'on savait qu'à l'intérieur des frontières, il y avait le monde civilisé et qu'à l'extérieur, il y avait le monde barbare connu pour sa brutalité, parce que n'étant pas régi par les mêmes lois qui faisait de Rome un monde civilisé.

Ainsi, l'expression *taogue ti siri* nous met aux prises avec l'inconnu. L'ignorance de ce qui se trouve au-delà des frontières s'oppose ainsi au concept de limite que l'on retrouve dans *haagu*. Ce dernier délimite deux espaces connus. Etant un instrument de régulation entre les biens et les possessions des individus, ce concept s'applique mieux à la frontière. Cela est dû que le mode d'appropriation de l'espace dans la société tupuri implique à la fois la construction d'une identité territoriale et la gestion exclusive du territoire par le lignage ou le clan fondateur du village.

1.2. Le territoire: espace approprié et identité construite

Le territoire doit être compris ici comme une entité spatiale, le lieu de vie d'un groupe, indissociable de ce dernier. C'est donc un espace socialisé, qu'un groupe humain s'approprie, selon des principes bien établis dans la société tupuri. La création ou la fondation d'un village dans cette société répond à un processus magico-religieux. Mais il faut relever que le concept de «village/terres» dans la société ancienne est une construction en référence au social plutôt qu'à une étendue géographique *stricto sensu*.

La matérialisation de la fondation d'un village passe par la constitution du *Djaksiri*, élément caractéristique fondamental de l'appropriation d'un espace. En effet, les nouveaux migrants, une fois qu'ils ont trouvé l'espace qui leur convient ou qu'ils estiment être assez bon pour eux et leurs descendances, le délimitent. L'espace délimité se fait autour d'un arbre préalablement choisi. C'est pourquoi on parle de *ca ti koo* «couper/tête/arbre». Il s'agit non pas de couper cet arbre, mais de délimiter un espace autour de cet arbre. Cet arbre va dès lors devenir une force spirituelle sur le territoire dont la création vient juste d'être amorcée. C'est dans ce sens qu'Elisa Fiori (2009: 75) écrit: «on fait de cet arbre, à la base ordinaire, un instrument de contact avec le monde des ancêtres dont on s'assure ainsi la protection». C'est de ce fait un acte de sacralisation de l'objet qui permet un contact, de manière générale, avec le surnaturel, l'au-delà, l'invisible.

Par la suite, l'on délimite spatialement cet objet et débrousse la zone qui entoure cet arbre. L'on crée une délimitation physique entre ce qui se trouve à l'intérieur de cet espace désormais connu et ce qui se trouve à l'extérieur demeure à ce moment inconnu. L'espace délimité, qui entoure cet objet sacré, peut alors constituer ce que nous pourrons appeler le «sanctuaire». Il y a un passage de l'objet concret, physique à l'objet abstrait (Tissebo Wala 2015). La sacralisation de cet objet et de l'espace qui est délimité autour de cet objet se fait à travers des rites, sacrifices et prières. Le territoire à constituer à l'avenir se trouve sous la protection des forces et des esprits qui habitent désormais cet espace. C'est pourquoi Nestor Gonsia soutient que:

> C'est le «bois sacré» jäk-sír «la bouche de la terre» qui protège le village. Ça représente le village, c'est le symbole du village. Il peut y avoir plusieurs bosquets sacrés dans un village mais il y en a surtout un. C'est tout à côté que se trouve le wän-sír, le chef des terres. Ce groupe d'arbres dans le village est la concession, l'habitat des esprits qui s'appellent aussi jäksírï. (Ruelland 2009: 125)

Cet espace traduit la nécessité des hommes de disposer d'un endroit où ils peuvent se ressourcer au besoin et pour ne pas perdre le contact avec l'au-delà, à qui ils doivent leur protection. Le *djaksiri* constitue alors un interdit et doit remplir plusieurs fonctions, toutes en rapport avec les besoins du groupe qui vient de s'installer. Le reste du territoire est mis à contribution pour l'agriculture.

La constitution du *djaksiri* est en réalité le ciment de la construction d'une identité territoriale. La sacralité du sanctuaire créé par le lignage fondateur confère à ce dernier l'exclusivité de l'exercice des sacrifices rituels. Seuls les membres du lignage fondateur peuvent offrir des sacrifices au *djaksiri*. Ce qui leur permet de s'identifier à ce territoire. Ainsi, «ce n'est pas par hasard qu'un Tupuri utilise le syntagme «ma terre» *sírbï* seulement pour désigner le village d'origine de son lignage» (Fiori 2009: 79).

En effet, le chef de village et chef de terre de Bouzar nous rapporte que dans l'histoire de ce village, y avait séjourné un homme du clan Gouyouri. Suite à des accrochages, il a emporté un peu de terre prélevé du sol de ce territoire à son départ en disant: «j'ai pris ma part de terre avec moi». Ce simple fait a dès lors signifié son exclusion du territoire de Bouzar. C'est ainsi qu'à travers les esprits des ancêtres et les dieux qui protègent ce village, son bannissement est prononcé. Depuis lors, personne du clan de celui qui a emporté sa «part de terre» ne pouvait séjourner dans ce village, sous peine de mort; mort imputable aux esprits des ancêtres et des dieux protecteurs de ce village.[4]

Ruelland relève également que «le concept de «village/terres» [...] constitue pourtant un repère identitaire, dans la mesure où il correspond, en général, à l'implantation d'un lignage fondateur. Une personne citant le nom de ses terres natales révèle souvent, ce faisant, son lignage patrilinéaire» (Ruelland 2009: 125). L'individu s'identifie désormais à cet espace approprié et socialisé par le lignage dont il en est membre. Cet espace constitue son essence. C'est une extension de lui-même dont il se réclame.

Le *djaksiri* est en effet omniprésent dans la vie de l'homme et de la société. Wangba affirme d'ailleurs que «la définition du territoire est le fait d'un processus d'appropriation par les dieux et les esprits des ancêtres qui assurent la survie et la protection du village»[5]. Ainsi, un natif ou un membre du lignage fondateur ne peut s'autoriser à commettre certaines fautes. Il en va de même des étrangers qui sont accueillis dans le village.

Les deux aspects du territoire présentés ici sont déterminants dans l'appréhension des frontières ou des limites territoriales dont le *djaksiri* reste le ciment incontournable.

1.3. Les frontières en question : un espace «pensé» dans la société tupuri ancienne

L'on aborde les frontières comme un espace «pensé» du fait de leur nature, de leurs fonctions et de leur spiritualité dans la société tupuri ancienne. D'ailleurs, «des frontières entre 'villages/terres' représentent l'ordre religieux et social» (Ruelland 2009: 126). En effet,

---

[4] Dans nos enquêtes, il nous a été rapporté que l'actuel chef traditionnel de Bouzar est également chef de terre. Ayant émigré, le chef de terre légitime a refusé de revenir sur ces terres parce que sa femme est du clan Gouyouri. Le retour récent (2017) du chef de terre à Bouzar, suite au décès de sa femme, prouve l'actualité de cette réalité.

[5] Entretien avec Wangba, le 23 mai 2014 à Bouzar.

le groupe qui s'installe délimite son territoire. Ce processus est accompli par le meneur du groupe qui est généralement le plus âgé. Une fois que l'on a procédé à la constitution du *djaksiri*, l'on fait une reconnaissance des lieux. Le principal fondateur définit alors les frontières ou les limites de son nouveau territoire en fonction des besoins et de l'importance numérique de ceux qui l'accompagnent.

Il ne s'agit pas à cette époque d'une frontière linéaire selon le modèle occidental, mais d'une frontière zonale, reconnaissable par des points repères. Les points s'y afférant sont en général composés essentiellement d'éléments naturels tels que les cours d'eau, les mares, les arbres symboliques, etc. Joanny Guillard (1965: 163-164) remarque que «s'il est facile de connaître les limites des surfaces cultivées, il l'est beaucoup moins de connaître celles du finage. Les limites entre 'villages' sont, en effet, fort imprécises». Il continue en mentionnant que sur les pistes, un arbre, une marre, servent de point de repère mais, entre elles, l'indécision du contour de finage est grande.

Après la délimitation du territoire par les fondateurs, intervient alors le *djaksiri* qui régit désormais les frontières dont l'exactitude n'est connue que de lui. En réalité, avec le *djaksiri*, les hommes se mettent sous la protection des dieux et des esprits qui régissent la vie sociale dans son ensemble. Lorsqu'un interdit est par exemple prononcé sur l'ensemble du territoire, ce ne sont point les hommes qui punissent les coupables, mais les esprits et les dieux qui veulent marquer leur autorité sur le territoire dont ils ont la responsabilité.

Si la sanction s'applique sur l'ensemble du territoire, alors seul le *Djaksiri* connait de manière précise les frontières de ce territoire. Il s'agit des limites de l'espace sur lequel doit s'étendre son autorité. Grégoire Sodga affirme que «dans la société traditionnelle tupuri, c'est le *Djaksiri* qui veille sur les frontières parce que les esprits qui y résident et veillent sur l'ensemble du village peuvent appliquer leurs bénédictions, malédictions, sanctions… sur l'ensemble du village jusqu'à ses frontières»[6].

Ainsi, la conception des frontières révèle que ces dernières relèvent davantage du domaine des dieux. Elles sont l'apanage des esprits qui habitent le *djaksiri*. La fonction primaire de ces frontières

---

[6] Entretien avec Sodga Grégoire, le 12 juin 2014 à Lokoro.

était la délimitation d'un espace où le *djaksiri* pourrait appliquer son véto, c'est-à-dire son autorité suprême. L'ordre socioreligieux des frontières dans la société tupuri ancienne va s'estomper peu à peu avec les nombreuses mutations dans les fonctions des frontières dues notamment au contact avec l'occident – d'abord avec l'administration allemande et ensuite, avec l'administration française – et aux besoins croissants et changeants (croissance démographique, besoins croissants en foncier utile, etc.).

2. Usages et pratiques : des frontières zonales aux frontières linéaires

L'on doit relever avec Roland Pourtier qu'entre le XVIIème et le début du XXe siècle de l'histoire du peuple tupuri, le pays tupuri semble encore inscrit dans le temps de la fluidité spatiale. «Il correspond à une humanité encore peu nombreuse, ignorant la finitude spatiale» (Pourtier 2005: 40).[7] Raison pour laquelle les fonctions des frontières étaient davantage socioreligieuses. L'on observera des mutations dans la nature et les fonctions des frontières avec l'entrée dans la période sous administration allemande puis française.

2.1. Fonctions, usages et gestion des frontières dans le pays tupuri

Les fonctions et les usages des frontières dans le pays tupuri se définissent selon la nature celles-ci. En effet, leur nature est dictée par les mutations observées dans le mode de gestion de l'espace avant et après le contact avec les administrateurs allemands et français. L'on est passé des frontières symboliques et socioreligieuses aux frontières administratives.

Rappelons-le, la vie de l'homme tupuri, dans la société traditionnelle, est essentiellement régi par le religieux. Ce qui justifie

---

[7] Le deuxième âge est placé sous le signe de la géométrie et de la mécanique à travers les découpages territoriaux. Le troisième âge, qui se fonde sur les limites de la ligne, se rapproche du modèle biologique à partir de multiples procédures qui visent à la transcender en inventant des transgressions, des transversalités (Pourtier 2005: 39-46).

la primauté du «chef de terre»[8] ou sacrificateur avant l'administration allemande. Son pouvoir sur le religieux lui assurait une certaine autorité sur la communauté toute entière. Ses prérogatives étaient principalement religieuses, judiciaires (parce qu'il devait trancher les litiges assisté des patriarches) et sociales. Cependant, il n'avait pas de pouvoir coercitif.

La mise en place des unités administratives traditionnelles voit apparaître une nouvelle catégorie de responsables. Les nouveaux chefs, étant des auxiliaires de l'administration allemande puis française, ont bénéficiés de pouvoirs plus «concrets». Le «chef de terre» est le sacrificateur, «le prêtre» du village qui offre les sacrifices au *djaksiri*. C'est de ce fait qu'il ne pouvait agir sur la frontière qu'en rapport avec le spirituel, le divin, le surnaturel. Mais le «chef de village» ou «chef traditionnel», en tant qu'administrateur, devait connaître l'étendue de son territoire. Cependant, il faut noter qu'à cette période, ce plus sur les hommes que leur intérêt se porte.

De ce qui précède, les fonctions des frontières, avant les allemands, sont socioreligieuses et leur nature symbolique. Etant zonales, les frontières servaient de référence par rapport à l'ailleurs, permettaient la construction d'une identité territoriale. Mais, avec la mise place des unités administratives traditionnelles, leurs fonctions deviennent normatives. Les frontières sont alors utilisées pour des besoins administratifs. Il fallait contrôler tout ce qui se passe à l'intérieur des frontières : les productions agricoles, les hommes, les mouvements des bêtes, etc. La responsabilité de la gestion de ces frontières varie ainsi entre le chef de terre et le chef de village selon la nature des frontières et la période dans laquelle l'on se situe. Cette responsabilité devient plus importante au fur et à mesure que l'on bascule des frontières zonales aux frontières linéaires.

2.2. Des frontières zonales aux frontières géopolitiques

Le passage des frontières zonales aux frontières linéaires reposent sur plusieurs facteurs. Dans le cadre de cette analyse nous n'en

---

[8] Il faut, dans le cadre de ce travail, faire une distinction entre le «chef de terre» et le «chef traditionnel». Le «chef de terre» est le sacrificateur, le gardien du *djaksiri* ; c'est lui qui préserve les traditions et les valeurs socioreligieuses. Le «chef traditionnel» par contre, c'est l'administrateur, l'auxiliaire de l'administration moderne.

retiendrons que trois. Le premier facteur repose sur les besoins administratifs. En effet, avec la mise en place des unités administratives traditionnelles, le mode de gestion de l'espace, selon le modèle occidental, commençait à se mettre en place. Il fallait contrôler, non plus spirituellement mais physiquement, tout ce qui se passe à l'intérieur des frontières. Ce qui implique de connaître l'étendue de son territoire jusqu'à ses frontières physique. L'on pouvait donc déjà tracer des lignes imaginaires sur la base des repères existants servant de frontière. Cette délimitation linéaire, quoiqu'imaginaire au départ participe d'une construction mentale et collective de la frontière qui sera plus tard considérer comme un bien.

Le second facteur est celui de la croissance démographique. D'emblée, il faut signaler que ce n'est pas un phénomène propre au peuple tupuri. Cependant, chez lui la démographie impacte énormément dans la mesure où l'agriculture est la principale activité de production. La croissance démographique exponentielle débouche forcément sur la saturation foncière. L'élevage y occupe tout de même une place très importante. L'importance et la symbolique des animaux dans les activités socioreligieuses attestent de cette réalité.

Malgré la forte émigration observée dans le pays tupuri depuis les années 1950, le taux de croissance reste tout de même élevé. Ainsi, de 1955 à 2010, la population du pays tupuri du Cameroun est passée d'environ 66.000 à presque 400.000 âmes[9]. C'est dire que la population en 1955 représentait à peine le 1/6 de sa population actuelle pour une superficie inchangée[10]. Ce qui traduit de fait un besoin croissant en terres. R. Diziain, mentionne que ce relevait déjà en 1951 des densités de 110 hab/km² au Sud-Est de Doukoula (Seignobos 1995: 32). Les zones qui constituaient autrefois les brousses sont mises à contribution pour la pratique des activités

---

[9] Ces chiffres reposent sur les enquêtes menées par R. Diziain (cité par Guillard, 1965) en 1955, d'une part, et sur les estimations de Jean Koulandi (2010), d'autre part.

[10] La superficie du pays tupuri est évaluée à 4.000 km² (Koulandi 2010). Cependant, il faut faire remarquer que cette superficie couvre à la fois la partie camerounaise et la partie tchadienne du pays tupuri. L'on peut donc estimer la superficie du pays tupuri du Cameroun à environ 2.500 km².

agricoles. Le foyer de peuplement tupuri sort ainsi du premier âge de la territorialité, celui de la fluidité spatiale.

Eric Fotsing (2003) écrit à ce sujet :

> Dans les zones à forte densité de population, les paysans ne disposent plus de réserve de terre. Ce qui limite les possibilités de défrichements, la pratique de la jachère et conduit à certains corollaires tels que la baisse de la fertilité des sols et les flux migratoires. Dans ce contexte, la question concernant la capacité de ces milieux à supporter les nouveaux besoins d'une population croissante prend de l'importance. La tendance à l'échelle régionale et les modes d'utilisation de l'espace montrent qu'on passe progressivement et inéluctablement d'un espace disponible et d'accès libre à un espace limité et fortement approprié.

Le troisième élément, venant parachever le second, est la pratique de l'agriculture. Il ne s'agit pas de dire que la pratique de l'agriculture constitue en soi un problème. Mais le fait que ce soit la principale, à la limite la seule activité de production pose problème. Il y a croissance démographique, mais il n'y a plus assez de surfaces culturales pour une population d'agriculteurs. Un agriculteur sans terres devient un «sous-homme». Parce qu'il ne peut plus produire le nécessaire pour sa famille, il sera considéré comme un irresponsable. Sa survie dépend donc de l'exploitation de ses surfaces cultivables. Les brousses d'autrefois sont exploitées et les espaces frontaliers sont ainsi envisagés comme solution de rechange. Le foncier, qui est d'ailleurs problématique, se trouve face à un antagonisme qui révèle une «fabrication de la propriété par le haut» et une «gestation de la propriété par le bas» (Tchapmegni 2005).

Dans le premier cas, la propriété est fondée par le pouvoir politique alors que la seconde approche, qui est endogène, est fondée sur un processus progressif de transformation des situations de fait en situations de droit. L'appropriation de l'espace par le contrôle sur une terre de culture n'est pas synonyme de négation du droit collectif ou de propriété collective de la terre dans la société tupuri. Ainsi, il résulte une adoption de stratégies diverses pour le contrôle de l'espace, notamment le foncier utile. Il en va de la survie de la communauté toute entière.

Les frontières se trouvent dès lors menacées. Leur imprécision les rend sujettes à des contestations et réclamations de toutes sortes.

2.3. De l'imprécision des frontières au «court-circuit» territorial

L'imprécision des frontières relève de leurs fonctions initiales relevées plus haut. Et de ce fait, la mise en place des entités territoriales, qu'elles soient traditionnelles ou administratives modernes, n'a pas été suivie d'une cartographie des frontières internes. L'on a créé les circonscriptions territoriales, sans pour autant les démarquer. Le passage des frontières zonales aux frontières linéaires n'a pas été suivi d'un démarquage des frontières.

Abdouraman Halirou (2007: 323). écrit d'ailleurs à propos que «[…] la description des frontières administratives est absente, du moins imprécise, dans la plupart des textes présidentiels». Timothée Zoa insiste sur cet aspect en affirmant que «dans le découpage administratif, les limites des unités administratives ne sont pas clairement définis; il n'y a pas de limites concrètes»[11]. Ce qui, selon lui, peut laisser libre cours aux attitudes belliqueuses.

La saturation foncière, du fait du taux de croissance démographique élevé, fait de l'imprécision des frontières un alibi pour une extension territoriale. Du moment où il n'y a pas démarcation des frontières, l'on a laissé à la mémoire la tâche de définir les frontières. Or la mémoire est sélective. Le problème de justesse de la restitution de la mémoire se pose. L'imprécision des frontières devient un problème que la démarcation doit résoudre. Les frontières deviennent géopolitiques et sujettes aux contestations et réclamations de toutes sortes. Les conflits frontaliers et territoriaux naissent et conduisent à une révision des frontières. Par là même, le devenir de ces frontières est hypothéqué et révèle désormais les besoins croissants d'une société en pleine mutation et confirme quelque part la théorie malthusienne[12].

---

[11] Entretien avec Zoa Timothée, le 23 juin 2014 à Tchatibali.

[12] En effet, Thomas-Robert Malthus, dans son *Essai sur le principe de population*, présente une théorie fondée le fait que la population croît de façon exponentielle alors les ressources ou subsistances, elles, restent constantes. Parmi les approches qu'il présente pour résoudre le problème, il faut limiter les naissances. Il faut qu'il y ait équilibre entre les ressources et la population. Dans le présent cas, les moyens

L'expression «court-circuit» territorial peut sembler imprécis, mais conserve tout de même une pertinence. En effet, l'on se retrouve parfois face une superposition de territoires et frontières qui peuvent soit s'annuler, fusionner ou engendrer des dysfonctionnements. La superposition des territoires peut, dans certains cas, entamer l'identité territoriale d'une communauté. Deux exemples s'imposent ici pour leur pertinence.

Dans le premier cas, l'on a trois villages contigus, soit trois chefferies traditionnelles de 3e degré à savoir Bouzar, Gouloulou et Mbassam dans l'arrondissement de Kar-Hay (chef-lieu Doukoula). La fondation des deux derniers est du fait du chef de terre du premier. Les deux derniers ont d'abord constitués des quartiers de Bouzar, ensuite deux villages dans la chefferie de Bouzar avant de devenir finalement des unités administratives traditionnelles au même titre que celui de Bouzar. Cependant, le chef de terre du premier une primauté sur les deux autres. La mémoire collective voudrait à ce que les populations de Gouloulou et Mbassam soit des ascendants à celui de Bouzar. La complexité dans le «jeu territorial» observé ici est différente de celui du second cas.

Dans le second cas, le chef-lieu de l'arrondissement de Datchéka est composé de trois villages soit trois chefferies traditionnelles de 3e degré : Datchéka, Golonpoui et Doubangou. Le problème s'est posé à la création du CETIC de Datchéka. L'institution porte le nom de Datchéka, mais construite dans le village de Golonpoui. La simple désignation de cette institution a suscité des réminiscences entre deux villages et deux clans différents. Ce phénomène reste néanmoins encore très localisé, c'est-à-dire réduit.

3. Les conflits frontaliers dans le pays tupuri et leurs résolutions

Dans le pays tupuri, l'on se retrouve face à une situation où les ressources en terres ne sont plus proportionnelles à une population sans cesse grandissante. Ainsi, les causes et les enjeux des conflits frontaliers se résument en grande partie à l'accès et au contrôle des ressources en terres. La résolution de ces conflits implique à la fois

---

de production des subsistances (les surfaces cultivables) sont limités, alors que la population quant à elle ne cesse de croître de façon exponentielle.

les règles traditionnelles et les normes juridiques modernes ainsi que des acteurs divers.

3.1. Les conflits frontaliers : de la contestation à la revendication

Si la géopolitique doit être comprise comme les luttes de pouvoirs, les rivalités d'intérêt sur des espaces géographiques, il faut retenir que les espaces frontaliers dans le pays tupuri suscitent de plus en plus les intérêts des communautés locales depuis le contact avec l'administration allemande et française. Les éléments qui conduisent aux conflits frontaliers ouverts ou latents se construisent autour des fondements économiques, socioculturels et politiques. Des autorités administratives et traditionnelles aux communautés villageoises, chacune des parties semble devoir défendre des intérêts qui engagent de manière effective son existence au plus haut point.

Pour un peuple composé pour l'essentiel d'agriculteurs et vivant essentiellement en zone rurale, l'appropriation d'espaces de cultures conséquentes est une donnée capitale. L'espace – frontalier en l'occurrence – devient à partir de ce moment un enjeu, le cadre d'analyse et le théâtre des conflits frontaliers qui sont parfois ouverts et violents dans l'aire culturelle tupuri du Cameroun. Les identités territoriales sont à ce moment transposées sur des intérêts communs que doivent défendre toute la communauté villageoise.

Les conflits frontaliers sont signalés dans l'aire culturelle tupuri dès les années 1930 (Abdouraman Halirou 2007; Seignobos 1995). Ainsi, l'on peut citer entre autres le conflit frontalier Guidiguis-Doubané (1931-1932), Tchatibali-Sirlawé (1930-1995), Konkorong-Going (1995), Baïga-Tining (2013)[13]. Ces exemples ont été choisis pour la simple raison que leur résolution a nécessité des démarches administratives et juridques. De nombreux autres conflits frontaliers existent, quoique latents, à l'instar de Gamloum-Mogom, Saotsaï-

---

[13] Il faut noter que certains de ces conflits révèlent une superposition de territoires et de frontières. Dans le conflit entre Tchatibali et Sirlawé, la frontière sujette au conflit sépare les cantons de Doukoula et Tchatibali ainsi que les arrondissements de Kar-Hay et Tchatibali. Le même schéma se retrouve dans le conflit entre Baïga et Tining. Tining se trouve dans l'arrondissement de Datchéka et le Canton de Doukoula. Baïga par contre se trouve dans l'arrondissement et le canton de Tchatibali.

Golondéré, etc. D'ailleurs, Théodore Manga nous fait remarquer que toutes les frontières internes de l'arrondissement de Porhi (chef-lieu Touloum) sont aujourd'hui toutes problématiques.

L'enjeu principal de tous ces conflits frontaliers reste l'accès et le contrôle des espaces agricoles. Les causes recoupent les nombreux éléments que l'on a présentés plus haut, à savoir la croissance démographique exponentielle et la saturation foncière, l'imprécision des frontières, la «mauvaise gestion des terres et du foncier».

Dans le conflit entre Tchatibali et Sirlawé, les premiers affrontent remontent vers 1930. Il est vrai que les détails sont très peu rapportés parce que, n'ayant pas fait l'objet d'une transcription écrite. Les gens gardent juste à l'esprit qu'il y a eu un affrontement à peu près à cette époque. Bataille qui a d'ailleurs fait de nombreux morts et de blessés. Ce conflit a ainsi vu des renouvellements vers 1954, en 1978, en 1986 et en 1994. Il est tout de même intéressant de relever le jeu des alliances qui se sont construites autour des conflits frontaliers. Comme ce fut le cas pour le conflit Tchatibali-Sirlawé. Lors des affrontements de 1994, Sirlawe et Bukdum (sous-quartier de Sirlawé) recevaient le soutien et l'appui de Damdama et Datchéka Takréo, tandis que Kama (sous-quartier de Tchatibali) et Tchatibali faisaient appel à Gwa et Yuwaye. Les alliances se sont mises en place au fil des années. Mais les informations recueillies ne permettent pas d'établir le processus de mise en place de ces alliances pour les différentes parties.

Dans le conflit frontalier entre Konkorong et Going, il ressort clairement le besoin de contrôle des espaces agricoles par les populations locales. Going avance l'argument selon lequel les populations de Konkorong exploitaient une surface – il s'agit de la surface litigieuse – de leur territoire qui leur avait été concédée temporairement par l'un de leurs chefs pour leurs besoins agricoles. Mais Konkorong n'a pas manqué de faire remarquer la présence du *djaksiri* de Noumga (quartier de Konkorong) sur la surface litigieuse.

Le conflit frontalier Baïga-Tining a connu des épisodes très violents en 2013 et en 2014. Ce conflit est localisé non seulement entre deux villages différents, mais aussi entre deux cantons et deux arrondissements contigus. Plus encore, selon les enquêtes préliminaires, les instigateurs et les déclencheurs de ce conflit sont originaire de Touksou qui n'est voisin d'aucun des deux villages en conflit (Touksou est localisé dans l'arrondissement de Kar-Hay). À partir de ce moment, le problème ne se pose plus seulement au niveau du tracé des frontières entre deux villages, mais entre deux circonscriptions administratives. Les principaux acteurs des différents conflits sont les populations locales elles-mêmes et les chefs traditionnels des parties en conflit. Ce qui explique la diversité des acteurs impliqués dans la résolution de ces conflits et les différents modes de résolution de ces conflits.

3.2. Résolution des différents conflits : démarches, acteurs et implications

La résolution des différents a fait intervenir les autorités. Il semble y avoir une incapacité apparente des autorités traditionnelles compétentes à résoudre ces conflits. C'est du moins ce que laisser penser le processus de résolution du conflit frontalier entre Konkorong et Going. En effet, dans ce conflit, des plaintes ont été introduites en 1995 par les chefs de 3e degré de Konkorong et de Taala (voisin des deux villages). Mais avant la saisie des autorités administratives, l'on a vu l'intervention du chef de 1er degré (et de canton) de Doukoula. Un règlement a été prononcé par ce dernier. Mais cette résolution a été jugée sans effet du fait que le chef de Konkorong était absent à ce règlement et l'autorité administrative compétente – à savoir le sous-préfet de l'arrondissement de Datchéka – n'était pas non plus informée. Plus est, les populations de Doukoula et celles de Going appartiennent toutes deux à une même fraction du clan Doré. Ce qui a sans doute motivé le rejet de la résolution par Konkorong alors perdant dans le conflit.

Les plaintes ont été déposées en 1995. Il s'est alors constitué une commission qui a interrogé les origines du litige. Ladite commission était composée entre autres des parties prenantes (le chef de Konkorong, celui de Going et celui de Taala), le chef de canton de Doukoula, le sous-préfet de l'arrondissement de Datchéka qui présidait la commission et de trois témoins. Les témoins étaient notamment le chef traditionnel de Zoueye, celui de Sokom alors doyen de la zone à l'époque et le représentant du chef de Tibali. L'issu du conflit a vu la rétrocession de la partie litigieuse au village Konkorong.

Pour le conflit entre Tchatibali et Sirlawé qui s'étale sur plus de 60 ans, il est le plus intense. Seignobos (1995: 32-33) rapporte en effet qu'«à la fin des années 1950, les administrateurs coloniaux durent venir rétablir la limite entre les deux cantons de Doukoula et de Tchatibali». Après les épisodes de 1978 et 1986, la SODECOTON (Société de Développement du Coton) procède à un repiquage litigieux. «Les gens de Sirlawe entonnaient déjà les chants de guerre, quand les deux sous-préfets arrivèrent à la hâte soutenir les deux chefs de canton déjà présents pour désamorcer la bataille» (Seignobos 1995: 33). Un dossier est alors instruit au niveau de la préfecture de Yagoua. Les acteurs impliqués dans le processus de résolution de ce conflit n'étaient autres les sous-préfets des arrondissements de Kar-Hay (Doukoula) et de Tchatibali, les chefs de canton de Tchatibali et de Doukoula, le chef traditionnel de Sirlawé. Ce n'est qu'en 1995 que ce conflit connaîtra une résolution définitive. Le préfet du Mayo-Danay et les sous-préfets de Kar-hay par Doukoula et de Tchatibali ont remis la limite, préalablement établi pendant la période coloniale à la suite des premiers affrontements, et ont procédé à un bornage.

Le conflit frontalier entre Baïga et Tining est toujours en cours. C'est le plus récent et le plus violent de la dernière décennie. Comme dans le précédent cas, ce sont les autorités administratives (les sous-préfets de Datchéka et Tchatibali) qui se sont saisies du problème et entamer les procédures de résolution du conflit. Les dossiers se trouvent donc au niveau de la préfecture de Yagoua. À la suite des premiers affrontements, l'espace faisant l'objet du litige a été interdite d'exploitation. Mais, malgré cette interdiction, les populations locales des deux parties, à chaque début de saison pluvieuse, se tiennent prêts à agir comme ce fut le cas en juin 2013 et en fin mai 2014. Les autorités administratives des deux arrondissements, de prime abord, ont du mal à faire accepter la décision d'interdiction d'exploitation aux populations des deux villages.

Les conflits frontaliers présentés ci-haut ont tous fait l'objet d'une saisie des autorités administratives. Des plaintes ont été introduites, des enquêtes ont été menées et des dossiers instruits, des verdicts ont été rendus. Mais ce qui est intéressant à retenir ici, c'est que les intérêts des communautés villageoise ont pris le dessus sur les valeurs que l'on semblait reconnaître à ce peuple aux apparences homogènes. L'on a l'impression que les instances traditionnelles ne sont pas en mesure de gérer la crise des frontières dans cette partie du Cameroun.

3.3. Le devenir des frontières internes au Cameroun

Un conflit frontalier – celui opposant Tchatibali à Sirlawé – qui s'est déployé sur plus de 60 ans, avec des épisodes (parfois violents) vers 1930, vers 1954, en 1978, en 1986 et en 1994, mérite que l'on s'y intéresse un peu. En effet, sa persistance de la période de l'administration française à l'ère indépendante signifie que, les frontières internes ne suscitaient aucun intérêt dans les plannings socio-politiques de l'administration. Raison pour laquelle, on assistait à une gestion conjoncturelle ou ponctuée des frontières.

De ce fait, les frontières internes restent aujourd'hui un apanage de la mémoire qui s'estompe peu à peu. Il devient de plus en plus difficile de reconnaître l'exactitude des propos quand il n'y a pas de preuves matérielles. Ainsi, la «cartographie des frontières» doit être envisagée dans une politique d'anticipation des litiges frontaliers.

Les villages dans cette partie sont pour la plupart constitués en chefferies. De ce fait, les autorités traditionnelles ne sauraient aller à l'encontre des intérêts de leurs populations. C'est dans ce sens que Djondaï affirme que:

> Ces conflits voient s'affronter les villageois des deux côtés. Ils se battent pour leurs champs [c'est-à-dire le foncier agricole] et leur survie dépend de ces espaces-là. Il est de leur devoir de protéger leur bien, peut-être pas forcément par la violence. Mais leur demander de ne pas se battre pour leurs surfaces cultivables dont leur survie dépend, serait les condamner à une mort certaine. Que pouvais-je faire? En tant que chef, je ne valide pas forcément les batailles violentes, mais je dois apporter mon soutien aux villageois pour les aider réclamer les parcelles de terrain qui leur reviennent.[14]

Ceci montre à suffisance la complexité de la situation. Le chef traditionnel qui apporte son soutien aux populations rend en quelque sorte légitime les réclamations qui se font sur des espaces frontaliers flous. Le problème frontalier en soi-même n'est qu'une continuité du

---

[14] Entretien avec Djondaï, le 10 juin 2014 à Sirlawé.

problème que pose le foncier dans cette région. Abdouraman Halirou écrit d'ailleurs à propos que :

> ... Il est intéressant de relever que les problèmes fonciers et limologiques sont totalement imbriqués. Tous décrivent les rapports sociaux, qui se développent autour de l'espace. Dans cette situation, le foncier est la traduction des conceptions et des usages affectés à l'espace par les hommes en interaction. Tandis que, la frontière permet de sauvegarder les droits fonciers, acquis au fils du temps, par les divers groupes sociaux en relation (Abdouraman Halirou 2007 : 369)

Les conflits fonciers se font de plus en plus violents et font l'objet de procès. Les nombreux dossiers conservés dans les archives des sous-préfectures dans cette partie attestent de cette réalité. Dans l'aire culturelle tupuri, la saturation foncière, l'imprécision des frontières, la mauvaise gestion de l'espace, sont autant de facteurs qui mettent les frontières internes dans une situation de risque permanent de conflits.

Le problème frontalier, qui n'est qu'une extériorisation des problèmes sociaux à l'intérieur des frontières, pose deux autres problèmes : celui de la faible diversification des activités de production et l'insuffisance des terres pour une population sans cesse grandissante. Dans le premier cas, l'on peut observer que l'administration ne s'est pas encore vraiment engagée dans cette voie pour réduire les besoins. Dans le second cas, l'on pourrait invoquer Malthus pour ralentir le taux de croissance démographique. Cependant, pour un pays en voie de développement, il s'agit d'une main d'œuvre en moins, d'une ressource perdue. Plus est, l'on est en mesure de se demander si le problème ne se pose pas plutôt au niveau des usages, de la gestion et de la répartition des espaces.

Un élément intéressant est à noter cependant. En 2000, le préfet du Mayo-Danay institue une Commission de Pré-règlement des conflits locaux dans chacun des onze arrondissements du département[15]. Cette commission a pour mission d'anticiper sur de possibles affrontements entre les populations locales lors des litiges

---

[15] Arrêté Préfectoral N°197/AP/K25/SP du 18 septembre 2000 portant institutions des commissions de Pré-Règlement des litiges locaux dans le département du Mayo-Danay.

locaux. Mais, il n'avise pas sur l'anticipation des litiges en question. Ajouté à cette absence d'anticipation, la faible décentralisation et l'absence d'une réelle politique en la matière expose les frontières internes aux velléités de tout genre. Une réalité qui peut conduire, de fait, à une situation explosive.

Conclusion

En définitive, l'objectif de cette étude était de voir, étape par étape, les facteurs qui ont conduit à la résurgence des crises frontalières dans le pays tupuri à l'heure actuelle. Après une l'explication des concepts déployés, l'étude des mutations et l'analyse des conflits frontaliers, il en ressort que l'imprécision des limites territoriales tant entre les entités territoriales traditionnelles que les unités administratives modernes pose problème. Le rôle de la délimitation des frontières internes laissé aux seuls soins de la mémoire pose également problème. Ainsi, il serait opportun, pour les décideurs, d'envisager une politique en la matière qui consiste en une cartographie des frontières internes tel que proposé par le CNCTC (Conseil National des Chefs Traditionnels du Cameroun). Une décentralisation effective et la diversification des activités de production pourraient également permettre une meilleure répartition des terres et une meilleure gestion des ressources foncières. Toutefois, au-delà du problème que peut poser la mémoire des frontières, l'on peut se demander si la démarcation effective des frontières ne poserait pas elle-même un autre problème: celui de la perversion des identités territoriales.

Références bibliographiques

Abdouraman Halirou, 2007, «Frontières et découpages territoriaux dans l'Extrême-Nord du Cameroun: enjeux et implications (XIV^è-XX^è siècle)», Thèse de Doctorat/Ph.D. d'Histoire, Université de Ngaoundéré, 585 p.
Djonyang, A. O., 2004, «Crises et mutations agraires en pays tupuri (République du Tchad)», Thèse de Doctorat en Géographie, Université de Paris X, 258 p.

Fiori, E., 2009, «L'espace 'symbolique' chez les Tupuri du Tchad», *Journal des africanistes*, N° 79-1, pp. 71-85.

Fotsing, E., et *al.*, 2003, «Un dispositif multi-échelle d'analyse des dynamiques agraires en zone des savanes de l'Extrême Nord du Cameroun», Contribution à la 6ème Rencontre de Théo Quant., http://thema.univ-fcomte.fr/theoq/, 16 pages, consulté le 23 septembre 2014.

Guillard, J., 1965, *Golonpoui. Analyse des conditions de modernisation d'un village du Nord-Cameroun*, Paris/La Haye, Mouton & CO/EPHE.

Koulandi, J., 2010, «Quelques aspects de la culture Tupuri», BERAS, BP.1305, Garoua-Cameroun, version imprimée.

Pourtier, R., 2005, «Les âges de la territorialité», in Antheaume, B., et Giraut, F., (éds.), *Le territoire est mort Vive les territoires. Une (re)fabrication au nom du développement*, Paris, Éditions IRD, pp. 39-46.

Ruelland, S., 2009, «Through the looking glass. L'espace aquatique chez les Tupuri», *Journal des africanistes*, N° 79-1, pp. 121-156.

Seignobos, Ch., 1995, *Terroir de Sirlawé. Saturation et Emigration encadrée*, Paris, ORSTOM.

Tchapmegni, R., (dir.), 2005, «La problématique de la propriété foncière au Cameroun», Conférences sur le foncier, 18 nov. 2005, Mbalmayo, Cameroun, 143 p.

Tissebo Wala, 2015, «Dynamique géopolitique des limites territoriales dans le pays tupuri du Cameroun (Extrême-Nord) de 1900 à 2013», Mémoire de Master Recherches en Histoire, Université de Ngaoundéré, 227 p.

Chapter 14

Security Crises in Cameroon Coastal Towns: Bakassi Freedom Fighters' Reaction to International Decision over the Bakassi Peninsula

Mark Bolak Funteh

A major feature in Africa is the multiplicity of armed non-state groups. They play a fundamental role in the violence that plagued human security and the state capacity to guarantee it. Of the 20 intra and interstate wars in 16 countries between the 1990 and 2000 decades, with insecurity sanctioned by massive internal displacements, human rights abuses, heightened criminality and dead toll; these groups' influence was enormous. Some scholars attribute the existence of such groups to resistance, political reforms and resource control attitudes. But new approaches to Africa peace analyses attribute the struggles for self-determination as a prime factor for "rebelism". This paper follows this model. It argues that insecurity along the Cameroon coast was occasioned by the rebels in reaction to international decision over the Bakassi Affair, and it suggests a brief therapy for the phenomenon in Africa.

Introduction

The increasing presence of non-state armed groups, NSAGs (vigilantes, cultist, criminal, ethno-religious groups, armed wings of political parties and rebel groups) in stability questions in Africa has raised important concerns about the institutionalization of violence as a means of redressing grievances and the exposure of the citizenry to vicious violence. This disposition often minimizes state competence to provide public security, democracy, development, and basic-need-met environment; and of course, has provoked increasing interest in comprehending these groups, especially rebel movements. Okumu and Ikelegbe (2010: 9-11) qualify rebel movements as organizations, which engage essentially in armed opposition and resistance, and particularly insurrection or insurgency against governments and ruling regimes. As Harbom and Wallensteen (2006) see the movements as armed opposition or insurgent organisations that are incompatible with, and challenge existing national governments. Their prime objective is change; displacement or replacement of existing governments, the change of existing frameworks to enable their participation in and possibly control of governments, the devolution of authority to grant autonomy to regional governments or the redesigning or redrawing of national boundaries to grant separate regional or ethnic homelands.

Meanwhile their actions are often challenged by the government, in terms of character, legality and legitimacy, Clapham (2000: 198), identifies different rebel movements; namely liberationists who resists foreign rule and seeks independence, "insurgentists" who political change and political power. Sometimes, the later go as far as seeking to overthrow existing governments. The irredentists on their part pursue secessionist goals with warlords trying to overthrow regimes and create "personal territorial fiefdoms" claims Addison (2003: 1). He, like Okumu and Ikelegbe (2010: 9-11), exemplifies the Mau Mau (Kenya), *Front de Libération Nationale* (FLN – Algeria), *Movimento Popular de Liberteção de Angola* (MPLA), *Frente de Libertação de Moçambique* (FRELIMO), South West Africa People's Organisation (SWAPO – Namibia), Zimbabwe African National Union (ZANU) and Zimbabwe African People's Union (ZAPU), *Partido Africano para a Independência da Guiné e Cabo Verde* (PAIGC) and so on, as liberation groups against foreign domination. Some of such groups commence as liberation movements only to assume reform insurgencies later, like the *União para a Independência Total de Angola*, UNITA) while others start as liberation movements and became reform insurgencies, but all with "warlordism" as a rule. In fact, one outstanding characteristics of liberationists is that they are recognised in international law and subject to it (Musila 2010: 89-119). Some insurgent rebel movements grew out of grievances and agitation associated with identity-based exclusion and alienation by corrupt and autocratic regimes that abused and repressed the opposition and marginalised groups. The earliest accounts of such are anti-colonial insurgencies that grew out of grievances against repressive and exploitative colonial policies and practices. The *Front de Libération Nationale*, FLN of Ethiopia is a glaring example.

But in Burundi, cite Okumu and Ikelegbe (2010: 9-11), for instance, rebel groups, like *Conseil National pour la Défense de la Démocratie / Forces pour la Défense de la Démocrati*e (CNDD-FDD) and the *Forces Nationales de Libération* (FNL), formerly known as the *Parti pour la Libération du Peuple Hutu* (PALIPEHUTU), fought against marginalisation by the Tutsis leadership for over a decade. In Chad, the *Union des Forces pour la Démocratie et le Développement* (UFDD) tried to topple Idriss Deby's government. The Uganda's Lord's Resistance Army (LRA) is perhaps one of the oldest rebel movements in Africa and the most regionalized, which for over the last two decades has been fighting the Museveni government. More so, ethno-regional based governance, marginalization and exclusion, fermented separatist rebel movements such as the Sudan People's Liberation Movement/Army (SPLM/A) in Southern Sudan. The Tuareg rebellion in the northern parts of Mali, Niger and South Algeria seeks an Azawad independent state. In the Casamance region of Senegal, the *Mouvement des Forces Démocratiques de la Casamance* (MFDC) has been waging a self-determination struggle since the 1980s. In Ethiopia, the Ogaden National Liberation Front (ONLF), fights the Ethiopian government for the control of the oil-rich Ogaden region.

These rebel groups possess a variable blinding nature. Okumu and Ikelegbe (2010: 9-11) state that even though such groups vary in peculiarities, most are either unstructured or loosely structured hierarchical setups, whose members, usually between a hundred and thousands, are trained in the use of modern light weaponry by retired and disengaged military, police and other security officers. Their arsenal often comprises traditional weapons, assault rifles (AK-47), machine guns, rocket propelled grenades, bazookas, hand grenades and explosives. Some are well organised, cohesive and disciplined, with a clear hierarchy, command and control structures, closely knit cells, well-coordinated systems, strict rules and decentralised operations. Some have clear objectives, a strong ideological foundation, political education and a framework of rules and regulations that guides operations and behavior of followers as well as visionary, clear-headed and effective leaderships who weld the groups together, and inspire and sustain them. Among these are the NRA in Uganda and the EPLF in Eritrea. Mkandawire (2002: 181-221) adds that groups exhibiting organisational and leadership characteristics are more successful in the battlefield, have a fair level of governance in the territories they control, positive relations with communities and local people and eventually attain their objectives. But the reverse is true with disorganised and undisciplined groups, which habitually descend from insurgencies and/or other resistances and socio-political objectives into criminal and severely destructive movements like the situation recorded in Liberia, Sierra Leone, the DRC, Sudan, Rwanda, Burundi and Nigeria.

Whatever, the environment in which rebels operate determines specific organizational structures, strategies, operations and members' behavioral patterns. For example, there exist more brutal methods of social control and more disjuncture in aspirations, values and goals in asymmetrical environments says Krijn (2010: 389-417). He posits that groups challenged by unfriendly milieu (restriction to jungle camps in inaccessible forests as in the case of the RUF in Sierra Leone, and sparsely populated villages as in the case of the LRA in Uganda) resort to forced conscriptions, abductions, forced labor, harsh punishments for escapees, confiscation of materials and deadly reprisals. But those which possess independent economic resources or that have symbiotic rather than parasitic or predatory economic relations with locals and who depend on locals for critical support, tend to show greater concern for and sensitivity to the locals (Mkandawire 2002: 181–215). Adams (2010: 389-417) insists that those operating in unfamiliar areas and among unfriendly communities often employed atrocious strategies to prevent conspiracy and betrayal. Those which seek inclusion, acceptance, recognition and legitimacy from national, regional and international audiences and actors tend towards more moderate behavior and relations with inhabitants of the controlled territories declares Zahar (as cited by Okumu and Ikelegbe 2010: 14).

Perhaps Muhammed Kabir Isa (2010: 313-334), George and Ylönen (2010: 341-364) are inspired by these to theorize such movement's social bases. Foot soldiers – largely disenchanted, alienated and frustrated men and youths - often submerged in moral crises, socially dislocated and material hardship dominate the groups, examples being the *Moryham* youths (Somalia), the *Raray* boys (Sierra Leone), *Bayaye* (Kenya and Uganda), *Machicha* (Tanzania), *Hittiste* (Algeria), *Tsotsis* (South Africa), *Area Boys* and *Yan Daba* (Nigeria). But Adams Oloo (2010: 147-183) points the social base of the Kenya militias to mostly the lower class, namely, artisans, small traders, landless squatters, street children, hawkers, urban poor and slum dwellers. Ikelegbe and Garuba (2007: 124-147) claim however, that among the top leadership are somewhat educated elements responsible for the think-tanking and liaison affairs with the outside world. In fact, Peters (2010: 381) points out that entry and initial base of mobilisation and recruitment in these groups are also marginalised and oppressed ethnic groups, such as the Mano and Gio groups in Charles Taylor's National Patriotic Front of Liberia (NPFL), and the Mende ethnic group in Foday Sankoh's RUF (Sierra Leone). McIntyre (2007: 22) adds that at the early stages of development, membership is mainly voluntary and based on identity patriotism, mobilisation and solidarity and the depth of feelings about perceived identity-based grievances. He maintains that in some cases recruitment is restrained by space, arms and maintenance resources. However, as engagements broaden and confrontations become more extensive and stressful, and as they begin to lose contact with communities, these groups may turn to conscription and forced recruitment from within and outside their identity base. Juveniles, young girls and children are sometimes captured, conscripted and used as fighters, spies, ordnance carriers, sex slaves and cannon fodder. In Sierra Leone, drugs were used to psychologically prepare members for action, examples of child rebel subgroups included Charles Taylor's *Small Boys Unit* (SBU), the *Gronna Boys* (Liberia), Museveni's *Kidogos* (Uganda) and the Green Bombers (Zimbabwe).

Generally, child-rebel phenomenon is prevalent in Africa. In Angola for example, over 8,000 children in 2002 were registered for demobilization and 300,000 in Mozambique were used during the war. The recruitment and circulation of youths and child rebels across borders were main features of the conflict in the Mano River and Côte d'Ivoire; recruited from Côte d'Ivoire into Liberia, from Liberia into Sierra Leone and Côte d'Ivoire, and from Guinea into Côte d'Ivoire. In northern Uganda, the LRA abducted or forcefully conscripted more than 60, 000 youths, mainly young adolescents between 13 and 15 years of age. Blattman (2007) claims the LRA, like other rebel groups, preferred these ages since they were indoctrinated.38 Children and youths also form almost half of the militias and rebels in the DRC. As at February 2007, about 54, 000 children had been disarmed and demobilised compared to 115, 000 adult combatants, while an estimated 15, 000 – 20, 000 children compared to 85, 000 adults were awaiting demobilization. The demobilization exercise helps in unsustainable violence and great casualty toll in the areas in question.

The sustainability of rebel groups in Africa depart from grievances, greed and opportunism; the former being the drive for redress and justice around fundamental issues and the later incentives for struggles over resource appropriation and control opportunities, specifically the struggle for lootable resources. According to Collier and Hoeffler (2000: 111), most rebellions are either pure loot-seeking or combine justice-seeking and loot-seeking. In the latter, grievances could be a start-up motivation for viable mobilisation, but groups turn to looting for sustainment and predation. Thus grievance is merely a starting point, a justificatory and legitimizing narrative and a support-building and – mobilising platform for conflicts and NSAGs. Though grievances exist and are articulated as a platform for agitation, it is merely a short-term smokescreen for larger and long term interests and objectives of resource appropriation.

Elbadawi and Sambanis (2002: 3) confirm the relationship between natural resources, rebel movements and violent conflicts. Thus grievance and greed tend to have a symbiotic relationship with rebellion. To get started, rebellion needs grievance, whereas to be sustained, it needs greed. This claim is grounded on evidence of the association between mineral wealth and the occurrence and duration of conflicts; the existence of violent scrambles for resources in conflict regions; the concentration of conflicts in resource-rich zones of conflict regions; the profiteering from war and conflicts by rulers, warlords, traders and fighters; the high levels of economic crimes and underground economies; the involvement of mercantilists, syndicates and black marketeering companies in resource-rich zones of conflict regions, and the interference of neighboring countries that tend to be motivated by struggles for privileged resource access. In spite of some evidence from the cases of Liberia, Sierra Leone and the DRC, the greed thesis is simplistic, one-sided and weak in several respects asserts Okumu and Ikelegbe (2010: 9-13).

A more objective thesis would include other ingredients such as the character of the state, regimes and governance, hegemonic struggles, the roles of politics and state failures and economic decline. More so, ideology, identity, hate, vengeance, elite manipulation and prestige, social decay, deepening poverty, unemployment, collapse of social services, urban congestion and decay, rising school dropout levels, globalization and the proliferation of small arms, can be added to this list. These factors contributed to the emergence and the sustainability of the insecurity witnessed on the Cameroon coastal towns of Douala, Limbe, and Buea. In fact, the Bakassi Freedom Fighters operate on the bases of grievances and greed, accentuated by their dislike for the ICJ's final pronouncement over the disputed territory of Bakassi Peninsular. The insecurity they meted on the general population was considered as an instrument to an end, the end being the recognition of the creation of a nation-state out of Cameroon and Nigeria, the Ambazonian Republic. In this paper, the background to the ICJ's decision is sketched, the formation and actions of the Bakassi Freedom Fighters in the Cameroon coastal towns and government counter actions are examined. The paper concludes by attempting a rebel-free therapy for Africa and Cameroon as a whole.

Brief discussion of the conflict and the international Courts ruling

The Bakassi peninsula, an area of some 1,000 square km of mangrove swamp and half submerged islands, protrudes into the Bight of Bonny (previously known as the Bight of Biafra). Since the 18th century the peninsula has been occupied by fishing settlements, most of whom are Efik-speakers. Today, the population of the area stands at 300,000, with no electricity, potable water (this has to be fetched from the mainland) or roads (Nowa 2011). At first sight, it seems surprising that so neglected and unpromising an area should have excited such attention from governments of both nations over the past thirty years to the point military confrontation.

In July 1884 the Cameroon became German protectorate following the Germano-Douala Treaty, and in October, Germany notified the other European powers and the USA, in general terms, of the extent of this territory. On 23 July and 10 September 1884 the kings and chiefs of Old Calabar signed a treaty placing their territories under the protection of Great Britain. Other kings and chiefs of the region, including those of Bakassi, signed treaties acknowledging that their territories were subject to the authority of Old Calabar and consequently under British protection. The Berlin Conference of 1884/85 recognised the validity of the British claim to this area as the Oil Rivers Protectorate, which became part of the Niger Coast Protectorate in 1893, and the Protectorate of Southern Nigeria in 1900 (Felicia, 2005). In 1906, Southern Nigeria, still including the Bakassi peninsula, came under the administration of the Colony of Lagos, but in November 1913 the Protectorates of Northern and Southern Nigeria were amalgamated into a single Nigerian Protectorate, though Lagos remained a separate colony. By then, however, the status of Bakassi was already in question. Since 1884, it had been accepted that the boundary between British and German spheres of influence ran along the west bank of the Rio del Rey. Anglo-German Protocol signed on 11 March and 12 April 1913 in Obokun and the exchange letters between governments of both countries on 6 July 1914 redefined the maritime boundary as the Akpayafe River, placing the Rio del Rey and the entire Bakassi peninsula under German authority (Nugent 1914: 630-651; Ngoh 1989: 276-277; Tazifor 2003: 265-266).

But with the outbreak of First World War in August 1914 and its subsequent results, which included the defeat of Axis Powers by the Allied forces and the eventually conquering of the German colony of Cameroon by an Anglo-French force, the territory was divided between Britain and France in 1919 under mandates of the League of Nations. The Bakassi peninsula formed part of the British mandate, along with a broad strip of territory along the Cameroon-Nigeria border. For now, British Cameroons was administered as an integral part of Nigeria. For the next forty years the old boundary between Nigeria and Cameroon thus ceased to be a matter of any importance. In February 1961, the 1913 agreement again came to the fore when the UN conducted a plebiscite in the British Trust

Territory of Southern Cameroons to decide their independence by either joining the independent Nigeria or reunifying with *La Republique du Cameroun* (Ngoh 1989: 276-277; LeVine 1971). The plebiscite included the people of the Bakassi peninsula, which Nigeria, rejecting the 1913 delimitation, claimed to have been an irregular procedure. Nonetheless, the majority of people decided to vote for this second option.

In fact, the importance of the peninsular to both Cameroon and Nigeria was ignited when both discovery the oil rich nature of the area, declares Donnalt Wet (2006; 56-57). This discovery also created tension over the control of the land, which in some cases resulted to numerous dead. Low profile clashes began as early as 1965, when a number of border incidents took place in a forested area of the old boundary between two villages – Bundam and Danare - near Ikom. The people of Bundam near Mamfe were attacked by the people of Ikom in the Cross River States of Nigeria due to mere suspicion across the border. Also, on 16 May 1981 a more serious and the first serious skirmish between Nigerian and Cameroonian forces occurred when Nigerian patrol boats came under fire on the Akwayafe River. Five Nigerians were killed and three seriously wounded. In May and June 1991, the Cameroonians entered nine fishing villages, hoisted their national flag, and announced that they were renaming the settlements. They also promised that health and education facilities would be provided, though they demanded the payment of taxes Ngoh explains that these people were well-informed of how to evade taxes and did so with great skills. By this time the governments of Nigeria's President Ibrahim Babangida and Cameroon's President Paul Biya were far too occupied with their shared experiences of the difficulties of 'democratization' to allow the possession of a few fishing villages to stand in the way of good neighborliness (Ngoh 1989: 276-277; Tazifor 2003: 265-266).

When Babangida came to the end of his rule on 26 August 1993 in favor of an interim leader, Ernest Shonekan, and later replaced by General Sani Abacha, a battalion of Nigerian troops occupied Diamant and Jabane, two islands on the peninsula with the fishing communities requesting help from Calabar and Abuja against the Cameroonians on 21 December 1993. The crime of the Cameroonians was an alleged harassment and maltreatment of

Nigerians living on the peninsula states Ngoh. In retaliation of the December 1993 occupation, the Cameroon's military response led to several deaths and immense destruction of property. The Nigerian troops occupied the localities of Idabato, Uzuma, Kombo and Janea in 1994. The fighting continued intermittently as both parties increased the quantity and quality of weaponry in the disputed territory, and by early in February 1994 over 18,000 people fled into Cross River State (Nowa 2011) until the end of the 1996 confrontations.

The 1996 year saw a renewal of confrontations. Nigerian troops which occupied the peninsular further clashed with Cameroonian troops that led to several dead on both sides; both capturing prisoners-of-war. Whatever, the affronts took another perspective in April 1996 when, according to presidential directive from the Nigerian General Staff Headquarters, Abuja, no. GHQ/390 of 11 April 1996 urged the Cross River State administration to conduct election for the post of Councilor in the Bakassi Peninsula. Soh posits that this was in reaction to Cameroon government's actions. It reportedly conducted council elections in the area in January 1996 (Soh, 1998: 27). Both countries were therefore utilising the peninsula for their political egos and propaganda. However, the manifestation of such ego and propaganda could only be checked if both parties were ready to follow the course of peace and end the conflict; the reason why they sought joint efforts (joint commissions) to demarcate the disputed territory, and the Maroua and Yaounde Accords. But because these efforts yielded no dividend, they introduced into the matter the OAU, the UN Security Council and International Court of Justice at The Hague (ICJ), but the later playing the central peace role.

Following the clashes in 1994, Cameroon filled a law suit against Nigeria at the ICJ on her sovereignty over the Bakassi and another on 6 June 1994 while complaining to the OAU Central Organ of Conflict Prevention and Management of the Nigerian illegal occupation of its territory. Cameroon was confident about this law suit following the resolutions of the 1913 Anglo-German agreement and the 1975 Maroua declaration on the peninsula. During the 31st OAU Heads of State Summit in Addis Ababa, Ethiopia, in 1995, some African leaders tried getting Presidents Biya and Sani Abacha of Cameroon and Nigeria respectively to a round-table dialogue with the aim of resolving the dispute (Ngoh 1989: 276; Tazifor 2003: 266). They relied greatly on the workability of highest-state-authority principle that previously helped sustained peace between both states. Unfortunately, its application this time did not yield the desired fruits. It was this result that prompted the OAU to assign Togolese President Eyadema to follow-up the peace talks. Consequently, from 16 to 17 February 1996, Ferdinand Leopold Oyono and Chief Tom Ikimi, Cameroon's External Minister and Nigeria's Foreign Minister respectively, met in Kara, Togo and agreed as follows: that Cameroon and Nigeria recognise that the matter was with the ICJ; and they agreed to end all hostilities on the peninsula (Tazifor 2003: 265-266). The Kara Accord was one of the bases of inspiration for the UN.

Following the non-respect of the Kara agreement, the United Nations Security Council expressed its position on the Cameroon-Nigeria conflict over the Bakassi Peninsula, namely, both states should respect the Kara cease-fire accord, reframe from further violence, take necessary steps to return their forces to the positions they occupied before the dispute was referred to the ICJ, and they should redouble their efforts of reaching a peaceful settlement through the ICJ. It was here that the Security Council acknowledged the bilateral and regional efforts aimed at ensuring a peaceful resolution of the dispute as well as the UN Secretary General's and ICJ's proposals to send a fact-finding mission to the disputed area.

A UN mission was dispatched to the area on 15 March 1996 and the court made an interim ruling. This found that the evidence in support of Cameroon's allegations of Nigerian aggression was contradictory and insufficient for a categorical ruling to be made, and Nigeria promptly hailed this as a victory. The other parts of the ruling, that both sides withdraw from positions occupied since 3 February and that the ceasefire be observed, were simply noted. Barely a month later, between 21 and 24 April, the fighting resumed and only the arrival of the UN mission in mid-May seemed to have persuaded both combatants to greater discretion. In 1995 Nigeria's submission arrived at The Hague, questioning the competence of the court to decide a border issue at dispute between two members of the Lake Chad Commission. But this had no effect on the evolution of the court's findings. Before the court could make a ruling, it was again approached by Cameroon, protesting against a renewed Nigerian offensive in Bakassi on 3 and 4 February 1996. Cameroon asked the court to rule on Nigeria's aggression and to demand the withdrawal of forces to positions held before the fighting of 3 February. It also demanded the cessation of all military activity to allow the court to gather evidence *in situ*. Grey says by the end of September 1996, matters still seemed no nearer a solution. The ICJ had announced no new findings, and the UN mission to the region proved to have a goodwill rather than fact-finding brief (Grey 2002: 225).

Matters dragged on indecisively until 2002, when the ICJ finally decided in favor of the Cameroonian claim. It is interesting to say that what seemed easy took eight years of intensive negotiations to settle. Representatives from both states worked hard to support their thesis and the ICJ listened carefully reviewing historical documents in a bid to arrive at a just settlement. Among the points Cameroon presented to justify their claim was the 1913 agreement in which the boundary was defined and signed, meanwhile Nigeria claimed, among others, that the most democratic way to decide Bakassi sovereignty was to conduct a referendum since according to it, the 300.000 inhabitants of the area did not want to be Cameroonians. On 10 October 2002, based on old colonial documents, the ICJ delivered a judgment in favor of Cameroon. The boundaries in the Lake Chad region were determined by the Thomson-Marchand Declaration of 1929-30 and the boundary in the Bakassi by the Anglo-German agreement of 1913 (Nowa 2011).

With this settlement, Nigeria was supposed to quickly and unconditionally withdraw its administration from the Lake Chad area under Cameroon sovereignty and from Bakassi Peninsular. Cameroon on its part was supposed to remove its citizens from anywhere on the new border between the two countries and the land boundary from Lake Chad in the north to Bakassi in the south was demarcated and signed by both countries. But weeks before the ICJ ruling, Kofi Annan, the then Secretary General of the UN invited President Paul Biya of Cameroon and Olusegun Obasanjo of Nigeria to and they met on 5 September 2002 in Paris in the presence of French President Jacque Chirac. Both presidents pledged to abide by the anticipated decision of the ICJ, and agreed to establish an implementation mechanism. But this was not the case with the larger Nigerian population, especially after the ruling was released in their disfavor. This created a political uproar in Nigeria, where some media went as far as identifying a Western conspiracy against them. In effect the Nigerian government refused to withdraw from Bakassi or cede sovereignty as demanded in the Court's ruling.

This reaction called for further diplomatic interactions that resulted in compromise of position. Nigeria later compromised her standing for a breakthrough to occur. When Annan facilitated the formation of the Cameroon-Nigeria Mixed Commission on 15 November 2002 at Geneva, with the aim of enabling a smooth handing over ceremony, the Mixed Commission did their work on the handing over logistics and recommendations on confidence-building between the states. On 5 August 2003, its meeting in Yaoundé Hilton Hotel evaluated work and activities of the commission. It was observed that between May and July 2003, the following occurred: high level visits were made with the visit of President Biya to Nigeria (May 2003) and an exchanged visit by Nigerian Vice-President (July 2003); the Abuja Meeting of 10-12 June 2003 established a working programme and a time table for the implantation of the 10 October ICJ Judgment; both countries had paid in 1.25 million US dollars each to the UN Trust Fund as contribution to foster the demarcation of boundary exercise; Nigeria disclosed that a bill on the Border Region Development Agency, which was awaiting presidential approval would provide social infrastructure to the communities along the international boundaries; and Cameroon however expressed worries that Nigeria was yet to withdraw her troops and administration from Cameroon territories. A few years later, on 12 June 2006, the two parties met at the Green tree Estate in Manhasset, New York, where they concluded the "Green Tree Agreement" and the handing over ceremony to be done in front of UN officials and diplomats from numerous countries. Nigeria was given 60 days to quit its occupation forces off the area (UN News Service 2011).

The handing over ceremony was held in Archibong, witnessed by the African Union, the British, French, German UN and US officials, as well as the Nigerian Chief of Defence Staff, General Martin-Luther Agwai, and the heads of the army, navy, air force and police. When the Nigerian flag was lowered and that of Cameroon rose and documents were signed by Nigerian Justice Minister Bayo Ojo and his Cameroon counterpart, Maurice Kamto, it signified the transfer of authority over the disputed Bakassi Peninsula. The final handing over ceremony took place in Calabar in Nigeria in 2008, laying to rest the long standing conflict (http./news.bbc.uk/2/hiafrica/7559895.stm 2011). But the decision of the ICJ, aimed at ending the insecurity around Bakassi only opened-up another scene of insecurity long the Cameroon coast. Some disenchanted men and youths, formed the Bakassi Freedom Fighters, a rebel group based in the Cameroon-Nigeria Border lines, with the prime objective of forcing the international community and the Cameroon government to recognise the formation of a separate state out of the Cameroonian and the Nigerian setting in the Bakassi region. They are based mainly in the small island towns of the Bakassi Peninsular (on the Cameroon-Nigeria border line), namely, Isangele, Kombo Abcdimo and Idabato (see map 1). From these border towns, the rebels struck the towns of Limbe, Buea, Douala and carried out massive kidnaps, looting and killing of Cameroonians and foreigners. According to discussion with the leaders, their terrorist actions would call for national and international attention and consequently forcing the Cameroon government into talks of accepting the existence of an ethno-constituted state, the Ambazonia Republic.

Bakassi Freedom Fighters and Insecurity

This feeling of one people and the desire to protect it has been made manifest by the idea of breaking from the ICJ's decision of giving Cameroon the Peninsular. The people desire to break from Nigeria and Cameroon to form their own nation. In fact, the secession feeling was born by a portion of the English-speaking population that joined the Republic of Cameroon following the 1961 Plebiscite. They, known as the Nord-West and South West Provinces of Cameroon, have become secessionist hotbeds since the 1990s. The secessionist movements active in this part of Cameroon usually included Bakassi in their plans for an independent state. The Southern Cameroon National Council (SCNC) is a secessionist group that has adopted a peaceful approach to freeing Southern Cameroons "from the stranglehold of our oppressor – La République du Cameroun" (*The Post* 2005). But a more aggressive movement (SCAPO) was born and complained that the Cameroon government was interested only in the region's oil and not the Bakassians, the reason why the area is void of any development indices like electricity, water, school, health, security and road infrastructures. According to them, neither the SCNC option nor the ICJ's decision was right to them since being part of Cameroon or gradual session from it was not good. Both were just as bad as being independent, but the latter was a better evil that would bring them the cherished development and self-fulfillment. So, after the Green Tree Agreement, SCAPO declared the establishment of an independent "Republic of Ambazonia."

In fact, popular and political opposition to the agreement within Nigeria delayed the transfer of sovereignty, though the government neither ratified nor rejected the court's verdict. In Bakassi itself, there was wide dissatisfaction with the decision, especially with both the Nigerian and Cameroon locals who lived and knew themselves as a common people, even more as Nigerians as popular opinion on the Bakassi border lines holds:

The United Nations should realize that we have the right to decide where we want to be and the right to self-determination. We are Nigerians, and here our ancestral home. You can see some of the graves here dating back to the 19th century. How can you force a strange culture and government on us? We appreciate what the Nigerian government is doing but let it be on record that they have betrayed us and we will fight for our survival and self-determination. We expected that the government as well as the ICJ could have come to the people and called for a referendum so that the people would decide what they wanted for themselves. But we don't really know why it had to be done that way. If they do not then we and our brothers on the other side will decide to take things into our hands, and have our voices heard no matter what it takes until our desire is attend…. With Cameroon, we are exposed to perpetual and permanent bondage of exploitation, under-development and death, which characterized life in the larger Niger Delta over the last 50 years.... We have no other option than to defend our land and people by any means necessary *(The Post* 2008; *Terrorism Monitor* 2010: 1).

Taking things into their hands, having a voice and defending their land by any means necessary were declaring independence of the Bakassi land and forcing the international community to accept it. In July 2006 other groups; the Bakassi Movement for Self-Determination (BMSD) and Movement for the Emancipation of the Niger Delta (MEND) joined SCAPO, and when the Nigerian Senate ruled the transfer of sovereignty was illegal in 2007, the three groups again declared the independence of Bakassi area in July 2008 - the Democratic Republic of Bakassi. This time, the groups subsumed their activities under the "joint leadership" of MEND and on account of a military group, the Bakassi Freedom Fighters, a transformed vigilante group formed in 1996.

In fact, the origin of this group is traced to the decision by local traders in the peninsular to repress armed robberies plaguing the area and disrupting their smooth trans-border businesses. From an interview with some of its leadership[1], some of these armed robbers were both Cameroonian and Nigerian soldiers and creating an armed vigilante group was to be the solution. The group was provided a headquarters; regular salaries and money to purchase arms by the traders. But from other sources (as cited by *This Month* July 2008), they began receiving sophisticated equipment (see plate 1) from some Nigerian and Cameroonian elites (both local and in the Diaspora), since ever the group became politicized in 2006. According to the group and individuals close to it, the group has a strict hierarchical structure, chain of command, and efficient system of communication. It has structures and executive committees as its supreme decision-making body, and the Executive Council as its governing body. At the local level every member is required to belong to any of the branches, grouped into zones and sub-zones (Ibid). Numbering about 700, mostly of Cameroon and Nigerian male, the group's leadership is professional with a high level of education and political awareness. Joining the group, following our interview with

---

[1] With the interviews conducted with some of the leaders of the rebel movement in a close setting in Issangele and Kombo Itindi on 15 and 17 March 2009, the pronouncement of their names could have helped much in this work, but their request to keep their names discrete has been respect.

its members, is regardless of age. Nevertheless, most confirmed their first joining the group was at the age of 16, and only after formal initiation by the high priest. At 17 they were allowed to carry firearms, but most claimed to have been familiar with the group's activities before joining. It was often to hear them say, "… adolescents recruited into the group do not ordinarily carry firearms, except for jerk knifes and daggers. But things drastically changed since 1997 when every initiated person irrespective of age could carry a gun, especially on mission."

Plate 1. The transformed group since 2006

Source: *Terrorism Monitor: In-depth Analysis of the War on Terror*, Vol. VIII Issue 43, 24 November 2010, p.1.

The mission since 2002 was nothing short of terrorizing the coastal towns and waters as a means of informing the international community of and forcing the Cameroon government to respect their republic claims. These actions involved piracying, looting, hijacking of national and foreigners, and hence transforming the area around the Gulf of Guinea to the most insecure in Africa (see diagram 1). They abducted six sailors from a Belgian ship anchored 40 km off Douala. BFF's spokesperson said the hostages were moved to a camp on Nigerian territory and demanded the release of 10 Ijaw fighters in a Cameroonian prison and the immediate opening of direct talks with Cameroon president Paul Biya (*Le Jour* September

2009). The talk was to discuss practical steps of giving up its gripe over the Bakassi Peninsular. They also kidnapped 7 Chinese fishermen in Cameroonian coastal waters who were later freed in exchange for an undisclosed ransom (*Radio France Internationale* March 2009). These gunmen in light boats attacked 2 cargo ships in Douala harbor, kidnapping two Russian crewmen from one ship and looting the safe and abducting the captain of the second ship, a Lithuanian refrigerated vessel. The security of Douala's port is a major regional concern as Douala acts as the commercial lifeline for the land-locked Central African Republic and Chad, another major petroleum producer which runs its oil through the Chad-Cameroon pipeline to the Cameroon port of Kribi (*Cameroon People* November 2007).

Diagram 1. Representation of insecurity in Africa

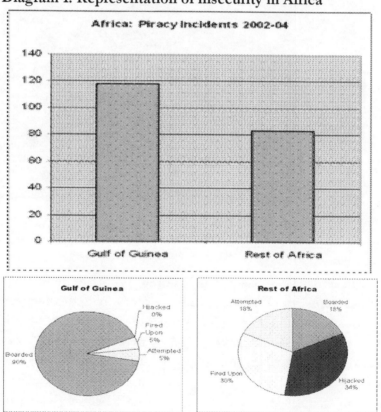

Source: Raymond Gilpin, "Enhancing Maritime Security in the Gulf of Guinea" *Strategic Insights*, Volume VI, Issue 1 (January 2007).

In October 2008, a boat was attacked in Cameroonian waters and 10 people were taken hostage. The hostages were subsequently released; on 16 November 2010 at least five people were killed in an attack on an offshore oil platform. The rebels, on 6 and 7 February 2011, left two dead, one wounded and 13 kidnapped - all locally based Cameroonians in Limbe. On 7 February 2011, the Mbanjo Maritime Gendarmerie Brigade post was attacked and four people and many others were injured. This action caused the Government to advice against all late travel in and around this region. The rebels traded fire with police for hours on 7 February in Douala, which resulted to the kidnap of 17 officials who were later freed after a huge ransom was payment. The freedom fighters broke into the Amity Bank of Limbe and ECOBank in Douala. The towns of Buea and Limbe were constantly raided by these gunmen; actions that prompted the government to react (*This Month* July 2011).

Cameroon Government Response

Although the Cameroon government refused to acknowledge the political dimension of the violence in Bakassi by declining to identify the insurgents as anything other than "armed bandits," the decision to hold the 14 August 2009 ceremony marking the transfer of authority in the Nigerian city of Calabar rather than in Bakassi was interpreted as an acknowledgement that Bakassi was far from secure (*Reuters* August 2008; *Jeune Afrique* December 2008). Prior to the transfer of power, when the BFF announced a merger with the Niger Delta Defense and Security Council (NDDSC), with the intention of setting Bakassi "ablaze" and crippling its economy if the handover went through (*Africa Press International* July 2009) successively, the Cameroonian government tried measures to secure security in the area as well as the entire Cameroon coastal region. In respond, the Cameroon's *Bataillon d'Intervention Rapide* (BIR)[2] commandos were

---

[2] The BIR was formed in 1999 as the Bataillon Léger d'Intervention (BLI), a special intervention force designed to eliminate foreign rebels, bandits and deserters (the "coupeurs de routes") who were destroying the security of the Cameroon Northern regions through cattle rustling, abductions, murder and highway robbery. As part of military reforms carried out in Cameroon in 2001, the

sent to the coast in 2007 to deal with the rapidly deteriorating security situation (*The Sun* October 2008). Situating them at suspected points in the area, the BIR's presence helped to ushers into the area some calm. with the prevailing political situation in the country, the mandate of this elite force have been expanded from just providing border security to something of a Praetorian Guard for President Paul Biya. However, the BIR mandate in checking the rebels was reduced when in February 2008 when Cameroonians protested against high cost of living and a good number of the BIR was deployed to the major cities of the country. There, they victimized over 1000 lives of unarmed civilians, especially in Douala and Yaoundé (*IRIN* August 2008). Several months later the BIR was again deployed in the cities to prevent protests against the elimination of presidential term limits and the granting of immunity to Biya for all actions taken while in office. These actions, among others, the secret paying of "hostage bills," did not help solve issues as the BFF remain present along the Cameroon coastal towns, persisting in their cause and intermittently striking state establishments and the population.

Conclusion

The results of the dispute between Cameroon and Nigeria over the Bakassi peninsula led to Nigeria ceding the area for Cameroon following the decision of the ICJ. But such decision only gave birth to various political opinions (secession and creation of a Bakassi nation was strongest) accentuated with the birth of the BFF. In order to have their voice heard both by Cameroon and the international community, and operating from the border lines of Cameroon and Nigeria, they inclined to terrorizing the coastal population of Cameroon and increasing the security crises in the towns of Douala, Limbe and Buea. Meanwhile this paper argues that insecurity along the Cameroon coast was used as an instrument to an end, the end being the recognition of the Bakassi nation, other experiences in Africa was due to diverse reasons with far reaching ramifications. It

---

unit took on its current BIR designation. BIR officers are selected from the graduates of the *Ecole Militaire Interarmées* in Yaoundé.

is hoped that the Africa minimize rebel phenomenon would be checked. But this is possible only if there exits the political will for the respect of democratic principles, good governance and equitable distribution of the national wealth, strategic approach consistency between domestic and partner-initiated programmes, as well as significant regional collaboration given the trans-national character of most threats and vulnerabilities. Consequently, an effective strategy must incorporate national, regional and global realities. While the precise configuration would largely be country-specific, effective strategies would broadly adhere to demonstrable political commitment, increased operational efficiency, transparent regulatory systems, and heightened public awareness. In fact, the regional and sub-regional organisations ought to work closely together in bringing all these into a reality.

Map 1. Rebels location in Bakassi Peninsula

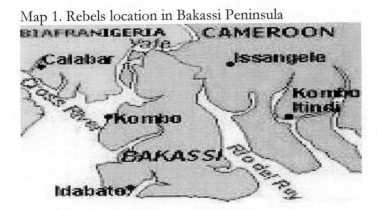

Source: www.pipelinedreams.org/2011/02/Cameroon-negotiating release of bakassi-hostages/bakassimap/, 28 December 2011.

References

Addison, Tony (2003), *Africa's recovery from conflicts: making peace work for the poor*, Helsinki: United Nations University/World Institute for Development Economics Research.

Agbu, Osita (2004), *Ethnic militias and the threat to democracy in post-transition Nigeria*, Uppsala: Nordiska Afrikainstitutet.

Aning, Kwesi and McIntyre, Angela, "From youth to rebellion to abduction: the anatomy of recruitment in Sierra Leone," in Angela McIntyre (ed), *Invisible stakeholders: children and war in Africa*, Pretoria: Institute for Security Studies.

Bah, Alhaji (2004), "Micro-disarmament in West Africa: the ECOWAS moratorium on small arms and light weapons," *African Security Review*, vol. 13, no. 3, pp. 33.

Chabal, Patrick and Daloz, Jean-Pascal (1999), *Africa works: disorder as political instrument*, Oxford, Bloomington and Indianapolis: The International African Institute, James Currey and Indiana University Press.

Clapham, Christopher (1998), "Introduction: analysing African insurgencies," in Christopher Clapham (ed.), *African guerrillas*, Oxford: James Currey, 1–18.

Collier and Sambanis (2007), "Understanding civil war; Jeremy Weinstein," *Inside rebellion – the politics of insurgent violence*, New York: Cambridge University Press, 2007.

Collier, P.; Hoeffler, A; and Söderbom, M. (2004), "On the duration of civil war", *Journal of Peace Research, vol.* 41, no. 3, pp. 253–273.

Collier, Paul (2000), "Doing well out of war: an economy perspective," in M Berdal and D M Malone (eds), *Economic agenda in civil wars*, Boulder, Colo, Lynne Rienner, pp. 91–111.

Collier, Paul (2000), "Doing well out of war: an economy perspective," in M Berdal and D M Malone (eds), *Economic agenda in civil wars*, Boulder, Colo: Lynne Rienner, pp. 91–111.

Collier, Paul and Hoeffler, Anke (2006), *Greed and grievance in civil war*, World Bank Working Paper.

Cornwell, Richard (2003), "Nigeria and Cameroon: Diplomacy in the Delta," *African Security Review, vol.* 15, no. 4, pp. 52-65.

Grey, Roland (2002), "The Cameroon-Nigeria Border Crisis" *The Historian Craft*, vol. 8, no. 4, pp. 225- 239.

Harbom, Lotta and Wallensteen, Peter (2006), "Patterns of major armed conflicts 1997–2006," in Lofta Harbom (ed), *States in armed conflict 2006*, Uppsala: Uppsala University, Department of Peace and Conflict Research, pp. 12-35.

Herbst, J. (2000), "Economic incentives, natural resources and conflict in Africa", *Journal of African Economies, Vol.* 9, pp. 270–294.

Kabir Isa, Muhammed (2010), "Militant Islamist groups in northern Nigeria," in Wafula Okumu and Augustine Ikelegbe (eds.), *Militias, Rebels and Islamist Militants, Human Insecurity and State Crises in Africa*, Pretoria: Institute for Security Studies, pp.313-332.

Kalyvas, Stathis (2006), *The logic of violence in civil war*, New York: Cambridge University Press.

Klare, Michael T (1999), "The international trade in light weapons: what have we learned?" In Jeffrey Boutwell and Michael T Klare (eds), *Light weapons and civil conflict*, Lanham, Md: Rowman and Littlefield.

Krijn, Peters (2010), "Local communities, militias and rebel movements: the case of the Revolutionary United Front in Sierra Leone," in Wafula Okumu and Augustine Ikelegbe (eds.), *Militias, Rebels and Islamist Militants, Human Insecurity and State Crises in Africa*, Pretoria , Institute for Security Studies, pp. 389-417.

LeVine, V.T. (1971), *The Cameroon from Mandate to Independence*, Berkeley and Los Angeles: University of California Press.

Mkandawire, T. (2002), "The terrible toll of post-colonial rebel movements in Africa: toward an explanation of the violence against the peasantry," *Journal of Modern African Studies*, vol. 40, no. 2, pp. 181–121.

Musila, Godfrey (2010), "Armed non-state entities in international law: status and challenges of accountability," in Wafula Okumu and Augustine Ikelegbe (eds.), *Militias, Rebels and Islamist Militants, Human Insecurity and State Crises in Africa*, Pretoria , Institute for Security Studies, pp. 89-119.

"Nigeria hands over Bakassi Peninsular to Cameroon," http./news.bbc.uk/2/hiafrica/7559895.stm, 15 November 2011.

Ngoh, Victor Julius (1989), *Cameroon Since 1800s*, Limbe: Presbook.

Nowa, Omoigui, The Bakassi story, http://www.omoigui.com, 11 December 2011.

Nugent, W.V. (1914), "The Geographical Results of the Nigeria-Kamerun Boundary Demarcation Commission," *Geographical Journal*, pp. 630-51;

Nzongola-Ntalaja, Georges (1999), "Ethnicity and state politics in Africa," *African Journal of International Affairs*, vol. 2, no. 1, pp. 30–59.

Oloo, Adams (2010), "Marginalisation and the rise of militia groups in Kenya: the Mungiki and the Sabaot Land Defence Force," in Wafula Okumu and Augustine Ikelegbe (eds.), *Militias, Rebels and Islamist Militants, Human Insecurity and State Crises in Africa*, Pretoria , Institute for Security Studies, pp. 389- 417.

Soh, Jonathan (1998), *The Cameroon-Nigeria Problem: Who is on the Provoke?* Lagos: Inna Publishers, 1998.

Tajoche, Tazifor (2003), *Cameroon History in the 19th and 20th Centuries*, Buea: Education Book Centre.

Thompson, Alex (2000), *An introduction to African politics*, London: Routledge.

UN News Service, "Nigeria-Cameroon accord expected after Annan brokers talks on border dispute" http://www.un.org/apps/news/printnews.asp?nid=18820, 13 November 2011.

Wet, Donnalt (2006), *The Power of Natural Possession in Foreign Policy*, London: Archon Books.

Chapter 15

Strong Power Exert Follow-Up as a Fundamental Ethnic and "Agitational" Blend for Nation Building and Up-Keeping in Cameroon[1]

Ernest Kum

Cameroon, situated on the Guinea Coast of West Africa, in the last half-millennium was subject to a Hausa-Fulani land invasion, Portuguese slave-trading on its coast, British commercial hegemony in palm oil and ivory in the 19th century, and eventually German sovereignty over much of what is today Cameroon in 1884 when the German government signed a treaty with the Doualas. But in the course of World War I, the French and British occupied the country and ultimately shared a League of Nations Mandate (and after World War II, these became UN Trust Territories) to rule Cameroon. In the 1950s, the Union of the Peoples of the Cameroon (UPC) formed, articulating the twin goals of immediate independence and union with the British Cameroon. Their confrontations with the mandated authority reached civil war proportions. On January 1, 1960, the French Cameroon became independent. Ahmadou Ahidjo, a Muslim from the North of the country, and an opponent of the radical UPC, was inaugurated as its first president. The British-administered mandated territory (administered as part of Nigeria) had been divided into two zones. As a result of a plebiscite in 1961, the northern zone united with Nigeria, while the southern zone was incorporated into Cameroon. The enlarged Cameroon was reconstituted as a federal republic with two prime ministers and legislatures but a single president - Ahidjo. Cameroon has experienced two periods – early independence (1960-61) and a period in which it experienced oil, anocracy and instability (1993-94) – when the probability of a civil war onset by our model's reckoning approached ten percent. Thus Cameroon has been quite susceptible to a civil war onset, with the average probabilities for its forty year history in our dataset adding up to three percent, nearly twice

---

[1] Inspired from the original draft of Kimuli Kasara in June 2005.

the world average. Yet there has been no civil war. The task of this narrative is principally to see what factors might have worked to help Cameroon avoid the hazard it faced, especially in those two two-year periods of high susceptibility. The narrative will also be instructive in looking at the issue of diversity and grievances, two factors that are markedly present in Cameroon (though not informing our model), but without a correlative civil war.

I. Ethnic Diversity

Ethnic Group (see Map at end)	Location	Size
Western Highlanders/Grassfielders (Bamileke, Bamoun)	Northwest	38%
Coastal Tropical Forest Peoples (Bassa, Douala, etc.)	Southwest	12%
Southern Tropical Forest Peoples [Ewondo, Beti (Bulu and Fang subgroups) Maka and Pygmies/Bakas]	South	18%
Fulani (Islamic Northerners)	Sahel/N. Desert	14%
Kirdi (non-Islamic Northerners).	N. Desert/ C. Highlands	18%

Cameroon has approximately 250 different ethnic groups. With an ethnic fractionalization score of 0.89 it is much more ethnically diverse than the sub-Saharan average of 0.64. It is the fifth most ethnically diverse of the 162 countries in the FL (2003) data set. If ethno-linguistic fractionalization were included in the FL model it would support the conclusion (given the lack of civil war onsets) that high levels of ethnic-diversity decrease the likelihood of a civil war. Furthermore, several of the ethnic/regional cleavages are salient among the population, making it all the more interesting to explain how these differences were not exploited by ethnic/regional entrepreneurs to sustain a local insurgency.

Map: Ethnic representation of Cameroon

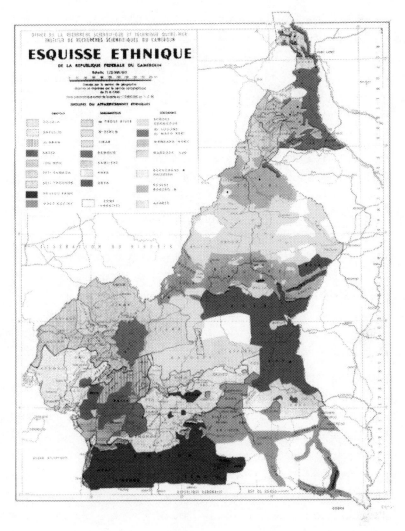

Source: https://www.google.com/search?q=ethnic+map+of+cameroon&client=firefox-b&biw=1366&bih=657&tbm=isch&imgil=.

Region, religion, ethnicity, language, and colonial heritage provide several potential political cleavages. Many of these cleavages coincide with disparities in income and have given rise to grievances. The two most politically salient social cleavages are language of colonial heritage (Anglophone vs. Francophone) and region (North vs. South). Each of these groups is further divided in politically salient ways.

Northern Cameroon is poorer than the South. More Muslims are found in the North and more Christians in the South. Although it is generally accepted that the north is less ethnically heterogeneous than the South, northern Cameroon is also divided along ethnic and religious lines. The Fulani (or Fulbe) are the dominant group in the North despite being a minority (25%) in that region (Kofele-Kale 1986, 55). The remainder of the people in the region are the non-Muslim Kirdi.[1] Kofele-Kale writes "the fact that these groups have been under Fulbe subjugation for over a century has led some writers to suggest that these dominated groups usually go along with their Fulbe overlords in their opposition to and fear of southern groups."[2] Southerners are divided by language and colonial heritage. The two Anglophone provinces (North West and South West) make up about 21% percent of the population and about 9% of the land area of Cameroon (Kofele-Kale 1986, 62).

Anglophones have had many reasons to feel resentment. Anglophone Cameroon was significantly poorer upon unification (Ndongko 1980). The federal constitution adopted upon reunification was more centralized than Anglophone leaders would have preferred, but Anglophones had little choice in the matter. In their UN plebiscite, there was no independence option. After the plebiscite, Anglophone political leaders met with Ahidjo at Foumban in July 1961 and again at Yaoundé in August. The Anglophone delegation was at a tactical disadvantage because the people had already voted for reunification. What little autonomy Anglophones retained in 1961 was gradually eroded by Ahidjo and by 1972 the Federation was superseded by a unitary state through a rigged plebiscite. In addition to the loss of political autonomy there were other ways in which Ahidjo was believed to be undermining Anglophone interests.[3]

Although Anglophones had grievances, serious political mobilization along the linguistic cleavage did not begin until the late 1980s (Konings and Nyamnjoh 1997, 207). Why did the Anglophones for so long tolerate the erosion of their autonomy? It appears as though the economic disparities between the two regions fostered unity rather than being a reason for conflict. Stark (1976) argues that after independence Ahidjo used state resources in order to make the union attractive to the South and North Western (i.e. Anglophone) Cameroonian elite (e.g. by increasing salaries for civil servants). Kofele-Kale notes that this process was so successful that by 1972 the idea of abolishing the Federation "met with a collective sigh of relief because at that point the federal system was no longer able to improve on the accrued psychic and material gains made by the Anglophone bourgeoisie."[4]

Another reason for the late emergence of an Anglophone opposition is that Anglophone Cameroon is also divided by region and ethnicity. South West provincials resented the political and economic predominance of the North West.[5] These feelings partly reflect an ethnic difference between the coastal/forest ethnic groups in South West Province and "grassfield" ethnic groups in North West Province (Konings and Nyamnjoh 1997, 211). In the 1961 plebiscite of the two provinces that voted to join Cameroon, support for joining Cameroon was much higher in the North than in the South of former West Cameroon. In addition, support for Anglophone political parties in the 1990s was significantly weaker in the South West province (Krieger 1994, 216).

Finally, the Francophone south is ethnically divided. The Bamileke (an ethnic group originally from the western highlands bordering former British Cameroon) are believed to have a stranglehold on the national economy (Joseph, 1970, 9-10). Their economic predominance makes them a group no political leader can afford to ignore. (They also played a large role in the UPC rebellion). Bamileke migrants to the south have been a target of ethnic violence on several occasions.[6] Since the late 1980s President Biya, in direct confrontation with the Bamilekes, has increasingly awarded political offices to his own ethnic group, the Beti, from the South West. Thus a divided west, both regionally and ethnically, prevented a clear Anglophone point of view, or a solid Francophone majority.

Ethnic diversity appears in this case to have prevented political instability. Both Ahidjo and Biya have been able to neutralize major ethnic cleavages by exploiting existing cleavages outside their core area of support. Ahidjo maintained good relations with the Bamileke elite.[7] Biya has taken advantage of both divisions within the north and among Anglophones. In 1992, he maintained a narrow parliamentary majority by forming a coalition with a small

(Northern/Kirdi) political party. In the allocation of political offices he has favored Anglophone Cameroonians from the South West over those from the North West and has effectively co-opted many South Westerners (Konings and Nyamnjoh 1997, 224-28; Krieger 1994, 618). In this way, the grievances from ethnic/regional diversity played themselves out in communal conflict rather than in a sustained rebellion against the state.

II. Terminal Mandate Period

Though the civil wars fought in Cameroon in the terminal mandate period were fought technically in France, they are worth analysis in this narrative in order to provide an understanding of the pressures for civil war at the moment of transition. The UPC was the most radical organization seeking to undermine Mandate rule. It was formed in 1948 in Douala and its leaders demanded independence and reunification with Cameroon.[8] Its popularity spread rapidly throughout the West and South West despite election defeats engineered by the French.[9] In 1955 the French banned the UPC, accusing it of initiating riots in Douala and in other towns in the West in which twenty-six people were killed and about two hundred injured (Joseph 1977, 264-67). Violence was renewed in mid-December 1956 when factions within the UPC decided to boycott (and sabotage) the election because the reforms that led to the 1956 elections were only half-measures. The French retaliated with brutal reprisals against the UPC.

There is some disagreement about what happened between June 1955 and December 1956, when the UPC boycotted (and attempted to sabotage) the 1956 elections to the Territorial Assembly. On some accounts rebel activity was ongoing in this period. For example, LeVine (1963, 20) describes the post-May 1955 situation as a "continuing rebellion inspired by the UPC – initially among the Bassa in the Sanga-Maritime region, later spreading to the Bamileke areas and to other western sectors and recurring with sporadic violence in the principal towns [emphasis added]."[10] However, according to Joseph the UPC did not engage in violence until December 1956. He argues against the idea that the events of May 1955 represent a UPC 'uprising' which was followed soon after by the initiation of a 'guerilla-type campaign among their fellow Bassa in the Nyong-et-Kelle division" (Joseph 1977, 316). Instead, Joseph paints a picture of the UPC as a reluctant rebel movement. He stresses the months of calm between the Douala riots of May 1955 and the resumption of violence in December 1956, the point at which factions within the UPC engaged in political violence.

The French could afford initially to be relaxed about this incipient rebellion. There was initially very little killing by the proto-insurgents. During the first phase of the rebellion (in the Bassa areas in the nine months following December 1956), in fact, much of the violence can be attributed to "anti-terrorist and counter-insurgency" measures carried out by the Administration, pro-Administration chiefs and the armed forces. Furthermore, when the UPC initiated violence in September 1957, they actively avoided attacking the French for fear of provoking them and focused instead on "local leaders of anti-UPC paramilitary brigades, and especially against the administratively appointed chiefs" (Joseph 1977, 346). Thus the attacks were not on the French themselves, but on local collaborators of the French administration.

The French felt no need to compromise with the UPC because they already had a "trump card" in the form of a political "third force" consisting of a coalition between the Muslim North and the Christian Center. This coalition already comprised a clear majority in the country. Joseph quotes Léon Pignon, Director of Political Affairs in the French Overseas Ministry, "in Cameroon we could maneuver since we had 40% of the population, the conservative north, in hand – to this [support] we only had to add the center" (Joseph 1977, 327). As a result of their pleasant control over a majority in Cameroon, the French made no serious attempt to address any of the UPC's demands. Um Nyobe, leader of the 1956-58 (Bassa) maquis in 1957, as an example, sought a political solution to the problem and demanded what, in fact, the French were to grant soon afterwards (i.e. French recognition for a right to independence).[11]

While the French had what they upheld as a majority of Cameroonians supporting them, they allowed insurgent activity to fester. The official estimate of the total number of rebels over the whole late mandate period is 500 but this is probably wrong because evidence from one camp in the Bassa insurgency alone had about 500 soldiers (Johnson 1970). According to Atangana (1997, 102) UN reports state that 2,078 rebels surrendered in 1958 alone and 371 rebels were killed between January and October 1958.

Over the course of the late mandate and early independence period, the insurgency in Cameroon met the 1000 death threshold to qualify as a civil war. Johnson (1970) suggests that in these insurgencies rebel and government forces killed 6,000 people. Other estimates are higher (as much as 15,000) and this figure includes non-battle deaths. Further, Johnson (1970, 352 fn. 11) lists other estimates of casualties in the press until 1962. According to Johnson in the later phases counter-insurgency efforts claimed as many lives as the rebellion. There appear to be enough deaths to justify a coding of at least two civil wars taking place in Cameroon against the French.

How Many Civil Wars against the French?

The insurgency is usually portrayed as one pitting the UPC against the French mandate authorities. However, the UPC (mostly in exile) had limited control over the insurgency in either the Bassa or the Bamileke areas, the two principal areas of insurgent activity (Johnson 1970, 354-355). The UPC supplied little of the money or the arms for the rebellion. In fact, the insurgency took two separate paths. In the Bassa areas, the insurgency lasted until 1958 with the murder of the UPC leader Reuben Um Nyobe. Former members of the UPC in those areas were offered amnesty and participated in subsequent elections.

The Bamileke, who were fragmented into roughly 90 chieftaincies, never developed a coordinated organization (Johnson 1970, 360).[12] Further, "[w]hile the rebellion was used as cover for personal disputes in both areas, this aspect seems to have been central to the Bamileke case. The targets of violence were only remotely related to the sources of strength of the central government; in fact, it was just the reverse. The extensive destruction of public welfare services and the limited number of Europeans attacked suggests a campaign intended simply to intimidate local residents." (Johnson 1970, 358). Therefore, because the Bassa insurgency was more centralized it ended as soon as the mandate authorities arrested its leader and offered amnesty to its other commanders.

It was at the point of Bassa accommodation that the UPC split into a legal and illegal faction. The "illegals" took the struggle against the French to the Bamileke areas (Atangana 1997, 120). The second, and bloodier, phase of the insurgency, as conventionally recounted, took place in the Bamileke areas from around 1956 to 1971 and was only suppressed with French assistance. The French increased their military presence in December 1957, and adopted extremely brutal measures to suppress the rebellion (Joseph 1977, 346). Treating the UPC rebellion as a single coordinated event which moved from the Bassa areas to the Bamileke areas, however, is probably an error reproduced in the available historiography.[13] This impression was possibly encouraged by the existence of a vocal UPC in exile. The historical data support an alternative view, viz., that there were two separate insurrections each sustained by local politics.

Local politics, and not a tactical shift by the UPC in a coordinated rebellion, better explains the spread of the rebellion to Bamileke areas. Johnson (1970, 356) explains "the grievances of a young deposed Bamileke chief [Kamdem-Ninyim Pierre] provided the exiled leaders of the UPC with their first opportunity to stir up widespread violence in the Bamileke region." Kamdem-Ninyim was deposed as Chief of Baham in 1956 (a position he had inherited in 1954) because of his involvement with the UPC. In response Kamdem-Ninyim formed a military organization (Courant d'Action Nationale, or CAN). The CAN initiated the first Bamileke maquis and lived on after Kamdem-Ninyim's arrest in 1956 under Paul Momo, one of Kamdem-Ninyim's lieutenants, and was organizationally separate from the UPC in exile, which was represented by the Armée de Liberation Nationale du Kamerun (ALNK) (Johnson 1970, 357-58). Kamdem-Ninyim was later co-opted by the government and made Minister of Health, all the while organizing guerilla activity in the Bamileke areas (Johnson 1970, 358). The Bamileke were further divided because powerful Bamileke chiefs,[14] such as Mathias Djoumessi, distanced themselves from the UPC as early as 1951 because of its "anti-traditional and anti-chief" orientation (Johnson 1970, 360; Joseph 1977, 175).[15]

We therefore see the French government having faced two overlapping insurgencies in its Cameroon mandate: the Bassa onset of 1956 and the Bamileke onset of 1958.

III. On Cameroonian Independence

Upon independence, with the insurgency raging, Ahidjo asked for more French assistance. The French general in charge of this new effort had "five overseas battalions, T-26 fighter-bombers and tanks" at his disposal (Atangana 1997, 103). The 1960 campaign resulted in the deaths of 3,000 rebels and 30 French soldiers. This may be an underestimate of the total number of victims as many died in the forest of disease and exhaustion.[16] It raises the question as to whether this was a war of early independence in Cameroon.

If it were a civil war in Cameroon, it would be that of the Bamileke rebellion, since the Bassa leadership had been co-opted peacefully by Ahidjo. But there is little agreement as to the point when the war ended, and it is therefore difficult to assess whether this civil war spilled over into a war against independent Cameroon. Bayart (1973) dates the end of the civil war from 1955 to 1964. LeVine (1971, 120-22, 182) dates the end of the domestic insurgency at 1962. DeLancey and DeLancey (2000) argue that the insurgency ended in 1971 when the prominent UPC figures were arrested and executed (p. 269, 169). However, the leader whose arrest they claim ended the rebellion (Ernest Ouandié) was only rumored to have been conducting an insurgency in 1968 (Johnson 1970, 361). Bayart (1979, 90) writes that by 1961 although the government was not always capable of maintaining order, the main Bamileke rebel group was no longer capable of mounting a serious offensive, yet he still dates the end of the war to 1964.

However dated, it seems clear that at some point between 1961 and 1971 the insurgency degenerated into random acts of banditry but when this happened is not clear. Joseph (1977, 349) states "Today, the U.P.C. is still present in the territory in the form of occasional attacks by armed gangs, often viewed as mere bandits." LeVine (1971, 128-129) suggests that there were two types of insurgents in this period, ordinary criminals who took advantage of the insecurity to steal and genuine political groups led by exiles. A reasonable date for the end of the civil war in Cameroon is therefor closer to 1961 than 1971. Moreover, after independence, Ahidjo had the task of cleaning up the remnants of a war that was fought against the French; he did not face a new outbreak of hostilities that would count as a new civil war. We can thus conclude here that while the French faced two civil wars in Cameroon, the new Cameroonian state did not face a civil war onset at the point of independence.

How did the insurgency influence the likelihood of future civil wars?

It is likely that the UPC rebellion and the way in which it was suppressed reduced the likelihood that Cameroon would have another insurgency in two ways. First, it created a strong military completely loyal to Ahidjo (Joseph 1978, 36). The French trained the Cameroonian army and helped to construct the Service des Etudes et de la Documentation (SEDOC) which, according to Krieger and Takougang (1998, 39) was "one of the most effective intelligence services in sub-Saharan Africa." Second, the rebellion allowed Ahidjo to assume Emergency powers in 1959 and he used these powers to postpone elections due in 1960. This move allowed him to draft the constitution of independent Cameroon and to create an extremely powerful presidency and electoral rules designed to ensure the dominance of his Union Camerounaise (UC). These measures led to the defection of several opposition party members and Ahidjo's UC was effectively the only political party in East Cameroon well before Cameroon officially became a single-party state in 1966. Leaders of political parties in West Cameroon soon realized that cooperation with Ahidjo was their only option. The fact then that France was able to install its ally in power at the final stages of an anti-mandate civil war, gave the new president resources and the political space to develop a strong state.

Ahidjo's Skill

An important theme in the country literature for why Cameroon was so stable is the distinctive personal style of Ahidjo (Bayart 1976). In contrast to Biya, Ahidjo managed tensions within Cameroon by recycling elites and by maintaining good relations with a variety of ethnic groups (e.g. van de Walle 2001; Kofele-Kale 1986; Krieger and Takougang 1998 etc.). In addition, he is credited with reducing the salience of ethnicity in Cameroonian politics by introducing a regime ideology intolerant of the discussion of ethnicity. For example, he banned all ethnic associations in 1967. Bayart (1973, 160) refers to his approach to ethnic politics as "Jacobin", but notes that the "ethic of unity" only strengthened the most favored groups.

IV. The Biya/Ahidjo Transition and Attempted Coup

In 1982 Ahidjo announced his retirement from office, and he named his successor. In our model, there was no change in regime, and therefore not a heightened probability for a civil war. However, as would be expected with instability, in the wake of this leadership change, there should have been a high possibility for a civil war onset. And despite our model's law assignation of the probability for a civil war in 1982 (3.2 percent), there indeed was a danger.

Ahidjo's retirement was a move nearly without precedent in sub-Saharan Africa. One rumor is that his French doctors told him that he was dying. Ahidjo pressed for the appointment of Paul Biya, who was widely regarded as weak and inexperienced, as his successor. Ahidjo remained the head of the governing party. The period from November 1982 and July 1984 is one of realignments and apparent state weakness. Biya initially attempted to maintain Ahidjo's ethno-regional coalition. Recognizing the constraints of the Ahidjo coalition, Biya toured his home region (Center South) explaining to the people that they should not expect too much from him (Bayart 1993, 57-58).

A Cabinet reshuffle, however, designed to demonstrate Biya's independence from Ahidjo, and conflicts between Ahidjo and Biya over the official status of the governing party, soon soured relations between the two men. In February 1984 Biya tried two of Ahidjo's close aides (both northern military men) for plotting a coup in August 1983.[17] These events, and an attempt to restructure the Republican Guard, induced a coup attempt in April 1984 by members of the Republican Guard, the Gendarmerie, and the police. The fighting was limited to Yaoundé and the official figures list seventy deaths. Gen. Pierre Semengue, a Beti and a close Biya ally and the Army chief of staff, led forces loyal to Biya. The attempted coup drastically changed the nature of the Biya regime. It was followed by a major cabinet reshuffle and the replacement of parastatal heads. Although many of these changes benefited Biya's own ethnic group, he was careful to retain a few northerners not closely associated with Ahidjo

(LeVine 1986; Krieger and Takougang, 1998). He also created new administrative units in order to separate non-Muslim northerners from Ahidjo's Fulbe power-base (Krieger and Takougang 1998, 72). The coup attempt also led Biya to reverse his generally pro-reform stance. Van de Walle (1994, 144) writes, "[Biya's] precarious position during and after his power struggle with Ahidjo led Biya to expand the use of state resources for political purposes – to please the army, to mollify the north (Ahidjo's base of support), and to meet the heightened expectations of his fellow southerners.

In cases of weak states, the politics of succession (even without a change in regime, which we would code as instability) is apparently far more dangerous than our model suggests, since any succession leaves a rump group of family and retainers who remain without resources or power. They can be greatly disruptive of new leadership. This point is compounded by the fact that in this unstable period, oil revenue began changing the political climate in Cameroon.

V. The 1990s: Oil, Instability and Anocracy

The second two-year stretch of heightened probability for a civil war onset in independent Cameroon is 1993-94, when oil, instability and anocracy all get positive values. Yet again, there was no civil war, and this requires some explanation.

Oil

Cameroon's odds of experiencing a civil war onset doubled when Cameroon passes the threshold of having at least one-third of export revenue from fossil fuels (FL, 2003: 85).[18] Even though no civil war occurred in this period it is worthwhile examining whether oil revenues changed Cameroonian politics a way that could have led to one.

There are three ways in which oil wealth is supposed to change political systems. First, oil states have "hollow" institutions because elites do not have to tax citizens. Second, oil revenues could help autocrats consolidate their political power'. Finally, because oil revenues can help leaders consolidate power, they could exacerbate commitment problems associated with reaching deals with the peoples sitting on the oil rich lands.

In Cameroon, oil revenues appear to have both consolidated individual politicians in power and, to a lesser extent, hollowed out state institutions. Under Ahidjo and during the early years of Biya's rule the size of revenues from the sale of oil was a "state secret."[19] Oil revenue was reckoned in an extra-budgetary account (compte hors budget-CHB) and all money not spent was deposited outside the Franc Zone. Funds in the CHB were used to supplement the official budget of Cameroon but the president had complete discretion over how they were to be used (DeLancey, 1989, 141). Further, the government made no public statement on how funds from the CHB were used until 1983 (Jua 1993). Van de Walle (1994, 141) notes that Biya is believed still to have a secret oil account.

While total presidential discretion over oil spending might well have worked to hollow out state institutions, Cameroon could be an exception to "political Dutch Disease." Compared to Nigeria, oil revenues in Cameroon are small and supply is known to be limited. Analysts predicted in the 1970s that Cameroonian production would peak in 1985/6 (Jua, 1993: 192). However, the fact that oil revenues were known to be temporary could only dampen their destabilizing effect if we argue that leaders had very long time horizons. This claim has been made of Ahidjo, whose major justification for the restrictions on production was the wish to avoid a "boom mentality."[20]

The Cameroonian case suggests that, at least in the short term, whether or not oil revenues should increase a country's risk of entering in to a civil war depends upon how well established the regime is. Oil revenues may help already well-established leaders increase their stranglehold on power, but it could also destabilize leaders with already credible rivals.[21] An observable implication of this is to create an interaction term of instability and new oil revenues (perhaps the two years before through the two years after "oil" gets its first positive value, a country should be given a positive value for a new variable called "new oil"). If this new variable in interaction with instability provides added explanatory value beyond "instability" and "oil", we would have added confidence in this conjecture.[22]

The likelihood that natural resources will cause a civil war may depend upon where they are located. In general, Cameroonian oil is not the kind of natural resource that would be useful to rebels. Much of it is offshore and is by necessity produced in partnership with foreign firms. The main oil and gas region is offshore on the Rio del Rey basin (in the Niger Delta, east of Nigeria).[23] Thus, unlike Nigeria, no group is "sitting" on this oil as were the Igbos and then the Ogonis. Unless a coherent group can claim ownership of the land below, its ability to mobilize for autonomy (and claim for sole rights to oil rents) is weakened.

Democratization: Instability and Anocracy

The political transition to multiparty elections in 1992 further increased Cameroon's odds of experiencing a civil war through two variables other than oil. First, it is coded as an "anocracy" from 1993 to 1999. Second, because of changes in the Polity score from 1993 to 1995, it is coded as "unstable." The period before and during the multiparty elections of 1992 was violent, particularly in the Anglophone areas and in the North. This section examines first the role of the political opposition and asks why a military option was not considered. Second, it examines the military itself and tries to determine why there has been no military coup with the potential to spill over into an urban war.

The Political Opposition

Pro-democracy agitation began with attempts to create new parties in 1990. The most prominent of these was the Social Democratic Front (SDF) created by John Fru Ndi, an Anglophone, in 1990. The Biya government contributed to the prominence of the SDF by violently suppressing a large rally held in Bamenda in May 1990. From 1990 to 1991 several new opposition parties were created and the opposition called for a National Conference. In response to Biya's refusal to call a conference in July 1991, rallies and ghost town ("villes mortes") protests in the major cities of the West and the South resulted in clashes between security forces and protesters. It is not clear how much control the Biya government had over events in this period. Krieger and Takougang argue that after June 1991, "facing pockets of insurrection, the state for weeks after June 27 [1991] shut down all but the most basic security responses throughout most of the four province heartland of the strike" (Krieger and Takougang 1998, 131). In October 1991, Biya agreed to call a National Conference and to hold multiparty elections. He reached an agreement with opposition parties on constitutional reforms in November (the Yaoundé Declaration). However, the SDF boycotted the 1992 election because it was clear that Biya planned to manipulate the outcome.

Since the 1992 elections, which Biya won narrowly despite corruption and opposition fragmentation,[24] he has managed to consolidate his position in Cameroon through two other elections (1997 and 2002). His political dominance is so pronounced that, according to Takougang (2003), the governing party was surprised and embarrassed by its comprehensive victory in 2002. To make the election look less rigged, party cadres conceded to several run-off elections (Takougang 2003, 424-25). Takougang argues that Biya has been able to use the power of incumbency to skew the system in his favor and paints a picture of an ethnically fragmented political opposition desperate to be bought off.[25]

Why has Cameroon's political opposition, with no chance of winning an election, remained peaceful? It does not appear as though there was ever a military option for Cameroonian political parties. The pro-democracy political violence never escalated into anything more, even though the regime demonstrated that it did not have the capacity to control parts of North West province. It also appears as though the Cameroonian security forces were not united behind the regime in the suppression of pro-democracy movements. Krieger and Takougang note that around Bamenda (the capital of North West province) policemen of local origins warned civilians against sweeps by "foreign" gendarmes and note one instance in which local and national security forces exchanged gunfire (Krieger and Takougang 1998, fn. 30 p. 155).

One possibility in these troubled times was a western secession (see Konings and Nyamnjoh 1997). There are two probable reasons for this not being seriously organized. First, the South Westerners remain suspicious of their fellow Anglophones. Second, because the SDF (the main Anglophone party) had support outside the Anglophone region in neighboring West and Littoral provinces, it has tried to cast itself as a national party (Konings and Nyamnjoh 1997, p. 216), and has avoided secessionist threats.[26]

The pro-democracy violence nonetheless illustrates that Cameroon has a supply of "young males" who can be recruited to violent ends, and that youth unemployment is a major problem. Much of the violent pro-democracy protest of 1991 was conducted by unemployed youth and it is difficult to separate pro-democracy violence from gang violence, particularly because protests coincided with a period of armed robberies and other crimes. It is difficult to know where these groups got their arms (whether from the Biya government or from the SDF).[27] In another interpretation neither the government nor the SDF had any control over the violence (Krieger and Takougang 1998, 127). Guns could have been obtained quite cheaply on the open market. During this period wars in neighboring countries increased the number of guns in Cameroon leading to large increases in the number of armed robberies and in vigilante groups to deal with the disorder.[28] Here crime appears to be a substitute for insurgency under conditions of high urbanization, low mountains, a strong army, and coordination problems faced by regional elites.[29]

A Loyal Military

In general, the military appears to be pro-Biya. Several generals made anti-reform statements in 1991 and military planes and personnel assist in the President's political campaigns.[30] Biya retired Ahidjo's presidential guard and changed patterns of military recruitment. Patterns of new recruitment into the military remain heavily skewed in favor of the regime's core areas in the Center and South (Krieger and Takougang 1998, 227).[31] However, the military does not appear to be completely united behind Biya and military officers have spoken out against corruption and military killings of civilians in Anglophone areas (May 1990) and in the North (1991) as well as against corruption.[32]

It seems as though Biya works hard in order to keep the security forces on his side. Since 1992 the defense budget has doubled, and probably for political reasons.[33] An alternative explanation for this military expansion is a boundary dispute between Cameroon and Nigeria. However, the Cameroonian army is not really an effective deterrent against Nigeria and it continues to depend upon French "technical assistance." Further, Krieger and Takougang note that conflict with Nigeria and disputes near Lake Chad "keep up a level of military preparedness which France materially assists, so that the armed forces are paid, given raises at sensitive junctures, adequately equipped in the strategic locales, and active enough to be satisfied" (Krieger and Takougang 1998, 227).

In the North during this period, we would expect to see violence instigated by men who had benefited from the Ahidjo regime. Information is scarce. All we can find here are rumors of a possible coup by Captain Guerandi Mbara who was involved in the 1984 attempted coup.[34] However, one of the sources stresses that these rumors were primarily in government newspapers.[35] It appears likely that if something happens to Biya, the stability that was maintained in Cameroon's history might not be sustained.

Outside Support to the Regime: The French

A final factor that helps explain the lack of an insurgency in both two-year periods of heightened susceptibility is that of external support. The French stabilized both Ahidjo's and Biya's rule. Ahidjo owed his position as the country's first leader to the French who engineered the removal of his predecessor Prime Minister Andre Mdiba.[36] The French preferred Ahidjo because he was a northerner and because they believed that he could be easily manipulated. They supplied the troops and the training that allowed him to crush the UPC rebellion and suppress dissent throughout his entire tenure. The consensus view is that although relations between Ahidjo and the French were close, they were never as openly chummy as French relations with Omar Bongo (in Gabon) or Felix Houphouët-Boigny (in Ivory Coast). French diplomats tried, and failed, to mediate conflict between Biya and Ahidjo during the transition period. Despite statements made by French officials in favor of political liberalization, Takougang (2003) argues that France tacitly supported the Biya government by providing financial support for the regime shortly after the "ghost town" period, and by lending their prestige to the flawed elections of 1992. The French are also rumored to have lobbied the IMF allowing Biya to get a new $39 million dollar loan at the end of 1991.[37] The French also provide military assistance to Cameroon.

Neo-colonial protection therefore played a role not only in protecting the regime from a civil war onset at the point of transition and thereby helping the successor regime to have a stronger state than would be expected from its GDP, but has continued to play a role forty years after independence, now more to protect oil sources than incumbents. However, the effect is the same: third party enforcement has been a valuable asset in staving off civil war rebellion. It is a factor that recurs, yet is absent from our quantitative dataset.

VI. Conclusions

This narrative raises six issues that speak to our data and our theory of insurgency. First, although this narrative was not on France, we have examined the insurgency in the Cameroons against the French mandate in the 1950s, and have determined that it is best coded a two separate insurgencies. And although one of these insurgencies continued in some form during the independence years, close examination leads us to uphold our coding of Cameroon, in our saying that there was no new civil war at independence.

Second, this narrative focuses on deeply felt regional and ethnic grievances in modern Cameroonian history. Yet there has been no civil war. Cases like this one are excellent reminders that the link between ethnicity and ethnic grievances to civil war onsets is subject to a bias of selection.

Third, this narrative points to the trade-off between crime and insurgency. When in general conditions such as country poverty and political instability favor insurgency but ecological conditions (lack of mountains, a strong army relative to GDP) prevent its realization, potential insurgents will substitute a life of crime for one of insurgency.

Fourth, under conditions of state weakness, all political transitions are fraught with danger. To be sure, our model is not weakened in this case. The transition from Ahidjo to Biya did not yield political instability in our coding, and no civil war occurred. The violence perpetrated by Ahidjo's allies, having been taken off the gravy train, was successfully stemmed by Biya. In this sense the case shows why a mere transition isn't enough to make a regime more vulnerable to insurgency. Yet this transition brought Cameroon close enough to a bloody counter-coup that could easily have consumed one thousand lives.

Fifth, the narrative material on Cameroonian oil discoveries suggests that the link between oil and state weakness is not the only mechanism linking oil wealth to civil war. In the Cameroonian case, oil wealth gave leaders resources to sustain patron client ties and thereby to avoid civil war. We suggest therefore that if oil comes into play politically when the country is stable, it will likely have a negative effect on civil war onset; but if oil comes into play politically when the country is weak (or demonstrably unstable), it will more likely play a role of exacerbating conflict and yielding violence.

Finally, this narrative highlights the importance of patron states for avoiding civil war onsets in post-colonial states, especially in the period of transition from colonial rule. Our theory says that new states have a problem in credibly committing to their own minorities their good intentions, giving the minorities an incentive to rebel early, before the state strengthens. The Cameroonian case (as well as the other African countries we have looked at) shows that the commitment to the regime to which power is transferred by a relatively powerful metropole easily trumps any move by a minority for immediate military action in favor of secession. In sum, third party impact is crucial; but this impact needs better to be specified (so that we know if there is a credible commitment by the metropole to a regime independent of whether it acted to support that regime) before it can be included in our high-n model.

Selected References

Atangana, Martin. R. 1997. French Capitalism and Nationalism in Cameroon. African Studies Review 40 (1): 83-111.

Azarya, Victor. 1976. Dominance and change in North Cameroon: the Fulbe aristocracy. Beverly Hills, CA: Sage Publications.

Bayart, Jean-François. 1979. L'Etat au Cameroun. Paris: Presses de la Fondation Nationale des Sciences Politiques.

———. 1993. The State in Africa. The Politics of the Belly. New York: Longman.

Bayart, Jean-François. 1973. One-Party Government and Political Development in Cameroun. African Affairs 72 (287): 125-44.

Benjamin, Nancy C., and Shantayanan Devarajan. 1986. Oil Revenues and the Cameroonian Economy. In The Political Economy of Cameroon, edited by M. G. Schatzberg and W. I. Zartman. New York: Praeger.

DeLancey, Marc, and Mike Dike DeLancey. 2000. Historical Dictionary of the Republic of Cameroon. Lanham, MD: Scarecrow Press.

Jensen, Nathan, and Leonard Wantchekon. 2003. Resource Wealth and Political Regimes in Africa. Comparative Political Studies. Forthcoming.

Johnson, Willard R. 1970. The Cameroon Federation; political integration in a fragmentary society. Princeton: Princeton University Press.

Joseph, Ricard A. 1974. Reuben Um Nyobe and the 'Kamerun' Rebellion. African Affairs 73 (293): 428-448.

———. 1977. Radical Nationalism in Cameroun: social origins of the U.P.C. rebellion. Oxford: Clarendon.

———. 1978. Gaullist Africa: Cameroon under Ahmadou Ahidjo. Enungu, Nigeria: Fourth Dimension Publishers.

Jua, Nantang. 1993. State, Oil and Accumulation. In Itinéraries d'accumulation au Cameroun/Pathways to Accumulation in Cameroon, edited by P. Geschiere and P. Konings. Paris: ASC-Karthala.

Kofele-Kale, Ndiva. 1986. Ethnicity, Regionalism, and Political Power: A Post-Mortem of Ahidjo's Cameroon. In The Political Economy of Cameroon, edited by M. G. Schatzberg and W. I. Zartman. New York: Praeger.

———. 1987. Class, Status, and Power in Post-reunification Cameroon: the Rise of an Anglophone Bourgeoisie. In Studies in Power and Class in Africa, edited by I. Markovitz. New York: Oxford University Press.

Konings, Piet, and Francis B. Nyamnjoh. 1997. The Anglophone Problem in Cameroon. Journal of Modern African Studies 35 (2): 207-229.

Krieger, Milton. 1994. Cameroon's Democratic Crossroads, 1990-4. Journal of Modern African Studies 32 (4): 605-628.

Lam, Ricky, and Leonard Wantchekon. 2003. Political Dutch Disease. Working Paper.
LeVine, Victor T. 1971. The Cameroon Federal Republic. Ithaca: Cornell University Press.
———. 1986. Leadership and Regime Changes in Perspective. In The Political Economy of Cameroon, edited by M. G. Schatzberg and W. I. Zartman. New York: Praeger.
Mbapndah, Ndobegang M. 1994. French Colonial Agricultural Policy, African Chiefs, and Coffee Growing in the Cameroun Grassfields. The International Journal of African Historical Studies 27 (1): 41-58.
Ndongko, Wilfred A. 1980. The Political Economy of Regional Economic Development in Cameroon. In An African Experiment in Nation Building: The Bilingual Cameroon Republic since Reunification, edited by K. Kofele, Ndiva. Boulder: Westview Press.
Ndoye, Ousseynou, and David Kaimowitz. 2000. Macro-economics, markets and the humid forests of Cameroon, 1967-1997. Journal of Modern African Studies 38 (2): 225-253.
Ngu, Joseph N. 1988. The Political Economy of Oil in Cameroon. Paper read at The Political Economy of Cameroon: Historical Perspectives, June 1-4, at Leiden, Holland.
Ross, Michael. 2001. Does Oil Hinder Democracy. World Politics: 325-361.
Schatzberg, Michael G., and William I. Zartman, eds. 1986. The Political Economy of Cameroon. New York: Praeger.
Stark, Frank M. 1976. Federalism in Cameroon: The Shadow and the Reality. Canadian Journal of African Studies 10 (3): 423-442.
Takougang, Joseph. 2003. The 2002 legislative election in Cameroon: a retrospective on Cameroon's stalled democracy movement. Journal of Modern African Studies 41 (3): 421-435.
Takougang, Joseph, and Milton Krieger. 1998. African State and Society in the 1990s Cameroon's Political Crossroads. Boulder: Westview Press.
van de Walle, Nicholas. 1989. Rice Politics in Cameroon: State Commitment, Capability, and Urban Bias. Journal of Modern African Studies 27 (4): 579-599.

———. 1994. Neopatrimonialism and Democracy in Africa, with an Illustration from Cameroon. In Economic Change and Political Liberalization in Sub-Saharan Africa, edited by J. A. Widner. Baltimore: Johns Hopkins.

Chapter 16

Musée Et École Au Cameroun : Stratégie Pour Briser Les Frontières Dans Leur Mission Éducative.

Zacharie Duflot Tatuebu

La présente recherche porte sur la rencontre entre le musée et l'école au Cameroun pour l'amélioration de la qualité de l'éducation. En effet, au XXIe siècle, l'éducation se situe au cœur des efforts déployés dans le monde moderne pour mettre en place une économie fondée sur le savoir. Tous les experts semblent d'accord sur le fait qu'une éducation de bonne qualité favorise non seulement la compétence, la polyvalence et la productivité, mais permet aussi d'entretenir la diversité et l'ancrage dans sa culture et ses traditions, ainsi que l'adaptation à l'inconnu et la capacité de vivre avec les autres (Adama et Glanz, 2010). De ce point de vue, à l'école qui fonde encore son action sur un paradigme favorisant un apprentissage cognitif inspiré d'une approche de type abstrait qui néglige les approches esthétiques, imaginatives, affectives et sensitives du réel (Filiatrault et Allard,1997), doit se substituer une école qui tienne compte de l'homme dans sa globalité et durant la totalité de son temps. Les musées qui d'après Weber[1] sont des "réservoirs de connaissances" qui non seulement détiennent des informations sur des phénomènes artistiques ou scientifiques, mais aussi incarnent un héritage culturel, peuvent contribuer à concrétiser et rendre plus compréhensibles certaines abstractions. Seulement, Si certains pays développés (France, USA, Canada, etc.) ont réussi à briser les frontières qui existent entre ces deux institutions, cet aspect reste encore inexploré au Cameroun et plus généralement en Afrique. C'est dans ce sens que ce travail exploratoire à partir d'une synthèse documentaire et une observation empirique,

---

[1] T. Weber, Apprendre à l'école, apprendre au musée : quelles sont les méthodes les plus favorables à un apprentissage actif ? SMEC 02.5_apprendre à l'école, apprendre au musée FR p.5.
http://www.museoscienza.org/smec/manual/02_general%20chapters_all%20languages/02.5_apprendre%20a%20lecole%20apprendre%20au%20musee_fr.pdf

envisage décripter les quelques signaux actuels qui militent pour un assainissement des rapports entres ces deux institutions en favorisant un décloisonnement des frontières. Ainsi, les objectifs de l'Éducation Pour Tous (Jomtien, 1990) et « tout au long de la vie » (Dakar, 2000), pourront trouver d'autres voies d'implémentation en prenant en compte d'autres modes de rapport au savoir, à d'autres territoires d'expression, d'autres langages et d'autres pratiques culturelles pour le fin d'apprentissage.

Introduction

Le présent travail porte sur le rétablissement des liens entre le musée et l'école au Cameroun, deux institutions ayant pour but l'apprentissage. L'éducation représente un droit fondamental prescrit par plusieurs textes réglementaires qu'il convient de maintenir et de protéger[2]. C'est pourquoi et d'après l'Unesco (2001), les moyens spirituels, culturels, philosophiques et matériels qui accompagnent les systèmes éducatifs et qui constituent précisément leurs particularités, méritent d'être questionnés[3]. Une relation entre les deux institutions peut donc contribuer à l'amélioration de la qualité des enseignements/apprentissages. Cette relation ne serait pas fortuite et nécessite une construction à long terme pour une meilleure éducation de l'homme et du citoyen. En effet, au XXIe siècle, l'éducation se situe au cœur des efforts déployés dans le monde moderne pour mettre en place une économie fondée sur le savoir. Certains experts comme Adama et Glanz (2010) semblent d'accord sur le fait qu'une éducation de bonne qualité favorise non seulement la compétence, la polyvalence et la productivité, mais permet aussi d'entretenir la diversité et l'ancrage dans sa culture et ses traditions, ainsi que l'adaptation à l'inconnu et la capacité de vivre avec les autres.

---

[2] Déclaration universelle des droits de l'homme, constitution du Cameroun, etc.

[3] Ceci semble primordial dans des sociétés aux passés si différents, aux projets d'avenir perturbés, tronqués, voire inexistants, aux organisations socioculturelles et politico-économiques différentes, pour ne pas dire non performantes ou non compétitives selon le vocabulaire de la mondialisation,

Jusqu'à présent, le choix d'ouverture d'un musée pour les autorités camerounaises s'appui encore sur la priorité d'un développement culturel guidé par des critères quantitatifs : une stratégie de développement des musées est considérée comme d'autant plus réussie qu'elle se traduit par un accroissement rapide du nombre des visiteurs internationaux et des recettes. Peu de musée ou projet de musée s'intéresse à l'impact réel sur les communautés locales, sur la pauvreté, sur l'environnement, la préservation de l'héritage culturel et historique... Le point de vue économique reste privilégié au détriment des considérations sociales et environnementales.

De plus, nombreux sont encore aujourd'hui ceux des camerounais qui ne trouvent pas l'intérêt à visiter un musée, considérant que cela n'apporte rien. Pourtant, les théories d'apprentissage les plus en vogues stipulent que l'apprentissage ne se fait plus uniquement à travers les livres, mais aussi à travers les objets. Par conséquent, les musées - lieux par excellence de mise en valeur et de conditionnement de ces objets - et autres lieux culturelles deviennent des espaces de productions des connaissances. Seulement, il est admis de nos jours que le degré d'intégration de la fonction éducative dans un musée se vérifie de plus en plus dans «des techniques de présentation des expositions» et « les textes et le matériel de soutien fournis aux visiteurs». Il transparaît même dans le choix des publications et des objets vendus dans la librairie ou la boutique du musée (Dufresne-Tassé, *1991*).

De ce point de vue, à l'école camerounaise qui fonde encore son action sur un paradigme favorisant un apprentissage cognitif inspiré d'une approche de type abstrait qui néglige les approches esthétiques, imaginatives, affectives et sensitives du réel (Filiatrault, Allard,1997), doit se substituer une école qui tienne compte de l'homme dans sa globalité et durant la totalité de son temps. Les musées qui d'après Weber[4] sont des "réservoirs de connaissances" qui non seulement détiennent des informations sur des phénomènes artistiques ou

---

[4] T. Weber, Apprendre à l'école, apprendre au musée : quelles sont les méthodes les plus favorables à un apprentissage actif ? SMEC 02.5_apprendre à l'école, apprendre au musée FR p.5.
http://www.museoscienza.org/smec/manual/02_general%20chapters_all%20lan guages/02.5_apprendre%20a%20lecole%20apprendre%20au%20musee_fr.pdf

scientifiques, mais aussi incarnent un héritage culturel peuvent contribuer à concrétiser et rendre plus compréhensibles certaines abstractions.

C'est dans cette optique que nous inscrivons notre recherche dans le vaste champ de la médiation culturelle et plus précisément dans celui de l'éducation muséale[5]. Elle s'appui sur l'intérêt croissant que les sciences de l'éducation portent au développement d'une pédagogie valorisant les partenariats entre l'école et le musée, ainsi qu'à la diversité culturelle, une donnée essentielle de la composition du tissu social et éducatif d'aujourd'hui (Thurre, 2006). Elle se veut une ébauche dont l'ambition est de réexaminer les balises en vue d'ouvrir des pistes de recherche pouvant établir un cadre d'orientation et d'intervention des initiatives que le secteur muséal et le système éducatif camerounais peuvent expérimenter pour l'utilisation des ressources muséales à des fins éducatives.

Encore réduit à des déclarations d'intentions ou à des impressions communes au Cameroun et en Afrique, la complexité et les finesses des diverses connexions qui existent entre le musée et l'école méritent d'être interrogées. Nous estimons qu'il existe de nombreux savoirs dans les musées, dont l'acquisition lorsqu'il se fait par co-construction dans l'action, peut contribuer à booster ceux dispensés dans un cadre scolaire acquis selon diverses modalités plus ou moins passives. Dès lors, le développement des ressources muséales de façon professionnelle au Cameroun se présente comme l'une des voies les plus prometteuses au regard des difficultés de l'adaptation des contenus pédagogiques[6] aux objectifs poursuivis par les réformes éducatives. la problématique d'une synergie d'action prend dans ce sens l'interrogation sur la façon dont on peut donner

---

[5] Ce champ de recherche est né il y a une trentaine d'année suite aux préoccupations de la nouvelle muséologie visant à mettre le public au cœur de ses priorités.

[6] LEIF (1974 : 200) définit la pédagogie comme « *la réflexion sur les doctrines, les systèmes, les méthodes, les techniques d'éducation et d'enseignement, pour en apprécier la valeur, en rechercher l'efficacité ; pour améliorer les démarches, les moyens élaborés en vue des fins proches ou lointaines, des buts que se proposent l'éducation et l'enseignement.* ». C'est aussi d'après le *Larousse illustré* (1979 : 754) «*la science de l'éducation et de l'instruction*». On comprend que pendant que la didactique s'entend comme l'art d'enseigner un contenu précis, la pédagogie quand à elle est la manière d'enseigner ; elle concerne la forme de l'enseignement, la gestion du groupe et de l'espace

la possibilité au citoyen d'acquérir des compétences de base pour mieux s'adapter à son milieu et par conséquent devenir un médiateur entre sa propre culture et la culture de l'autre. En ce sens, les musées peuvent avantageusement contribuer au rehaussement des contenus culturels à l'école, car loin d'être un mausolée stérile contenant quelques pièces originales, il est plus qu'un pont entre pédagogie et culture[7]. Malheureusement au Cameroun, les musées n'entrent pas encore dans la vie quotidienne. Après la présentation du contexte dans lequel émerge cette problématique, nous présentons tour à tour la situation du musée et de l'école au Cameroun ainsi les obstacles empêchant le nivellement de leur frontière. En suite nous donnerons les conditions d'un partenariat durable entre les deux institutions, la démarche à suivre, les avantages d'un travail en collaboration et enfin les stratégies pour y arriver.

I- Contexte et justification

De nos jours, le musée, tout comme l'école, est de plus en plus considéré comme un espace public et, comme tel, sa structure évolue en fonction des exigences des visiteurs. Diversifiant leurs sources d'apprentissages, les musées actuels sont à la fois des lieux d'information et de formation ainsi que des espaces de loisir et de déambulation. Des recherches dans plusieurs pays de l'hémisphère occidental (Alexander, 1982), proposent d'utiliser le musée à titre d'institution éducative susceptible de contribuer à l'apprentissage des élèves. Certaines ont montré que l'école et le musée sont deux institutions complémentaires l'une à l'autre (Allard et Gauthier, 1990). Toutefois, les partenariats éducatifs et culturels ne vont pas de soi entre les institutions culturelles et l'école, car toute relation n'est pas automatiquement partenariat (Dupont, 2010 : 97).

La fréquentation des œuvres d'art, des œuvres scientifiques, techniques, bref des lieux de mémoire ou de patrimoine en général, continue d'être exceptionnelle et tarde à entrer dans la vie quotidienne. Dès lors, la découverte des univers différents par les camerounais, des mondes éloignés ou très éloignés de l'expérience

---

[7] Mark Luca, « Le musée en tant qu'éducateur Bibliographie annotée du progrès d'une idée », in UNESCO, 1973, *musées, imagination et éducation*, Paris, pp 159-162

dans le temps et dans l'espace est partielle voir parcellaire. Très peu de situations sont offertes même dans le cursus scolaire et académique pour découvrir des personnages du passé, des moments ou des évolutions historiques, des sciences, des techniques, des costumes, des arts et autres témoignages du rapport homme – environnement dans l'espace et dans le temps. Cette situation se justifierait par le fait que

> …nos sociétés modernes ont pendant trop longtemps accordé une importance disproportionnée à la puissance intellectuelle à commencer par le système scolaire. En méprisant les valeurs d'ordre sensible et affectif sur l'échelle de la compétitivité sociale, ce système nous a barré l'accès à un développement harmonieux des fonctions humaines (Peuch, 2001 : 2).

Ceci semble mettre sous la sellette la problématique des dispositifs transversaux d'échange que le système éducatif doit mettre sur pied pour l'exploitation et la diffusion d'autres sources de savoirs et connaissances à travers une mutualisation des acquis respectifs par les acteurs bien formés à propos.

À l'heure où la mondialisation gagne du terrain, avec en arrière plan la tendance à l'uniformisation des modes de vie des peuples, l'enracinement culturel des systèmes éducatifs est devenu une préoccupation mondiale. En Afrique, cette thématique prend un relief particulier avec l'intrusion coloniale dont elle a été le théâtre (Hotou et Fozing, 2015). Produits de la colonisation occidentale, la plupart des systèmes éducatifs des pays de l'Afrique subsaharienne souffrent du déracinement et génèrent, conséquemment, de faibles rendements internes et externes (UNESCO, 1974 ; Mvesso, 1998). Ce que d'aucuns ont tôt fait de qualifier de « crise des systèmes éducatifs africains » s'est transformée, au fil des ans, en un drame quasi continental qui a pour conséquence la perte de l'identité culturelle chez les jeunes africains (Hotou et Fozing, 2015).

Jusqu'à ce jour, l'enracinement culturel du système éducatif camerounais tarde à prendre corps. Il est vrai que de nombreux forums ont été organisés au plan interne pour trouver des solutions à cette situation. Les dispositifs de base mise en place respectivement par les États Généraux de la Culture et ceux de l'Éducation tenus à

Yaoundé en août 1991 et en mai 1995 ont nourri le peuple de plein d'espoir. On y a lu la volonté des politiques publiques de faire du système éducatif le moteur de la construction de l'identité culturelle nationale. Cette volonté s'est plus tard matérialisée par la promulgation de la Loi d'Orientation de l'Éducation au Cameroun (1998), notamment par la proclamation de la finalité de l'éducation en termes d'enracinement culturel. Cette position, révolutionnaire à plus d'un titre, rejoint celle des auteurs et pédagogues africains.

En outre, avec l'adoption en 2006 d'une stratégie sectorielle de l'éducation dont les principes directeurs sont la scolarisation primaire universelle, la réduction des disparités liées au genre, aux revenus et aux zones géographiques, le développement du partenariat avec le secteur privé, et le renforcement de la décentralisation et de la déconcentration de la gestion du système éducatif, ainsi que toute initiative pouvant concourir à l'éducation pour tous et tout au long de la vie[8]. C'est ainsi qu'entre 1995 et aujourd'hui, le gouvernement a entrepris plusieurs réformes importantes restées jusqu'alors en chantier. Elles concernent notamment la définition des programmes, l'encadrement des maîtres, la politique du livre, ou la consolidation des statistiques scolaires, la refondation des curricula pour des besoins de plus d'efficacité et d'efficiente[9], surtout dans l'esprit d'une véritable communauté éducative[10].

Il existe à ce jour peu d'études de synthèse sur la situation muséale au Cameroun. La réflexion sur la relation musée et école au Cameroun s'inscrit dans ce contexte de vacuité. En effet, il n'y a rien d'évident à ce que l'école, dont la mission se cantonne à l'état actuel

---

[8] Dans beaucoup de pays, notamment ceux du Tiers-monde, les difficultés de compréhension, entre différentes générations, tendent à devenir un abîme à cause, justement, des mutations socio-économiques dues à l'urbanisation croissante, l'industrialisation, le boom des médias divers entrainant la multiplication des sources de production et de diffusion des savoirs. De plus, avec la diversification des savoirs, les théories d'apprentissage actuelles stipulent que l'apprentissage ne se fait plus uniquement à travers les livres.

[9] Le Chef de l'Etat l'a d'ailleurs souligné dans son message à la jeunesse du 10 février 2012 en notant que: «*Nous devons, dès que possible, engager une réflexion d'ensemble sur l'avenir de notre système éducatif et envisager l'élaboration d'une vaste réforme....* ".

[10] La loi n°98/004 du 14 avril 1998 portant Loi d'orientation de l'Education au Cameroun institue en son article 32 le concept de **Communauté éducative** dont la mise en œuvre se fait par les conseils d'école et d'établissement créés par le décret n°2001/041 du 19 février 2001 du Président de la République

de nos connaissances dans la sphère formelle, prenne en considération et de façon structurée les apports des institutions partageant aussi cet objectif d'éducation des populations. Il n'existe pas non plus un consensus sur la façon d'aborder la question culturelle dans le contexte éducatif.

À ce sujet, au moins deux lectures émergent lorsqu'on cherche à creuser l'argumentaire développé dans différents discours en rapport avec la dimension culturelle de l'école. Il s'agit d'une référence à l'intégration nationale d'une part, et de la référence au développement d'un citoyen en communion et en communication avec son environnement. La première lecture nous plonge dans l'idée d'une urgence préventive dans ce sens qu'un retard, une lenteur ou un laxisme dans l'action pourrait être préjudiciable. Car, si nous n'agissons pas maintenant, les conséquences seront terribles dans le futur et risque de mettre en cause l'équilibre même de notre société. Quand à la seconde, il s'agit des fins plus larges liées à la promotion du bien être individuel et collectif, sans oublier l'intégration effective du citoyen dans son milieu et d'avoir toutes les capacités d'agir sur celui-ci tant avec sa raison, son cœur et ses émotions. D'ailleurs, ces institutions ont vu le jour en Afrique dans la période coloniale chacune portant sa propre logique. Le musée dans ce sens s'inscrivait dans une logique de conservation du patrimoine et l'école dans celle dans celle du relèvement du potentiel cognitif des futurs citoyens devant perpétué l'œuvre entamé par la puissance dominatrice.

Notre contexte est également marqué par de nouvelles exigences liées à la question de la diversité des ressources reconnues dans le monde de l'enseignement et des apprentissages. On parle de plus en plus de la diversité des démarches pédagogiques qui doivent conjuguer des approches actives, des dispositifs d'action culturelle et des approches croisées. La diversité des jeunes notamment ceux vivant zones socialement défavorisées ou géographiquement isolées est devenue un élément préoccupant de nombreux chercheures en sciences de l'éducation ; c'est pourquoi des partenariats éducatifs divers impliquant des structures éducatives et culturelles au sein des collectivités territoriales en contexte de décentralisation sont construits et implémentés dans plusieurs pays. On comprend pourquoi musée et école multiplient des stratégies de rencontre afin de créer une dynamique commune pour l'éducation. Mais pour y arriver une politique muséale et des accords interministériels sont nécessaires. Un des buts étant d'évoluer vers des situations mettant en cohérence les logiques d'action différentes, et où les objectifs, les moyens et formes d'interactions sont précisés pour chacun des partenaires.

Même si depuis la période coloniale, les programmes scolaires n'ont pas profondément changé en dépit de nombreuses retouches, il y a tout de même lieu non seulement d'apporter l'information en cas d'ignorance, mais aussi de poser les jalons d'une orientation de la politique éducative pouvant réellement fusionner l'homme et son milieu. Il est question de faire en sorte que les contenus, les objectifs s'adaptent aux besoins locaux, à la culture du milieu et non aux exigences des pays riches. Dans ce sens on pourrait éviter la rupture sociale provoquée par l'école occidentale en Afrique.

II- situation du musée et de l'école au Cameroun

Le patrimoine constitue un repère structurant dans le temps et l'espace. Comprendre et connaître le patrimoine dans son contexte historique, social, etc., c'est mieux comprendre et connaître la société dans laquelle nous vivons, c'est discerner les valeurs sur lesquelles elle se construit, pour mieux ensuite les intégrer ou les contester. L'éducation au patrimoine contribue à l'ouverture de l'individu au monde qui l'environne et donc à la formation du citoyen.

II-1 Essai de comparaison du musée et de l'école

II-1-1 le musée défini

De nombreuses définitions des musées existent, notamment dans les législations nationales (en France ou au Brésil, par exemple) ou dans les associations nationales (l'American Alliance of Museums ou la Museums Association). La définition retenue ici est celle de l'ICOM, qui a connu huit versions depuis 1946. La dernière version date de 2007 et s'est adaptée à l'évolution du musée, notamment par l'intégration de la notion de patrimoine immatériel. Cette définition est reconnue par les 30.000 membres de l'ICOM, représentant 137 pays. En ce sens, elle constitue la définition la plus répandue au monde. La définition du professionnel de musée a également été établie par l'ICOM, lors de l'élaboration de son code de déontologie, en 2006. Cette définition a également été utilisée dans les conclusions de la réunion d'experts qui s'est tenue à Rio de Janeiro en juillet 2012.

Instruments de communication, les musées collectionnent et détiennent des objets ainsi que des artefacts tout en proposant des expositions variées conçues par les membres de son personnel afin d'attirer des publics variés tout au long de l'année. Différents les uns des autres, les musées se diversifient. La définition du Conseil international des musées (ICOM) a évolué de 1951 à 2001 et a été adoptée par la communauté muséale. La dernière version considère que le musée est une « institution permanente, sans but lucratif, au service de la société et de son développement, ouverte au public, et qui fait des recherches concernant les témoins matériels de l'homme et de son environnement, acquiert ceux-là, les conserve, les communique et notamment, les expose à des fins d'études, d'éducation et de délectation» (Conseil international des musées, 2007)[11]. Ainsi, le musée possède plusieurs fonctions : la conservation, la recherche, la diffusion des connaissances et l'éducation de son public. « Le musée sauvegarde le patrimoine. […] Il est aussi un lieu de recherche. […] Le musée diffuse, communique, expose ses artefacts, ses idées, ses concepts. Enfin, le musée éduque un public de plus en plus exigeant et diversifié. » (Huard, 1997)

Le rôle du musée, d'emblée, dépasse largement son influence sociale ou économique : « la culture, c'est ce qui répond à l'homme quand il se demande ce qu'il fait sur la terre »[12], proclamait Malraux. Le musée parle de la vie, de la naissance et de la mort, de notre passé et de notre futur. Avant d'être un lieu de plaisir ou de récréation, il constitue une leçon d'introspection sur le meilleur et le pire de notre humanité. Le patrimoine se présente ainsi comme le fil conducteur du message proposé à tous, perçu par certains, transmis par d'autres. Mais cette place, comme celle d'autres lieux destinés à la réflexion sur

---

[11] Statuts de l'ICOM, 2007, article 3. Disponible sur Internet : http://archives.icom.museum/statutes_fr.html#3

[12] NATIONAL MUSEUM DIRECTOR'S CONFERENCE, Too much Stuff ?, octobre 2003, disponible sur Internet : http://www.nationalmuseums.org.uk/media/documents/publications/too_much_stuff.pdf (consultation novembre 2012.

nos origines – le temple, la mosquée ou l'église – se trouve forcément influencée par le développement contemporain de notre société.

Les musées possèdent différents rôles : éducatif, culturel et social. Cette recherche étudiera les deux premiers. Lors d'un colloque de l'ICOM se tenant à Paris en 1964, les participants ont reconnu trois missions éducatives et culturelles du musée. Boucher (1994) rappelle les écrits de Zetterbergh (1970) en les énonçant : « le musée doit donner un enseignement. Le musée doit épanouir l'individu et l'intégrer dans la communauté humaine. Le musée doit également être un lieu de loisir ». En effet, le musée est un lieu d'enseignement puisqu'il favorise l'apprentissage chez le visiteur en l'aidant à comprendre et en développant sa sensibilité. De plus, il permet l'épanouissement de la personne en lui rappelant des traditions du passé. Il encourage son intégration en le faisant participer à la vie sociale et culturelle au sein de sa communauté. En lui offrant l'occasion d'échapper à la vie quotidienne, il lui offre des loisirs afin de le divertir. De nos jours, le rôle éducatif des institutions muséales consiste à l'organisation d'expériences destinées à un public qui favorisent la communication entre les objets et/ou les expositions. On vise également à le sensibiliser aux choix qu'il peut effectuer face aux problèmes qu'il rencontre dans son quotidien. Les structures et modes d'organisation des musées (facteurs internes) ainsi que l'attitude du public et celle d'autres institutions d'éducation (facteurs externes) peuvent avoir une influence sur l'éducation dispensée dans les musées (Trudel, 1991).

Allard et Boucher (1999) prétendent que la démarche complète du visiteur devrait être intégrée à la première mission éducative du musée. Dans cette optique, l'apprentissage et l'enseignement feraient partie de celle-ci. La première mission serait donc d'offrir un enseignement afin d'encourager l'apprentissage du visiteur, ce qui a pour but de lui permettre une appropriation de l'objet. La finalité du musée, formulée en fonction du visiteur, serait « d'épanouir l'individu et de l'intégrer dans la communauté humaine par l'appropriation de l'objet en organisant le musée comme lieu d'enseignement, d'apprentissage et de divertissement » (Boucher, 1994).

II-1-2 Définition de l'école

La notion d'école est assez complexe à définir, tant il est vrai qu'il existe diverses terminologies se rapportant à elle. Tantôt il est question d'école formelle, tantôt d'école non formelle, tantôt enfin d'école informelle.

Dans son sens générique, l'école est une institution où est donné un enseignement collectif, général ou spécialisé. Les écoles sont de types, de niveaux et de régimes d'études très différents. Pour ce qui est du Cameroun, on distingue les écoles maternelles, les écoles primaires, les établissements post-primaires (SAR -SM), les collèges d'enseignement secondaire général et technique, les lycées (général et technique), les universités et les instituts supérieurs spécialisés. Parallèlement à l'enseignement public, s'est développé un enseignement privé de qualité qui se subdivise en quatre ordres : l'enseignement privé laïc, l'enseignement privé protestant, l'enseignement privé catholique et l'enseignement privé islamique[13].

L'école est une institution dont le but ultime est de contribuer à la transformation de la société à travers une formation guidée des individus. Elle doit inculquer à l'être humain des connaissances variées et susceptibles de lui permettre de s'intégrer, de s'insérer au mieux dans le groupe social auquel il appartient et partant, dans la société humaine en général[14].

Pour LECKOGO-ECKUNDA (2010) l'école c'est l'ensemble des « modes de conception, d'organisation, de transmission des savoirs, des savoir-faire, des connaissances scientifiques, des compétences professionnelles et artistiques, des apprentissages, ainsi que des mécanismes de leur évaluation »[15]. Sous cet angle bien général, l'école prend un aspect structurel et mesurable et se confond, dès lors, avec le système éducatif dans son acception la plus globalisante.

---

[13] *Cyriaque DJASSI NYATCHOU*
http://www.cipcre.org/ecovox/eco35/pages/histoire_de_lecole.html

[14] *Cyriaque DJASSI NYATCHOU*
http://www.cipcre.org/ecovox/eco35/pages/histoire_de_lecole.html

[15] LECKOGO-ECKUNDA Saint Thomas Tholeck : communication dans le cadre des Etats Généraux de l'Education, de la Recherche, et de l'Adéquation Formation-Emploi. Libreville, mai 2010.

L'école a pour objet premier d'instruire et d'éduquer ou l'inverse selon les écoles de pensée. Le musée a pour objet de recueillir, de conserver, d'étudier et d'exposer des témoins matériels de l'homme et de son environnement. L'école est obligatoire. Elle compte sur une clientèle captive et stable. La clientèle du musée est libre d'y aller ou non. Elle est plus ou moins passagère. L'école s'adresse à une clientèle structurée en fonction de l'âge ou de la diplômassions. Le musée s'adresse à tous les groupes d'âges, sans distinction de formation.

Le musée possède sa collection propre et accueille aussi des expositions itinérantes. On ne peut lui demander d'organiser des activités pédagogiques qui ne tiennent pas compte de sa collection. L'école doit tenir compte d'un programme qui lui est imposé. Certes, elle peut intégrer quelque peu, mais elle doit dans l'ensemble y rester fidèle. Elle est aussi conçue pour des activités de groupe (classe). Le musée est organisé pour une activité qui, habituellement, se déroule individuellement ou par petits groupes. L'école reçoit sa clientèle pour au moins un an, le visiteur du musée n'y séjournera qu'une heure ou deux. L'activité scolaire se fonde d'abord sur la parole et sur le *livre*...L'activité muséologique se fonde d'abord sur l'observation et sur *l'objet*.

II-2 Le musée partenaire de l'école

Considéré jusqu'à maintenant comme un lieu d'éducation informelle, le musée peut, sans renier sa fonction traditionnelle, devenir surplus, à titre de partenaire de l'école, un lieu d'éducation formelle. Il peut élargir la portée de son rôle et contribuer au renouvellement de l'éducation. Le musée ne doit ni copier, ni limiter les approches pédagogiques dites scolaires, mais développer les siennes propres. De nouvelles théories d'autres modèles éducationnels pourront alors être dégagées. À cet égard, on peut entreprendre avec ces institutions des travaux conjoints qui porteront sur le partenariat école-musée, notamment sur les intervenants provenant du monde scolaire et du monde muséal, sur les modes d'appropriation de l'élève-visiteur, ainsi que sur les questions d'ordre épistémologique relatives à l'éducation muséale

La collaboration entre école et musée est une histoire ancienne. Mais aujourd'hui sous la pression des changements sociaux et technologiques, l'école cherche les confrontations nouvelles qui éclaireraient le sens des apprentissages programmés, pendant que les musées se veulent des lieux d'éducation à l'encontre de l'hégémonie culturelle qui dicterait à la société des interprétations de l'époque. Se dessine donc une situation nouvelle « d'expérience sociale » au cours de laquelle la médiation culturelle et didactique entre les enseignants, les intervenants des musées et les élèves, contribue à l'émergence d'un espace de coéducation. Cependant, au sortir des actions conduites en commun, l'insatisfaction des acteurs transparaît souvent dans leurs discours : le service du musée « imposerait » la clef en mains, l'école « transporterait » avec elle ses modes pédagogiques, l'enseignant se « déchargerait » de ses élèves, l'intervenant délivrerait un discours magistral «inadapté» au jeune public...

S'il paraît exister des échanges éducatifs entre musée et école au Cameroun, les circulations que nous avons saisies, sont fragiles et provisoires, contestables et contestées; elles semblent lier deux sphères qui ont leurs logiques propres. Elles mettent en tension des enjeux culturels, des enjeux sociaux et des enjeux éducatifs, mais aussi des enjeux économiques, politiques et communicationnels.

Assurer l'éducation d'un enfant, c'est lui donner les armes lui permettant de se défendre tout seul dans la vie quotidienne. Dans ce sens, Bergé affirme ceci : « *éduquer un enfant, c'est essentiellement lui apprendre à se passer de nous* ». C'est pourquoi le système éducatif actuels, pour jouer son rôle et atteindre sa mission, se fixe des objectifs à atteindre à la fin de chaque cycle d'enseignement ce qui permet aux enseignants de canaliser leurs actions et enseignements en fonction du type de citoyen qu'on veut obtenir pour la société de demain.

Pour conduire les élèves à la réussite, l'école a besoin de l'appui de tous les acteurs de la société, jeunes et adultes. Mais cet appui ne lui sera accordé que si les missions qui lui sont confiées sont connues et font consensus. Sinon, l'ambiguïté persistera et l'école continuera de se voir adresser des demandes qui risqueront de la distraire de son objectif. Il importe donc de mieux définir le champ d'action de l'école. Elle aurait dans l'ensemble trois missions à savoir ; instruire, socialiser et qualifier.

Le rôle social du musée tient dans l'expression « *au service de la société et de son développement* » qui apparaît dans la définition que l'ICOM donne à l'institution confirmant ses objectifs essentiels, à savoir la recherche du bien-être des peuples et la protection de leur patrimoine. En outre, le rôle communautaire des musées est également bien précisé dans le code de déontologie professionnelle:

> « *Le musée a l'important devoir d'attirer à lui un public nouveau et plus large, venant de tous les niveaux de la communauté en général comme aux personnes et aux groupes spécifiques qui en font partie de s'engager activement dans ses activités et de soutenir ses objectifs et sa politique* »[16] .

Si on admet que l'apprentissage ne se limite pas à l'acquisition et à la mémorisation de faits ou d'événements, on comprendra par le fait même que le musée sert de lieu pour l'apprentissage de concepts tant pour les élèves de maternelle que pour ceux du secondaire, sans oublier les adultes. Il permet à l'élève-visiteur d'exercer des habiletés intellectuelles spécifiques. Bien entendu, le musée suscite l'observation. Il favorise aussi la formulation de questions. Si l'école traditionnelle apprend à l'élève à fournir de bonnes réponses aux questions de l'enseignant ou au contenu du programme, le musée stimule plutôt l'interrogation. Il ne s'agit plus pour l'élève de répondre, mais de questionner. Devant une œuvre d'art ou un objet, il doit, pour le comprendre et l'apprécier, l'interroger que ce soit sur sa forme, son utilité, son origine, etc. Le musée permet le développement d'habilités intellectuelles spécifiques.

Bref, le musée peut être un lieu d'apprentissage et de développement. Certes, il ne faut pas confondre le musée et l'école, car ces institutions possèdent respectivement leur propre dynamisme. Loin de s'opposer, elles abordent la réalité sous des angles différents. Toutefois, il faut assurer, sinon la symbiose du moins la collaboration entre le musée et l'école. Ainsi, le musée deviendra un partenaire important de l'école, capable d'offrir une approche pédagogique différente, tout en étant complémentaire.

---

[16] *Statuts / Code de déontologie professionnelle*, ICOM 1996 page 25

III- Les obstacles à la mise en place d'une relation à long terme entre musée et école au Cameroun

La mise ne place d'une relation durable entre musée et école au Cameroun pourrait se confronter à plusieurs obstacles majeurs. Nous évoquerons ici les obstacles matériels, ceux d'ordre didactique et pédagogique, ainsi que les obstacles épistémologiques.

III-1 obstacles d'ordre matériel

Comparativement à plusieurs pays développés, le Cameroun à un manque de musée en terme de quantité, de qualité et de diversité. La conception de cette institution est même paradigmatique au point où plusieurs dispositifs qui s'en réclame méritent encore d'être questionnés non seulement à la lumière des avancées en termes de structuration, des méthodes de constitution et de gestions des collections que des politiques de rencontre des visiteurs. Avec un territoire de 475 442 km2, la vingtaine de structure muséale dénombrée ne dispose pas toujours des moyens financiers pour leur fonctionnement. Du côté des structures éducatives ces mêmes moyens font défaut pour amener les élèves dans ces lieux trop souvent éloigné de leur localité, au vue de l'absence d'un patrimoine local ou des musées locaux. La définition assez étroite du musée semble ici une des causes assez patentes[17].

III-2 obstacle d'ordre pédagogique et didactique

Dans son sens premier, pédagogie vient du grec *paidagôgia* qui désigne l'action de diriger des enfants. Dans une acception plus large, la pédagogie réfère à l'art d'enseigner ou de faire apprendre, quel que soit l'âge de l'apprenant. Le terme renvoie aux méthodes et aux pratiques d'enseignement ainsi qu'à toutes les qualités requises pour transmettre un savoir quelconque. Les outils pédagogiques sont destinés à rendre plus efficace, non seulement, l'apprentissage, mais aussi le processus d'acculturation lui-même en contexte d'éducation non formelle (Meunier, 2011).

---

[17] Un responsable pédagogique du ministère des enseignements secondaires rencontrés à Maroua à la délégation régionale ne s'est pas empêché de dire que le musée est un endroit dans lequel on conserve les vieilles choses que les touristes aiment voir.

Dans les musées existant, il n'existe pas d'intervenant spécialiste et surtout qui intervienne de manière appropriée. Il y a un manque de formation des enseignants sur les questions de patrimoine ou de musée qui leurs permettent d'avoir une certaine maîtrise des lieux et des objets. La difficulté ne se trouve pas seulement dans la fait de trouver les informations, mais de savoir approcher les expositions pour les tirer de façon à mettre les plus pertinentes. De plus la démarche qui n'est pas évidente de mettre en place requiert un important travail en amont.

Sur le plan didactique, le problème réside dans la faisabilité des programmes. En effet, le manque de temps est un problème important. Les programmes s'enrichissent de plus en plus et les enseignants ont l'impression de passer à côté de l'essentiel. C'est pourquoi certains types d'enseignement sont mis à côté.

III-3 Obstacle d'ordre épistémologique

Cet obstacle relève de la difficulté de faire percevoir les repères spatio-temporels. Les objectifs sont très difficiles à déterminer pour les enseignants. L'idée d'utiliser le musée même de manière ponctuelle n'est pas encore d'actualité.

Le musée semble perdre une de ces valeurs au Cameroun, car il n'est ni constamment, ni régulièrement utilisé par les élèves à des fins ludiques, encore moins à des fins éducatives par le système éducatif. D'ailleurs, à l'origine beaucoup de ces musées n'ont pas été conçus en mettant au centre de leur préoccupations les visiteurs, et encore moins par eux. Tout porte à montrer que cette institution héritée de la métropole est inadaptée aux réalités de la société. Toutefois, les professionnels prennent de plus en plus conscience de leur devoir à l'égard des communautés locales, et pourraient bien se trouver à la pointe de la réflexion sur le rôle éducatif du musée.

IV- les conditions d'un partenariat entre musée et école

En fait, depuis quelques années, de nombreux travaux et des efforts de toute part ont permis une ouverture de l'école aux musées et aux sites, et vice versa. Mais pour que l'échange soit réciproque et constitue un réel partenariat, certaines conditions doivent être réunies :

1. Sortir de la situation de l'offre programmée du musée rencontrant la demande consommatrice de l'école pour entrer dans l'ère de la réciprocité. L'offre, pour un musée, c'est à la fois l'objet exposé et le choix de l'exposition, les parcours possibles, les regards variés, les mises en situation proposées. Dans l'offre, il y a des partis pris, ceux des musées, et des choix négociables, ceux des rapports du public aux lieux et aux objets. Dans la demande, il y a la rencontre avec le lieu et l'objet, ainsi que la volonté d'acquérir des savoirs et des compétences. La réciprocité implique donc la possibilité d'une négociation.

2. Réfléchir, penser, mettre la relation au service d'un projet, soumettre le comment au pourquoi. Certes, il est toujours intéressant d'aller sur un site ou dans un musée. Mais tant que l'on n'a pas conscience du " pourquoi on y va ", dans quel objectif on fait cette démarche ; le " comment on y va ", le " ce qu'on y fait " n'a pas grand sens. Or, l'acte éducatif comme l'acte culturel demandent du sens.

3. Prendre en compte la situation et les besoins des enfants et des jeunes, ce qui signifie une capacité d'adaptation aux différents publics.

4. Travailler non pas à court terme, mais dans une perspective de durée.

5. S'appuyer sur une formation des enseignants aux contenus, références, représentations symboliques de l'objet concerné et du musée comme lieu. Déterminer la méthode à mettre en œuvre dans une telle pédagogie.

6. Former peut-être aussi les intervenants du musée à la prise en compte des contraintes et objectifs de l'éducation et à la recherche des formes d'accès les plus adaptées.

V- La démarche

La démarche se décline sur trois axes à savoir : informer et former les acteurs de l'éducation ; élaborer des outils pédagogiques se référant à la notion d'éducation muséale et enfin soutenir des opérations pilotes et des actions internes.

Dans l'accomplissement de cette fonction, l'école doit être attentive aux préoccupations des jeunes quant au sens de la vie; elle doit promouvoir les valeurs qui fondent la démocratie et préparer les jeunes à exercer une citoyenneté responsable; elle doit aussi prévenir en son sein les risques d'exclusion qui compromettent l'avenir de trop de jeunes. La transmission des connaissances joue un rôle important dans le développement des activités intellectuelles et à la maîtrise des savoirs. Dans la société actuelle, la formation de l'esprit doit être une priorité pour chaque établissement.

Tout d'abord, le type de visite, les stratégies et les moyens de communication privilégiés ainsi que des conditions particulières dans lesquelles il s'exerce doivent être élaborés. On devra aussi tenir compte de la configuration spatiale du musée, de l'âge des élèves et la compétence des éducateurs de musée, ce qui a une incidence sur le choix et la forme des activités proposées.

Les professionnels de musées doivent créer des activités qui peuvent favoriser l'intérêt des élèves, en tenant compte de leurs conditions d'exercices. En outre, il est aussi prudent de limiter la thématique d'une activité tenue au musée pour que la visite s'inscrive dans une démarche éducative globale et continue, en adéquation avec un programme d'études, au plan des objectifs ou du contenu notionnel. C'est à cette condition que plusieurs écoles acceptent d'inscrire la visite au musée parmi leurs activités. Il faut bien comprendre qu'il ne s'agit pas de subordonner le musée à l'école, mais d'assurer la liaison entre ces deux institutions.

VI- Les avantages du nivellement des frontières entre musée et école

Le nivellement des frontières entre musée et école présente de nombreux avantages. Le tout premier est de voir le potentiel cognitif, sensible et émotionnel de l'individu croître de façon équilibrée. En effet, il est actuellement admis dans le cadre de la formation de tout l'homme que la mission éducative de la société déborde largement les cadres de l'institution scolaire et trouve dans un nombre croissant de lieux des voies valables d'approfondissement et de diffusion. Ainsi, les bibliothèques, les jardins botaniques, les jardins zoologiques, les centres d'interprétation de la nature, les sites historiques, les parcs nationaux, les planétariums et les musées ont un apport irremplaçable qui mérite d'être pris en compte. Ces lieux éducatifs ont pour objectif *"de transmettre ou de faire naître ou acquérir des connaissances, des habiletés, des valeurs, des prises de conscience*". Parmi les lieux éducatifs autres que l'école, le musée occupe une place privilégiée. Ainsi, pour Dagognet (1985) ainsi que Lacey et Agar (1980), le musée vise à instruire le public. D'autres chercheurs ont souligné l'importance du rôle éducatif du musée auprès des jeunes.

Le musée concours au progrès cognitif intégral de l'élève si on développe en lui des attitudes positives à l'égard de cette institution et de son contenu. Lors d'une visite au musée, l'activité des élèves ne se limitent pas à l'apprentissage. Les élèves peuvent aimer ou détester un objet sans pouvoir formuler de motifs rationnels précis. Encore faut-il faciliter et encourager l'expression de leurs sentiments. En effets, on ne se rend pas au musée seulement pour apprendre, mais aussi pour le simple plaisir des sens. Les musées sont en mesure de stimuler chez l'élève-visiteur le recours à l'imaginaire[18].

La relation qui se tisse entre l'élève-visiteur et l'objet ne se limite pas à l'apprentissage. Pour rendre compte de la richesse de l'expérience vécue, il convient de l'envisager sous l'angle de la relation d'appropriation. Pour que cela soit possible, il faut une participation active des élèves-visiteurs. Plus l'élève participe, plus important est le progrès réalisé. On comprend alors pourquoi le musée apparaît plus intéressant. En d'autres termes, lorsque l'activité tenue au musée s'inscrit dans une démarche continue, elle conduit à de meilleurs résultats. Elle fait alors partie d'un processus global d'éducation. On ne doit plus la considérer comme une sortie dite de récompense, mais comme une stratégie contribuant au développement de l'élève, l'ultime bénéficiaire.

Le musée peut favoriser la participation active des communautés en jouant un rôle de ressources éducatives et de médiateurs culturels au service d'un nombre croissant de visiteurs appartenant à divers secteurs de la communauté, de la localité ou du groupe. Il peut contribuer d'une certaine mesure aux efforts entrepris pour enrayer la dégradation des ressources naturelles et culturelles, conformément aux principes et aux objectifs des programmes d'évaluation, de

---

[18] Nous nous sommes largement inspirés des recherches du GREM qui montrent que les groupes d'élèves qui participent à des programmes éducatifs comportant un prolongement à la visite au musée réalisent de meilleurs performances, tant au plan cognitif qu'à celui des attitudes envers le musée, que ceux qui prennent part à des programmes ne comportant aucun prolongement.

protection et de préservation du patrimoine culturel, national, régional, local et international.

VII- Stratégie pour briser les frontières dans leur mission éducative

L'un des atouts majeurs du Cameroun est sa richesse naturelle et culturelle. En se limitant à la richesse artistique par exemple, on note dans ce pays une forte créativité qui trouve son expression dans divers domaines. Plus particulièrement, la musique, l'artisanat et la peinture camerounaise ont acquis une reconnaissance internationale. Le domaine artistique constitue donc un secteur porteur d'avenir. Il peut, en sa qualité de dénominateur commun à tout un peuple, assurer une cohésion sociale tout en contribuant au développement du potentiel touristique du pays. En créant de nombreux musées pris comme des centres culturels et intellectuels pouvant contribuer à la vie intellectuelle et culturelle de la population qui doit elle même être formée et informée quand aux meilleurs moyens de participer aux activités et au développement des musées.

Pour que le musée joue véritablement son rôle éducatif, il serait important d'établir et développer des relations culturelles étroites entre les musées et divers groupes au sein de la communauté (organisations professionnelles, syndicats, etc.), ainsi que les services sociaux des entreprises industrielles et commerciales. Ceci nécessite une coopération entre les musées et les services ou entreprises de radio et de télévision, de manière à permettre l'utilisation, aux fins d'éducation populaire et scolaire, des objets conservés dans les musées.

En outre, le concours que peuvent apporter les musées à l'instruction scolaire et postscolaire devrait être reconnu et encouragé. Ce concours devrait également être régularisé par la création d'organismes appropriés, chargés d'établir, entre les dirigeants locaux de l'enseignement et les musées qui, en raison du caractère de leurs collections, sont particulièrement fréquentés par le public scolaire, une liaison officielle et permanente qui pourrait prendre les formes suivantes :

a. Création, dans chaque musée, de postes de spécialistes de l'éducation chargés, sous la responsabilité du conservateur, de l'utilisation scolaire du musée;

b. Création, dans les musées, de services éducatifs qui feraient appel à la collaboration de maîtres de l'enseignement;

c. Création, à l'échelon local, régional ou provincial, d'organismes réunissant conservateurs et maîtres en vue d'une meilleure utilisation scolaire des musées;

d. Adoption de toutes autres mesures qui assureraient la coordination, entre les demandes de l'enseignement et les moyens du musée.

Conclusion

Malgré que l'école et le musée comptent parmi les plus anciennes institutions culturelles et les plus répandues à travers le monde, il est paradoxal de constater que même si elles ont fait l'objet d'un nombre incalculable de recherches, il y en a fort peu qui portent sur leurs rapports mutuels au Cameroun, laissant encore entrouverte le fossé entre les deux institutions. Il est vrai que la rencontre entre eux ne se fait pas sur la base de consensus «naturels» et il n'existe pas un modèle unique d'éducation que l'école et les musées partageraient spontanément. Darras et Kindler (1998). Les représentations et croyances des uns et des autres sont organisées en des mondes plus ou moins compatibles, qu'il importe de mieux connaître pour apprendre à les respecter et éventuellement pour tenter de les aménager ou les adapter. Au-delà de l'éducation artistique et culturelle, toute autre forme d'éducation se trouve concerné. Toutefois, tout en reconnaissant l'importance potentielle de sa fonction éducative, il importe d'identifier des modèles pédagogiques propres au musée et préalables à tout nivellement des rapports. Les termes de liens, relation, collaboration nécessitent la construction d'un partenariat entre le musée et l'école, c'est-à-dire une situation de "négociation" qui permet aux deux institutions de comparer leurs cultures, systèmes et processus d'élaboration des connaissances, de s'engager en termes de travail et de ressources, et d'identifier des méthodologies, des stratégies et des outils d'apprentissage. (Mascheroni 2000; 2002).

Aujourd'hui sous la pression des changements sociaux et technologiques, l'école cherche les confrontations nouvelles qui éclaireraient le sens des apprentissages programmés, pendant que les musées se veulent des lieux d'éducation à l'encontre de l'hégémonie culturelle qui dicterait à la société des interprétations de l'époque. Se dessine donc une situation nouvelle « d'expérience sociale » au cours de laquelle la médiation culturelle et didactique entre les enseignants, les intervenants des musées et les élèves, contribue à l'émergence d'un espace de coéducation. C'est pourquoi le Cameroun doit s'investir dans la recherche des moyens lui permettant d'élaborer, d'expérimenter, d'évaluer et de valider, en collaboration avec des musées et des commissions scolaires, des modèles didactiques qui favorisent de façon novatrice et stimulante l'exploitation pédagogique du musée.

Une telle situation ne pourrait être évidente que si les musées sont considérés comme partie intégrante des ressources fondamentales pour l'enseignement et l'apprentissage. De plus toute collaboration entre ces institutions implique, d'une part le respect de l'identité et des besoins de chacun, et d'autre part la remise en question de la vision stéréotypée, malheureusement toujours répandue, de la visite comme une action élitiste, une parte de temps dans un endroit désuet qui n'a pas grand-chose à offrir aux jeunes. C'est pour cette raison, comme le pense Xanthoudaki (2003), que ce n'est que par le développement d'une relation régulière et à long terme que les enseignants ont l'occasion de "vivre" le musée, de s'impliquer dans ses choix et ses activités, et de contribuer à la recherche de progrès, en aidant le musée à acquérir la capacité de jouer un rôle actif dans la société, en particulier auprès des jeunes. Dans ces conditions, le fossé peut se trouver comblé, quand les différents acteurs auront compris que ces institutions peuvent être complémentaires dans le rôle à jouer pour l'amélioration de la qualité de l'enseignement et de l'apprentissage. Mais le développement et la reconnaissance de nouvelles compétences engendrent aussi une remise en question du rôle de professionnel de musée et surtout dans les services éducatifs.

Bibliographie

Adama, O. et Glanz, C. (2010). *Pourquoi et comment l'Afrique doit investir dans les langues africaines et l'enseignement multilingue : Note de sensibilisation et d'orientation étayée par les faits et fondée sur la pratique*, Institut de l'UNESCO pour l'apprentissage tout au long de la vie, Hambourg

Allard, M. (1993). Le musée comme lieu d'apprentissage. *Vie Pédagogique*, 84, 41-43.

Allard, M. et Boucher, S. (1991). *Le musée et l'école*. Montréal : Hurtubise HMH.

Allard, M. et BoucheR, S. (1998). *Éduquer au musée. Un modèle théorique de pédagogie muséale*. Montréal : Hurtubise HMH.

Brougère, G. et Bézille, H., (2007). « De l'usage de la notion d'informel dans le champ de l'éducation », *Revue française de pédagogie* [En ligne], 158 | janvier-mars, mis en ligne le 01 mars 2011, consulté le 11 octobre 2012. URL : http://rfp.revues.org/516

Darras, B. et Kindler, A-M. (1998). Le musée, l'école et l'éducation artistique. In: *Publics et Musées*. N°14, pp. 15-37.doi : 10.3406/pumus.1998.1114
http://www.persee.fr/web/revues/home/prescript/article/pumus_1164 5385_1998_num_14_1_1114

Desvallées, F. et Mairesse, F. (2009). *Concepts clés de muséologie*. Paris : Armand Colin.

Dufresne-Tassé, C. (1991). « L'éducation muséale, son rôle, sa spécificité, sa place parmi les autres fonctions du musée », in *Revue canadienne de l'éducation*, 16(3), 251-257.

Émond, A.-M. (2006). *L'éducation muséale vue du Canada, des Etats-Unis et d'Europe : recherche sur les programmes et les expositions*. Québec : MultiMondes.

Gob, A., & Drouguet, N. (2003). *La Muséologie*. Paris: Armand Colin.

GREM, (1995). *La visite au musée*. Montréal : Groupe de recherche sur l'éducation et les musées.

Hotou, G. et Fozing, I. (2015). « L'enseignement de la culture nationale à l'école primaire au Cameroun » in *Revue de l'Association Francophone Internationale de Recherche Scientifique en Education* www.la-recherche-en-education.org N° 14 pp. 32-42

ICOM, (1969). *Le rôle des musées dans l'éducation et l'action culturelle*. Actes de la 6e Conférence générale. Moscou : UNESCO/ICOM.

ICOM, (1991). *Museum education and research*. Calcutta: UNESCO/ICOM-CECA.

ICOM, (1950). *Résolutions adoptées lors de l'Assemblée générale de l'ICOM*

ICOM, (1972). *Le musée au service des hommes aujourd'hui et demain : le rôle éducatif et culturel des musées*. Actes de la 9e Conférence générale. Paris : UNESCO/ICOM.

ICOM, (1996). *Statuts / Code de déontologie professionnelle, ICOM*

ICOM, (2005). *Museum education and partnerships*. Bruxelles : UNESCO/ICOM-CECA.

Konaré, A. O. 1992, "Préface", ICOM, *Actes des rencontres*, Quels musées pour l'Afrique, Patrimoine en devenir, ICOM, Paris

La qualité de l'éducation, un enjeu pour tous : constats et perspectives, Rapport d'activité 2011/ Document de réflexion et d'orientation publié en 2010, à l'issue de la 50e session de la Conférence des Ministres ayant le Français en partage (CONFEMEN). Lien (pdf) : www.**confemen**.org/wpcontent/uploads/.../Rapport_**confem en**_2011.pdf

Laishun, A. « Les musées, promoteurs et acteurs de l'harmonie sociale », in *les nouvelles de* l'ICOM n° 2 Décembre 2009 - Janvier 2010.

Landry, A. et Meunier, A. (2009). *La recherche en éducation muséale : actions et perspectives*. Québec : MultiMondes.

Lemerise Tamara et al. (dir.), 2002, *Courants contemporains de recherche en éducation muséale*, Sainte-Foy, Éditions Multimondes.

Lemerise, T. 1999a, « Changes in museums : the adolescents public as beneficiary », *Curator: The museum journal*, New York, American Museum of Natural History, vol. 42, n°1, pp. 7-11.

Lemerise, T. 1999b, « Museums in the Nineties: Have they maintained their commitment to the youth population? », in *Museological Review*, Leicester, University of Leicester, n°6, pp. 34-47.

Meunier A., « Les outils pédagogiques dans les musées : pour qui, pour quoi ? », *La Lettre de l'OCIM* [En ligne], 133 | 2011, mis en ligne le 01 janvier 2013, consulté le 01 janvier 2013. URL : http://ocim.revues.org/648 ; DOI : 10.4000/ocim.648

Njiale Pierre Marie, « Entre héritage et globalisation : l'urgence d'une réforme de l'école au Cameroun », *in revue internationale d'éducation - S È V R E S Un seul monde, une seule école ? Les modèles scolaires à l'épreuve de la mondialisation* Colloque international – 12-14 mars 2009

UNESCO, *1972, Convention du patrimoine mondial de l'UNESCO*

UNESCO, 1986, *Séminaire "Musée et éducation" Guadalajara*, Jalisco, Mexico 3-7 mars 1986 RAPPORT FINAL

UNESCO, 1996, - *L'éducation, un trésor est caché dedans I Rapport à l'UNESCO de la Commission internationale sur l'éducation pour le vingt et unième siècle.* -UNESCO : Paris,

UNESCO, 2000,- *Forum mondial sur l'éducation, cadre d'action de Dakar - : l'éducation pour tous : tenir nos engagements collectifs*, Dakar, Sénégal, 29-28 avril

UNESCO. (1982). La Déclaration de Mexico sur les politiques culturelles. Conférence mondiale sur les politiques culturelles. Mexico City, 26 juillet - 6 août 1982.

UNESCO. , 1990, *Répondre aux besoins éducatifs fondamentaux: une vision pour les années '90*, Conférence Mondiale sur l'éducation pour tous, Document de référence. Paris: UNESCO.

UNESCO. , 2000, *Cadre d'action de Dakar. L'Education Pour Tous: tenir nos engagements collectifs*, Forum Mondial sur l'Education Pour Tous. Paris: UNESCO.

Xanthoudaki, M, (Dir.), 2003, *Lieux de découverte : les musées pour enseigner la science et la technologie*, SMEC, Milan

Chapter 17

Emerging Market Multinational Corporations Across Borders: Analyses Of Their Implication In Africa' S Development

Kingsly Awang Ollong

There is a very extensive body of literature on how multinationals corporations contribute towards local development in different national contexts. However, the bulk of this literature focuses on the case of multinationals from the advanced industrial economies. Very much less has been written on multinationals with their country of origin being an emerging market, and what there has focuses on a very limited number of preferred cases. The growing importance of emerging economies has led to an upsurge of outward investments by EMMNCs and their contribution towards the development of local communities in Africa. This paper sets out to examine how Corporate Social Responsibility (CSR) initiatives by emerging market MNCs have contributed towards the development of local communities in Africa. This introductory article seeks to contribute to the emerging body of literature in this area, through seeking to encourage fresh insights particularly on the varieties of CSR by EMMNCs encountered in different national contexts within the African continent.

Introduction

The world is experiencing significant transformations in its geo-political and economic constitution. The processes of transformation have accelerated over the last decades. A significant part of the growth potential of the world economy nowadays and for the coming decades resides in some fast-developing countries. Emerging economies have displayed such potential for dynamic change. In a historic rupture with past patterns of development, emerging countries are now playing a major role in alleviating the current global crisis whilst revealing new and alternative progressive paradigms. Much beyond the emphasis given by international agencies to the identification of investment possibilities in the emerging economies production structures or to the prospects presented by their consumer markets, our perspective in analysing the activities and impact of emerging market multinational corporations is inspired by their significant internationalization process and most especially their contributions towards local development within the African continent. Identifying and analysing these process and its contributions will help to uncover alternative pathways towards fulfilling their socio-political-economic development potential within the constraints of sustainability. The central focus of this paper therefore is to analyse the contributions of emerging markets MNCs towards the economic development of local communities in Africa.

Emerging countries are commonly defined as "low-income, rapid-growth countries using economic liberalization as their primary engine of growth" (Hoskisson et al, 2000). Although many commentators focus on the BRICS countries (Brazil, Russia, India, and China and South Africa) or VISTA countries of Vietnam, Indonesia, South Africa, Turkey and Argentina (Hennart, 2012), others such as Mexico, Thailand and of recent Nigeria have increased their respective outward foreign direct investment (OFDI) (Deng, 2012). FDI by developing country firms is not a new phenomenon (Lecraw, 1993) but their global reach, pace, pattern and contribution towards local development within their home and host countries has recently attracted a great deal of attention from academia (Cuervo-Cazurra, 2012) and media (*Business Week*, 2006; *Economist*, 2008; *BCG*, 2012). Firms from emerging countries have dramatically grown in the global markets. For instance, while only 19 firms from emerging and developing economies were featured in the Fortune Global 500 list in 1990, this number increased to 123 in 2010. Amongst these global challengers, some have even grown to be the market leaders in their respective industries. In terms of overall revenue, for instance, Huawei technologies and ZTE, both of China, are the second and the fifth-largest global manufacturers of telecom equipment (respectively). Similarly, Mexico's Grupo Bimbo is the largest bread maker in the world and Russia's United Company Rusal is the largest aluminum producer in the world (BCG, 2012). The 2011 list of the

Forbes Global 2000 included 536 companies from emerging countries (*Forbes*, 2012). Similarly, 92 of emerging country firms were in the Financial Times Global 500 list. These emerging market multinational corporations (EMNCs) employ a significant proportion of their total employees outside their home country. For example Telefonica Brazil directly employs more than 50% of its total number of employees outside Brazil (www.telefonica.com). As the profile of emerging economies increase, so has their influence, and the global ranking of their MNEs. Many observers view these companies as the hidden engines of global trade and economic growth in the near future (*BCG*, 2012).

While there are differences between Developed Market Multinational Enterprises (DMNEs) and EMNEs in terms of patterns of internationalization, some commentators expect a level of convergence between strategies of these two groups of global players (Ramamurti, 2012; Girod et al., 2009; Lessard and Lucea, 2009). Ramamurti (2012) argues that in time EMNEs may augment and enhance their ownership advantages to become more like DMNEs. Further, Ramamurti (2012) posits that the observed differences in ownership advantages between DMNEs and EMNEs may reflect differences in their evolution rather than differences stemming from their country of origin. This paper therefore sets out to examine the dimension of Emerging Market MNCs and their contribution towards local development in African communities. This introductory study seeks to contribute to the emerging body of literature in this area, through seeking to encourage fresh insights particularly on the varieties of CSR by EMMNCs encountered in different national contexts within the African continent.

Internationalization and CSR Concepts of Emerging Market MNCs

Internationalization of emerging market firms can be examined in three different periods. EMNCs' internationalization before 2000 was mainly triggered by home country factors aiming to diversify risk, or to avoid quotas (Lecraw, 1993). External factors at home played a significant role in this period and EMNEs internationalized their activities stage by stage through small-scale operations (Jormanainen and Koveshnikov, 2012) which can be explained by the Uppsala theory of internationalization. EMNEs during the first wave invested mainly in niche markets in other developing countries which were not seen as attractive by developed country multinational enterprises (DMNEs) (Svetlicic, 2004). EMNEs, during the first two waves, heavily relied on their cost advantages and institutional knowledge of operating in similar markets to their own home countries (Lecraw, 1993). It was argued that in the first wave MNECs from less developed countries had limited knowledge of global markets and a number of weaknesses compared to their developed country rivals. Commentators discussing the second wave of EMNCs' internationalisation point out that these firms expanded not only in other developing countries but also in developed markets with market seeking and resource seeking motives (Mathews, 2002; 2006).

In the third wave however, starting in the 2000s, compared to their developing country predecessors EMNEs displayed a different pattern of internationalization (Hennart, 2012). In this period, FDI from emerging countries to developed countries were more focused on obtaining new sources of competitive advantage by acquiring strategic assets (Andreff, 2003; Gammeltoft, 2008: Deng, 2007; Rui and Yip, 2008). Thus EMNEs in the third wave of internationalization, particularly those from BRICS countries were more motivated by strategic assets that they need to close the capability gap that they have compared to DMNEs (Deng, 2012). Guillen and Garcia-Canal (2009, p. 27) argue that international expansion for EMNEs runs in parallel with capability upgrading process to catch up with their more advanced competitors to reduce this gap (Madhok and Keyhani, 2012). In some other cases, due to competitive pressure and limited scope for growth in home markets, EMNEs have pursued overseas investment opportunities (Aulakh, 2007). Secondly, there has been a change in population ecology of EMNEs in this period. Small and medium sized EMNEs, and state owned MNEs from emerging countries became important actors of the third wave of internationalization (Luo and Tung, 2007; Demirbag, McGuinness and Altay, 2010; Demirbag, Tatoglu and Glaister, 2009). Another important feature of the third wave of internationalization of EMNEs is to do with their geographical dispersion. While in the first two waves, firms were mainly from Asia and Latin America, in the post 2000 era however we have seen an expansion of geographical dispersion of new players from emerging markets which include firms from Africa and post-communist countries (Jormanainen and Koveshnikov, 2012). Furthermore, the internationalization pattern in this period has dramatically shifted from a step by step approach to more risk taking and aggressive forms such as direct acquisitions and setting up wholly owned subsidiaries without going through incremental steps envisaged by the Uppsala model of internationalization. All these differences from the previous waves, and particularly large acquisitions by EMNEs in the developed economies, has grabbed headlines in business media and excited interest from academic commentators (Cuervo-Cazurra, 2012).

However, EMNEs are not homogeneous group of firms, therefore, generalization should be done with caution. A breakdown of outward FDI by Brazil, Russia, India, China and South Africa (BRICS) indicate that there is not a single pattern of EMNEs location choice for their operations. While the majority of Indian (83%), Russian (77%) South African (73%) and Brazilian (62%) OFDI is in developed countries, up until recently, Chinese OFDI was mainly concentrated in Asia (63%) and Latin America (19%) (Davies, 2012).

Although emerging markets are not a homogeneous group of countries, there appears to be some common dimensions in recent upsurge of internationalization of firms from these countries. These firms face some common challenges such as liability of emergence due to their country of origin, existing knowledge gap between themselves and DMNEs, their poor image in terms of CSR and, at times, controversial political relations and agendas in developed markets. It is argued that these challenges motivate EMNEs to follow an accelerated internationalization through aggressive acquisitions in developed markets (Nair *et al.* 2013).

The recent upsurge of FDI by EMNEs, and their aggressive market entry methods have triggered a new debate on whether existing theories of internationalization are suitable for EMNEs' internationalization (Hennart, 2012). This involves critically examining existing theories of internationalization, particularly Dunning's eclectic paradigm and its pillars (OLI), and the stage model (Uppsala) of internationalization of the firm. We can discern three different arguments concerning the emerging pattern of

EMNEs internationalization (Hennart, 2012). The first group of these commentators argues that EMNEs do not possess many firm specific advantages (Rugman, 2009). Based on assumptions of the OLI model, given that EMNEs do not possess firm specific advantages (FSAs), the first group argued that these firms will not be able to compete in global markets effectively. According to Rugman (2009), EMNEs rely on country specific advantages (CSAs) which are equally available to all firms present in those countries (including developed country MNE subsidiaries) therefore EMNEs competitive advantages are not sustainable in the long run. The emergence of China as the second largest economy in the world has watered down this assertion.

The second group of commentators agrees that EMNEs may not necessarily possess FSAs in a conventional sense, nevertheless, despite their apparent lack of FSAs, these new challengers from emerging countries have expanded globally (Madhok and Keyhani, 2012). Amongst these commentators, Matthews (2002, 2006) argues that existing international business frameworks, particularly the "Ownership, Location and Internalization" (OLI) framework should be replaced with a framework that may explain EMNEs' internationalization pattern better. Matthew's argument is based on Asian MNEs' experience where he exposes weaknesses of the OLI model in explaining internationalization of new challengers (dragon MNEs) from Asia. Matthews (2006) proposes a new framework which is based on Linkage, Leverage and Learning (the LLL framework) and argues that the rapid internationalization of Asian MNEs can largely be explained by their linkage strategies (joint ventures, collaborative agreements) to leverage resources and utilize a clear learning strategy (cumulative learning). However the LLL framework does not explain how the learner (the EMNE) learns from and competes with DMNEs at the same time (Hennart, 2012). Hennart (2012) on the other hand uses a transaction cost argument to explain internationalization of EMNEs, particularly for knowledge seeking investments. The rationale behind Hennart's argument is tightly linked with the nature and codifiability of knowledge intensive assets. When knowledge is tightly embedded in an organization, as Hennart (2012) argues, the feasibility of transferring such knowledge by other means would be limited, and the cost will be very high, therefore EMNEs will choose to acquire rather than use any other international market entry mode.

The third position amongst scholars about EMNEs internationalization is that these new challengers possess different types of FSAs, perhaps somewhat different than DMNEs' conventional type FSAs (Contractor, 2014). Although EMNEs may not have the same conventional FSAs possessed by DMNEs, it is argued that they have different types of FSAs. Contractor (2014), in extending the argument on firm specific or competitive advantages of EMNEs, uses soft dimensions of enterprise including the mindset of top management, global perspectives, the need to catch-up by learning from alliance partners, and home country cultural traits such as emphasis on relationship. Large pools of technical talents and knowledge infrastructure that support certain types of offshore R&D have long been used as a resource by DMNEs in home countries of EMNEs (Demirbag and Glaister, 2010). It is also argued that EMNEs' competitive advantage lies in their capabilities in terms of process innovations which allows them to compete in more developed markets (Williamson and Zeng, 2009; Contractor, 2014) and their experiences and ability to understand emerging market customers and familiarity with less developed country institutional environment which enable them to be more agile and entrepreneurial (Meyer, &Ramamurti, 2014). Furthermore, entrepreneurial behavior and soft capabilities are also important FSAs for EMNEs (Contractor, 2014). While DMNEs have FSAs in technical knowledge and focus on quantitative metrics to achieve lower cost advantages (Girod et al., 2009). EMNEs already have lower cost advantages at home (Madhok and Keyhani, 2012). Soft capabilities within EMNE organizations are seen as important factors which could be interpreted within the ownership advantage dimension (O) of the OLI theory. These soft dimensions such as entrepreneurial alertness and learning agility do not only create cost advantages for EMNEs in the global markets, they also have significant impact on their internationalization and market entry mode (Contractor, 2014).

While EMNEs' motives to exploit their FSAs in other developing countries fit well with the OLI model, their expansion to more developed countries, particularly through acquisitions to create access to intangibles based FSAs pose some challenges to the OLI theory. Given recent large acquisitions during the third wave internationalization of EMNEs, Hennart (2012) argues that some of EMNEs' investments in developed markets are difficult to reconcile within the OLI model. These types of investments are focused on the acquisitions of intangibles when EMNEs clearly do not possess these FSAs. Generally asset oriented acquisitions fall into this category as these investments (acquisition of existing technologies, brands, systems, etc.) are not motivated by FSA exploitation. On the contrary, the main focus is to internalize these intangibles (Contractor, 2014). Thus as Hennart (2012) asks how do "these new challengers invest, learn from and successfully compete with DMNEs at the same time?" (Hennart, 2012). Based on this criticism, and others which has been highlighted by Ramamurti (2012) and Curevo-Cazurra (2012), the third group of commentators argue that existing international business theories need further extension to explain the new pattern of EMNEs' internationalization (Contractor, 2014).

As far as CSR is concerned, the literature on CSR in Africa is heavily dominated by South Africa (Visser, 2005a), while other pockets of research exist for Côte D'Ivoire (Schrage and Ewing, 2005), Kenya (e.g. Dolan and Opondo, 2005), Nigeria (Amaeshi*et al.*, 2006), Tanzania (Egels, 2005), Cameroon (Awang, 2013; 2014; 2015;2016)and Mali and Zambia (Hamann *et al.*, 2005). Very few papers are focused on industry sectors, with traditionally high impact sectors like agriculture (Blowfield, 2003), mining (Kapelus, 2002), and petrochemicals (Acutt *et al.*, 2004) featuring most prominently. Two good sources of literature on the region are *Corporate Citizenship in Africa* (Visser *et al.*, 2006) and the *Journal of Corporate Citizenship* special issue on CSR in Africa (issue 18, summer 2005). The latter concludes that 'academic institutions and researchers focusing specifically on corporate citizenship in Africa remain few and underdeveloped' (Visser *et al.*, 2005: 19).

Unlike Western MNCs, CSR by emerging market MNCs has taken a different dimension which in Visser's analyses is most commonly associated with philanthropy or charity, i.e. through corporate social investment in education, health, sports, development, the environment, and other community services. Making an economic contribution is often seen as the most important and effective way for business to make a social impact, that is, through investment, job creation, taxes, and technology supply. Emerging market MNCs often find themselves engaged in the provision of social services that would be seen as government's responsibility in developed countries, for example, investment in infrastructure, schools, hospitals, and housing; The issues being prioritized under the CSR banner in Africa are different from most developed countries. Schmidheiny (2006) noted that social issues are generally given more political, economic, and media emphasis by emerging market MNCs than environmental, ethical, or stakeholder issues and the spirit and practice of CSR is often strongly resonant with traditional communitarian values and religious concepts in developing countries, for example, African humanism (Ubuntu) in South Africa.

Baskin (2006) notes that corporate responsibility in emerging markets, while more extensive than commonly believed, is less embedded in corporate strategies, less pervasive and less politically rooted than in most high-income countries. In relation to Africa specifically, corporate managers believe that operating in a community involves supporting the community through social programmes, beyond corporate philanthropy, to strategic actions that respond to the different needs of the communities in which businesses operate. Emerging Market managers seem to have positive attitudes toward CSR and these attitudes are largely influenced by both individual and societal ethical values. However, managers and executives in Africa engage in CSR activities primarily to enhance their corporate image among customers and second, for the well-being of the society.

Trends and Origins of Emerging Market MNCs

The early 1980s witnessed the rise of Emerging Market Multinationals as a new economic force. These companies are in part the product of globalisation – the integration of the world's economies that has resulted from reduced transportation costs, lower trade barriers, increases in the ease and speed of communication and innovation, and rising capital flows (UNCTAD, 2010). Businesses and multinational corporations (MNCs) in particular, have been a major engine of globalisation, as the expansion of their operations across countries and continents has contributed to the integration of global value chains. MNCs have also greatly benefited from globalisation. As world economies have integrated, MNCs have enjoyed greater access to new markets, new supply sources and new pools of labor.

As the so-called emerging economies have enjoyed rapid growth in the last few years, so have Emerging Market Multinationals in terms of number, size and influence. In 1992, only eight per cent of all MNCs worldwide were from developing and emerging countries. By 2008, this number had risen to 28 per cent, as figure 2 illustrates (UNCTAD, 2010).

Figure 1: Number of MNCs from Industrialised and Emerging Countries 1992, 2000 and 2008

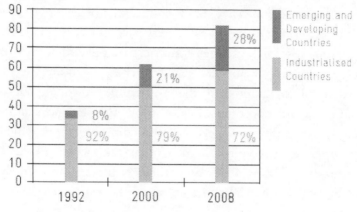

Source: UNCTAD, 2010.

Emerging Market Multinationals are uniquely positioned to help further development goals. This means their efforts can potentially make a greater impact than those of their northern peers – and they can also enjoy greater benefits from those efforts. Emerging Market Multinationals have three primary advantages when it comes to engaging in development: They are rooted in emerging economies; reach out directly to low-income populations as consumers, employees and suppliers; expand their global reach by investing in other emerging and developing economies.

Emerging Market Multinationals have exploded onto the global business scene. On the Financial Times' Global 500 List, the number of companies from Brazil, China, India and Russia and South Africa (BRICS) alone quadrupled from 15 to 62 in just two years—2006 to 2008 (Aguiar et al., 2009). In 2010, a total of 124 companies from developing and transition economies made the list (UNCTAD, 2010). In the same year, PetroChina overtook ExxonMobil as the world's most valuable company, marking the first time that a company from an emerging economy held this position (Dullforce, 2010). Many Emerging Market Multinationals occupy the top spot in a sector in terms of market share, or vie for it with other sector leaders.

The private sector in emerging and developing economies plays a key role in creating economic benefits. A thriving private sector creates jobs and entrepreneurial opportunities. It increases public revenue through tax contributions, enabling government spending that can benefit everyone. It also directly invests in building the capacity of its employees. These 'multiplier effects' contribute to overall economic development and create opportunities – directly or indirectly – for income generation and human development among low-income populations (Harvard University, 2007). The rise of MNCs in emerging and developing countries lies at the center of this dynamic process.

The activity of Emerging Market Multinationals in both their home and host countries has been proven to boost wages. While the employees of multinationals receive the highest wages, research shows that wages also increase for employees of domestic firms whose value chains have linkages with the operations of the multinational. Moreover, this effect is most pronounced in developing countries where the most multinational expansion takes place (OECD, 2008).

The development of Emerging Market Multinationals has taken different paths depending on the local political economy. In China, for example, large companies are often state-owned and corporate strategy can be heavily influenced by political goals. In India, by contrast, new firms emerged as a result of the Business Process Outsourcing (BPO) wave. At the same time, established family-owned Indian industry conglomerates such as Tata and Reliance strengthened their position in local and international markets.

Similarly, large family-owned conglomerates dominate the picture in Egypt. The organizational structure of these companies varies widely, but the benefits they receive from engaging in development remains consistent. Because they are headquartered in developing and emerging countries, Emerging Market Multinationals are embedded in local social and economic structures, which give them insights and resources for reaching out to low-income people that their northern brethren often cannot match. Despite their rapid development, emerging economies are still beset by poverty. When MNCs in the global 'North' reach out to low-income populations, it is often through intermediaries. The impacts on the population – and benefits to the company – are sometimes indirect. For Emerging Market Multinationals, by contrast, the impacts and benefits are much more immediate and potentially much more significant.

Emerging Market Multinationals produce, source and sell in developing countries much more extensively than their northern counterparts. They are doing business with low-income people not as part of a CSR strategy but as an inherent part of their everyday business. In emerging economies, low-income people are typically the majority, so it is natural for MNCs to consider them as employees, suppliers and customers, depending on their business model. In many markets and industries, Emerging Market Multinationals 'naturally' cater for low-income consumers.

Service companies in sectors such as banking and telecommunications have developed business models that serve a broad base of the population, including the low-income population. Emerging Market Multinationals must often innovate to meet the needs of low-income consumers. In the process, they have learned to deal successfully with difficult market structures, including inadequate infrastructure and weak institutions. Emerging Market Multinationals increasingly invest in highly innovative research and development structures. Some are not only becoming leaders in innovation on the international scene, they are also providing products well-tailored to the needs of the low-income consumers that surround them.10 For example, Haier, China's leading producer of household consumer goods, has introduced a low-cost, heavy duty washing machine marketed to the needs of rural Chinese who were using the machines for cleaning both clothes and vegetables (The Economist, 11 October 2007).

On the income side, Emerging Market Multinationals interact directly with low-income people in their value chains, relying on local manpower for employees, producers, suppliers or service partners. As these companies tend to invest in labor-intensive manufacturing, their FDI has a large potential for employment generation. In 2009, the 100 largest Emerging Market Multinationals employed almost 6.8 million people worldwide (WIR, 2010).In addition, from 2003 to 2005, developing country investors doubled their employment in Africa (UNIDO, 2007). The Brazilian cosmetic company NaturaCosméticoshas created employment opportunities for more than 400,000 Brazilian women working in the direct sales of its products (Casanova/Dumas, 2010).

Emerging Market Multinationals have created millions of jobs particularly in low-skilled segments of highly labor-intensive industries like manufacturing, extractives and agribusiness. Job creation in these sectors benefits some 40 per cent of people currently employed in agriculture in developing countries —mostly women and the rural poor (WIR, 2009). Emerging Market Multinationals create opportunities for low-income people by incorporating them into their value chains as suppliers. They also support the development of small businesses, which often employ or are owned by low-income people. For example: food and beverage companies often source ingredients for their products from cooperatives of low-income farmers; extractive companies employ small businesses in transportation, catering, and cleaning; and telecommunication companies work with thousands of small shops as outlets for their prepaid cards.

Emerging Market Multinationals have spearheaded a spectacular growth in 'South–South' investment. FDI flows between developing and transition economies (excluding offshore financial centers) increased from US$2 billion in 1985 to US$59.8 billion in 2004 (UNCTAD, 2006).Most South–South investments are regional, with Emerging Market Multinationals expanding first to neighboring countries. The largest such firms, however, have already ventured farther afield, expanding their global dominance through ever-larger direct investments and mergers and acquisitions (M&A). Emerging Market Multinationals have demonstrated leadership through a proliferation of South–South M&A in recent years. In 2010, Indian telecommunications company BhartiAirtelbought Kuwait-based Zain Telecom's African business for US$10.7 billion, making it the largest ever South–South acquisition (Times of India, 2010). Since the majority of MNC-sponsored M&A is conducted in other developing countries, the global outreach and influence of these corporations in developing countries is bound to increase (UNCTAD, 2010).

This trend in FDI outflows is particularly significant for the least developed countries (LDCs). Emerging and developing countries account for the vast majority of FDI inflows to LDCs, especially Africa (UNCTAD, 2010). South Africa has been the largest single investor in the African continent, with US$2.6 billion worth of FDI between 2006 and 2008. In 2008, South Africa's total investment in Africa reached US$10.8 billion. After South Africa, the next three largest investors in Africa were all emerging Asian economies. China was a close second with FDI in Africa totaling US$2.5 billion between 2006 and 2008, and Malaysia and India were third and fourth respectively. As Emerging Market Multinationals have a tendency to invest in labor-intensive manufacturing, their FDI can have a big impact on employment (UNCTAD, 2010). For example, Odebrecht, a conglomerate based in Brazil that focuses on engineering and construction, is one of Angola's largest employers.

Kofi Annan, the former secretary general of the United Nations, is a big believer in the importance of FDI to developing economies: 'With the enormous potential to create jobs, raise productivity, enhance exports and transfer technology, foreign direct investment is a vital factor in the long-term economic development of the developing countries' (UNCTAD, 2003). In addition to the wealth-generating benefits of employment, Emerging Market Multinationals make further contributions to the economic and social development of their host countries. For example, they frequently bring in new technologies and train local employees and populations in their use, contributing to spillovers. Some governments in developing markets have policies designed to encourage spillover and technology transfers.

CSR Initiatives by Emerging Markets MNCs

The economic benefits provided by Emerging Market Multinationals could not be clearer. But progressive business leaders also understand the link between business success and a broader form of development– which encompasses health, access to education and poverty alleviation. Emerging Market Multinationals are uniquely well-positioned to contribute to both economic and human development thanks to: their location in (and knowledge about) emerging economies; their ability to reach out to low-income populations as consumers, employees and suppliers; and their strong investments in other emerging and developing economies.

Emerging Market Multinationals have both internal and external motivations for promoting development. They include: Satisfying expectations among government leaders, civil society and the public. By satisfying these expectations, companies: gain support from government leaders for their business operations; build positive relationships with civic organisations that exert influence in communities where they operate; and build their reputation and their brand, especially with the growing base of consumers who favor socially-responsible companies. Consumers – especially in industrialised countries, but increasingly in emerging economies – demand that their brands act responsibly and sustainably. A host of 'watchdogs' is ready to publicise company failures to meet these expectations. Gaining business advantage by making the business a more attractive place to work, by producing innovations that better suit the market environment and address customer needs, and by strengthening the value chain. This benefits the company in diverse ways including: increasing employee morale, retention, health and capabilities; growing new markets among low-income populations; or boosting suppliers' ability to deliver high quality products reliably.

Emerging Market Multinationals contribute to sustainable development in three major ways namely: Philanthropy: donations of capital, services or expertise directly aimed at solving social problems such as the lack of access to high quality health care and education; Inclusive business: i.e. including the poor throughout the value chain, as consumers, producers and employees; Business environment: most commonly through investing in infrastructure or advocating for legal or regulatory changes that promote sustainable development and a fair playing field for businesses and individuals alike. The section elaborates on the ways Emerging Market Multinationals use their unique advantages to contribute to development while building sustainable businesses.

Contributing to Local and Global Development Goals

Because they are based in emerging economies, Emerging Market Multinationals operate in an environment marked by considerable social challenges. Many of these companies are also heavily invested in other emerging or less-developed countries, which face many of the same challenges. This gives these companies a strategic advantage in terms of their ability to understand and react to them. The managers of Emerging Market Multinationals are of course interested in improving the state of their home country, and to some degree in the state of the other countries in which they operate. Yet almost by definition, businesses are rarely spurred to act based on altruism alone. Motivations for their philanthropy include: Building and maintaining their local reputation: Local and national populations often expect donations from successful companies. These expectations are often influenced by religious or cultural norms. For example, the Islamic principle of charity, 'zakat,' is at the heart of religious practice and has a large impact on philanthropic engagement in Egypt. Civil society and media in emerging economies can influence Emerging Market Multinationals by exerting pressure on them, by raising awareness, and by advocating for particular policies. In India and South Africa, for example, civil society is quite active and expects companies to engage in social activities and thereby contribute to the country's development.

Emerging Market Multinationals operate on a global scale, so they are naturally concerned about their international image. Multilateral organisations, international CSOs, business partners and consumers have consistent standards and expectations for all companies globally. Like other forms of development contribution, philanthropy can boost employee morale, retention and health and build the brand among discerning consumers locally. Motivation and satisfaction of management staff is another benefit, as well as pleasing government and civil society. The impact and sustainability of philanthropic activities can be improved when they are linked to the core business. 'Strategic philanthropy' astutely connects giving with the long-term goals of the business, securing resources, gaining capabilities and building markets.

Many business leaders understand that building a presence in a country should not just involve building factories, offices or outlets. It should also build infrastructure to benefit one of its key stakeholders: the workforce. One common manifestation of this desire is building kindergartens or health clinics for employees' families. SABMiller provides antiretroviral drugs to its employees with HIV/AIDS through managed health care.

Companies also build infrastructure that aims to improve the quality of life of the communities surrounding them. Tata in India developed special towns around some of their industrial facilities, dubbed 'Tata townships.' These cities are built with space for leisure activities, such as football and hockey. There are areas for Hindu temples, Muslim mosques and Christian churches along with schools and clinics. The township also supports community initiatives and awareness-raising programmes on topics such as drug abuse (Tata).

Education and health are issues most commonly addressed through philanthropy. This includes donations to schools, universities, hospitals and clinics. Emerging Market Multinationals also provide in-kind resources in the form of materials or staff time. Raising awareness on health or education topics is an important contribution to human development goals. Mansour Group produced a literacy awareness campaign in Egypt focusing on women and girls' access to education. They partnered with the General Authority for Adult Education as their government counterpart for the campaign, with the company sponsoring three television advertising campaigns over two years (Mansour case study) Benefits from these activities tend to be long-term. In the case of education assistance, many companies are investing in the development of their future staff. For example CEMEX, a leading construction company based in Mexico, has created 12 community development centers that provide training and technical assistance in vocational areas such as clothing, pastry manufacturing, baking and computing. During 2009, the centers sponsored more than 137 workshops in nine states (CEMEX case study).

Most Emerging Market Multinationals already provide work opportunities for large numbers of low-skilled employees. In many cases they are meeting or exceeding the wage and labor standards of smaller shops or businesses. Yet many companies in developing countries are accused of disregarding their workers' human rights and exploiting their vulnerabilities. Emerging Market Multinationals cannot afford to be associated with these accusations; they must maintain their reputation both internationally and in their home country. Contributing to the human development of poor employees helps to avoid this complicity. It also gives Emerging Market Multinationals the opportunity to build skills among their workers to reach mutually beneficial goals.

For example, Vale, a mining company based in Brazil, offers training to its employees. One aim is to reduce illiteracy to zero within the company. In addition, it offers courses in areas such as sustainability, continuous improvement, multiculturalism and ethics. It also sponsors a professional qualification programme. Odebrecht, a Brazilian conglomerate involved in engineering and construction, has created a professional training programme to qualify the local population around their jobsites. As of December 2010, the programme had registered more than 80,000 people and trained more than 34,000 men and women for jobs such as construction equipment operator, driver, bricklayer, welder and carpenter. A total of 21,000 trainees were directly recruited by Odebrecht following their graduation in Brazil alone (Odebrecht case study).The programme is now moving on to Peru, Colombia and Angola(Odebrecht case study). Evidence shows that training programmes boost employee morale and retention even as they improve employees' competency in reaching business objectives.

Many Emerging Market Multinationals already target low-income populations with products tailored to their needs, oftentimes enhancing their standard of living. One strategic advantage of Emerging Market Multinationals in this realm is that, because they are based in emerging economies, they can more easily produce goods at affordable prices than their peers in other countries with their more expensive labor forces. Emerging Market Multinationals often have better access to market information about the needs and preferences of low-income people, or about how products could be distributed to reach them. By selling products that create well-being and opportunity they not only create market share but also contribute to human development.

Access to financial services is also crucial for low-income populations. The ability to save, transfer or borrow money fosters sustainable wealth-building and micro-enterprise development. For example, South African-based Standard Bank, one of the developing world's biggest financial institutions, develops innovative and affordable products and mechanisms to reach customers operating in the low-income market. Through a combination of cell phone banking and a network of community retailers, Standard Bank extends banking to the poor without the need to build traditional bank branches or install ATMs. Customers can open bank accounts, access basic account information and perform basic banking transactions at locations such as taxi ranks, bank shops and market stalls. Community bankers (local people hired as Standard Bank employees) are available to assist new customers. New accounts are activated within minutes and debit cards handed out on location. The model also includes credit services for informal businesses and consumer education programmes.

Telecommunications has become a key enabler for low-income communities, enhancing productivity, facilitating communication, and providing information vital to small and informal businesses. Safaricom Kenya, a mobile service provider, developed an electronic money transfer product together with Vodafone called M-PESA. With this innovative and popular service, users can pay with their phones in supermarkets and other registered retail outlets. They can withdraw cash and deposit money at these retail outlets and also transfer money via texting. With fewer than two million bank accounts serving Kenya's 32 million people, this model bridges a considerable gap(Karugu/Mwenda 2008). In 2009, Vodafone announced that it would partner with Safaricom and Western Union to enable UK residents to send remittances to Kenya via the M-Pesa mobile banking service. This 'trickle-up innovation' exemplifies how closely such innovations can be linked with development issues.

It was against this backdrop that Orascom Telecom, a leading international telecommunications company and one of Egypt's first and largest transnational corporations that operates in countries throughout the Middle East, North Africa, Sub-Saharan Africa and Asia through its subsidiaries, supports a model, which provides bill repayment, E-recharge, SIM card replacement, and Mobinil products and bundles to low-income people.

Traditionally the retail environment for telecommunications products and services in Egypt has been dominated by small 'business centres' which sell multiple telecommunications products and services to primarily low-income communities. Many of these small business centers are struggling in the face of increasing competition from larger outlets. OTH's Egypt subsidiary, Mobinil, in partnership with the Cairo Chamber of Commerce, expanded the capacity of these small business telecommunications centers and their sales outreach.

Development issues do not have borders; they prevail in many countries where Emerging Market Multinationals operate. Therefore, Emerging Market Multinationals are well placed to raise awareness on development issues at an international level. For example, Orascom Telecom Holding supported a team of Bangladeshi young people on an international bicycle tour to raise awareness about HIV/AIDS. The use of bicycles assisted in targeting the most remote and densely populated areas, where the young people also collected information to identify drivers of the epidemic (Orascom).In another example, SABMiller promotes responsible drinking worldwide. They have signed up for a plan of action to combat the harmful use of alcohol in developing markets. So far it has trained over three-quarters of its staff on responsible drinking.

Emerging Market Multinationals can also participate in existing global development platforms. Many of these platforms are dominated by their counterparts from the North. Emerging Market Multinationals can bring a unique and highly valuable 'Southern' perspective and experience to these platforms, which are still dominated by northern organisations. Standard Bank in South Africa supported the Global Fund to Fight AIDS, Tuberculosis and Malaria. Through a pro bono service partnership, the bank offered management and financial expertise to Global Fund grant recipients (The Global Fund).

Creating Opportunities for Low-income People throughout the Value Chain

While philanthropy is typically aimed at addressing social problems with relatively little direct consideration of their impact on company operations, inclusive business takes a more strategic approach. With inclusive business, companies explicitly consider human development goals in developing their business models. Therefore, inclusive business approaches can potentially create major opportunities for low-income people. As these businesses grow, the benefits for these stakeholders also increase. Emerging Market Multinationals already involve those on low incomes throughout their value chains, as they represent the majority of the population in their home and host countries. Leaders of these companies are therefore well-positioned to consider how they might impact that population in ways that alleviate poverty even as they create business opportunity. Of the world's 6.4 billion people, four billion people live on less than US$3,000 per year, and 2.6 billion live on less than about US$730 a year (IFC/WRI 2007).

This forms a massive aggregated purchasing power even though each individual spends only small amounts of money. Although the opportunities arising from this market are vast, so are the obstacles. They include underdeveloped market infrastructure, financial systems and legal frameworks, and inadequate market information. Companies that include the poor throughout their value chain are investing in their own customer base, labor market and supplier base. They are supporting development in ways that strengthen the global competitiveness of their own company and that of their home country (UNDP 2008).Many Emerging Market Multinationals are now taking a closer look at inclusive business models because they usually can be more closely tied to a company's strategic interests when compared to philanthropy:

For the past three decades, leading South African corporates have been developing an understanding of their role in development. Over the last ten years, the practice of "giving money to the needy" has been systematically replaced with the more focused approach of supporting projects that have clearly defined outcomes. Ultimately as a bank, any activities we undertake or support should also work in the best interest of the bank. This does not mean that we refrain from supporting initiatives that are not profitable for the bank, but rather that we focus on how the initiative adds value, protects value or reduces risk for the bank (Ireton, 2010)

When it comes to inclusive business, innovation is crucial to overcoming market constraints. Companies must do more than simply ensuring that their products suit the needs of low-income consumers. The whole business model may require changing to make products accessible as well as affordable. For example, when addressing the low-income market, telecom companies reduce the 'unit size' of their product – namely, selling prepaid airtime by the minute – and distribute it through uncommon channels, such as independent, local shops. Other firms, such as construction company CEMEX, leverage microfinance to make their products accessible.

The innovations in technology and business models that come from inclusive business can build competitive advantages in other markets if they result in so-called 'disruptive innovation.' Clayton Christensen, the Harvard academic who coined the term, writes that disruptive innovation 'describes a process by which a product or service takes root at the bottom of the market and relentlessly moves upmarket, eventually displacing established competitors (Christensen, 2003).'33 An innovation that is disruptive gives a whole new population of consumers' access to a product or service that was historically only accessible to consumers with a lot of money. While disruptive innovation most typically allows companies to sell to the enormous lower-income market, it can also operate in the opposite direction, as innovations designed to reach this low-income market 'trickle up' to serve higher-income markets.

To give one of many examples of inclusive business fostering disruptive innovation, Mahindra & Mahindra developed a small tractor for poor farmers with little land. Fuel consumption as well as maintenance costs were low. Now these tractors are popular with gardeners and hobby farmers in the United States. General Electric developed a cheap ultrasound device for the Chinese market, which is sparing in its use of raw material and impact on the environment. Now it is the basis of a global business, where many re-engineered medical devices have the potential to slash health-care costs in the developed world without reducing the quality of care (The Economist 15 April 2010).

Business can include low-income people throughout the value chain: as producers (i.e. as suppliers or entrepreneurs), employees or customers. The rest of this section addresses each of these forms of inclusive business in turn. The poor act as suppliers in a variety of industries including agriculture, food, manufacturing and retail. Here, inclusive business models give the poor the opportunity to generate income and expand their skills. Frequently companies face issues involving product quality and availability because of unpredictability in the supply chain. While small businesses may produce goods cheaply, they sometimes lack the information or capacity to adapt to technological changes, struggling or going bankrupt in the process.

Training and building capacity for these small businesses can thus be a win-win, improving product quality and supply reliability for the buyer even as they help to lift suppliers out of poverty. Strengthening the link between supplier and buyer can also help to reduce the inefficiencies created by middlemen who may squeeze suppliers and destabilize their businesses.

SABMiller which is the world's second largest brewery by volume, with South African roots, sources raw materials such as barley and sorghum from over 28,500 smallholder farmers in Africa, India and Latin America. Through capacity building, it helps suppliers develop the quality and type of materials SABMiller needs. One of SABMiller's sustainable development goals is to benefit these farmers' communities. 'Businesses need healthy and prosperous communities, because they offer the opportunity for profitable growth,' says Tom Salisbury, Sustainable Development Analyst at SABMiller. 'They enable companies to grow markets, promote new product development and improve productivity. In contrast, when local economies undergo economic hardship and contract, businesses are also impacted, reducing the ability of these businesses to provide employment and support suppliers (Tom Salisbury, 17 November 2010).

In 2010 SABMiller won nearly US$1 million funding from the Africa Enterprise Challenge Fund (AECF) to introduce an innovative local sourcing model in South Sudan for cassava, which will provide the ingredients from which beer will be brewed. SABMiller is partnering with NGO FARMAfrica to implement the initiative, which will bring direct and significant long-term market opportunities to about 2,000 smallholder farmers, and other employment outcomes affecting about 15,600 people over three years.

Business Environment

A country with a favorable business environment is one that makes it easy for companies to do business. The business environments in developing countries can be very challenging, especially in the least developed countries. Basic market infrastructure may be missing, such as adequate roads, telecommunications services, or legal and regulatory frameworks. Political situations may be unstable and LDCs often rank high in Transparency International's Corruption Perception Index. Emerging Market Multinationals are accustomed to these challenges. They have often been willing to move into markets where others fear to tread, gaining a crucial 'first mover' advantage. Nonetheless, Emerging Market Multinationals will also benefit from an improved business environment. They are in a good position to assist in this goal by partnering to improve infrastructure with other businesses, government officials or CSOs in their home or host countries in ways that ultimately benefit their core business; advocate with governments to improve the business environment by lobbying or expressing support.

Emerging Market Multinationals provide their host countries with access to resources and markets throughout their global value chains. And they often invest in infrastructure alongside their business. For example, Asian investors (mainly from China) are involved in building special economic zones (SEZs) in African countries such as Algeria, Egypt, Ethiopia, Mauritius, Nigeria and Zambia. These SEZs are designed to feature improved infrastructure and provide technology transfer and employment opportunities, as well as containing new schools and hospitals (Bräutigam 2010; Sohlman 2009).

Development issues such as water supply, sanitation and traffic circulation are ultimately very important for smooth business functioning. Given the magnitude of these infrastructure challenges, partnerships are vital. Other companies, government officials or CSOs may all be involved. CEMEX, for example, stimulates road building in informal Mexican settlements through its MejoraTuCalle (Improve your street) programme, an extension of the PatrimonioHoy programme described earlier in this chapter. Cities and residents share funding responsibilities for the street project, while CEMEX loans building materials so building can begin quickly.

Perhaps the most dramatic example of Emerging Market Multinationals helping to build infrastructure is China's growing footprint in Africa. Currently the Chinese government and/or Chinese companies are involved in 35 infrastructure projects in African countries such as Cameroon, Angola, Sudan and Nigeria.40 Its infrastructure investments are part of a massive (and somewhat controversial) influx of Chinese investment into Africa in areas including manufacturing, mining, construction and agriculture. China is now Africa's biggest trading partner, with annual imports and exports each exceeding US$60 billion (The Economist, 20 April 2011).

Chinese companies have undertaken major infrastructure projects in power generation (hydropower), transport (railroads) and information technology (equipment supply). Initiatives for those projects are manifold. Some are answers to open calls for tenders and contracted by the World Bank and the International Development Association (IDA), some are funded by the African Development Fund (an ADB-affiliated structure) and some are the result of the official economic assistance of China, typically channeled through the Export-Import Bank of China. For example, Chinese companies have built roughly a third of the hydropower generating activity that exists today in Africa; China's Shenzhen Energy Group is partnering with a Nigerian bank to build a 3,000 MW gas turbine power plant at an estimated cost of US$2.5 billion; China's International Cooperation Group was awarded a US$45 million contract by Mozambique to construct a water supply system in the central province of Manica.

Advocacy to Improve the Business Environment

Companies can use their voice to advocate that governments take steps to improve the business environment. They can contribute their skills and knowledge and invest as well. Often (but not always) they do this in the context of business associations. In some circumstances, businesses lobby to gain individual favors or to gain competitive advantage at the expense of the public interest. This has led some observers to view all business lobbying with suspicion.

But companies do have something to add to policy dialogues. They understand how the right policies can encourage new, high-quality employment; a competitive marketplace; and small business growth. In most cases, these goals ultimately improve human development while fostering business growth. For example, Celtel International[1], the leading pan-African mobile communications group, entered the market of the Democratic Republic of Congo in 2000 when the civil war was still vivid in people's minds. The potential customer base seemed very limited and the ways to reach out to them extremely constrained.

Nonetheless, Celtel worked to build strong relationships with regulatory and political authorities. It advocated for a new telecommunications law, which was passed in 2003. The new law created a clearer framework for state concessions (under the previous law a fixed-line operator had claimed monopoly rights) fostering the competition needed to increase affordability and access. The law also established an agency for telecommunications regulation (UNDP, 2008).44 Celtel has won up to two million customers in the DRC and, because of low penetration of landlines and mobile phones, Celtel earned more per customer in the Democratic Republic of Congo than in more-developed countries (De Catheu, 2008).

While Emerging Market Multinationals can make big development impacts single-handedly, they can multiply those impacts and gain additional credibility if they reach out for support from other companies, government development agencies and CSOs.

---

[1]Celtel has been bought by Zain. And in 2010 Kuwait-based Zain Telecom's African business was bought by Indian telecommunications company BhartiAirtel for US$10.7 billion.

Conclusion

Emerging Market Multinationals now account for nearly a third of all MNCs (UNCTAD, 2010).They control ever-increasing amounts of foreign direct investment and express optimism about their prospects for growth and foreign expansion(UNCTAD, 2010). These companies are garnering more attention – and higher expectations. The rise of Emerging Market Multinationals, and their investments in their host and home countries, form a big part of the economic growth story in these countries. Due to their size, power and outreach, Emerging Market Multinationals can contribute to human and economic development and at the same time create business opportunities.

Integrating the development agenda into business thinking can have significant payoffs. When companies address development goals such as building infrastructure, combating diseases and educating local populations, they are improving their business environment in the long term. By including low-income people into their value chains, they can create real business opportunities and increase their revenue and market share. By improving their sustainability management and CSR activities, they stand to gain greater credibility in international platforms, become more attractive international partners and build their brands with consumers.

In turn, integrating the agenda of Emerging Market Multinationals into the programme of development organisations can have significant payoffs for support institutions. Emerging Market Multinationals have characteristics which make them uniquely suitable as partners for development cooperation. They operate in countries with immense development challenges and where the majority of the population is poor.

As a result of globalisation and the economic growth it brings, most of the world's poor no longer live only in poor countries (Sumner 2011). More than a billion now live in middle-income countries. Development agencies will need to create new ways to help the poor in these middle-income countries and emerging markets. Partnering with global players from emerging markets that fuel these countries' economic development must unquestionably feature in their new strategies.

Foreign and even domestic investments by Emerging Market Multinationals have often been met with suspicion. Sometimes that suspicion is justified, as some of these companies have disregarded environmental impacts and labor standards in the past. They polluted the water and air, displaced communities to carry out infrastructure projects, or put their own workers at risk by failing to enforce basic safety precautions. And while their entrance to a market may be welcomed by consumers, their extensive resources and elevated bargaining power may threaten local businesses and industries. While companies around the world have been accused of these practices, currently there is a spotlight on Chinese companies in Africa, where acknowledgement of their vital role in economic development has been balanced against deep concerns about unsustainable ways of doing business.

Sometimes, Emerging Market Multinationals are perceived as hegemonic forces that exacerbate existing societal inequalities. CSOs often lead the charge against these companies, documenting their misdeeds and advocating against them. The at times contentious role of Emerging Market Multinationals has led to a degree of mistrust between players in the private, public and civil society sectors. When envisaging partnerships between Emerging Market Multinationals and support institutions, further challenges may arise. The agents need to bridge the differences in objectives, managerial structures, resource constraints and technical capacity. Also, varying cultural norms need to be addressed. In a sense, the private, public and civil society sectors still speak different languages.

Nonetheless, the benefits of cross-sector cooperation are too large to ignore. As Emerging Market Multinationals assess the negative impacts of their global footprint and work to mitigate them, they are realising the benefits of engaging in sustainable development, whether through philanthropy, inclusive business, or improving the business environment. And for this they need the help of the public and nonprofit sectors, not only for designing and executing projects but also for gaining the support and respect of the stakeholders on whom they are hoping to have an impact. Meanwhile, government and civil society has realised that some companies are sincerely interested in mitigating their impacts and engaging in sustainable development – and that their help is needed.

As Emerging Market Multinationals begin to realize the benefits of engaging in development, the expectations on them to contribute to sustainable development in their home and host countries continue to grow. These companies are actively seeking new partners to implement their development activities. They recognise the strategic advantages of reaching out to low-income customers and creating more inclusive business models. But a lack of partners with adequate technical capacity or management skills is constraining their engagement.

Development partners must step forward to contribute the support they are so well prepared to give. If development support institutions and Emerging Market Multinationals fail to cooperate, the risk is that the companies will fail to realise their development potential. Their support may remain largely at the philanthropic level and they may fail to fully explore inclusive business opportunities or advocate for improvements in the business environment. Emerging Market Multinationals have emerged as key players in the pursuit of sustainable development of emerging and developing countries. Effective partnerships will be key to building and maintaining the momentum.

References

Aguiar, M.; Bailey, C.; Bhattacharya, A.; Bradtke, T.; de Juan, J.; Hemerling, J.; Koh, K.W.; Michael, D.C.; Sirkin, H.L.; Stern, S.; Tratz, T.; Waddell, K.; Waltermann, B. (2009): 'The 2009 BCG 100 New Global Challengers: How Companies from rapidly developing economies are contending for global leadership', Boston: BCG.

Bräutigam, D. (2010): 'Africa's Eastern promise: What the West can learn from Chinese investment in Africa', *Foreign Affairs*, 5 January 2010.

Casanova, L.; Dumas, A. (2010): 'Corporate Social Responsibility and Latin American Multi-Nationals: Is poverty a business?' in: Universia Business Review, First Quarter 2010.

Christensen, C. (2003): 'The Innovator's Dilemma: The Revolutionary Book that Will Change the Way You Do Business', New York: Harper Paperbacks.

De Catheu, J. (2008): 'Celtel and Celpay in the Democratic Republic of Congo.' GIM Case Study No. A010. New York: UNDP.

Harvard University (2007): 'The Role of the Private Sector in Expanding Economic Opportunity through Collaborative Action', Leadership Dialogue, Harvard University Kennedy School of Government, October 2007.

IFC/WRI (2007): 'The next 4 billion: Market Size and Business Strategy at the Base of the Pyramid', Washington DC: WRI.

Karugu, W.; Mwenda, T. (2008): 'Vodafone and Safaricom Kenya: Extending the Range and Reliability of Financial Services to the Poor in Rural Kenya.' GIM Case Study No. A039. New York: UNDP.

Mendoza, R. U.; Thelen, N. (2007): 'Innovations to Make Markets More Inclusive for the Poor', UNDP/ODS Background Paper, New York: UNDP.

OECD (2008): 'The impact of Foreign Direct Investment on wages and work conditions'. Background document to the OECD ILO conference on Social Responsibility 23-24 June 2008, Paris.

Sumner, A. (2011): 'The New Bottom Billion: What if most of the world's poor live in middle-income countries?' CGD Brief, March 2011 (Revised 24 March 2011), Washington, D.C.: CDG.

The Economist (2010): 'Innovation in Emerging Markets', The Economist, 17 April 2010.

UNCTAD (2003): 'World Investment Report: FDI policies for development: National and International perspectives', New York and Geneva: UN.

UNCTAD (2006): 'World Investment Report: FDI from developing and transition economies: Implications for development', New York and Geneva: UN.

UNCTAD (2009): 'World Investment Report: Transnational Corporations, Agricultural Production and Development', New York and Geneva: UN.

UNCTAD (2010): 'World Investment Report: Investing in a low carbon economy', New York and Geneva: UN.

UNDP (2008): 'Creating value for all: Strategies for doing business with the poor', New York: UNDP.

UNDP (2011): 'Growing Inclusive Business Markets-KheirZaman: A new player in food retail', New York.

UNIDO (2007): 'Africa Foreign Investor Survey 2005', Vienna: UNIDO.

WBCSD (2005): 'Empowering supply chains: Anglo American's Mondi recycling.' Geneva: WBCSD.

Karin Ireton, Director of Group Sustainability Management, Standard Bank (South Africa).

Chapter 18

Esquisse d'une théorie normative du fédéralisme en Afrique

Anatole Fogou

Avec le processus de la mondialisation et la nécessité de la reconnaissance adéquate des groupes minoritaires ont été remises en cause la nature et la structure de l'État traditionnel. D'où la nécessité de rechercher des nouveaux modèles susceptibles d'imposer le respect de la souveraineté de l'Afrique et la construction d'un système international polycentrique afin de substituer aux rapports de force, l'obligation de négocier et la prise en compte de ses points de vue dans la résolution des problèmes mondiaux. L'intention de cette réflexion est de montrer que pour faire face aux grands défis qui l'interpellent aujourd'hui, l'Afrique doit adopter le régime fédéral qui, sur un plan strictement normatif, est un arrangement institutionnel susceptible de faire fonctionner, dans un système politique englobant, un ensemble d'unités politiques à la fois différents, et partageant des caractéristiques communes. Il est vrai que ces idées avaient déjà alimenté les débats au moment des indépendances : mais l'originalité de notre travail consiste à montrer que l'intégration fédérale africaine que nous proposons n'est pas une simple forme de gouvernement situé entre un État unitaire et une alliance, mais une structure dans laquelle les pouvoirs sont divisés entre des ordres organisés de telle sorte que chacun soit souverain dans son propre domaine. Dans cette perspective notre papier contribue à esquisser une théorie normative du fédéralisme en Afrique.

Le contexte actuel de la mondialisation qui se caractérise entre autres par la création de grands ensembles, de pôles de puissance pouvant permettre de résister et de faire face aux grands défis mondiaux, a imposé la nécessité de procéder dans l'analyse et la résolution des problèmes africains, à un changement d'échelle spatiale qui permette de passer d'une micro logique où prévalent les micros nationalismes à la macro logique qui envisage le destin de l'Afrique à l'échelon continental. En effet, cinquante ans après leurs indépendances, les Etats africains sont toujours inefficaces, stériles et incapables d'apporter à l'africain la sécurité et le développement. Malgré les changements souvent observés, les transformations de fond bien que souvent souhaités, ne suivent pas et *« l'Afrique persiste dans une situation non voulue, avec le même lot de difficultés, de problèmes insolubles ou récurrents »* (Eboussi 1992: 151). A la question de savoir *« Quelles réponses les Etats africains peuvent-ils et devraient-ils adopter pour faire face à l'essor de nouveaux acteurs dans le nouvel ordre international émergeant? Comment les états africains devraient-ils se positionner face à ces nouvelles puissances émergentes qui se tournent vers le continent en quête de nouvelles sources de matières premières pour alimenter leur croissance économique, étant attirés par une Afrique riche en ressources naturelles et humaines? Quels sont les défis auxquels le continent africain est confronté, notamment en termes d'intégration de ses économies? »*[1], nous répondons que pour faire face aux grands défis qui l'interpellent aujourd'hui, l'Afrique doit adopter le régime fédéral qui, sur un plan strictement normatif, est un arrangement institutionnel susceptible de faire fonctionner, dans un système politique englobant, un ensemble d'unités politiques à la fois différentes, et partageant des caractéristiques communes.

Dans la mesure où il assure la préservation de la diversité et de la différence en protégeant et préservant les différents ordres d'intérêts, d'identités et de croyances, et dans la mesure aussi où il permet le partage de la souveraineté, dans un contexte de recul de cette dernière dans les États nations du fait de la complexification et de la fragmentation des sociétés de la modernité avancée, la forme fédérale nous semble offrir des réponses et des ressources pour non seulement affronter la mondialisation, mais aussi permettre une meilleure organisation de la vie et de l'existence africaines. Il est vrai que ces idées avaient déjà alimenté les débats au moment des indépendances : mais l'originalité de notre travail consiste à montrer que l'intégration fédérale africaine que nous proposons n'est pas une simple forme de gouvernement situé entre un État unitaire et une alliance, mais une structure dans laquelle les pouvoirs sont divisés entre des ordres organisés de telle sorte que chacun soit souverain dans son propre domaine. Dans cette perspective notre papier contribue à esquisser une théorie normative du fédéralisme en Afrique.

---

[1] Appel à communication du présent symposium.

L'intégration Fédérale Africaine : Une Nécessité Historique

La question de savoir si l'Afrique doit s'enfermer dans l'individualité micro-nationale ou s'ouvrir à une recomposition inter communautaire et interafricaine ne relève plus aujourd'hui de l'ordre du débat, mais tend, au regard du contexte de l'heure, à s'inscrire dans le cadre de la nécessité. Il n'est cependant pas inutile de rappeler qu'historiquement, cette question a longtemps agité la conscience intellectuelle africaine, sans grand succès. Qu'il nous soit permis de rappeler ici les grands arguments en faveur du panafricanisme avant de montrer que la mondialisation, en tant qu'elle contribue à affaiblir la capacité de l'État traditionnel à maintenir les frontières de son système et à réguler de manière autonome ses relations et ses interactions avec ses partenaires et son environnement, impose comme une nécessité l'urgence d'inventer de nouveaux modes de gestion de la chose politique.

Les arguments culturalistes et leur échec.

Les intellectuels de la première génération en Afrique ont défendu l'idée de l'unification politique et économique du continent, faisant de lui un espace commun avec gouvernement central. Sous la direction de ce gouvernement, les divers États, égaux en droits, tout en gardant une relative souveraineté, lui abandonneraient le pouvoir de décision dans les domaines fondamentaux et vitaux : économie, affaires étrangères et défense. Cet État aurait pour objectif premier de se poser en tant que grande puissance indépendante et moderne sur le plan mondial. Anti-impérialiste, il ferait siennes les aspirations profondes des nations de l'intérieur, et se montrerait soucieux et capable de promouvoir un développement authentique.

C'est ainsi que pour Kwame Nkrumah (1963), cette unification du continent est le seul moyen pour l'Afrique de s'affirmer et de devenir une grande puissance mondiale. Celle-ci aurait pour objectif d'abord d'imposer la négociation aux puissances impériales et ensuite d'œuvrer à sortir le continent de la misère et du sous développement par une exploitation judicieuse des ressources naturelles et humaines ; le faire dans les conditions actuelles où la plupart des États ne disposent ni de ressources nécessaires et suffisantes, ni de capitaux ou de capacités à écouler d'éventuelles productions, semble pour le moins difficile, sinon impossible. Il serait donc question de concevoir de grands ensembles industriels à l'échelle continentale qui ne seront rentables et puissants que s'ils peuvent écouler leur production massive d'abord sur un marché africain important.

Cette puissance devrait reposer sur la culture africaine qui comme le dit J. E. Pondi (1997: 314) combine dans un même élan les dimensions physiques et métaphysiques. Il écrit en effet :

> Les concepts d'unité du temps et de l'espace, d'harmonie entre les éléments organiques et inorganiques, de symbiose entre le physique et le métaphysique étant intrinsèquement liés à la culture de l'Afrique, il semble important d'intégrer la dimension continentale dans la construction d'un État africain pour que ce dernier, par sa nouvelle mission, serve à la fois de réconciliateur entre les peuples du continent et d'interlocuteur au niveau du village planétaire du XXIème siècle en construction.

Mais c'est Cheikh Anta Diop qui, le premier fait de la culture africaine le ciment susceptible de faire advenir l'unité africaine. Dans les *Fondements économiques et culturels d'un État fédéral d'Afrique noire* et dans *L'unité culturelle de l'Afrique noire*, après avoir posé et affirmé l'origine nègre et mono génétique de la civilisation égyptienne, il montre que celle-ci s'est diffusée sur tout le continent à partir d'un centre situé dans la vallée du Nil.

J'ai essayé de partir des conditions matérielles pour expliquer tous les traits culturels communs aux africains, depuis la vie domestique jusqu'à celle de la nation, en passant par la superstructure idéologique, les succès les échecs et les régressions techniques. J'ai donc été amené à analyser la structure de la famille africaine et aryenne et à tenter de démontrer que la base matriarcale sur laquelle repose la première n'est point universelle malgré les apparences. J'ai abordé la notion d'Etat, de royauté, la morale, la philosophie, la religion et l'art par conséquent, la littérature et l'esthétique. Dans chacun de ces domaines si variés, j'ai essayé de dégager le dénominateur commun de la culture africaine par opposition à la culture nordique aryenne. (…) Puisse ce travail contribuer à renforcer le sentiment de liens qui ont toujours uni les africains d'un bout à l'autre du continent et démontrer notre unité culturelle organique. (Diop 1982: 7-8)

Cette unité culturelle est le socle à partir duquel devrait émerger un État multinational épousant les contours de la quasi totalité du continent. Le sentiment de continuité historique que crée la parenté des civilisations égyptienne ancienne et africaine devrait jouer dans la formation ou la construction de l'État continental africain un rôle paradigmatique ; celui d'un noyau éthique de civilisation ou plus simplement d'un modèle. Il s'agira donc, pour aboutir à la formation de cet Etat continental, de faire la promotion de liens et de valeurs transnationales et supranationales comme ciments et éléments unificateurs du processus. Diop nous montre ainsi que seule la création d'une conscience historique aux dimensions de tout le continent est capable de nous propulser sur la voie de la modernité qui, pour nous aujourd'hui, prend la figure d'une intégration fédérale.

Ce paradigme, bien que très ancien[2], garde une grande actualité en tant que *« utopie mobilisatrice et opérationnelle, à condition qu'elle intègre les exigences nouvelles que sont la démocratie, la protection sociale et le respect de l'environnement. »* (Founou-Tchuigoua 2007: 90) En effet, le panafricanisme, bien que né en Amérique, fit son entrée en Afrique grâce aux deux Congrès organisés à Accra en Avril et décembre 1958.

Le congrès d'avril, qui réunissait les huit Etats indépendants de l'époque[3], entre autres résolutions, adopta la réaffirmation par les africains de leur attachement aux principes des Nations Unies et celles de Bandoeng ; la fixation d'une date butoir pour l'accession à l'indépendance des peuples encore colonisés ; la condamnation du

---

[2] Le mouvement panafricaniste est en effet né en Amérique au tournant du XIXème et du XXème siècle. Après l'épisode de la Traite, les noirs du monde entier vont réclamer la reconnaissance de leurs droits, la réhabilitation de leur civilisation, et la restauration de leur dignité. Ce mouvement d'idées va culminer dans la promotion du « retour à la mère-patrie ». Ce sont ces idées qui vont alimenter les combats des intellectuels de la diaspora tels que James Weldon Johnson, Carter Woodson, William Brighart Dubois, Marcus Garvey, Gorges Padmore. Pour une présentation de la genèse du Panafricanisme, voir E. Ngodi (2007: 55-78).

[3] Il s'agit de: la Libye, la Tunisie, le Maroc, l'Égypte, le Liberia, l'Ethiopie, le Soudan, et le Ghana.

racisme sous toutes ses formes et le lancement du slogan « *l'Afrique aux Africains* ».

Celui de décembre avait pour objectif d'élaborer des stratégies pour une révolution non violente en Afrique, et recommanda la création future des « *États-Unis d'Afrique* » et le respect du droit des peuples à disposer d'eux-mêmes. De ce point de vue, conclut Ngodi,

> le panafricanisme constitue donc une réaction de solidarité des noirs face à la position subalterne qui leur était faite dans la société, et à l'accusation gratuite de l'infériorité de la race noire, dépourvue d'Histoire et privée de Culture. Il reste un mouvement dont l'idéal était de regrouper, de rendre solidaire les peuples africains et de les amener à se libérer du joug colonial. (Ngodi 2007: 60)

Seulement, sur le terrain, ces idées nobles vont être plombées par le contexte de Guerre Froide et la division subséquente du monde en deux blocs. C'est ainsi qu'on verra se constituer deux courants panafricanistes avec des colorations idéologiques différentes :

- L'un incarné par le groupe de Casablanca, fondé en 1961, et regroupant des pays comme le Ghana, l'Egypte, le Maroc, l'Ethiopie, la Libye, la Tunisie, le Soudan, le Mali et la Guinée Conakry, militait pour une Afrique unie, avec gouvernement central. Ce panafricanisme maximaliste, encore appelé panafricanisme révolutionnaire, visait à briser les chaînes coloniales et à supprimer la domination de l'Occident sur l'Afrique. Il prônait une recomposition géopolitique du continent pour faire face à la balkanisation crée par la Conférence de Berlin en 1884.

Sous la houlette de Nkwame Nkrumah, ce courant affirmait que sous peine de demeurer en marge de l'histoire, les États Africains doivent s'unir pour fonder les États-Unis d'Afrique, c'est-à-dire un État-Afrique susceptible de faire du continent noir un acteur de la scène mondiale, capable de contribuer à la civilisation universelle. Seulement,

> un tel projet ne pouvait réussir du fait du poids des puissances coloniales qui détenaient encore une capacité de pénétration forte pour sauvegarder leurs intérêts vitaux (ressources minières, clientélisme, réseaux de communication), et de l'influence de la guerre froide, car

Washington souhaitait ainsi stopper l'expansion du communisme dans l'Afrique et dans le monde. (Ngodi 2007 : 62)

- En face, s'était constitué le groupe de Monrovia, encore appelé panafricanisme réactionnaire ou minimaliste. D'inspiration coloniale, il reposait sur le droit inaliénable de chaque État à son indépendance, sur le principe de l'intangibilité des frontières héritées de la colonisation, le respect du principe souverainiste et celui de non ingérence dans les affaires intérieures des États. Représenté par des pays comme la Côte d'Ivoire, le Sénégal, la RCA et bien d'autres, ce courant domina à la Conférence d'Addis-Abeba en 1963, et influença la création de l'Organisation de l'Unité Africaine en tant qu'organisation de coopération entre États, consacrant ainsi le triomphe des égoïsmes nationaux, et marquant du même coup l'échec du panafricanisme et de l'idée de la création d'une organisation politique africaine originale.

Malgré cet échec historique, le réalisme aujourd'hui recommande que soient pensés, à nouveaux frais, la question de la reconfiguration panafricaine des États africains. En effet, comme le soutient Jean-Emmanuel Pondi,

> si l'Afrique offre le spectacle désolant d'un continent d'une richesse matérielle inouïe et celui d'une terre hébergeant une des populations les plus pauvres de la planète, c'est dans l'irrationalité de son organisation géopolitique qu'il faudrait sans doute chercher les éléments de réponse à ce paradoxe. Réorganisée en une entité continentale (fédérale ou confédérale), il ne fait aucun doute que l'Afrique possédant en son histoire, en sa culture et en son peuple les moyens nécessaires pourraient relever les principaux défis du XXIème siècle. (Pondi 1997: 317)

Il est en effet clair que l'on ne peut aujourd'hui tirer un idéal humain intemporel de notre dépendance aliénante (Memmi 1979) ou de notre décadence éternisée, car nos nations actuelles, issues de l'événement colonial ne sont rien d'autre que « des contresens historiques et des divertissements » (Eboussi 1992: 159).

En effet, les États, tels qu'ils sont actuellement constitués, sont des systèmes clos ; or la théorie des groupes nous montre qu'il n'y a pas de changement possible dans les systèmes, puisque ceux-ci se maintiennent et s'auto conservent ce qui les confine à l'inefficacité (Fogou 2009a). Concernant les États africains, Eboussi soutient que nous avons à faire à des variations à l'intérieur d'un système lui-même invariant, puisque les éléments composant le groupe ont des caractères communs qui font que

> quelles que soient les combinaisons qu'ont en fait, on obtient un résultat qui demeure intérieur à celui-ci, à titre d'éléments nouveaux ou d'un état interne possible. Nous avons les variantes d'une combinatoire inchangée et selon le dicton populaire, *"plus ça change, plus c'est la même chose"*. Quelle que soit la séquence ou l'ordre selon lequel on les arrange, on a le même composé. (Eboussi 1992 : 151)

Pour sortir du système et rompre avec sa logique infernale, pour avoir une chance d'améliorer la vie et le possible africain, il importe dès lors de travailler à la construction d'un Etat continental. Comme le note encore Eboussi, qu'on le veuille ou non, les nations que l'on veut aujourd'hui transformer en patrie sont mort-nées en tant qu'entité politiques, économiques, financières et morales telles qu'elles puisent générer l'obéissance absolue, le loyalisme spontané avec le cas échéant, acceptation de mourir pour la patrie. En effet souligne t-il à la suite de C. A. Diop,

> l'idée d'un Etat continental, d'une économie de même envergure, répond seule à un projet mobilisateur de civilisation. Hors de là, ce sera l'incohérence, la décadence et la mort historique, voire physique. Le recadrage panafricain de nos problèmes n'est plus de l'ordre de l'utopie, mais du réalisme. (*Ibid* : 156)

On voit bien que les Etats tels qu'ils sont aujourd'hui constitués, sont inaptes à s'adapter à la nouvelle configuration de la scène mondiale. En effet, la dynamique actuelle porte à croire que seule une régionalisation rapide de l'Afrique peut la doter de moyens politiques, technologiques, scientifiques et économiques pour faire face à l'émiettement, à la marginalisation et aux pressions dégradantes.

Mondialisation et érosion des fondements de l'État.

La mondialisation a des effets dévastateurs sur la configuration de l'Etat-nation traditionnel. Ces effets, qui contribuent à fragiliser cette forme d'organisation politique, tendent à montrer que ces Etats ne peuvent plus être pertinents dans le cadre des frontières nationales. L'État en Afrique comme on le sait, est un héritage de la période coloniale. Après les indépendances en effet, les nouveaux promus à l'autodétermination se proposent de s'approprier les technologies institutionnelles de leurs anciennes métropoles. Or cette organisation de l'État, comme le rappelle fort opportunément Habermas[4] (2000), est né en tant qu'État administratif et fiscal, doté d'un territoire et revendiquant la souveraineté, et a pu se développer dans le cadre de l'État-nation avant de prendre la forme de l'État de droit et de l'État social.

Selon Habermas, la mondialisation affaiblit la capacité de cet État à maintenir ses frontières, à réguler en toute autonomie son commerce avec ses partenaires. Elle vient en effet modifier une constellation historique dans laquelle l'Etat, la société et l'économie étaient coextensifs dans les mêmes frontières. Avec la mondialisation des marchés, le système économique international se transforme en économie transnationale. Ce qui compte, c'est l'extension toujours croissante et l'intensification au delà des frontières nationales des transports, des communications et des échanges, c'est l'extension intercontinentale des communications, du tourisme, de la culture de masse, la prolifération des réseaux transnationaux dans tous les domaines.

Le secteur où cette mondialisation atteint son paroxysme est le domaine économique :

> en comparaison des activités à l'échelle nationale, les transactions économiques à l'échelle de la planète se déroulent à un niveau qu'aucune époque antérieure n'avait atteint, et exercent, à un degré

---

[4] Cet auteur s'est attelé à analyser la pression qu'exerce la mondialisation sur l'État nation en général et l'État européen en particulier. Il débouche sur la nécessité de mettre en place une nouvelle organisation politique. C'est en cela que ses intuitions nous interpellent.

jusqu'ici inconnu, une influence directe et indirecte sur les économies nationales. (Habermas 2000: 54-55).

Dans ce secteur en effet, on note le développement exponentiel du commerce interétatique, la croissance rapide et l'influence grandissante des entreprises transnationales disposant de chaines de production partout dans le monde, l'accroissement de l'investissement direct à l'étranger, l'accélération des mouvements de capitaux sur les marchés reliés entre eux et gérés par les réseaux électroniques. Ces réseaux financiers ont même tendance à s'émanciper et à développer une dynamique propre. Ce qui fait que ces phénomènes

> représentent un danger pour la forme de son institutionnalisation, celle de l'Etat-nation. Par rapport à l'ancrage territorial de l'Etat-nation, le terme « mondialisation » évoque en effet l'image de rivières en crues qui sapent les contrôles aux frontières et risquent de provoquer l'effondrement de l'édifice national. (Habermas 2000 : 56)

Cela signifie que la mondialisation affecte la sécurité juridique et l'efficacité même de l'État administratif ; sous son action, les frontières de l'Etat deviennent poreuses pour la criminalité organisée et le trafic de drogue et d'armes. De plus, elle érode la capacité de l'Etat à mobiliser les recettes fiscales qui alimenteront les caisses de l'administration. De fait, la mobilité des capitaux rend difficile le contrôle des bénéfices et des fortunes, la recherche des lieux de production les moins chers affecte et réduit les recettes fiscales nationales. L'Etat perdant ainsi sa capacité à recouvrer ses impôts, perd également sa capacité à stimuler la croissance et à assurer les bases essentielles de sa légitimité (Habermas 2000: 74-75).

Mais il faut souligner que la disparition virtuelle des frontières ne concerne pas que l'économie. Comme l'ont montré D. Held (1995) et ses collaborateurs, elle s'étend en plus de l'économie à la société et à la culture, et affecte les conditions sur lesquelles reposent les systèmes des Etats construits sur des bases territoriales. En réalité, cette situation inédite fait que les Etats nationaux perdent leur capacité de contrôle, crée des déficits de légitimation qui ont des effets sur les processus de décision, et rendent l'Etat incapable d'assurer une régulation et une organisation créatrice de légitimité.

Dans l'État-nation traditionnel, des acteurs indépendants, dans un environnement propre, prenaient des décisions plus ou moins rationnelles en fonction de leurs intérêts. Mais cette situation tombe de plus en plus en désuétude dans la mesure où

> bien que la souveraineté et le monopole de la force détenu par l'État soient restés intact, l'interdépendance accrue au sein de la société mondiale remet en cause la prémisse selon laquelle la politique nationale peut encore s'identifier au niveau territorial des frontières étatiques, autrement dit au destin effectif de la société nationale. (Habermas 2000: 60)

Il est en effet clair que dans un monde caractérisé par l'interdépendance, ceux qui prennent des décisions légitimes sont rarement identifiables de sorte que leur souveraineté et leur pouvoir s'étendent à l'ensemble des personnes et des territoires touchés par leurs décisions. Aucun État isolé ne pouvant protéger ses citoyens contre les effets externes de décisions d'autres acteurs situées en dehors de ses frontières. De la sorte, on peut conclure avec Habermas (2000: 64) que *« d'un point de vue normatif, ce prétendu droit à l'autodétermination nationale (…) est une absurdité »*. Ainsi,

> si la souveraineté de l'Etat n'est plus conçue comme indivisible, mais partagée avec des acteurs internationaux : si les Etats n'ont plus le contrôle de leurs propres territoires ; et si les frontières territoriales et politiques sont de plus en plus perméables, les principes centraux de la démocratie libérale – l'autonomie politique, le *démos*, la condition du "commun accord", la représentation et la souveraineté populaire – deviennent incontestablement problématiques (McGrew 1997: 12 cité par Habermas),

> et il faut dès lors penser à un au *« delà de l'Etat-nation »*, à une *« constellation post nationale »* adapté à la nouvelle donne : celle-ci prend progressivement la figure du fédéralisme, et l'Afrique n'a pas le droit de cheminer en marge de cette dynamique.

L'intégration fédérale comme réponse à la mondialisation

Comme nous l'avons vu, c'est dans le domaine économique que la mondialisation a des effets les plus dévastateurs sur les fondements des Etats. C'est pourquoi il convient de le sonder pour voir s'il ne peut fournir une voie de résolution plus concrète. On peut ainsi s'apercevoir que ce processus s'accompagne d'un mouvement intégrateur et constitutif de vastes ensembles économiques. Ce sont en réalité des institutions supranationales mises sur pied pour faire face à la mondialisation. Depuis l'institution du *General Agreement on Tariffs and Trade* (GATT), qui deviendra en 1994 l'Organisation mondiale du commerce (OMC), on observe une libéralisation à outrance du commerce mondial qui s'accompagne cependant d'une intégration régionale des marchés. Ainsi, l'un des objectifs de la Communauté Economique Européenne, entre temps devenue Union européenne (UE), était de constituer un vaste marché susceptible d'offrir de nouveaux débouchés aux entreprises européennes. Plus récemment, la constitution de vastes zones de libre-échange est venue structurer le commerce mondial dans quelques régions du monde : on peut citer entre autres l'ALENA qui associe les États-Unis, le Mexique et le Canada et le MERCOSUR qui regroupe quatre pays du continent sud-américain, dont le vaste Brésil. Comme nous l'affirmions (Fogou 2009b: 169), « C'est la dynamique de ce type d'intégration qui a eu des effets bénéfiques en termes de croissance dont nul ne peut aujourd'hui contester le bien-fondé, que les pays du sud et particulièrement l'Afrique doit mettre en place si elle veut être capable non seulement de faire face à la mondialisation », et se positionner comme nation forte capable de faire face aux autre nations émergente.

Ainsi, « *pour faire face à l'essor de nouveaux acteurs dans le nouvel ordre international émergeant, et pour se positionner face à ces nouvelles puissances émergentes qui se tournent vers le continent en quête de nouvelles sources de matières premières pour alimenter leur croissance économique* », il faut que les pays africains se constituent en puissances susceptibles d'inverser la tendance actuelle dans ses relations avec les autres nations du monde. On ne peut en effet éternellement compter sur les politiques d'aide qui reposeraient sur l'idée de solidarité, car pour être efficace et efficiente, celle-ci suppose que les parties solidarisant aient des capacités équivalentes à s'entraider mutuellement (Fogou 2009b). La réalité des temps présents nous renseigne de ce que ce sont les pays économiquement, militairement et technologiquement puissants qui dictent leurs lois aux faibles.

C'est donc en construisant une puissance alternative que l'on pourra inverser la tendance et imposer une ligne de conduite différente. C'est dans cette même perspective que Marcien Towa (2007: 52) soutenait, que

> c'est seulement en édifiant une puissance comparable au plus grandes puissance de notre temps et donc capable de résister à leur agression éventuelle et à leur impérialisme que nous aurons le pouvoir et les moyens de nous affirmer comme monde autocentré politiquement, économiquement et spirituellement.

Il ne s'agit aucunement pour nous de faire l'apologie de la belligérance ou de promouvoir l'idée du *« choc des civilisations »* (Huntington 1997), mais de plaider pour l'avènement d'un monde polycentrique seul susceptible de substituer aux rapports de force l'obligation de négocier. L'observation de la scène politique internationale donne à voir que c'est le plus fort qui a droit à la parole et peut imposer ses vues et ses volontés aux autres. Il devient dès lors impératif pour chaque nation qui veut se hisser au sommet de la hiérarchie et s'y maintenir, de se doter d'une puissance ; ceci est d'autant plus vrai que la politique internationale se conçoit comme une politique de puissance. Celle-ci correspond à la capacité d'un ou de plusieurs Etats à contrôler les actions des autres Etats, voire d'y exercer des influences. Dans ce sens, la puissance devient le maximum de forces, entendues comme les *« ressources actuellement mobilisées en vue de la conduite d'une politique étrangère »* (Aron 1984: 99). On peut alors se demander ce qui fait la puissance d'un Etat en contexte de mondialisation.

Comme on peut s'y attendre, il n'y a pas de réponse univoque à cette question. Tandis que d'aucuns comme Morgenthau (1985: 31-39) déterminent la puissance d'un Etat à partir de ses données géographiques, matérielles, économiques, techniques et enfin humaines, d'autres trouvent que ces éléments ne permettent pas de comprendre pourquoi les facteurs de puissance ne sont pas les mêmes de siècles en siècles, et fixent comme éléments fondamentaux de la puissance, le milieu naturel, les ressources et l'action collective. Pour Aron, qui représente l'un des tenants de cette conception,

> la puissance d'une collectivité dépend de la scène, de son action et de sa capacité d'utiliser les ressources matérielles et humaines qui lui sont données : milieux, ressources, action collective, tels sont, de toute évidence, quel que soit le siècle et quelles que soient les modalités de la compétition entre unités politiques, les déterminants de la puissance (Aron 1984: 64).

Il apparaît donc que la puissance a pour fondement d'une part la capacité de dissuasion fondée sur des déterminants économiques matériels et humains et, d'autre part, la capacité d'élaborer une stratégie diplomatico-militaire. Dans cette perspective, L'histoire récente nous instruit d'un regroupement de pays ayant fait chavirer la puissance impériale. En effet, en septembre 2003 à Cancun, vingt pays du Sud (le G20[5]), se sont ligués et ont provoqué l'échec de la conférence de l'OMC, leurs revendications n'ayant pas été prises en compte. Composé de pays en voie de développement ce groupe vise à contre balancer un rapport de force inégal dans les négociations commerciales. Ce qu'il est important de remarquer, c'est que son action collective a bloqué et fait échouer la conférence de Cancun, en s'imposant comme un interlocuteur valable dans les négociations. En effet, pris isolément, les pays qui forment le G20 apparaissent très faibles devant la puissance nord américaine. Pourtant, pris ensemble ils représentent presque 70% de la population et 26% des exportations agricoles mondiales.

C'est de ce type de regroupement que les pays du Sud ont besoin pour reconstruire un front commun *« d'insoumission »* (Gresch 2005). Comme le disent Samir Amin et *al* (2005), c'est la condition pour que s'ouvrent des espaces permettant aux classes populaires non seulement d'imposer des concessions en leur faveur mais, au-delà, de transformer la nature des pouvoirs en place en substituant aux blocs

---

[5] Le G20 regroupe Afrique du Sud, Egypte, Nigeria, Tanzanie, Zimbabwe, Chine, Philippines, Inde, Indonésie, Pakistan, Thaïlande, Argentine, Bolivie, Brésil, Chili, Cuba, Mexique, Uruguay, Paraguay et Venezuela.

dominants, alliés aux intérêts du Nord, des blocs nationaux, populaires et démocratiques.

Sur un plan purement normatif, on reproche souvent au système fédéral, en raison de la multiplication des paliers gouvernementaux qu'il crée, d'être source d'inefficacité et d'obstacles à l'action collective, avec pour corollaire le blocage de l'avènement du bien commun. De plus on peut craindre que ce système, tout en émoussant certaines identités, en crée de nouvelles avec le risque de *« générer de nouvelles tensions et de nouveaux conflits, autant entre les membres des nouvelles entités fédérées qu'entre ces dernières et l'Etat central »*, (Weinstock 2001: 82 ; voir aussi Kavalski et Zolkos 2008) pouvant déboucher sur des revendications sécessionnistes. Enfin, sur le plan de la solidarité, on reproche au système fédéral la diminution de la solidarité qui existerait entre les membres d'une même nation et par suite de rendre plus difficile les objectifs de redistribution équitable des fruits de la croissance ou des ressources matérielles. Ces arguments sont-ils de nature à affaiblir ou à éroder la valeur intrinsèque du fédéralisme ?

L'intégration Fédérale Africaine Comme Norme : Esquisse De Théorie

L'idée d'intégration fédérale renvoie à une organisation politique dans laquelle la division des pouvoirs est constitutionnellement assurée entre une autorité centrale dont les décisions s'appliquent à toutes les composantes de l'Etat, et plusieurs gouvernements sub-étatiques dont les décisions ne s'appliquent qu'aux membres de ces sous-ensembles configurés sur une base territoriale. Dans ce contexte, la théorie normative du fédéralisme renvoie à toute justification de cet arrangement institutionnel qui fonde sa désirabilité sur les valeurs qu'il permet de réaliser et sur sa contribution au bien commun. Au rang de ces valeurs, on peut citer la liberté[6], la citoyenneté[7] et la démocratie[8]. Mais nous attacheront dans le cadre de la présente étude, à présenter les bénéfices de la relativisation des souverainetés et de la création de la confiance comme valeur.

La relativisation des souverainetés nationales

Le régime fédéral, sur un plan strictement normatif, est un arrangement institutionnel susceptible de faire fonctionner, dans un système politique englobant, un ensemble d'unités politiques à la fois différents, et partageant des caractéristiques communes. Ceci n'est possible que si les différents Etats fédérés consentent à abandonner réciproquement une partie de leur souveraineté au profit d'un ensemble plus grand chargé de défendre la cause commune. Il s'agit donc pour les Etats membres, de mettre ensemble leur pouvoir décisionnel et de le canaliser vers une structure supérieure reconnue comme capable d'une plus grande efficacité dans un contexte de grande compétition. Comme le dit Jules Duchastel (2003: 13), *« le principe fédéraliste est bien adapté à une situation où les pouvoirs souverains sont remis en question en raison de la complexification des unités qui dorénavant forment système sur le plan régional, continental, voire mondial. »*

Ainsi, le principe fédéral est un principe

> d'autonomie dans l'hétéronomie, d'indépendance dans l'interdépendance, qui permet de considérer comme dynamiquement stable un système où le partage de la souveraineté entre des ordres différents de gouvernement va néanmoins de pair avec une forme

---

[6] Selon Hamilton et *al*, tout gouvernement unitaire représente un danger pour les libertés individuelles. Par conséquent, la multiplication des paliers gouvernementaux et les contrepoids crées dans le système fédéral constituent des facteurs tendant à favoriser cette liberté.

[7] Cette idée s'inscrit dans la perspective d'A. de Tocqueville pour qui la multiplication des paliers gouvernementaux augmente les leviers politiques à la disposition des citoyens et facilite par le fait même le développement d'une citoyenneté active et participative puisque le citoyen se sent plus proche des institutions locales que de l'État central.

[8] Selon John Stuart Mill, les niveaux de gouvernement fédéraux multiplient les occasions pour les citoyens de s'exprimer démocratiquement par voie de vote, augmente la valeur de chaque vote en favorisant une participation mieux éclairée et plus informée des citoyens moyens.

d'intégration territoriale sanctionnant une interdépendance assumée et contraignante assurant l'unité politique malgré sa fragmentation. (Théret 2001: 40)

C'est un contexte où les termes *« souveraineté »*, *« indépendance »* ont désormais des valeurs relatives qui cèdent la place au partage ou à une autonomie relative. Ce n'est donc pas une simple forme de gouvernement situé entre un Etat unitaire et une alliance, mais une structure dans laquelle les pouvoirs sont divisés entre des ordres souverains organisés de telle sorte que chacun soit souverain dans son propre domaine.

Dans le même temps, le système fédéral assure la préservation de la diversité et de la différence en protégeant et préservant les différents ordres d'intérêts, d'identités et de croyances. En fait, il faut dire avec D. Held que

> Au moment où les processus fondamentaux de la gouvernance échappent aux catégories de l'Etat nation, les solutions nationales traditionnelles aux problèmes clés de la théorie et de la pratique démocratique laissent place au doute. Nous sommes forcés d'admettre que nous vivons dans un monde complexe et interconnecté, où la portée, l'intensité et l'impact des problèmes (économiques, politiques et environnementaux) soulèvent des questions sur le lieu le mieux approprié à leur prise en charge. (Held 1999: 162)

Or cette prise en charge ne peut être adéquate que dans le contexte de regroupements en vastes ensembles susceptibles de fédérer leurs efforts pour défendre et protéger leurs intérêts. C'est dans cette même perspective que Jurgen Habermas affirmait qu'il était urgent qu'une nouvelle constellation politique prenne la place de l'Etat nation et serve d'interface à la politique néolibérale. Dans ce souci, affirme t-il la

> seule solution alternative satisfaisante du point de vue normatif réside dans l'évolution (…) vers le fédéralisme, seul capable de mettre en œuvre une politique sociale et économique et de travailler à l'institution d'un ordre cosmopolitique sensible aux différences et cherchant à corriger les inégalités sociales. (Habermas 2000: 10)

Il s'agit en définitive pour reprendre les mots de Burges, d'une

> reconceptualisation de la souveraineté par l'articulation et la relocalisation des Etats nationaux à l'intérieur d'une loi démocratique englobante qui constituerait l'unique point de focalisation pour ce qui concerne le développement juridique, la réflexion politique et la mondialisation. La souveraineté se trouverait dès lors dépossédée de l'idée des frontières et des territoires fixes pour devenir un attribut de la loi démocratique. La loi cosmopolite exigerait donc la subordination des souverainetés locales, régionales et nationales à un cadre de travail légal dominant, à l'intérieur duquel toutefois, les associations s'autogouverneraient sur divers plans. (Burges 2000: 163)

Créer la confiance dans les États fédérés

La science politique nous enseigne que l'autodétermination d'une entité politique ne peut être effective que si le corps politique se transforme en nation de citoyens qui assument leur destin politique. Mais en réalité, comme l'avaient bien perçu C. Anta Diop et les autres, cette mobilisation politique ne peut être efficace que par le truchement d'une intégration culturelle. Dans le cas qui nous préoccupe, Il s'agit pour les citoyens de dépasser leur appartenance et leur loyauté à l'égard du village, de la dynastie, et du pays pour embrasser la citoyenneté africaine qui devra se construire un caractère particulier ou pour mieux dire, ce que Hegel appelle *« esprit du peuple »*, qui devra engendrer une unité même imaginaire et créer les conditions d'une solidarité que seuls le droit et la confiance peuvent garantir. Comme le soutient en effet Habermas (2000: 52), *« seule la construction symbolique d'un peuple transforme en effet l'État moderne en Etat-nation. »*

L'une des raisons pour lesquelles les thèses culturalistes n'ont jamais pu véritablement impulser l'Afrique sur la pente de son destin fédéral réside dans ce qu'on appelle les égoïsmes nationaux, liées par exemple à la peur de la perte non seulement de la souveraineté, mais aussi et surtout du pouvoir. Mais comme on l'a vu, en contexte de mondialisation, *« la souveraineté tend à s'effriter, compte tenu de ce que l'on peut considérer comme la substitution de l'économie, qui constitue désormais le véritable fer de lance de la régulation internationale des rapports sociaux, au politique et au pouvoir qui lui est rattaché »* (Bonneville 2003: 34 ; voir aussi Boulad-Ayoub 2003).

D'autre raisons avaient trait au manque de volonté politique, à la balkanisation et à la diversité des situations des pays du continent ; comment en effet fédérer, c'est-à-dire organiser la libre circulation des biens et des hommes entre des pays plus ou moins stables et des ceux dans lesquels les armes légères et la drogue circulent sans craindre une contagion à l'instabilité ?

En fait nous pensons qu'à défaut de promouvoir une véritable cohésion entre des pays divers sur le plan politique, géographique, économiques et autres, les pères fédéraux devraient travailler à instaurer la confiance entre les membres de la fédération. Celle-ci s'adosse à l'idée fondamentale que les membres des divers États fédérés ne perçoivent pas les citoyens des autres Etats comme des menaces à leurs intérêts. Une telle confiance minimale pourrait amener les citoyens des différents Etats à se percevoir comme favorablement disposés à ce qu'ils puissent réaliser leurs intérêts spécifiques en tant que citoyens de tel ou tel Etat. Selon D. Weinstock (2001: 85), on peut même penser qu'une

> confiance sociale minimale entre groupes ne partageant pas la même identité nationale ou ethnique génèrera une identité politique commune qui favorisera l'accès au valeurs et aux buts sociaux traditionnellement identifiés aux sociétés possédant une forte identité nationale commune.

Pour faire advenir cette confiance comme norme, nous suggérons, à la suite de Weinstock, trois pistes possibles :

- La première consisterait à rendre probable l'idée que les intérêts partagés par les Etats minoritaires pourront se réaliser au sein de l'Etat fédéral. Il s'agirait même d'aller plus loin et accorder des pouvoirs correspondants aux membres de ce groupe et en faisant de la réalisation de ces intérêts une priorité de l'Etat central. Mais celui-ci peut aussi susciter des initiatives communes sur des points d'intérêts partagés en espérant que la confiance issue des ces initiatives se transmettra à d'autres domaines potentiellement conflictuels.

• La seconde consiste à promouvoir la confiance en s'appropriant *« les calculs auxquels se livreront les membres d'un groupe minoritaire quant à leur capacité à défendre leurs principaux intérêts à l'intérieur et à l'extérieur de l'Etat fédéral »* (Ibid). Il s'agirait par exemple d'introduire dans la constitution de l'Etat fédéral, une clause permettant la sécession dans des conditions bien précises et bien définies. De fait, dans un continent hétérogène sur les plans politiques, économiques, géographiques et ethnique comme l'Afrique, une telle clause permet à chaque Etat d'évaluer son adhésion continue à la fédération à partir des avantages relatifs de la fédération et de la sécession. Ce fait, qui peut en soi agir comme un mobile de la sécession aura en réalité pour effet d'ôter ce mobile du champ décisionnel d'éventuels sécessionnistes, et de leur permettre de décider de leur adhésion à la fédération en fonction de leur évaluation des avantages et des désavantages du fédéralisme. Si les normes de justice et d'équité sont respectées, ce calcul donnera sûrement lieu à la décision de rester dans la fédération.

• Cette clause fera aussi en sorte que les représentants du groupe majoritaire ne soient pas réticents à donner satisfaction aux revendications pertinentes des groupes minoritaires, ou qu'ils ne cherchent à toux prix à obtenir des gains politiques à court terme en adoptant une position très dure vis-à-vis de ces revendications.

En tout état de cause, le fédéralisme africain devra inscrire dans ses fondations en tant que vertu cardinale la recherche de la préservation de la diversité et de la différence (Taiwo 1991), l'invention des pratiques constitutionnelles et institutionnelles de nature à protéger, promouvoir et préserver les intérêts, les identités et les croyances de tous les membres de la fédération. Dans cette perspective, les différents États seraient appelés, dans le domaine de souveraineté qui leur est réservé, à concevoir leurs politiques en fonction de leurs préoccupations économiques et sociales, tout en limitant les effets d'entraînement négatifs. De la sorte, il pourrait y avoir une coïncidence ou tout au moins une concordance entre les politiques sociales des États fédéraux et celle de l'Etat central de nature à limiter les inefficacités. Il en ressortirait donc quelque chose comme une gouvernance à niveaux multiple, la division des pouvoirs apparaissant alors comme une division du travail entre l'Etat central qui emploie ses ressources et sa légitimité pour s'attaquer aux problèmes globaux tandis que les Etats fédérés s'occupent des problèmes d'intérêt locaux.

Il en ressortirait donc une fédération robuste (Bednar 2009) avec des institutions complémentaires qui maintiennent et ajustent la distribution ou le partage de l'autorité entre l'Etat national et les États fédérés. Selon cet auteur, le système fédéral, sur un plan strictement normatif, s'adosse à une théorie de la réciprocité entre l'État central et les États fédérés qui se décline en un système constitutionnel efficace et complémentaire, de sorte que de par leur interaction, chacun rend les autres plus puissants. Il repose aussi sur l'existence de divers gardiens complémentaires incluant la justice, les partis politique, et le peuple qui prémuniront la fédération de différentes sortes de transgressions. Il ne s'agit donc plus de concevoir simplement la fédération en terme d'équilibre de pouvoir, mais de comprendre que les règles qui allouent l'autorité ne sont pas fixes mais changement progressivement.

Cette fédération robuste nécessite des stratégies de construction de la sécurité, de l'efficacité économique et de l'innovation et d'une représentation véritable qui s'adosse à des gardiens institutionnels qui s'inscrivent dans les domaines structurels, politiques, judiciaires et populaires

La réussite de ce projet réside à la fois dans une volonté politique clairement affirmée et dans l'éducation des masses à l'acquisition d'une véritable conscience africaine. Celle-ci devra apporter à la fédération le substrat culturel qui assurera la « solidarité citoyenne ». Ainsi, bien qu'ils soient étrangers les uns aux autres, les différents Etats constitutifs de la fédération se sentiront, sur la base de la confiance réciproque, responsables les uns envers les autres. Aussi pourraient-elles passer du sentiment d'appartenance à la tribu ou à une ethnie au sentiment d'appartenance nationale et de là, à la conscience panafricaine. Pour ce faire, il faut comme le souligne Mono Ndjana (2000), une réelle volonté politique analogue à celle qui a éradiqué l'apartheid en Afrique du Sud ou le racisme aux États – Unis car

> …Il faut bien reconnaître qu'à l'heure de la mondialisation, des volontarismes régionalistes ne s'adaptent guère plus facilement aux lois macro-économiques et aux différentes conditionnalités de la loi impériale. Rien en tous cas ne justifie l'escale paresseuse (…) au niveau

des régions alors que le mouvement environnant est au regroupement et à la constitution des grands ensembles.

Notre souci était de montrer que le processus de la mondialisation et la nécessité de la reconnaissance adéquate des groupes minoritaires ont remis en cause la nature de l'État traditionnel. Elles rendent plus urgente encore la recherche de nouveaux modèles susceptibles d'imposer le respect de la souveraineté de l'Afrique et la construction d'un système international polycentrique afin de substituer aux rapports de force, l'obligation de négocier et la prise en compte de ses points de vue dans la résolution des problèmes mondiaux. Ce modèle a pour nous la figure d'une intégration fédérale : nous avons essayé d'en déterminer les conditions de possibilité à partir d'une théorie normative reposant sur la relativisation et le partage des souverainetés, qui passent par la construction patiente d'une confiance véritable entre les États fédérés. Seule cette fédération nous semble capable d'introduire un minimum d'humanité et de moralité dans les affaires du monde afin que chacun puisse définir pour soi la qualité de la vie. Sous nos yeux, l'Europe, malgré ses difficultés, est en train de réaliser et de réussir son intégration fédérale ; cet exemple devrait édifier ceux des sceptiques qui s'opposent encore à l'idée d'un État fédéral en Afrique.

Références bibliographiques

Adandé, A., 2007, *Intégration régionale, démocratie et panafricanisme. Paradigmes anciens, nouveaux défis*, CODESRIA, Dakar.

Amin, S., Houtart F. et Ramonet, I., 2005, « Mettre en échec le projet impérial », in Le monde diplomatique, http://www.monde-diplomatique.fr/mav/84/AMIN/12984, Édition imprimée — décembre — p. 6

Anta Diop, C., 1974, *Fondements économiques et culturels d'un Etat fédéral d'Afrique noire*, Présence africaine, Paris.

1982, *L'unité culturelle de l'Afrique noire*, Présence africaine, Paris.

Aron, R., 1984, *Paix et guerre entre les nations*, Calmann-Lévy, New-York.

Bednar, J., 2009, *The Robust Federation. Principles of Design*, Cambridge University Press, Cambridge.

Bonneville, L., 2003, « La souveraineté est-elle encore liée au politique? Vers de nouvelles pistes de réflexions », in J. Boulad-Ayoub (dir), *Souverainetés en crise*, L'Harmattan, Paris.

Boulad Ayoub, J., 2003, « Souveraineté et mondialisation », in J. Boulad-Ayoub (dir), *Souverainetés en crise*, L'Harmattan, Paris.

Boulad-Ayoub J. (dir), 2003, *Souverainetés en crise*, L'Harmattan, Paris.

Burges, M., 2000, « Le fédéralisme, la démocratie et l'Etat à l'ère de la mondialisation » in Duchastel, J. (dir), *Fédéralisme et mondialisation. L'avenir de la démocratie et de la citoyenneté*, Athéna éditions, Outremont.

Duchastel, J. (dir), 2000, *Fédéralisme et mondialisation. L'avenir de la démocratie et de la citoyenneté*, Athéna éditions, Outremont.

Eboussi Boulaga, F., 1992, « La suite de Cheikh Anta Diop », in *Terroirs*, n°1.

Fogou A., 2009a, « L'Etat africain néocolonial et le principe d'efficacité », in E-M. Mbonda (dir), *La refondation de l'Etat en Afrique. Justice, efficacité et convivialité*, Ed Terroirs, Yaoundé, pp. 51-69

2009b, « De l'idée de solidarité internationale comme alternative à l'ordre néolibéral mondial », in *Kaliao*, Vol1, N° 1, pp. 157-176.

Founou-Tchuigoua, B., 2007, « Panafricanisme et lutte dans un monde multipolaire », in A. Adandé, *Intégration régionale, démocratie et panafricanisme. Paradigmes anciens, nouveaux défis*, CODESRIA, Dakar.

Gresch, A., 2005, « Insoumission », in *Le monde diplomatique*, édition imprimée septembre, p. 6, disponible sur http://www.monde-diplomatique.fr/2005/09/GRESH/12583.

Habermas, J., 2000, *Après l'Etat nation. Une nouvelle constellation politique*, trad. Rainer Rochlitz, Fayard, Paris.

Held, D., 1999, « The Transformation of Political Community: Rethinking Democracy in the Context of Globalization », in Shapiro, I. et Hacker-Coron, C. (dir), *Démocracy's Edges*, Cambridge, Cambridge University Press.

1995, *Democracy and the global order*, Stanford University Press et Cambridge, Polity Press.

Huntington, S., 1997, *Le choc des civilisations*, ed. Odile Jacob, Paris.

Kavalski E. and Zolkos M., 2008, *Defunct Federalisms. Critical Perspectives on Federal Failure*, Ashgate, Burlington.

Memmi, A., 1979, *La dépendance*, Gallimard, Paris.

Mono Ndjana, H., 2000, « L'Etat nécessaire et l'ethnie temporaire », in *Inpact tribune*, n°16, oct.-nov-dec. 99, et Ier trim.

Morgenthau, H., 1985, *Politics among Nations*, A. Knopf, New York.

Ngodi, E., 2007, « Intellectuels, Panafricanisme et démocratie en Afrique : bilan et perspectives », in A. Adandé, *Intégration régionale, démocratie et panafricanisme. Paradigmes anciens, nouveaux défis*, CODESRIA, Dakar.

Nkrumah, K., 1963, *L'Afrique doit s'unir*, trad. fr., Payot, Paris.

Pondi, J-E., 1997, « Une approche pluridimensionnelle et tri-continentale pour repenser l'Etat en Afrique », in *Les avatars de l'Etat en Afrique*, Karthala, Paris.

Ruiz-Diaz, H., 2005, « Une tribune pour les pays du Sud », in *Le monde diplomatique*, septembre, pp. 20-21, disponible sur http://www.mondediplomatique.fr/2005/09/RUIZ_DIAZ/12767.

Shapiro, I. et Hacker-Coron, C. (dir), 1999, *Démocracy's Edges*, Cambridge, Cambridge University Press.

Théret, B., 2000, « Le fédéralisme, moteur ou régulateur de la mondialisation ? Quelques réflexions à partir des cas du Canada et de l'union européenne », in Duchastel, J. (dir), *Fédéralisme et mondialisation. L'avenir de la démocratie et de la citoyenneté*, Athéna éditions, Outremont.

Taiwo, O., 1991, « Unity in Diversity? Obafemi Awolowo and the National Question in Nigeria », in *Canadian Review of Studies In Nationalism*, XVIII, 1-2, pp 43-59.

Owa, M., 2007, *Essai sur la problématique philosophique dans l'Afrique actuelle*, ed. CLE, Yaoundé.

Weinstock, D., 2001, « Vers une théorie normative du fédéralisme » in *Revue Internationale des Sciences sociales*, n°167 mars, 67-87.

Printed in the United States
By Bookmasters